经典传家

经典回到生活 阅读从心开始

经典传家

『经典传家』丛书遴选了清代《四库全书》的精华，而且每一种书在注释、译文、解读等方面做了大量的、扎实的工作。

——傅璇琮

国学就是中国人的学问。『经典传家』是一套非常适合大众阅读的国学经典丛书。国学的传承和发展迫切需要好的大众读本。

——毛佩琦

《四库全书》浩如烟海，真正的必读经典就这百余部。

——任德山

国学是相互通融的，切忌断章或是割裂。今人只有从《周易》等原始经典入手，才能真正找到进入国学的门径。

——刘君祖

经典传家系列丛书

图解汉书·后汉书

班固 范晔 著

崇贤书院 释译

黄山书社

《汉书·后汉书》阅读指南

精准今译，弥补古今差异

忠于原文，贴近原文风格的译文，用现代的语言再现风云变幻的大汉朝，使经典巨著通俗易懂。

丰富的版画，增加阅读情趣

珍贵的古代版画作为插图，与文章内容相契合，形成与正文交叉互现的一道阅读副线，增加读者的阅读情趣。

说　明

- 用精简的语言叙述各卷的思想内涵和基本内容。
- 为读者构建一个明晰的阅读框架。

注　音

- 对文中的生僻字加以注音，解除查阅之苦。
- 一些重复出现的疑难字重复注音，加深印象，识记生字。

汉书·后汉书　张良传

张良传

说明

本卷记述张良辅佐汉高祖刘邦建立汉朝及其之后的事迹。张良，字子房，"汉初三杰"之一，先世原为韩国贵族。秦灭韩后，他图谋恢复韩国，结交刺客，在博狼沙狙击秦始皇未遂，逃亡至下邳。秦末农民起义中，率部投奔刘邦，不久游说项梁立韩贵族成为韩王，为韩司徒。后韩王成被项羽杀害，复归刘邦，为其重要谋士。张良有"运筹于帷幄之中，决胜于千里之外"的美誉。他身居乱世，胸怀国亡家败的悲愤，投身于倥偬的兵戎生涯，为刘邦击败项羽以及汉朝的建立立下了不可磨灭的功劳，是"汉初三杰"当中，唯一一位得到善终的人。

[原文]

张良字子房，其先韩人也。大父开地，相韩昭侯、宣惠王、襄哀王。父平，相釐王、悼惠王。悼惠王二十三年，平卒。卒二十岁，秦灭韩。良少，未宦事韩。韩破，良家僮三百人，弟死不葬，悉以家财求客刺秦王，为韩报仇，以五世相韩故。

良尝学礼淮阳，东见仓海君，得力士，为铁椎(chuí)重百二十斤。秦皇帝东游，至博狼沙中，良与客狙击秦皇帝，误中副车。秦皇帝大怒，大索天下，求贼急甚。良乃更名姓，亡匿下邳(pī)。

良尝闲从容步游下邳圯(yí)上，有一老父，衣褐，至良所，直堕其履圯下，顾谓良曰："孺子下取履！"良愕然，欲欧之。为其老，乃强忍，下取履，因跪进。父以足受之，笑去。良殊大惊。父去里所，复还，曰："孺子可教矣。后五日平明，与我期此。"良因怪，跪曰："诺。"五日平明，良往。父已先在，怒曰："与老人期，后，何也？去，后五日蚤会。"五日，

一三〇

《汉书·后汉书》阅读指南

卷首说明，受益匪浅

用精简的语言叙述各卷的思想内涵和基本内容，为读者构建一个明晰的阅读框架。

反复注音，阅读更轻松

对生僻字、多音字、古今异读字反复进行随文注音，力求为读者扫除阅读障碍，使读者的阅读更轻松。

鸡鸣往。父又先在，复怒曰："后，何也？去，后五日复蚤来。"五日，良夜半往。有顷，父亦来，喜曰："当如是。"出一编书，曰："读是则为王者师。后十年兴。十三年，孺子见我，济北穀城山下黄石即我已。"遂去不见。且日视其书，乃《太公兵法》。良因异之，常习读诵。

圯上受书

张良椎击秦王不遂，逃到下邳，一次在桥头，得遇一老人，授以《太公兵法》，日夜研读，终于成为一代名士。

居下邳，为任侠。项伯尝杀人，从良匿。

后十年，陈涉等起，良亦聚少年百余人。景驹自立为楚假王，在留。良欲往从之，行道遇沛公。沛公将数千人略地下邳，遂属焉。沛公拜良为厩(jiù)将。良数以《太公兵法》说沛公，沛公喜，常用其策。良为它人言，皆不省。良曰："沛公殆天授。"故遂从不去。

[译文]

张良字子房，他的祖先是韩人。他祖父张开地，曾做韩昭侯、宣惠王、襄哀王的丞相。父亲张平，曾经做釐王、悼惠王的丞相。悼惠王二十三年，张平去世。张平死后二十年，秦国灭掉韩国。张良当时年轻，没有在韩国做官。韩国灭亡后，张良家有三百家奴，弟弟死了都没有发丧，而以全部的财产寻求刺客刺杀秦王，替韩报仇，因为他的父祖做过五代韩相。

张良曾学礼于淮阳，在东面见到仓海君，发现一个大力士，做了重一百二十斤的铁锤。秦始皇帝东游，到达博狼沙的时候，张良和刺客一起埋伏于此刺杀秦皇帝，错误地击中副车。秦始皇帝非常生气，在天下大规模进行搜索，急于找到贼人。张良于是改换名姓，逃跑躲避在下邳。

张良曾得空在下邳桥上悠闲地漫步，有一老者，穿着粗布的衣服，走到张良面

古版画

- 精心选取珍贵的古代版画作为插图。
- 所有版画都配以画龙点睛的图说。
- 图文并茂，增加读者阅读情趣。

译　文

- 忠于原文，准确传达文章内涵。
- 贴近原文的风格，与原文相得益彰。
- 辅助读者阅读。

总 序

国学是什么？简单说，就是中国人之所以成为中国人的学问。因此，国学不仅包括数千年积累流传下来的经典，比如“四书五经”、《老子》《庄子》《孙子》《史记》《汉书》、唐诗、宋词，也包含研究中国人思维方式、生活方式、行为方式乃至娱乐方式的各种学问。广言之，国学研究的对象不仅包括文献，也包括实物；不仅包括物质文化遗产，也包括非物质文化遗产，如我国各民族的建筑、服饰、饮食、音乐、绘画、医药、戏曲等等。

国学是不断丰富、不断发展的学问。上面说的从“四书五经”到唐诗、宋词就是一个不断丰富发展的过程。近代以来，国学的研究范围还在不断地扩大，比如敦煌学、甲骨学，是随着有关文物的出土而兴起的；比如红学，是随着文学理论和学术风气的发展变化而兴起和发展的。随着时间的推移和学术的进步，必将有更多的学问被纳入国学研究的范围。

数千年来，中国人做学问形成了自己独特的理论和方法，比如思想理论、史学理论、文学理论，以及训诂学、考据学、音韵学等等。但这些理论和方法并不是一成不变的。比如，在史学研究领域，由于地下文物的出土，王国维等人提出了以地下文物与传世文献相补充互证的“二重证据法”。近代以来，西风劲吹。国人主动借鉴西方学术研究的理论和方法，研究中国学问。王国维借鉴尼采的哲学理论研究中国的文学戏剧，胡适以杜威的实验主义研究中国的“国故”。国学从来没有拒绝外国学问的融合，佛教传入中国后，经过改造，形成了中国独特的佛学、因明学；自明朝末年西学传入中国后，中国的天文学、数学等就已经融入了西学的因素。马克思主义传入中国后，不少人用马克思主义理论研究中国历史文化，它们自然也成为了国学的一部分。因此，国学又是开放的、随时代而进步的。那么，当今我们研究、振兴国学，不允许也不应该倒退，不允许也不应该僵化。

然而，国学又是与西学明显区分的。国学是西学的对应物，是与西学完全不同的学术体系。在近代，西学挟坚船利炮强势进入中国之后，中国人还视自我，对于中国固有之学问的称呼出现了中学、国故学、国粹、国学这样的名称。面对“帝国主义”的强大，中国人自愧不如，一方面拼命地学习、引进西学，另一方面拼命地贬低、抛弃国学。虽然也有一些人，如张之洞为保护中华文化之根本，提出“中学为体，西学为用”，如胡适，提出“整理国故”，以“再造文明”“建立民族自信心”，但其声音终被时代所淹没。国学一再被严重曲解和轻视，造成了中国历史文化的大断裂。也许，这一历史过程是必然的。但回顾过去，中国在走向独立富强的过程中，国学所付出的代价实在太大、太惨重了。

新中国成立后，饱受屈辱的中国人从此站立了起来，民族自信心大大加强，但没有能够及时认识到国学在新时代的重要性，甚至仅存的一点点国学遗产也进一步成为被抛弃的对象。改革开放三十年之后，走向富强的国人终于幡然醒悟，保护和振兴国学逐渐成为全民的共识。一个强大的自立于世界民族之林的国家，必然要有与之相匹配的伟大的民族文化。中国人，从领导者、学术界到普通百姓，都在重新发现国学的现代价值。同时，在走向全球化的进程中，东西方各国也把目光投向了中国。中国学问，中国的一切都在被重新评价。中国不仅为了自身的建设和发展需要从传统文化中汲取智慧，而且也面临着以优秀的中华文化向全人类贡献智慧的责任和挑战。

那么，这套经典传家丛书的编纂就是可喜的，编纂者的初衷和努力就是可敬的。希望这套丛书能发挥点滴作用，如同涓涓细水与千百万有志者的努力一道汇成大潮，去迎接中华民族的伟大复兴！

是为序。

毛佩琦

二〇一五年五月

前言

《汉书》又称《前汉书》，东汉时期的历史学家班固编撰，我国第一部纪传体断代史，主要记述了刘邦高祖元年到王莽地皇四年共230年的历史史实；《后汉书》，南朝刘宋时期的历史学家范晔编撰，继承了前代的纪传方式，上接《汉书》，详细记载了王莽末年到东汉汉献帝逊位共200多年的历史。此二书与《史记》《三国志》被合称“前四史”，其地位之高，如同两颗明星，在大汉王朝的黯黯长空中分外耀眼。

据《汉书》所记：“高祖被酒，夜径泽中，令一人行前。行前者还报曰：‘前有大蛇当径，愿还。’高祖醉，曰：‘壮士行，何畏！’乃前，拔剑斩蛇。蛇分为两，道开。”高祖此举，竟成汉王朝的预兆。西汉末年，王莽篡权，改国号为新，历经十五载。汉朝果然中道而分，为前、后两汉。高祖斩蛇虽然为后人附会之语，但正是形象地展现了两汉的衍变过程。一前一后，一西一东，首尾相连，交相辉映。

《汉书》与《后汉书》皆由前、后两汉而生，二书均效仿《史记》体例，以纪传体的方式，详细记载了两汉所走过的历史，阅读《汉书》《后汉书》，陶冶在两汉时代的风云变幻之中，总会有一种心游万仞和思接千载之感，读到会心处，产生一种身临其境之感，以他人之乐而乐，以他人之忧为忧。读到楚汉争霸过程，我们会为项羽的自刎而遗憾不已，发出“至今思项羽，不肯过江东”的嗟叹；读到晁错为汉景帝出谋划策，力主削藩，为维护汉家社稷江山，却落得个身首异处的悲剧，我们会愤恨不已；读到司马迁为了追求正义，为李陵鸣不平，在被处以宫刑的屈辱境况下，仍然坚持完成《史记》的编写，我们既痛恨汉武帝的残忍，又为司马迁的执着、理想而赞叹……书中诸如此类的人物简直是太多了，他们或以自己的功绩和人格魅力，流芳千古，为后人津津乐道；或以自己犯下的罪行而遗臭万年，至今还遭到人们的唾弃。

以史为镜，可以知兴替。读史书，不仅是简单的读的过程，更是一个反思的过程，通过反思历史，我们可以从中看到得失，所谓鉴之于古、戒之于今也。而作为二十五史中的“双骄”——《汉书》《后汉书》更是其中的典范。

正因为这样，我们适时地推出此版《汉书·后汉书》，其所选取的篇章，皆为史书中的经典之作，所选取的历史人物，大都是一些成就卓越，名垂青史，对社会进步做出重大贡献的人，读他们的传记，仿佛在读他们的人生历程，同时也在规划自己的未来和远景，读到会心处，会有一种于我心有戚戚焉之感，对于他们所做出的成就，虽不能至，而心向往之！

除此之外，我们在版本上追本溯源，均采用最权威的版本加以校对，《汉书》的版本很多，唐朝以前的版本多已佚失。清朝乾隆年间，武英殿刊印了“武英殿本”。清朝同治年间，清政府又刊印了“局本”。民国时期，商务印书馆刊印的“百衲本”，是《汉书》的善本。现存的《后汉书》，以宋绍兴刊本为最早，后人对此版进行了数次清流正源的工作。

为了进一步方便读者，我们通过反复考订，对原文中的一些疑难字词或是典故加以注释；在通过对原文详细解读之后，我们又添加了译文，或是直译，或是意译，与原文相得益彰，从而方便了读者对古文的阅读理解。

不仅如此，为了缓解文字给读者带来的视觉疲劳，帮助读者最大限度地理解古文内涵，我们还精选了百余幅与原文相契合的经典古代版画作为本书的插图。为了保证图书质量，在配图时我们翻阅了大量的中国古代刊刻资料，包括《顾氏画谱》《三才图会》《尔雅音图》等古籍。使读者在赏心悦目之余，更直观、更形象地理解古代经典之作，打造文字之外的另一条阅读线，

让读者学习先贤的经典，汲取古人的智慧，使国学真正融入生活。

崇賢書院

目 录

汉书

后汉书

汉书

高帝纪

说明

本卷主要记述汉高祖刘邦在汉朝建立过程中及其在汉朝建立之后的事迹。西汉高祖刘邦，沛县丰邑中阳里人，字季。在兄弟四人中排行第三。在秦末农民战争中起义，趁关中兵少乘虚而入，数败项羽，被立为汉王。所以在战胜项羽后建国时，国号定为“汉”，定都洛阳，后迁都长安。登基不久在白登城被匈奴国冒顿单于包围数月，被迫求和。登位后大杀功臣，激起英布谋反并被击成重伤，旋即去世。

[原文]

高祖，沛丰邑中阳里人也，姓刘氏。母媪(ǎo)尝息大泽之陂，梦与神遇。是时雷电晦冥，父太公往视，则见交龙于上。已而有娠，遂产高祖。

高祖为人，隆准而龙颜，美须髯(rán)，左股有七十二黑子。宽仁爱人，意豁如也。常有大度，不事家人生产作业。及壮，试吏，为泗上亭长，廷中吏无所不狎侮。好酒及色，常从王媪、武负贳(shì)酒，时饮醉卧，武负、王媪见其上常有怪。高祖每酤(gū)留饮，酒雠(chóu)数倍。及见怪，岁竟，此两家常折券弃责。

刘邦

刘邦，沛县丰邑（现江苏省徐州市所辖的丰县）人，秦末农民起义军领袖，楚汉争霸中打败项羽，建立西汉政权，成为汉王朝的开国皇帝。

[译文]

汉高祖，是沛县丰邑中阳里人氏，姓刘。他的母亲曾在大湖岸边休息，梦中与神相遇。当时电闪雷鸣，天空阴暗一片，他的父亲太公前去看视，只见蛟龙伏在他母亲身上。之后不久便怀孕，生下了高祖。

高祖这个人，高高的鼻梁，龙形的额头，漂亮的胡须，左边大腿上有七十二颗黑痣。生性宽厚爱人，心胸开阔，宽宏大度，不肯干家里人的生产活计。成年后试用为官吏，当上泗上亭长，亭中的小吏没有不被他欺辱的。又贪酒好色，经常到王老太、武大娘酒店赊酒吃，时常一醉不起，武大娘、王老太见高祖身上常有怪异的事情发生。高祖每次到店中饮酒，店家的酒钱都提高数倍。看到了这些怪异事，年终时，这两家总是毁掉欠债契券，不再向高祖讨债。

［原文］

高祖常繇(yáo)咸阳，纵观秦皇帝，喟然大息，曰：“嗟乎，大丈夫当如此矣！”

单父人吕公善沛令，辟仇，从之客，因家焉。沛中豪杰吏闻令有重客，皆往贺。萧何为主吏，主进，令诸大夫曰：“进不满千钱，坐之堂下。”高祖为亭长，素易诸吏，乃绐(dài)为谒曰“贺钱万”，实不持一钱。谒(yè)入，吕公大惊，起，迎之门。吕公者，好相人，见高祖状貌，因重敬之，引入坐上坐。萧何曰：“刘季固多大言，少成事。”高祖因狎(xiá)侮诸客，遂坐上坐，无所诎。酒阑，吕公因目固留高祖。竟酒，后。吕公曰：“臣少好相人，相人多矣，无如季相，愿季自爱。臣有息女，愿为箕帚妾。”酒罢，吕媪怒吕公曰：“公始常欲奇此女，与贵人。沛令善公，求之不与，何自妄许与刘季？”吕公曰：“此非儿女子所知。”卒与高祖。吕公女即吕后也，生孝惠帝、鲁元公主。

［译文］

高祖曾去咸阳服役，看到秦始皇出行时的情景，感叹道：“哎呀，大丈夫就应当有这样威风啊！”

单父人吕公与沛县县令是好朋友，为避仇家，投奔做客，后来就安了家。沛中豪杰、官吏听到县令有贵客，都前来相贺。萧何任县廷功曹，主管接收贺礼钱财事物，向客人们说：“贺钱不足一千的，坐在堂下。”高祖任亭长，向来鄙视诸官吏，在拜帖上谎称说“贺钱一万”，实际上却没拿一钱。传报进去后，吕公大惊，起身迎接到门口。吕公喜好相面，看到高祖相貌，便对他十分敬重，请他坐上座。萧何说："刘季向来爱说大话，很少办成事。"高祖因为轻视诸客人，便坐在上座，没有退让。饮酒的宾客多数退席之后，吕公用目光暗示高祖留下来。饮酒结束后，吕公说："我年少时爱好给人相面，相的人很多，没有像你这样相貌的，希望你自爱。我有一个女儿，愿意许配给你做打扫房间的妾。"酒宴之后，吕媪对吕公发怒说："你当初说女儿是宝贝，欲许配贵人。沛令待你不薄，向你求嫁女儿，你不给，为什么把女儿随便许配给刘季？"吕公说："这不是女人所能明白的。"吕公最终将女儿许配给高祖。吕公女便是后来的吕后，生孝惠帝、鲁元公主。

[原文]

高祖尝告归之田。吕后与两子居田中，有一老父过请饮，吕后因餔之。老父相后曰："夫人天下贵人也。"令相两子，见孝惠帝，曰："夫人所以贵者，乃此男也。"相鲁元公主，亦皆贵。老父已去，高祖适从旁舍来，吕后具言客有过，相我子母皆大贵。高祖问，曰："未远。"乃追及，问老父。老父曰："乡者夫人儿子皆以君，君相贵不可言。"高祖乃谢曰："诚如父言，不敢忘德。"及高祖贵，遂不知老父处。

高祖为亭长，乃以竹皮为冠，令求盗之薛治，时时冠之，及贵常冠，所谓"刘氏冠"也。

高祖以亭长为县送徒骊山，徒多道亡。自度比至皆亡之，到丰西泽中亭，止饮，夜皆解纵所送徒。曰："公等皆去，吾亦从此逝矣！"徒中壮士愿从者十余人。高祖被酒，夜径泽中，令一人行前。行前者还报曰："前有大蛇当径，愿还。"高祖醉，曰："壮士行，何畏！"乃前，拔剑斩蛇。蛇分为两，道开。行数里，醉困卧。后人来至蛇所，有一老妪(yù)夜哭。人问妪何哭，妪曰："人杀吾子。"人曰："妪子何为见杀？"妪曰："吾子，白帝子也，化为蛇，当道，今者赤帝子斩之，故哭。"人乃以妪为不诚，欲苦之，妪因忽不见。后人至，高祖觉，告高祖，高祖乃心独喜，自负。诸从者日益畏之。

高祖斩蛇

传说当年高祖夜行，有白蛇当道，拔剑把白蛇从中间斩为两段。西汉末年，王莽篡权，建立新朝，把汉代从中间分为前汉和后汉两段，此传说当为后世附会之说。

[译文]

高祖曾经请假回家种田。吕后和两个孩子住在田舍，有一老人路过讨点水喝，吕后便招待饭食。老人为吕后相面说："夫人是天下的贵人。"请他给两个孩子相面，看到孝惠帝，说："夫人所以当贵，就是因为这个男孩。"相鲁元公主，也都是贵人。老人已走，高祖刚好从别的屋子过来，吕后说出过路客人相她母子三人都为大贵的事。高祖问此人走了多远，回答说："刚走不远。"高祖便去追，问老人。老人说："刚才相遇的夫人儿子都因为您的缘故大贵，您的相貌贵不可言。"高祖致谢说："真如您老所说，绝对不会忘记您的大德。"等到高祖富贵时，却不知老人在何方了。

高祖担任亭长后，用竹皮做冠，让求盗小吏到薛县为他制作，经常戴着，直到显贵时也还常戴，这就是所谓的"刘氏冠"。

高祖以亭长身份为县里押送役夫到骊山劳动，很多役夫在路上逃走了。他估计等到骊山役夫就都跑光了，行至丰西泽中亭时，便停下喝酒，夜间释放了所有役夫，说："各位都走吧，我也从此逃走啦！"役夫中的壮士愿意跟随他的有十几人。夜里高祖带着酒气从泽中小道穿行，让一人到前边探路。探路者回报说："前方有大蛇横在路中，请回去吧！"高祖带着醉意说："壮士走路，有什么好害怕的！"便前去，拔剑斩蛇，蛇分成两段，道路通了。行走了数里，高祖醉困而卧。后面的人到达蛇死之处，见一老妇在哭泣。人们问老妇为何啼哭，老妇说："有人杀了我的儿子。"人们说："老婆婆的儿子为何被杀？"老妇说："我儿子是白帝子，变为蛇，躺在路中央，今天被赤帝子杀了，因此才哭。"人们以为老妇没说实话，想让她吃点苦头，可老妇忽然就消失了。后面的人到了，见高祖也睡醒了，便告诉他刚才的事，高祖心中暗自高兴，十分得意。随从的人都越来越怕他。

[原文]

秦始皇帝尝曰"东南有天子气"，于是东游以猒(yàn)当之。高祖隐于芒、砀(dàng)山泽间，吕后与人俱求，常得之。高祖怪，问之，吕后曰："季所居上常有云气，故从往常得季。"高祖又喜。沛中子弟或闻之，多欲附者矣。

秦二世元年秋七月，陈涉起蕲（qí），至陈，自立为楚王，遣武臣、张耳、陈馀略赵地。八月，武臣自立为赵王。郡县多杀长吏以应涉。九月，沛令欲以沛应之。掾、主吏萧何、曹参曰："君为秦吏，今欲背之，帅沛子弟，恐不听。愿君召诸亡在外者，可得数百人，因以劫众，众不敢不听。"乃令樊哙召高祖。高祖之众已数百人矣。

于是樊哙从高祖来。沛令后悔，恐其有变，乃闭城城守，欲诛萧、曹。萧、曹恐，逾城保高祖。高祖乃书帛射城上，与沛父老曰："天下同苦秦久矣。今父老虽为沛令守，诸侯并起，今屠沛。沛令共诛令，择可立立之，以应诸侯，即室家完。不然，父子俱屠，无为也。"父老乃帅子弟共杀沛令，开城门迎高祖，欲以为沛令。高祖曰："天下方扰，诸侯并起，今置将不善，一败涂地。吾非敢自爱，恐能薄，不能完父兄子弟。此大事，愿吏择可者。"萧、曹皆文吏，自爱，恐事不就，后秦种族其家，尽让高祖。诸父老皆曰："平生所闻刘季奇怪，当贵，且卜筮（shì）之，莫如刘季最吉。"高祖数让，众莫肯为，高祖乃立为沛公。祠黄帝，祭蚩（chī）尤于沛廷，而衅（xìn）鼓旗。帜皆赤，由所杀蛇白帝子，杀者赤帝子故也。于是少年豪吏如萧、曹、樊哙等皆为收沛子弟，得三千人。

[译文]

秦始皇曾经说"东南有天子气"，因此东游至此以压服此气。高祖隐藏于芒、砀山泽之间，吕后与别人一起来找他，经常能找到。高祖奇怪地问她是什么原因，吕后说："你所处的地方上空常有云气，因此按着云气方向总能找到你。"高祖又很高兴。沛县的青年听说这件事，都愿意追随他。

秦二世元年秋七月，陈涉在蕲县起义，后至陈县，自封为楚王，派武臣、张耳、陈馀攻取赵地。八月，武臣自立为赵王。各郡县百姓相继杀死官吏来响应陈涉。九月，沛县县令想要在沛县响应起义。主吏萧何、掾属曹参说："君为秦官，今日想背叛朝廷，率领沛县子弟，恐怕不会有人听从。希望您召回在外逃亡的人，可以获得几百人，用以威胁众人，众人不敢不从。”县令便让樊哙召回高祖。那时高祖手下已有几百人。

于是，樊哙和高祖回来。沛令后悔起来，惧怕发生变故，便关闭城门据守，想要杀掉萧何和曹参。萧何、曹参恐惧，翻城墙投奔高祖。高祖便写信射到城上，对沛县父老说：“天下被秦朝坑害已久。今父老乡亲虽然替沛令守城，但各诸侯都已经起兵，若到达沛县将要杀光城里的人。沛县众人今天杀了县令，选择可以立为首领之人拥立起来，以响应诸侯，便可以保全家人性命。不然，父子都会被杀，这是白白送死。”父老乡亲便率领子弟同杀沛县县令，开城门迎接高祖，想拥立他为沛县县令。高祖说：“天下正在骚乱，诸侯都已起兵，如立头领不好，将会一败涂地。我不是自爱，唯恐能力薄弱，不能够保全父兄子弟。这是大事，希望另选可以胜任的人。”萧何、曹参都是文官，非常自爱，担心大事不成，以后被秦朝诛杀全家，都推让高祖。各位百姓都说：“常听说刘季身上有怪事发生，当作贵人，并且占卜算卦，谁都不如刘季最为吉利。”高祖再三推让，众人没有愿意做的，高祖便被立为沛公。在沛县大堂里祭祀黄帝和蚩尤，用牲畜血染红旗帜和战鼓。旗帜都是红的，这是因杀的蛇是白帝子，杀者是赤帝子的原因。于是年轻能干的官吏像萧何、曹参、樊哙等人都去招收沛县青年，共招了三千人。

[原文]

是月，项梁与兄子羽起吴。田儋(dǎn)与从弟荣、横起齐，自立为齐王。韩广自立为燕王。魏咎自立为魏王。陈涉之将周章西入关，至戏，秦将章邯距破之。

初，怀王与诸将约，先入定关中者王之。当是时，秦兵强，常乘胜逐北，诸将莫利先入关。独羽怨秦破项梁，奋势，愿与沛公西入关。怀王诸老将皆曰：“项羽为人慓悍祸贼，尝攻襄城，襄城无噍(jiào)类，所过无不残灭。且楚数进取，前陈王、项梁皆败，不如更遣长者扶义而西，告谕秦父兄。秦父兄苦其主久矣，今诚得长者往，毋侵暴，宜可下。项羽不可遣，独沛公素宽大长者。”卒不许羽，而遣沛公西收陈王、项梁散卒。乃道砀(dàng)至城阳与杠里，攻秦军壁，破其二军。

秦三年十月，齐将田都畔田荣，将兵助项羽救赵。沛公攻破东郡尉于成武。十一月，项羽杀宋义，并其兵渡河，自立为上将军，诸将黥(qíng)布等皆属。十二月，沛公引兵至栗，遇

刚武侯，夺其军四千余人，并之，与魏将皇欣、武满军合攻秦军，破之。故齐王建孙田安下济北，从项羽救赵。羽大破秦军巨鹿下，虏王离，走章邯。

［译文］

这一月，项梁与侄子项羽在吴县起兵。田儋与堂弟田荣、田横在齐地起兵，自封为齐王。韩广自封为燕王。魏咎自封为魏王。陈涉部将周章自西入关，至戏水，被秦将章邯率军打败。

当初，怀王与诸将订下盟约，先攻占关中者为关中王。当时秦军强大，经常乘胜追击败军，诸将领没人把先入关视为有利之事。只有项羽怨恨秦杀项梁，愤激之下，愿意跟沛公一道西入关中。怀王诸老将都说："项羽性情彪悍好杀，曾攻占襄城，襄城被杀得没留下任何活口，所到之地生灵涂炭。况且楚军多次进兵，前有陈王、项梁都遭到失败，不如另派长者倚仗仁义西进，告谕秦地父老。秦地的父老百姓被秦朝的暴政苦害很久了，如今要是能派长者前去，不滥施暴虐，应该是能攻克的。项羽不能派遣，只有沛公向来是宽厚大度的长者。"最后没有满足项羽西进的要求，而派沛公向西收编陈王、项梁的散亡兵士。沛公便取道砀至城阳与杠里，进攻秦军壁垒，攻破二县秦军。

项羽

项羽，名籍，字羽。下相（今江苏宿迁西南）人。秦末起义军领袖，在巨鹿一战中力挫秦军，威震诸侯，自封西楚霸王，后与汉王刘邦争霸，在垓下一战中失利，自刎而死。

秦三年十月，齐将田都背叛田荣，率军助项羽救赵。沛公于成武击破东郡尉。十一月，项羽杀死宋义，兼并其军渡过漳河，自封为上将军，黥布等诸将皆归属项羽。十二月，沛公带兵至栗县，遇到刚武侯，夺其军队四千余人归自己统率，与魏将皇欣、武满的军队联合打败秦军。原齐王田建之孙田安攻克济北，随从项羽救赵。项羽在巨鹿城下大败秦军，擒获王离，赶跑章邯。

［原文］

二月，沛公从砀(dàng)北攻昌邑，遇彭越。越助攻昌邑，未下。沛公西过高阳，郦食其(lì yì jī)为里监门，曰："诸将过此者多，吾视

陆贾

陆贾，汉初政治家，跟随高祖刘邦平定天下，口才极佳，好辩论，常出使各地。汉朝建立后，崇尚儒学，力求“行仁义，法先圣”，对于西汉儒家的发展起到很大作用。

沛公大度。”乃求见沛公。沛公方踞床，使两女子洗。郦生不拜，长揖曰：“足下必欲诛无道秦，不宜踞见长者。”于是沛公起，摄衣谢之，延上坐。食其说沛公袭陈留。沛公以为广野君，以其弟商为将，将陈留兵。

八月，沛公攻武关，入秦。秦相赵高恐，乃杀二世，使人来，欲约分王关中，沛公不许。九月，赵高立二世兄子子婴为秦王。子婴诛灭赵高，遣将将兵距峣关。沛公欲击之，张良曰：“秦兵尚强，未可轻。愿先遣人益张旗帜于山上为疑兵，使郦食其、陆贾往说秦将，啖(dàn)以利。”秦将果欲连和，沛公欲许之。张良曰：“此独其将欲叛，恐其士卒不从，不如因其怠懈击之。”沛公引兵绕峣(yáo)关，逾蒉(kuì)山，击秦军，大破之蓝田南。遂至蓝田，又战其北，秦兵大败。

元年冬十月，五星聚于东井。沛公至霸上。秦王子婴素车白马，系颈以组，封皇帝玺(xǐ)、符、节，降枳道旁。诸将或言诛秦王，沛公曰：“始怀王遣我，固以能宽容，且人已服降，杀之不祥。”乃以属吏。遂西入咸阳，欲止宫休舍。樊哙、张良谏，乃封秦重宝财物府库，还军霸上。萧何尽收秦丞相府图籍文书。十一月，召诸县豪杰曰：“父老苦秦苛法久矣，诽谤者族，耦(ǒu)语者弃市。吾与诸侯约，先入关者王之，吾当王

关中。与父老约法三章耳：杀人者死，伤人及盗抵罪。余悉除去秦法。吏民皆按堵如故。凡吾所以来，为父兄除害，非有所侵暴，毋恐！且吾所以军霸上，待诸侯至而定要束耳。”乃使人与秦吏行至县、乡、邑告谕之。秦民大喜，争持牛羊酒食献享军士。沛公让不受，曰：“仓粟多，不欲费民。”民又益喜，唯恐沛公不为秦王。

[译文]

二月，沛公从砀北进攻昌邑，路遇彭越。彭越帮助攻打昌邑，未攻下。沛公向西至高阳邑，郦食其为里门卒，说：“诸将路过此地的有很多，我认为沛公度量最大。”便求见沛公。沛公正坐在床上，让两个女子为他洗脚。食其不向他叩拜，作了一个长揖说：“您要想诛灭无道的秦朝，不该坐着接见长者！”于是沛公起身，提衣向他谢罪，请至上座。郦食其劝沛公攻打陈留。沛公任命郦食其为广野君，其弟郦商为将军，率领陈留军队。

八月，沛公攻打武关，进至秦地。秦相赵高惊慌，便杀了秦二世，派人来想约定分割关中地区，沛公不许。九月，赵高立二世兄长的儿子子婴为秦王。子婴诛杀赵高，派兵据守峣关。沛公想攻打峣关，张良说：“秦兵还很强大，不可轻敌。希望先派人在山上多插旗帜作为疑兵，派郦食其、陆贾前去劝降秦将，用利诱之。”秦将果然想联合，沛公意欲答应。张良说：“这只是秦将要叛变，恐怕其士卒不听，不如趁他们懈怠的机会攻打他们。”沛公领兵绕过峣关，越过蒉山，攻打秦军，在蓝田南大破秦军。随后到了蓝田，又在蓝田北边交战，秦兵大败。

汉元年冬十月，五星聚集于东井。沛公来到霸上。秦王子婴乘素车白马，以丝带拴着脖子，封裹着皇帝玉玺、符和节，在枳道边投降。诸将有人说应处死秦王，沛公说：“当初怀王派我来，本是因为我能宽容，况且人家已经服罪请降，杀他不吉。”便交给部下看管。于是西进咸阳，并想留在宫中。樊哙、张良劝阻，才将秦重宝财物封存在府库中，收兵驻扎于霸上。萧何将秦丞相府地图、户籍、档案文书全都搜集起来。十一月，召集各县豪杰说：“百姓忍受秦苛法之苦很久了，诽谤者遭到屠杀，偶语者被处死于街头。我与诸侯约定，先入关的人称王，我应该在关中为王。与父老乡亲约法三章：杀人者死，伤人及抢盗的抵罪。其余的秦法律全部废除。官吏百姓以前的情况不变。我入关的目的，是为百姓除害，不是为了掠夺施暴，不要害怕！我之所以驻军霸上，是为了等诸侯到来再作约定。”于是派人与秦朝官吏一起到县、乡、邑告谕百姓。秦地百姓大喜，争相带着牛羊酒食犒劳官兵。沛公推辞不受，说：“仓库中粮食很多，不想花费百姓的。”百姓愈发高兴，唯恐沛公不做秦王。

［原文］

沛公旦日从百余骑见羽鸿门，谢曰："臣与将军勠(lù)力攻秦，将军战河北，臣战河南，不自意先入关，能破秦，与将军复相见。今者有小人言，令将军与臣有隙。"羽曰："此沛公左司马曹毋伤言之，不然，籍何以至此？"羽因留沛公饮。范增数目羽击沛公，羽不应。范增起，出谓项庄曰："君王为人不忍，汝入以剑舞，因击沛公，杀之。不者，汝属且为所虏。"庄入为寿。寿毕，曰："军中无以为乐，请以剑舞。"因拔剑舞。项伯亦起舞，常以身翼蔽沛公。樊哙闻事急，直入，怒甚。羽壮之，赐以酒。哙因谯让羽。有顷，沛公起如厕，招樊哙出，置车官属，独骑，与樊哙、靳强、滕公、纪成步，从间道走军，使张良留谢羽。羽问："沛公安在？"曰："闻将军有意督过之，脱身去，间至军，故使臣献璧。"羽受之。又献玉斗范增。增怒，撞其斗，起曰："吾属今为沛公虏矣！"

沛公归数日，羽引兵西屠咸阳，杀秦降王子婴，烧秦宫室，所过无不残灭，秦民大失望。羽使人还报怀王，怀王曰："如约。"羽怨怀王不肯令与沛公俱西入关而北救赵，后天下约。乃曰："怀王者，吾家所立耳，非有功伐，何以得专主约！本定天下，诸将与籍也。"春正月，阳尊怀王为义帝，实不用其命。

二月，羽自立为西楚霸王，王梁、楚地九郡，都彭城。背约，更立沛公为汉王，王巴、蜀、汉中四十一县，都南郑。三分关中，立秦三将：章邯为雍王，都废丘；司马欣为塞王，都栎阳；董翳(yì)为翟王，都高奴。楚将瑕丘申阳为河南王，都洛阳。赵将司马卬为殷王，都朝歌。当阳君英布为九江王，都六。怀王柱国共敖为临江王，都江陵。番君吴芮为衡山王，

都郴（zhū）。故齐王建孙田安为济北王。徙魏王豹为西魏王，都平阳。徙燕王韩广为辽东王。燕将臧荼为燕王，都蓟（jì）。徙齐王田市为胶东王。齐将田都为齐王，都临菑（zī）。徙赵王歇为代王。赵相张耳为常山王。汉王怨羽之背约，欲攻之，丞相萧何谏，乃止。

鸿门闯宴

刘邦最先进驻关中，项羽在鸿门设宴，邀请刘邦前往，项羽谋士范增想趁机除掉刘邦，但刘邦听从张良之计，在项伯和樊哙的保护下，乘机逃脱。鸿门一宴，项羽错失良机，为日后的失利埋下了隐患。

［译文］

清晨沛公带领百余骑兵去鸿门拜会项羽，说："臣与将军合力攻秦，将军战于河北，臣战于河南，没想到会早一步入关，能破秦，与将军再次相见。如今有小人进谗言，使将军与臣之间产生误会。"项羽说："这都是沛公左司马曹毋伤说的，不然，我怎么会如此？"项羽于是便留沛公饮酒。范增几次用眼神暗示项羽击杀沛公，项羽不作反应。范增起身，出外对项庄说："大王为人心慈，你入帐舞剑，乘机击沛公，杀死他。不这样的话，你们不久就会被俘了。"项庄入帐祝酒。礼毕之后说："军中没有可以取乐的，请允许我舞剑。"便拔剑起舞。项伯也起舞，总是以身体掩护沛公。樊哙听说事急，直进帐中，很愤怒。项羽视之为壮士，赐酒给樊哙。樊哙就此事责问项羽。不一会儿，沛公起身上厕所，招樊哙出来，留下车和随从，自己骑马，让樊哙、靳强、滕公、纪成等步行，从小道返回，让张良留下来答谢项羽。项羽问："沛公在何处？"张良说："听说将军有意责备他，他脱身已去，从小道回到军营了，让臣献上玉璧。"项羽接受。又献给范增玉斗。范增非常愤怒，撞碎玉斗，站起来说："我们要成为沛公的俘虏了！"

沛公回到军中几天后，项羽领兵西入咸阳大肆屠杀，杀死秦降王子婴，烧毁秦宫殿，所到之处无不毁灭，秦地百姓感到非常失望。项羽派人报告楚怀王，楚怀王说："按照当初盟约。"项羽怨恨怀王不愿让他与沛公同时西向入关，反而让他北上救赵，使他未能先入关，便说："怀王是我家所立，没有什么功绩，凭什么能主盟约！本来平定天下者，是诸将和我项籍。"春正月，表面上尊奉怀王为义帝，实际上不听从他的命令。

二月，项羽自封为西楚霸王，领有梁、楚地区九个郡，定都于彭城。又背弃盟约，改封沛公为汉王，统领巴、蜀、汉中四十一县，定都于南郑。三分关中，立秦朝三名降将：章邯为雍王，定都于废丘；司马欣为塞王，定都于栎阳；董翳为翟王，定都于高奴。楚将瑕丘人申阳为河南王，定都于洛阳。赵将司马卬为殷王，定都于朝歌。当阳君英布为九江王，定都于六。怀王柱国共敖为临江王，定都于江陵。番君吴芮为衡山王，定都于邾。原齐王田建之孙田安为济北王。改封魏王魏豹为西魏王，定都于平阳。改封燕王韩广为辽东王。燕将臧荼为燕王，定都于蓟。改封齐王田市为胶东王。齐将田都为齐王，定都于临菑。改封赵王赵歇为代王。赵相张耳为常山王。汉王怨恨项羽背弃盟约，想要进攻项羽，丞相萧何劝阻，才作罢。

[原文]

夏四月，诸侯罢戏下，各就国。羽使卒三万人从汉王，楚子、诸侯人之慕从者数万人，从杜南入蚀中。张良辞归韩，汉王送至褒中，因说汉王烧绝栈道，以备诸侯盗兵，亦视项羽无东意。

汉王既至南郑，诸将及士卒皆歌讴思东归，多道亡还者。韩信为治粟都尉，亦亡去。萧何追还之，因荐于汉王，曰：“必欲争天下，非信无可与计事者。”于是汉王齐戒设坛场，拜信为大将军，问以计策。信对曰：“项羽背约而王君王于南郑，是迁也。吏卒皆山东之人，日夜企而望归，及其锋而用之，可以有大功。天下已定，民皆自宁，不可复用。不如决策东向。”因陈羽可图、三秦易并之计。汉王大说，遂听信策，部署诸将。留萧何收巴、蜀租，给军粮食。

汉王西过梁地，至虞，谓谒者随何曰：“公能说九江王布使举兵畔楚，项王必留击之。得留数月，吾取天下必矣。”随何往说布，果使畔楚。

五月，汉王屯荥(xíng)阳，萧何发关中老弱未傅者悉诣军。韩信亦收兵与汉王会，兵复大振。与楚战荥阳南京、索间，破之。筑甬道属河，以取敖仓粟。魏王豹谒归视亲疾。至则绝

河津，反为楚。

六月，汉王还栎（yuè）阳。壬午，立太子，赦罪人。令诸侯子在关中者皆集栎阳为卫。引水灌废丘，废丘降，章邯自杀。雍（yōng）州定，八十余县，置河上、渭南、中地、陇西、上郡。令祠官祀天地、四方、上帝、山川，以时祠之。兴关中卒乘边塞。关中大饥，米斛万钱，人相食。令民就食蜀、汉。

登坛拜将

韩信刚投奔刘邦时，位卑人轻，始终得不到重用，他想借机逃走，但被萧何追了回来，并向刘邦进谏，认为以韩信之才，当拜大将军。刘邦听其言，择一良日，设坛拜韩信为大将军。从此，刘邦如虎添翼，势如破竹，为夺取江山又加上了一注筹码。

秋八月，汉王如荥阳，谓郦食其曰：“缓颊往说魏王豹，能下之，以魏地万户封生。”食其往，豹不听。汉王以韩信为左丞相，与曹参、灌婴俱击魏。食其还，汉王问：“魏大将谁也？”对曰：“柏直。”王曰：“是口尚乳臭，不能当韩信。骑将谁也？”曰：“冯敬。”曰：“是秦将冯无择子也。虽贤，不能当灌婴。步卒将谁也？”曰：“项它。”曰：“是不能当曹参。吾无患矣。”

[译文]

夏四月，诸侯纷纷离开项羽麾下，返回本国。项羽仅仅让三万人随汉王，楚国人、诸侯国人仰慕汉王而愿跟从他的有数万人，从杜县南进蚀中。张良辞汉王返回韩国，汉王送他至褒中，他劝汉王烧毁栈道，防备各诸侯偷袭，并向项羽表示无东向之意。

汉王到达南郑后，诸将和士卒都唱歌表达想东归的心情，不少人中途就逃了回去。韩信任治粟都尉，也逃跑了，萧何追回韩信，随即推荐给汉王，说："想夺天下，除了韩信再没有能够与之谋划的人了。"因此汉王斋戒设坛场，拜韩信为大将军，询问夺天下的对策。韩信回答说："项羽背弃盟约而让您在南郑称王，这是贬谪。官兵都是山东人，日夜盼望东归，利用这种锋锐之气，即可成就大事业。天下已平定，人民都想安宁，不可再用。不如决定向东进军。"于是讲述了能够打败项羽、兼并三秦之计。汉王很高兴，听从了韩信的计策，对诸将作出部署。留下萧何征收巴、蜀地区的租税，供应军粮。

汉王经过梁地，到达虞县，对谒者随何说："你能劝九江王英布举兵叛楚，项王必留下兵力攻打英布。假如他能停留数月，我就一定能够夺取天下。"随何前去劝说英布，果然让他背叛了楚国。

五月，汉王驻扎于荥阳，萧何征集关中的老弱和未到兵役登记年龄的人全部到军中报到。韩信也征调士兵与汉王会师，汉军士气再次大振。与楚军于荥阳南的京、索一带交战，击败楚军。汉筑甬道，通往黄河，以取得敖仓粮食。魏王魏豹请假探亲。一到家就断绝黄河渡口，反汉降楚。

六月，汉王回到栎阳。壬午，立太子，赦免罪人。命在关中参军的关东人都集合起来守卫栎阳。汉兵引水淹废丘，废丘降汉，章邯自杀。雍州平定，共八十余县，设河上、渭南、中地、陇西、上郡。命祠官祭祀天地、四方、上帝、山川诸神，按时祭祀。征调关中兵卒驻守边塞。关中地区发生饥荒，米一斛价值万钱，出现了人吃人的情况。汉王命人民到蜀郡、汉中地区谋生。

秋八月，汉王到达荥阳，对郦食其说："婉言劝说魏王魏豹，能劝说成功，把魏地万户封予先生。"郦食其前往，魏豹不从。汉王任命韩信为左丞相，与曹参、灌婴同攻魏。郦食其返回，汉王问："魏大将是谁？"回答道："柏直。"汉王说："乳臭未干，不能抵御韩信。骑将是谁？"回答说："冯敬。"汉王说："是秦将冯无择之子，虽贤能，不能抵御灌婴。步将是谁？"回答说："项它。"汉王说："他不能抵御曹参，我没有什么可怕的了。"

[原文]

项羽数侵夺汉甬道，汉军乏食，与郦食其谋桡(ráo)楚权。食其欲立六国后以树党，汉王刻印，将遣食其立之。以问张良，良发八难。汉王辍饭吐哺，曰："竖儒几败乃公事！"令趋销印。又问陈平，乃从其计，与平黄金四万斤，以间疏楚君臣。

夏四月，项羽围汉荥阳，汉王请和，割荥阳以西者为汉。亚父劝项羽急攻荥阳，汉王患之。陈平反间既行，羽果疑亚父。亚父大怒而去，发病死。

五月，将军纪信曰："事急矣！臣请诳(kuáng)楚，可以间出。"于是陈平夜出女子东门二千余人，楚因四面击之。纪信乃乘王车，黄屋左纛(dào)，曰："食尽，汉王降楚。"楚皆呼万岁，之城东观，以故汉王得与数十骑出西门遁。令御史大夫周苛、魏豹、枞(cōng)公守荥阳。羽见纪信，问："汉王安在？"曰："已出去矣。"羽烧杀信。而周苛、枞公相谓曰："反国之王，难与守城。"因杀魏豹。

［译文］

项羽多次夺取汉的甬道，汉军缺粮，汉王与郦食其策划削弱楚的力量。郦食其主张封六国后裔为王，以树立盟友，汉王刻了玺印，派郦食其去封王。汉王又询问张良，张良提出八条反对意见。汉王吐出嘴里的饭，说："竖儒差点坏了老子的大事！"下令赶快销毁玺印。又问陈平，并听从了他的计策交给他黄金四万斤，以便离间楚君臣。

夏四月，项羽围汉王于荥阳，汉王求和，割荥阳以西的土地属汉。范增说劝项羽尽快攻击荥阳，汉王非常忧虑。此时，陈平反间计已经奏效，项羽果然开始怀疑范增。范增大怒而去，生病死于途中。

五月，将军纪信说："事情十分紧急！臣请求去欺诈楚军，大王可以寻机出走。"于是陈平趁夜色自东门放出二千多女子，楚军从四面展开攻击。纪信于是乘上王车，黄缯车盖，左竖羽幢，说道："军粮吃光了，汉王降楚。"楚兵都高呼万岁，到城东观看，汉王乘机与数十骑从西门逃遁。让御史大夫周苛、魏豹、枞公驻守荥阳。项羽见到纪信，问："汉王现在何处？"回答说："已经出城走了。"项羽便烧死纪信。周苛、枞公商量说："背叛过汉王的魏王魏豹，很难与他共守城池。"于是就杀死了魏豹。

［原文］

汉王出荥阳，至成皋(gāo)。自成皋入关，收兵欲复东。辕生说汉王曰："汉与楚相距荥阳数岁，汉常困。愿君王出武关，项王必引兵南走，王深壁，令荥阳、成皋间且得休息。使韩信等得辑河北赵地，连燕、齐，君王乃复走荥阳。如此，则楚所备者多，力分。汉得休息，复与之战，破之必矣。"汉王从其计，出军宛、叶间，与黥布行收兵。

张良

张良，字子房，汉高祖刘邦的重要谋士，为刘邦出谋划策，屡出奇计，帮助刘邦渡过难关。开国后封为留侯，封为大司马后，辞官归隐，身退保名，可谓善始善终。刘邦曾称赞他："运筹帷幄之中，决胜于千里外，子房功也。"

羽闻汉王在宛，果引兵南，汉王坚壁不与战。是月，彭越渡睢（suī），与项声、薛公战下邳（pī），破杀薛公。羽使终公守成皋，而自东击彭越。汉王引兵北，击破终公，复军成皋。

羽下梁地十余城，闻海春侯破，乃引兵还。汉军方围钟离眛于荥阳东，闻羽至，尽走险阻。羽亦军广武，与汉相守。丁壮苦军旅，老弱罢转饷。汉王、羽相与临广武之间而语。羽欲与汉王独身挑战，汉王数羽曰："吾始与羽俱受命怀王，曰先定关中者王之。羽负约，王我于蜀、汉，罪一也。羽矫杀卿子冠军，自尊，罪二也。羽当以救赵还报，而擅劫诸侯兵入关，罪三也。怀王约入秦无暴掠，羽烧秦宫室，掘始皇帝冢，收私其财，罪四也。又强杀秦降王子婴，罪五也。诈坑秦子弟新安二十万，王其将，罪六也。皆王诸将善地，而徙逐故主，令臣下争畔逆，罪七也。出逐义帝彭城，自都之，夺韩王地，并王梁、楚，多自与，罪八也。使人阴杀义帝江南，罪九也。夫为人臣而杀其主，杀其已降，为政不平，主约不信，天下所不容，大逆无道，罪十也。吾以义兵从诸侯诛残贼，使刑余罪人击公，何苦乃与公挑战！"羽大怒，伏弩（nǔ）射中汉王。汉王伤胸，乃扪（mén）足曰："虏中吾指！"汉王病

创卧，张良强请汉王起行劳军，以安士卒，毋令楚乘胜。汉王出行军，疾甚，因驰入成皋。

[译文]

汉王逃出荥阳，来到成皋。自成皋入关，想招兵再东进。辕生劝汉王说："汉与楚相持荥阳多年，汉常常困窘。希望大王出武关，项王必领兵南去，大王深挖壕沟高筑壁垒，坚守不出，让荥阳、成皋间暂时得到休息。韩信等要是平定了河北赵地，联合燕、齐，大王就再去荥阳。这样，楚要防范的地方就增多，兵力也就分散了。汉得到休息，再与楚交战，必定败楚。"汉王听从了这个计策，出兵宛、叶之间，与英布一边行军一边招兵扩军。

项羽听说汉王在宛，果然领兵向南，汉王坚守不交战。这个月，彭越渡过睢水，与项声、薛公在下邳激战，破杀薛公。项羽派终公驻守成皋，亲自东击彭越。汉王领兵北上，击破终公军，再次驻军成皋。

项羽攻取梁地十余城，听闻海春侯兵败的消息，便领兵返回。汉军正包围钟离眛于荥阳东，听说项羽到，都占领险要地区。项羽也驻兵广武，与汉军相持。壮丁苦于战事，老弱疲于运送军粮。汉王、项羽在广武间对话。项羽想与汉王单挑作战，汉王责备项羽说："我与你当初同时受命于怀王，说先入关中者为王关中。你违约，让我前往蜀汉为王，此为罪一。你假借王命杀死卿子冠军宋义，自立为上将军，此为罪二。你应当救赵之后还报复命，却擅自威胁诸侯兵入关，此为罪三。怀王约定入关后不可施暴掠抢，你烧毁秦宫室，挖始皇帝墓，私吞所取财产，此为罪四。又杀死秦降王子婴，此为罪五。在新安县欺诈坑杀秦子弟二十万，封其将为王，此为罪六。你的部将都封在肥美之地，却赶走原来的君王，让臣下争权夺利，此为罪七。从彭城驱赶义帝，你自为都城；夺韩王地，兼并梁、楚，都留给自己，此为罪八。派人杀死义帝于江南，此为罪九。为人臣而杀其君主，杀死已投降之人，执政不能平和，君主订约而你不能信守，天下所不容，大逆不道，此为罪十。我率正义之师跟诸侯一同诛灭逆贼，让刑余的罪人攻击你就行了，哪用与你挑战！"项羽大怒，用埋伏的弩射中汉王。汉王伤到了胸，却摸着脚说："奴虏射中了我的脚趾！"汉王受伤卧床不起，张良强请汉王起身前去慰劳士兵，以安定军心，为的是不让楚军乘机取胜。汉王巡行军中，病重，随即奔入成皋。

[原文]

十一月，韩信与灌婴击破楚军，杀楚将龙且(jū)，追至城阳，虏齐王广。齐相田横自立为齐王，奔彭越。汉立张耳为赵王。

汉王疾愈，西入关，至栎阳，存问父老，置酒。枭(xiāo)故塞

王欣头栎阳市。留四日，复如军，军广武。关中兵益出，而彭越、田横居梁地，往来苦楚兵，绝其粮食。

韩信已破齐，使人言曰：“齐边楚，权轻，不为假王，恐不能安齐。”汉王怒，欲攻之。张良曰：“不如因而立之，使自为守。”春二月，遣张良操印，立韩信为齐王。秋七月，立黥（qíng）布为淮南王。八月，初为算赋。北貉、燕人来致枭骑助汉。汉王下令：军士不幸死者，吏为衣衾（qīn）棺敛，转送其家。四方归心焉。

项羽自知少助，食尽，韩信又进兵击楚，羽患之。汉遣陆贾说羽，请太公，羽弗听。汉复使侯公说羽，羽乃与汉约，中分天下，割鸿沟以西为汉，以东为楚。九月，归太公、吕后，军皆称万岁。乃封侯公为平国君。羽解而东归。汉王欲西归，张良、陈平谏曰：“今汉有天下太半，而诸侯皆附，楚兵罢食尽，此天亡之时，不因其几而遂取之，所谓养虎自遗患也！”汉王从之。

[译文]

十一月，韩信与灌婴击败楚军，杀楚将龙且，追击败军到达城阳，俘获齐王田广。齐相田横自封为齐王，逃奔彭越。汉王立张耳为赵王。

汉王伤口痊愈，西行入关，到达栎阳，慰问百姓，置酒款待。在栎阳街市悬挂起原塞王司马欣的头。留住四日，又返回军中，驻广武。关中为汉增加兵丁，而彭越、田横占领梁地，来往骚扰楚军，切断楚军草饷补给。

韩信攻破齐军后，派人对汉王说：“齐与楚临近，我权轻，不能代理齐王，恐怕不能够安定齐地。”汉王大怒，想讨伐韩信。张良说：“不如就势封韩信为齐王，让他自己固守一方。”春二月，汉王命张良带上王印，封韩信为齐王。秋七月，封英布为淮南王。八月，开始征收成人丁税。北貉、燕人赠送勇猛的骑兵助汉。汉王下令：士卒不幸死亡的，官吏为其制衣衾棺殓，转送回家。四方民心归附于汉。

项羽自知缺少援助，军粮用完，韩信又进兵攻楚，项羽害怕起来。汉派出陆贾劝说项羽，请求接回太公，项羽不同意。汉又派出侯公劝说项羽，项羽才与汉约定，平分天下，割鸿沟以西为汉，以东为楚。九月，送还太公、吕后，汉军齐呼万岁。于是封侯公为平国君。项羽罢军东归。汉王意欲西归，张良、陈平劝阻说：“如今汉有天下大半，诸侯又都归附于我，楚兵疲于奔波，这是天亡项羽之时，不乘机而消灭之，就是养虎为患啊！”汉王听从了这一建议。

[原文]

五年冬十月，汉王追项羽至阳夏南，止军，与齐王信、魏相国越期会击楚，至固陵，不会。楚击汉军，大破之。汉王复入壁，深堑(qiàn)而守。谓张良曰：“诸侯不从，奈何？”良对曰：“楚兵且破，未有分地，其不至固宜。君王能与共天下，可立致也。齐王信之立，非君王意，信亦不自坚。彭越本定梁地，始，君王以魏豹故，拜越为相国。今豹死，越亦望王，而君王不早定。今能取睢(suī)阳以北至穀城皆以王彭越，从陈以东傅海与齐王信，信家在楚，其意欲复得故邑。能出捐此地以许两人，使各自为战，则楚易散也”。于是汉王发使使韩信、彭越。至，皆引兵来。

十一月，刘贾入楚地，围寿春。汉亦遣人诱楚大司马周殷。殷畔楚，以舒屠六，举九江兵迎黥布，并行屠城父，随刘贾皆会。

十二月，围羽垓下。羽夜闻汉军四面皆楚歌，知尽得楚地。羽与数百骑走，是以兵大败。灌婴追斩羽东城。楚地悉定，独鲁不下。汉王引天下兵

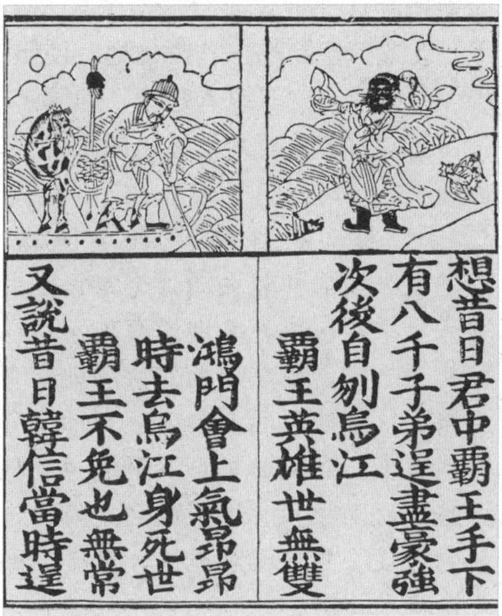

楚霸王自刎乌江

公元前202年，项羽被汉王刘邦围困在垓下一带，一天夜里，突闻汉军四面皆楚歌，项羽感到大势已去，遂率八百将士突围，被追到乌江一带，自刎而死。

欲屠之，为其守节礼义之国，乃持羽头示其父兄，鲁乃降。初，怀王封羽为鲁公，及死，鲁又为之坚守，故以鲁公葬羽于榖城。汉王为发丧，哭临而去。封项伯等四人为列侯，赐姓刘氏。诸民略在楚者皆归之。汉王还至定陶，驰入齐王信壁，夺其军。初项羽所立临江王共敖前死，子尉嗣立为王，不降。遣卢绾(wǎn)、刘贾击虏尉。

[译文]

五年冬十月，汉王追赶项羽至阳夏南，停止前行，与齐王韩信、魏相国彭越约定会师攻楚，到固陵，没能会师。楚军出战，大破汉军。汉王撤回壁垒，深挖堑壕固守。汉王对张良说："诸侯不来会师，该怎么办？"张良回答说："楚军就要失败，诸侯不能得到封地，他们不来会师是理所当然的。君王如能与他们共有天下，可马上来会师。齐王韩信之立，并不是大王本意，韩信也感到自己的地位不够巩固。彭越本平定梁地，当初大王因魏豹的缘故，封彭越为相国。今魏豹已死，彭越也想要称王，而君王却没有早日决定封王。如今能将睢阳以北到榖城都给彭越，封他为王，从陈县以东至沿海地区封给齐王韩信，韩信家在楚，他很愿意再回到故乡之地。如能摈弃这些地区封给这两个人，让他们各自为战，那么楚就容易灭亡了。"于是汉王派遣使臣到韩信、彭越处。使臣一到，韩、彭二将果然都领兵来会战。

十一月，刘贾攻入楚地，包围寿春。汉也遣人诱降楚大司马周殷。周殷背叛了楚，用驻舒之兵对六县进行屠杀，领九江兵迎接英布，并屠杀城父县，然后与刘贾会师。

十二月，项羽被围困在垓下。夜间听到汉军四面都在唱楚歌，知道汉已经占领楚地。项羽和数百骑兵逃走，因此楚军大败。灌婴追击至东城，斩杀项羽。楚地完全平定，只有鲁地没有攻下。汉王领天下兵打算屠杀鲁城，由于鲁是讲气节守礼义之国，便拿项羽的头颅让父老兄弟观看，鲁才降汉。当初，怀王册封项羽为鲁公，到他死后，鲁人还为他坚守封地，因此以鲁公之礼葬项羽于榖城。汉王替他发丧，痛哭离去。汉王册封项伯等四人为列侯，赐姓刘。被劫掠至楚的各地百姓都返回故乡。汉王返回定陶，进入齐王韩信军营，夺其军权。当初项羽所册封的临江王共敖已经死去，其子共尉嗣立为王，不降汉。汉王派卢绾、刘贾攻打并擒获了共尉。

[原文]

帝乃西都洛阳。夏五月，兵皆罢归家。诏曰："诸侯子在关中者，复之十二岁，其归者半之。民前或相聚保山泽，不

书名数，今天下已定，令各归其县，复故爵田宅，吏以文法教训辨告，勿笞辱。民以饥饿自卖为人奴婢者，皆免为庶人。军吏卒会赦，甚亡罪而亡爵及不满大夫者，皆赐爵为大夫。故大夫以上，赐爵各一级。其七大夫以上，皆令食邑；非七大夫以下，皆复其身及户，勿事。”又曰：“七大夫、公乘以上，皆高爵也。诸侯子及从军归者，甚多高爵，吾数诏吏先与田宅，及所当求于吏者，亟（jí）与。爵或人君，上所尊礼，久立吏前，会不为决，甚亡谓也。异日秦民爵公大夫以上，令丞与亢礼。今吾于爵非轻也，吏独安取此！且法以有功劳行田宅，今小吏未尝从军者多满，而有功者顾不得，背公立私，守尉长吏教训甚不善。其令诸吏善遇高爵，称吾意。且廉问，有不如吾诏者，以重论之。”

帝置酒洛阳南宫。上曰：“通侯诸将毋敢隐朕，皆言其情。吾所以有天下者何？项氏之所以先天下者何？”高起、王陵对曰：“陛下嫚（màn）而侮人，项羽仁而敬人。然陛下使人攻城略地，所降下者，因以与之，与天下同利也。项羽妒贤嫉能，有功者害之，贤者疑之，战胜而不与人功，得地而不与人利，此其所以失天下也。”上曰：“公知其一，未知其二。夫运筹帷幄之中，决胜千里之外，吾不如子房；填国家，抚百姓，给饷馈（kuì），不绝粮道，吾不如萧何；连百万之众，战必胜，攻必取，吾不如韩信。三者皆人杰，吾能用之，此吾所以取天下者也。项羽有一范增而不能用，此所以为我禽也。”群臣说服。

[译文]

高皇帝于是西都洛阳。夏五月，士兵们都复员回家。高帝下诏说：“诸侯后人在关中的，免除赋役十二年，已回乡的减掉一半。以前有的百姓聚集躲藏在山泽中，

张子房悲歌散楚

张良，字子房，本为韩国贵族，后来韩国为秦所灭，国恨家仇，使他从小就有反秦倾向，曾在博良沙椎击秦始皇，事不遂，逃到楚国下邳一带，隐姓埋名，苦学兵法，后来成为刘邦最得力的谋士。

没有户籍，现在天下安定，让他们各回原籍，恢复原有的爵位田宅，官吏为他们讲解法律条文分辨义理，使百姓明白其中的道理，不可鞭打羞辱。民众因饥饿自卖为别人奴婢的，都免为平民。军官士兵遇大赦，无罪而无爵的以及虽有爵位但不到大夫的，一律赐予大夫爵位。原有大夫以上爵位的各赐爵一级，七大夫以上的，都赐食邑；七大夫以下的，都免除自身及一户的赋役，不从事差役。”又说：“七大夫、公乘以上者，都是高级爵位。诸侯后人及从军回乡的，有很多高爵，我多次下诏官吏赐给他们田宅，还有他们向官吏要求应当得到的，应从速办理。爵位高者称人君，都是被天子尊敬礼遇的，有些长时间放在官吏面前的事，不予以解决，真是不足为训。过去秦民爵在公大夫以上，便与县令、丞行平等礼节。今天我对爵位并不忽视，为什么官吏敢如此对待爵位！况且法律规定有功劳的赐予田宅，今小吏没从军者多自满足，而有功者反而不能得到，背公立私，郡守、郡尉、县令、县长管教得很差。今命令官吏们都应很好地对待高爵，让我满意。今后再要察访，有不按我旨意办理的官吏，从重论处。”

高皇帝设酒宴于洛阳南宫。皇上说：“通侯各将不应隐瞒我，都要讲实情。我之所以能得到天下的原因是什么？项羽之所以失去天下的原因又是什么？”高起、王陵对答说：“陛下轻慢而对人不尊重，项羽仁爱而敬重人。但是陛下派人攻城略地，有所降服，给予赏赐，与将士同享利益。项羽妒贤嫉能，妒忌有功的人，猜疑贤能的人，战胜者不表功，夺得地盘的不赏赐，这就是他失天下的原因。”皇上说：“你们只知其一，不知其二。运筹于帷幄之中，决胜于千里之外，我赶不上张子房；安定国家，安抚百姓，供应粮草，不绝于道，我赶不上萧何；统领百万大军，战必胜，攻必取，我不如韩信。三人都是人杰，我能任用，这就是我所以取天下的原因。项羽有一个谋士范增但没有好好任用，这是他被我打败的原因。”群臣都心悦诚服。

［原文］

初，田横归彭越。项羽已灭，横惧诛，与宾客亡入海。上恐其久为乱，遣使者赦横，曰：“横来，大者王，小者侯；不来，且发兵加诛。”横惧，乘传诣洛阳，未至三十里，自杀。

上壮其节，为流涕，发卒二千人，以王礼葬焉。

戍卒娄敬求见，说上曰："陛下取天下与周异，而都洛阳，不便，不如入关，据秦之固。"上以问张良，良因劝上。是日，车驾西都长安。拜娄敬为奉春君，赐姓刘氏。六月壬辰，大赦天下。

人告楚王信谋反，上问左右，左右争欲击之。用陈平计，乃伪游云梦。十二月，会诸侯于陈，楚王信迎谒，因执之。诏曰："天下既安，豪杰有功者封侯，新立，未能尽图其功。身居军九年，或未习法令，或以其故犯法，大者死刑，吾甚怜之。其赦天下。"田肯贺上曰："甚善，陛下得韩信，又治秦中。秦，形胜之国也，带河阻山，县隔千里，持戟百万，秦得百二焉。地势便利，其以下兵于诸侯，譬犹居高屋之上建瓴水也。夫齐，东有琅邪(yá)、即墨之饶，南有泰山之固，西有浊河之限，北有勃海之利，地方二千里，持戟(jǐ)百万，县隔千里之外，齐得十二焉，此东西秦也。非亲子弟，莫可使王齐者。"上曰："善。"赐金五百斤。上还至洛阳，赦韩信，封为淮阴侯。

［译文］

起初，田横投降彭越。项羽被灭后，田横害怕遭到杀害，与宾客逃到海岛。皇上担心他们日久叛乱，派使者前去赦免田横，说："田横回来，大首领可以封王，小首领可以封侯；不回来，马上发兵诛灭。"田横惶恐，乘官车前往洛阳，在离洛阳不到三十里处自杀。皇上很赞赏他的气节，为他落泪，发兵两千人，按王礼将他埋葬。

戍卒娄敬求见，劝皇上说："陛下夺取天下与周朝不一样，却建都洛阳，不太合适，不如入关，占领旧秦的险固地区。"皇帝问张良，张良也趁机劝说皇帝。当日，皇帝起驾西行建都长安。拜娄敬为奉春君，赐姓刘。六月壬辰，大赦天下。

有人告发楚王韩信谋反，皇帝问左右的人，左右的人争相请求去攻打韩信。皇帝用陈平的计策，伪装到云梦巡游。十二月，皇帝在陈县召见诸侯，楚王韩信迎接拜见，被武士趁机捆绑起来。下诏说："天下已经平定，豪杰有功者被封为侯，因皇帝新立，还没有来得及把有功之人都考虑进去。在军队九年，有的没有学过法令，有的犯了法，罪大的处死了，我非常怜悯。今天赦免天下罪人。”田肯祝贺皇帝说：“事情办得很好，陛下擒住韩信，又建都于关中。秦地，是以形势之利取胜的地方，山河险阻，与诸侯相隔很远，如用百万士卒攻打，秦只用百分之二的兵力就能抵御。地势便利，如向关东发兵对付诸侯，就好比在高屋之上用瓶子倒水。齐国，东有琅邪、即墨的丰富资源，南有泰山的险固，西有浊河阻隔，北有渤海之利，地方面积二千里，如有百万士卒攻打，相隔在千里之外，齐只用十分之二的兵力就能抵御，这等于是东西两个秦国。如果不是皇帝的亲子弟，不可在齐地为王。”皇上说：“很好。”赐他黄金五百斤。皇上回到洛阳，赦免韩信，封其为淮阴侯。

萧何害功臣韩信

韩信最初被萧何赏识向刘邦力荐，举为大将军。建朝后，韩信企图谋反，事不济，萧何得知后，与吕后设计擒住韩信。故有“成也萧何，败也萧何”之说法。

［原文］

九年冬十月，淮南王、梁王、赵王、楚王朝未央宫，置酒前殿。上奉玉卮(zhī)为太上皇寿，曰：“始大人常以臣亡赖，不能治产业，不如仲力。今某之业所就孰与仲多？”殿上群臣皆称万岁，大笑为乐。

春正月，淮阴侯韩信谋反长安，夷三族。将军柴武斩韩王信于参合。

上还洛阳。诏曰：“代地居常山之北，与夷狄边，赵乃从山南有之，远，数有胡寇，难以为国。颇取山南太原之地益属代，代之云中以西为云中郡，则代受边寇益少矣。王、相国、通侯、吏二千石择可立为代王者。”燕王绾(wǎn)、相国何等三十三人皆曰：“子恒贤知温良，请立以为代王，都晋阳。”大赦天下。

二月，诏曰："欲省赋甚。今献未有程，吏或多赋以为献，而诸侯王尤多，民疾之。令诸侯王、通侯常以十月朝献，及郡各以其口数率，人岁六十三钱，以给献费。"又曰："盖闻王者莫高于周文，伯者莫高于齐桓，皆待贤人而成名。今天下贤者智能，岂特古之人乎？患在人主不交故也，士奚由进！今吾以天之灵、贤士大夫定有天下，以为一家，欲其长久，世世奉宗庙亡绝也。贤人已与我共平之矣，而不与吾共安利之，可乎？贤士大夫有肯从我游者，吾能尊显之。布告天下，使明知朕意。御史大夫昌下相国，相国酂(zàn)侯下诸侯王，御史中执法下郡守，其有意称明德者，必身劝，为之驾，遣诣相国府，署行、义、年。有而弗言，觉，免。年老癃(lóng)病，勿遣。"

［译文］

九年冬十月，淮南王、梁王、赵王、楚王在未央宫朝见皇上，朝廷置酒宴于前殿。皇帝奉玉杯给太上皇祝寿，说："当初大人常说我无赖，不能治产业，不如刘仲勤快。今天我所成就的事业跟刘仲相比谁的多？"殿上群臣皆高呼万岁，大笑为乐。

春正月，淮阴侯韩信谋反，被诛杀三族。将军柴武在参合斩杀韩王信。

皇上回到洛阳。下诏说："代地位于常山之北，与夷狄相接壤，赵的国境则从常山的南面开始，距离代很远，代常有胡人侵扰，很难保全国土。割山南太原之地增属代国，代的云中以西设立云中郡，这样代受到的边寇入侵就少多了。从王、相国、通侯、二千石官吏中选择能够立为代王的人。"燕王卢绾、相国萧何等三十三人都说："皇子刘恒贤德聪明、温和善良，请立为代王，建都于晋阳。"大赦天下。

二月，下诏说："想要减少赋税。现在献赋没有章程，官吏有的便多收赋税以为献费，而诸侯王征收得更多，百姓非常痛恨这件事。下令诸侯王、通侯都在十月朝见时献费，及郡纳献费都要以人口实际数目计算，每人每年六十三钱，用以缴纳献费。"又说："听说帝王没有高于周文王的，霸主少有高于齐桓公的，都是依靠贤人而成名。今天下贤者智者难道只有古代才有吗？毛病出在人主不去结交的缘故，贤士由哪里进见呀！今天我凭借上天的神灵、贤士大夫夺取天下，一统江山，要使它长久传下去，世世代代祭祀宗庙而不断绝。贤人已经与我一起平定天下了，而不能与我共安定同享受，行吗？贤士大夫有愿意跟随我的，我能够让他位尊名显。公告天下，使人们知晓我的意思。御史大夫周昌传达给相国，相国酂侯萧何传达给诸侯王，御史中执法传达给郡守，凡是诚意推举有贤明之德者，郡守一定要亲自前往劝勉，为之驾车，送至相国府，登记品行、仪帽、年龄。有贤明之人而不报者，一旦发现，立即免职。年老疲病，不可送来。”

[原文]

三月，梁王彭越谋反，夷三族。诏曰：“择可以为梁王、淮阳王者。”燕王绾(wǎn)、相国何等请立子恢为梁王，子友为淮阳王。罢东郡，颇益梁；罢颍(yǐng)川郡，颇益淮阳。

夏四月，行自洛阳至。令丰人徙关中者皆复终身。

五月，诏曰：“粤人之俗，好相攻击，前时秦徙中县之民南方三郡，使与百粤杂处。会天下诛秦，南海尉它居南方长治之，甚有文理，中县人以故不耗减，粤人相攻击之俗益止，俱赖其力。今立它为南粤王。”使陆贾即授玺(xǐ)、绶(shòu)。它稽首称臣。

六月，令士卒从入蜀、汉、关中者皆复终身。

秋七月，淮南王布反。上问诸将，滕公言故楚令尹薛公有筹策。上召见，薛公言布形势，上善之，封薛公千户。诏王、相国择可立为淮南王者，群臣请立子长为王。上乃发上郡、北地、陇西车骑，巴、蜀材官及中尉卒三万人为皇太子卫，军霸上。布果如薛公言，东击杀荆王刘贾，劫其兵，度淮击楚，楚王交走入薛。上赦天下死罪以下，皆令从军；征诸侯兵，上自将以击布。

十二年冬十月，上破布军于会缶。布走，令别将追之。

[译文]

三月，梁王彭越造反，诛灭三族。下诏说：“挑选可以立为梁王、淮阳王的人。”燕王卢绾、相国萧何等请封皇子刘恢为梁王，皇子刘友为淮阳王。裁撤东郡，扩增为梁国封地；撤销颍川郡，扩增为淮阳国封地。

夏四月，皇上从洛阳回到京都。下令凡丰邑人迁徙到关中的都终身免除赋役。

五月，下诏说：“粤人风俗喜欢互相械斗，以前秦朝迁徙中原之民到南方桂林、象郡、南海三郡，让他们与百粤人杂居。正赶上天下反秦，南海尉赵它在南方长期治理当地，很有条理，中原人因此没有减少，粤人相械斗的风俗得到进一步制止，全靠赵它之力。今立赵它为南粤王。”派陆贾前去授予玺绶。赵它叩首称臣。

六月，下令从军进入蜀、汉中、关中的人全都终身免除赋役。

秋七月，淮南王英布造反。皇上问诸将如何处置，滕公说原楚令尹薛公有平叛的主意。皇帝召见，薛公说了英布所处的形势，皇帝称赞不已，封薛公千户。诏令王、相国选择能够立为淮南王的人，群臣请封皇子刘长为王。皇上征发上郡、北地、陇西骑兵，巴郡、蜀郡步兵及中尉卒三万人为皇太子卫士，驻扎于霸上。英布果然如薛公所预言，东进杀死荆王刘贾，胁迫其兵，渡淮攻楚，楚王刘交逃入薛城。皇上赦免天下死罪以下的罪犯，全让他们当兵；征调诸侯兵，皇帝亲率军击英布。

十二年冬十月，皇上在会缶打败英布军。英布逃走，皇上命令别将追击。

[原文]

上还，过沛，留，置酒沛宫，悉召故人父老子弟佐酒。发沛中儿得百二十人，教之歌。酒酣，上击筑自歌曰：“大风起兮云飞扬，威加海内兮归故乡，安得猛士兮守四方！”令儿皆和习之。上乃起舞，慷慨伤怀，泣数行下。谓沛父兄曰：“游子悲故乡。吾虽都关中，万岁之后吾魂魄犹思沛。且朕自沛公以诛暴逆，遂有天下，其以沛为朕汤沐邑，复其民，世世无有所与。”沛父老诸母故人日乐饮极欢，道旧故为笑乐。十余日，上欲去，沛父兄固请。上曰：“吾人众多，父兄不能给。”乃去。沛中空县皆之邑西献。上留止，张饮三日。沛父兄皆顿首曰：“沛幸得复，丰未得，唯陛下哀矜。”上曰：“丰者，吾所生长，极不忘耳。吾

周勃

周勃，跟随刘邦平定天下，为人憨厚刚正，能断大事。高祖死后，遗诏任太尉，周勃与陈平设计，清除诸吕作乱，为大汉江山的安定立下了汗马功劳。

特以其为雍齿故反我为魏。”沛父兄固请之，乃并复丰，比沛。

汉别将击布军洮(táo)水南北，皆大破之，追斩布番阳。

十一月，行自淮南还。过鲁，以大牢祠孔子。

上击布时，为流矢所中，行道疾。疾甚，吕后迎良医，医入见，上问医。曰：“疾可治。”于是上嫚(màn)骂之，曰：“吾以布衣提三尺取天下，此非天命乎？命乃在天，虽扁鹊何益！”遂不使治疾，赐黄金五十斤，罢之。吕后问曰：“陛下百岁后，萧相国既死，谁令代之？”上曰：“曹参可。”问其次，曰：“王陵可，然少戆(zhuàng)，陈平可以助之。陈平知有余，然难独任。周勃重厚少文，然安刘氏者必勃也，可令为太尉。”吕后复问其次，上曰：“此后亦非乃所知也。”

卢绾与数千人居塞下候伺，幸上疾愈，自入谢。夏四月甲辰，帝崩于长乐宫。卢绾闻之，遂亡入匈奴。

[译文]

皇帝返回，经过沛县，在沛宫留宿并设酒宴，将故人父老子弟全部招来饮酒。征调沛中儿郎一百二十人，教他们唱歌。酒喝得正酣，皇帝击筑，并自己唱歌：“大风起兮云飞扬，威加海内兮归故乡，安得猛士兮守四方！”让儿郎都一起习唱。皇帝于是起舞，慷慨悲伤，泪水一行行地流下来。对沛地父兄说：“游子悲故乡。我虽然建都关中，死后我的魂魄还是思念沛县。况且我自称沛公征讨暴逆，其后才有天下，今以沛作为我的汤沐邑，免征沛县百姓的赋役，世世代代都不用缴纳租税。”沛父老百姓故人整日畅饮欢乐，以讲述往事为乐。十余日后，皇帝想离去，沛地父兄坚持请留。皇帝说：“我手下之人众多，父兄供给不了。”于是离开了。沛县全县皆空，都去城西献酒。皇帝又停下来，设帐痛饮三天。沛父兄都叩头说：“沛县有幸得到免赋役的恩惠，丰邑未能得到，只求陛下哀怜。”皇帝说：“丰邑是我的生长之地，最不能忘的。我是因他们曾为雍齿的原因背叛我去降魏而不免除赋役。”沛地父兄坚持请求，才同时免除丰邑赋役，与沛相同。

汉别将击英布军于洮水南北，都大败英布军，在番阳追斩英布。

十一月，皇上从淮南回到京师。经过鲁，用太牢祭祀孔子。

皇帝击英布时，曾被流箭射中，在途中病重。吕后聘请良医，医生进宫诊治，皇帝问医生病情。医生说：“可治。”于是皇帝大骂起来，说：“我以平民之身手拿三尺之剑取天下，这不是命吗？性命在天，即使扁鹊在世又有什么用！”于是不允许治病，赐黄金五十斤，停止治疗。吕后问道："陛下百年之后，萧相国死了，谁可以接替？"皇帝说："曹参可以。"问其次，说："王陵可以，但有点刚直，陈平可以帮助他。陈平智谋有余，但是难以独当一面。周勃稳重忠厚人又文雅，但是安定刘氏天下者一定是周勃，可使他担任太尉。"吕后又问其次，皇帝说："这以后也不是你所能知道的了。"

卢绾与数千人在塞下等待观望，希望皇帝疾愈，即亲自进京谢罪。夏四月二十五日，皇帝在长乐宫驾崩。卢绾听说，便逃到匈奴。

[原文]

吕后与审(shěn)食(yì)其(jī)谋曰："诸将故与帝为编户民，北面为臣，心常鞅鞅。今乃事少主，非尽族是，天下不安。"以故不发丧。人或闻，以语郦商。郦(lì)商见审食其曰："闻帝已崩四日，不发丧，欲诛诸将。诚如此，天下危矣。陈平、灌婴将十万守荥阳，樊哙、周勃将二十万定燕、代，此闻帝崩，诸将皆诛，必连兵还乡，以攻关中。大臣内畔，诸将外反，亡可跷足待也。"审食其入言之，乃以丁未发丧，大赦天下。

五月丙寅，葬长陵。已下，皇太子、群臣皆反至太上皇庙。群臣曰："帝起细微，拨乱世反之正，平定天下，为汉太祖，功最高。"上尊号曰高皇帝。

初，高祖不修文学，而性明达，好谋，能听，自监门戍卒，见之如旧。初顺民心作三章之约。天下既定，命萧何次律令，韩信申军法，张苍定章程，叔孙通制礼仪，陆贾造《新语》。又与功臣剖符作誓，丹书铁契，金匮(guì)石室，藏之宗庙。虽日不暇给，规摹弘远矣。

赞曰：《春秋》晋史蔡墨有言：陶唐氏既衰，其后有刘累，学扰龙，事孔甲，范氏其后也。而大夫范宣子亦曰："祖自虞以上为陶唐氏，在夏为御龙氏，在商为豕韦氏，在周为唐杜氏，晋主夏盟为范氏。"范氏为晋士师，鲁文公世奔秦。后归于晋，其处者为刘氏。刘向云："战国时刘氏自秦获于魏。"秦

灭魏，迁大梁，都于丰，故周市说雍齿曰："丰，故梁徙也。"是以颂高祖云："汉帝本系，出自唐帝。降及于周，在秦作刘。涉魏而东，遂为丰公。"丰公，盖太上皇父。其迁日浅，坟墓在丰鲜焉。及高祖即位，置祠祀官，则有秦、晋、梁、荆之巫，世祠天地，缀之以祀，岂不信哉！由是推之，汉承尧运，德祚已盛，断蛇著符，旗帜上赤，协于火德，自然之应，得天统矣。

[译文]

吕后与审食其谋划说："诸将原本与皇帝都是平民百姓，后来北面称臣，心里常常不愉快。今天又要侍奉少主，如果不杀掉这一帮人，天下不能安定。"因此秘不发丧。有人听到消息后，告诉郦商。郦商见审食其说："听说皇帝驾崩，四天不发丧，想诛杀诸将。真若这样，天下就危险了。陈平、灌婴率领十万兵守荥阳，樊哙、周勃率领二十万兵定燕、代，这些将领听说帝崩，诸将都将被诛杀，必然领兵返回，攻打关中。大臣内叛，诸将外反，败亡只是旦夕之间的事。"审食其进宫劝说吕后，于是在二十八日发丧，大赦天下。

刘向

刘向，西汉时期大学者，经史子集无所不通，曾根据史料搜集并整理《战国策》，所撰《别录》，为我国目录学之祖。其推敲刘邦祖先远溯陶唐氏，却不可信。

五月丙寅，高帝葬在长陵。下葬以后，皇太子与群臣都回到太上皇庙。群臣说："皇帝出身卑微，拨乱反正，安定天下，为汉太祖，功为最高。"敬上尊号叫高皇帝。

当初，高祖不习文学，但性情明达，喜好计谋，善于听取臣属之言，从看门人到戍卒，见面像老朋友一样平易相亲。开始时顺应民心，约法三章。天下平定，命萧何编制律令，韩信申述兵法，张苍制律历章程，叔孙通制定礼仪，陆贾著《新语》。又与功臣剖符作誓，立丹书铁契，存进金柜石室，藏于宗庙。虽然诸事繁杂，可以立制垂范传之后世。

赞曰：《春秋》晋国的史官蔡墨说过一段话：陶唐氏衰败以后，他的后人有刘累，学习驯龙，在夏王孔甲治下称臣，食采于范的晋大夫士会，就是他的后人。而晋大夫范宣子也说："先祖从虞氏以上称陶唐氏，在夏为御龙氏，在商为豕韦氏，在周为唐杜氏，晋国称霸华夏时称作范氏。”那时的范氏是晋国的正卿，鲁文公时逃至秦国。后来又回到晋国，留在秦国的称为刘氏。刘向说：战国时刘氏随秦军东进时在魏国被俘。秦攻打魏都安邑，魏迁到大梁，曾定都丰邑，因此周市劝雍齿道：“丰邑，是原来梁迁徙后的国都。”因此，颂扬高祖说：“汉朝皇帝的本系，出自于唐尧帝。到了周朝，在秦国称为刘氏。向东入魏，便成为丰公。”丰公乃是刘氏的太上皇父。他们迁徙的日子不久，在丰邑的坟墓也较少。到高祖即位，设置祭祀之官，便有秦、晋、梁、荆巫祝，代代祭拜天地，祭礼不绝，难道不是可信的吗！由此推断，汉继承尧的世运，帝王的运气已经很盛了，斩白蛇以显示符瑞，旗帜崇尚红色，符合火德，自然相应，理应取得天命正统。

高后纪

说明

本卷记述吕后临朝称制八年的事迹及其为人为政的一些特点。吕后，即吕雉，刘邦之妻。刘邦称帝，立其为皇后。吕后能干有谋，刘邦死后，吕后掌握大权，成了实际上的统治者。

[原文]

高皇后吕氏，生惠帝。佐高祖定天下，父兄及高祖而侯者三人。惠帝即位，尊吕后为太后。太后立帝姊(zǐ)鲁元公主女为皇后。无子，取后宫美人子名之以为太子。惠帝崩，太子立为皇帝。年幼，太后临朝称制，大赦天下。乃立兄子吕台、产、禄、台子通四人为王，封诸吕六人为列侯。语在《外戚传》。

元年春正月，诏曰："前日孝惠皇帝言欲除三族罪、妖言令，议未决而崩。今除之。"

二月，赐民爵，户一级。初置孝弟力田二千石者一人。夏五月丙申，赵王宫丛台灾。立孝惠后宫子强为淮阳王，不疑为恒山王，弘为襄城侯，朝为轵侯，武为壶关侯。秋，桃李华。

二年春，诏曰："高皇帝匡饬(chì)天下，诸有功者皆受分地为列侯，万民大安，莫不受休德。朕思念至于久远而功名不著，亡以尊大谊，施后世。今欲差次列侯功以定朝位，臧于高庙，世世勿绝，嗣子各袭其功位。其与列侯议定奏之。"丞相臣平言："谨与绛侯臣勃、曲周侯臣商、颍(yǐng)阴侯臣婴、安国侯臣陵等议，列侯幸得赐餐钱奉邑，陛下加惠，以功次定朝位，臣请臧高庙。”奏可。

春正月乙卯，地震，羌道、武都道山崩。夏六月丙戌晦，日有蚀之。秋七月，恒山王不疑（yí）薨。行八铢钱。

[译文]

汉高祖皇后吕氏，生下孝惠皇帝。辅佐汉高祖平定天下，高祖在位的时候，其父兄封侯者一共有三人。孝惠皇帝即位以后，尊吕后为皇太后。皇太后立惠帝姊鲁元公主的女儿为皇后。皇后没有生子，就将惠帝后宫美人所生的儿子作为自己的孩子并立为太子。惠帝驾崩，太子便立为皇帝。少帝年幼，皇太后临朝称制，并大赦天下。封其兄子吕台、吕产、吕禄及吕台子吕通等四人为王，封吕氏家族六人为列侯。详细记载见《外戚传》。

元年春季正月，下诏："孝惠皇帝生前曾说过想要废除重罪者灭'三族令'和'妖言令'，议论未定而驾崩，而今决定废除这两种法令。"

元年二月，赐民爵，每户一级。开始设置孝悌力田官俸禄二千石者一人。夏季五月丙申，邯郸城赵王宫中丛台发生火灾。封孝惠皇帝后宫子刘强为淮阳王，刘不疑为恒山王，刘弘为襄城侯，刘朝为轵侯，刘武为壶关侯。这年秋季，桃树、李树开花。

第二年春季，下诏："高皇帝平定天下，凡有功之臣皆封为列侯，并领有封地，万民大安，没有不受到恩泽的。朕想到将来以至久远之时，如果列侯的功名没有著录记载下来，就不可能尊其大义，惠及后世。现在想依照列侯功劳的大小，确定在朝廷的位次，放置于高祖庙中，世世代代不绝，使他们的子孙各继承其功位。此事可与列侯商定后上报。"丞相陈平说："臣与绛侯周勃、曲周侯郦商、颍阴侯灌婴、安国侯王陵等郑重地商议过，列侯有幸得赐餐钱封邑，这是皇帝给我们的恩惠，并以功绩大小确定朝位，臣请求藏于高祖庙堂。"此奏折得到准可。

春季正月乙卯，地震，羌道、武都道山崩。夏季六月丙戌月末，日食。秋季七月，恒山王刘不疑去世。推行用八铢钱。

[原文]

三年夏，江水、汉水溢，流民四千余家。秋，星昼见。

四年夏，少帝自知非皇后子，出怨言，皇太后幽之永巷。诏曰："凡有天下治万民者，盖之如天，容之如地；上有欢心以使百姓，百姓欣然以事其上，欢欣交通而天下治。今皇帝疾久不已，乃失惑昏乱，不能继嗣奉宗庙，守祭祀，不可属天下。其议代之。"群臣皆曰："皇太后为天下计，所以安宗庙、社稷甚深。顿首奉诏。”五月丙辰，立恒山王弘为皇帝。

五年春，南粤王尉佗(tuó)自称南武帝。秋八月，淮阳王强薨。九月，发河东、上党骑屯北地。

六年春，星昼见。夏四月，赦天下。秩长陵令二千石。六月，城长陵。匈奴寇狄道，攻阿(ē)阳。行五分钱。

[译文]

三年夏季，长江、汉水泛滥，流亡的灾民有四千余户。秋季，白天出现星辰。

四年夏季，少帝自知自己不是皇后所生，口出怨言，皇太后把他幽禁于宫中囚室永巷。下诏说："凡是拥有天下并能够治理万民的人，应当覆天盖地；皇帝用欢心来使唤百姓，百姓就会欣然以奉事皇上，欢欣交融才能使天下大治。现在皇帝久病不愈，精神错乱，不能继承帝位、奉祠宗庙、祭祀天地，更不可委以天下。所以需再议谁能代替他。"群臣都说："皇太后为天下着想，为了保护宗庙及国家的安全，深谋远虑。臣等叩头奉命。"五月丙辰，遂立恒山王刘弘为皇帝。

五年春季，南粤王尉佗自封南武帝。秋季八月，淮阳王刘强去世。九月，征发河东、上党骑兵屯驻于北地。

六年春，白天出现星辰。夏季四月，大赦天下。将长陵令的品级定为二千石。六月，修筑长陵城。匈奴侵犯狄道，进攻阿阳。推行用五分钱。

[原文]

七年冬十二月，匈奴寇狄道，略二千余人。春正月丁丑，赵王友幽死于邸(dǐ)。己丑晦，日有蚀之，既。以梁王吕产为相国，赵王禄为上将军。立营陵侯刘泽为琅邪王。夏五月辛未，诏曰："昭灵夫人，太上皇妃也；武哀侯、宣夫人，高皇帝兄姊也。号谥不称，其议尊号。"丞相臣平等请尊昭灵夫人曰昭灵后，武哀侯曰武哀王，宣夫人曰昭哀后。六月，赵王恢自杀。秋九月，燕王建薨(hōng)。南越侵盗长沙，遣隆虑侯灶将兵击之。

八年春，封中谒者张释卿为列侯。诸中官、宦者令丞皆赐爵关内侯，食邑。夏，江水、汉水溢，流万余家。

秋七月辛巳，皇太后崩于未央宫。遗诏赐诸侯王各千金，将相列侯下至郎吏各有差。大赦天下。

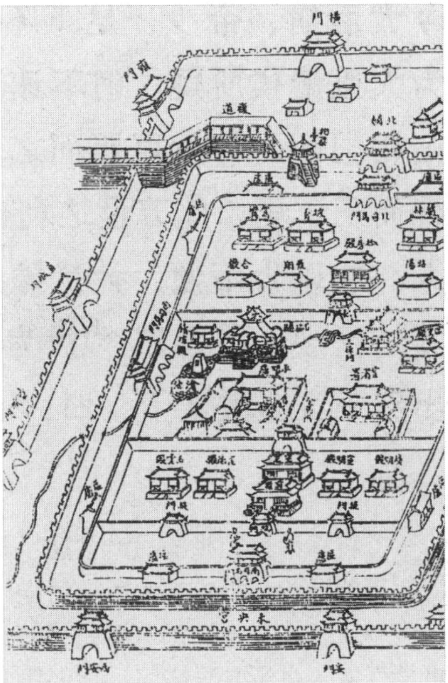

汉长乐未央宫

未央宫，汉高祖时在秦代章台基础上修建的，建筑富丽堂皇，自建立之时，就成为君臣朝会的场所，汉代的帝王大都在这里处理国事。

［译文］

七年冬季十二月，匈奴侵犯狄道，掠夺两千余人。春季正月丁丑，赵王刘友被幽禁并死于住所。己丑月末，有日全食。任命梁王吕产为相国，赵王吕禄为上将军。封营陵侯刘泽为琅邪王。夏季五月辛未，下诏说："昭灵夫人是太上皇的妃子；武哀侯、宣夫人是高皇帝的兄、姊。谥号和他们的身份不相称，应该再议尊号。"丞相陈平等人请尊昭灵夫人为昭灵后，武哀侯为武哀王，宣夫人为昭哀后。六月，赵王刘恢自杀。秋季九月，燕王刘建去世。南越侵犯长沙，派遣隆虑侯周灶率部队反击。

八年春季，封中谒者张释卿为列侯。各中官、宦者令丞都赐以关内侯爵位，享有封邑的租税。夏季，长江、汉水泛滥，万余家流亡。

秋季七月辛巳，皇太后在未央宫驾崩。遗诏赐给诸侯王各千金，将相列侯下至郎吏等均有赏赐。大赦天下。

［原文］

上将军禄、相国产颛（zhuān）兵秉政，自知背高皇帝约，恐为大臣、诸侯王所诛，因谋作乱。时齐悼惠王子朱虚侯章在京师，以禄女为妇，知其谋，乃使人告兄齐王，令发兵西。章欲与太尉勃、丞相平为内应，以诛诸吕。齐王遂发兵，又诈琅邪王泽发其国兵，并将而西。产、禄等遣大将军灌婴将兵击之。婴至荥（xíng）阳，使人谕齐王与连和，待吕氏变而共诛之。

太尉勃与丞相平谋，以曲周侯郦商子寄与禄善，使人劫商令寄绐说禄曰："高帝与吕后共定天下，刘氏所立九王，吕氏所立三王，皆大臣之议。事已布告诸侯王，诸侯王以为宜。

今太后崩，帝少，足下不急之国守藩，乃为上将将兵留此，为大臣诸侯所疑。何不速归将军印，以兵属太尉，请梁王亦归相国印，与大臣盟而之国？齐兵必罢，大臣得安，足下高枕而王千里，此万世之利也。”禄然其计，使人报产及诸吕老人，或以为不便，计犹豫未有所决。禄信寄，与俱出游，过其姑吕媭。媭怒曰：“汝为将而弃军，吕氏今无处矣！”乃悉出珠玉宝器散堂下，曰：“无为它人守也！”

[译文]

上将军吕禄、相国吕产掌握了军政大权，他们自知这是违背高皇帝的非刘氏不得封王的遗诏，恐怕被大臣及诸侯王诛杀，因此密谋作乱。此时齐悼惠王的儿子朱虚侯刘章正在京师，刘章娶吕禄的女儿为妻，并从其妻处得知吕禄等阴谋叛乱的消息，便派人告诉其兄齐王，让齐王发兵西向长安。刘章打算和太尉周勃、丞相陈平为内应，以诛杀吕氏党羽。齐王随即发兵，又诈骗琅邪王刘泽征调他封国内的军队，一起向西进发。吕产、吕禄等派遣大将军灌婴率兵迎击。灌婴到了荥阳后，派人谕告齐王欲与其联合，等待吕氏发动变乱，再一同消灭他们。

太尉周勃与丞相陈平商议计策，决定利用曲周侯郦商的儿子郦寄与吕禄友善的关系，派人威逼郦商，让郦商命令他的儿子郦寄欺骗吕禄说：“高皇帝与吕后共定天下，刘氏封王九人，吕氏封王三人，这都是大臣议论决定的，此事已告诉了诸侯王，诸侯王也认为合适。现在太后去世，皇帝年少，如果你不及时离开京城，前往自己的封国，遵守藩国之分，而仍继续留任上将军，带兵留驻京师，这必然会引起大臣及诸侯们的怀疑。你为何不赶快归还将军大印，把兵权交给太尉，同时请梁王吕产归还相国印信，并与大臣结盟，前往自己的封国呢？如果这样的话，则齐国兵必然撤回，大臣们也安心，足下也可以高枕无忧而为千里之王，这才是万世的利益啊。”吕禄赞成此计，便派人报告吕产及吕氏族中老人，有的人认为此计不好，犹豫不决。吕禄信任郦寄，与郦寄一起出游，拜见他的姑姑吕媭。吕媭大怒说：“你身为将军而放弃军权，这样的话姓吕的就死无葬身之地了！”于是将其珠玉宝器散置堂下，说：“现在也不必再为他人守着这些东西了！”

[原文]

八月庚申，平阳侯窋(zhú)行御史大夫事，见相国产计事。郎中令贾寿使从齐来，因数产曰：“王不早之国，今虽欲行，尚可得邪？”具以灌婴与齐、楚合从状告产。平阳侯窋闻其语，

驰告丞相平、太尉勃。勃欲入北军，不得入。襄平侯纪通尚符节，乃令持节矫内勃北军。勃复令郦寄、典客刘揭说禄，曰：“帝使太尉守北军，欲令足下之国，急归将印，辞去。不然，祸且起。”禄遂解印属典客，而以兵授太尉勃。勃入军门，行令军中曰：“为吕氏右袒(tǎn)，为刘氏左袒。”军皆左袒。勃遂将北军。然尚有南军，丞相平召朱虚侯章佐勃。勃令章监军门，令平阳侯告卫尉，毋内相国产殿门。产不知禄已去北军，入未央宫欲为乱，殿门弗内，徘徊往来。平阳侯驰语太尉勃，勃尚恐不胜，未敢诵言诛之，乃谓朱虚侯章曰：“急入宫卫帝。”章从勃请卒千人，入未央宫掖门，见产廷中。日餔时，遂击产，产走。天大风，从官乱，莫敢斗者。逐产，杀之郎中府吏舍厕中。

汉文帝

刘恒，高祖刘邦第四子，初被立为代王，惠帝死后，诸吕为乱，阴谋夺取帝位，在陈平、周勃的支持下，诛灭了诸吕势力，登上了帝位，即汉文帝。

章已杀产，帝令谒者持节劳章。章欲夺节，谒者不肯，章乃从与载，因节信驰斩长乐卫尉吕更始。还入北军，复报太尉勃。勃起拜贺章，曰：“所患独产，今已诛，天下定矣。”辛酉，斩吕禄，笞杀吕媭。分部悉捕诸吕男女，无少长皆斩之。

大臣相与阴谋，以为少帝及三弟为王者皆非孝惠子，复共诛之，尊立文帝。语在周勃、高五王传。

赞曰：孝惠、高后之时，海内得离战国之苦，君臣俱欲无为，故惠帝拱已，高后女主制政，不出房闼(tà)，而天下晏然，

刑罚罕用，民务稼穑，衣食滋殖。

[译文]

八月庚申，平阳侯曹窋兼任御史大夫职务，会见相国吕产计议国事。郎中令贾寿出使齐国归来，责怪吕产说："大王不早日回到你的封国，现在想回去还来得及吗？"于是把灌婴与齐、楚联合之事告诉了吕产。平阳侯曹窋在旁边听到了这些话，急忙报告丞相陈平、太尉周勃。周勃想进入北军，不得入内。襄平侯纪通主管调兵符节，周勃令他持节假传圣旨，说准许周勃进入北军。周勃又令郦寄、典客刘揭劝吕禄说："皇帝派太尉掌管北军，想要足下回到封国去，你们赶快归还将军印信离去。不然，就会大祸临头。"于是吕禄解下印信交给典客刘揭，把兵权交给了周勃。周勃得以进入军门，他对北军下令说："凡是效忠吕氏的袒露右臂，效忠刘氏的袒露左臂。"军士全都露左臂。这样周勃就掌控了北军。但此时还有南军仍在吕氏手中，丞相陈平让朱虚侯刘章辅助周勃。周勃令刘章监守军门，命令平阳侯曹窋告诉卫尉，不让相国吕产进入殿门。吕产不知道吕禄已经离开了北军，他想进入未央宫作乱，但殿门紧闭，不得入内，徘徊往来，不知所措。曹窋骑马将情况告诉太尉周勃，周勃仍然担心不能取胜，不敢公开说诛杀吕产，他对朱虚侯刘章说："你赶快进入宫中保卫皇帝。"刘章向周勃要了士兵一千人，从旁门进入未央宫，见吕产在庭院中。等到午后，攻击吕产，吕产逃跑。这时天刮起大风，吕产的侍从官兵们乱成一团，不敢抵抗。刘章追上吕产，吕产被杀于郎中府吏舍的厕所中。

刘章已杀死吕产，皇帝命令谒者持符节慰劳刘章。刘章想要夺取符节，谒者不肯，刘章于是与谒者乘同一辆车，利用谒者所持的符节，快速驾车前往长乐宫斩杀卫尉吕更始。然后他回到北军，向太尉周勃报告。周勃起身向刘章拜贺说："我所担心的只有吕产，如今杀了他，天下就安定了。"辛酉，斩吕禄，鞭杀了吕媭。派军队分别搜捕吕氏家族，无论男女老少，全都处死。

大臣们共同商议，认为皇帝刘弘及其三个弟弟都不是孝惠皇帝的儿子，统统杀死，另尊立文帝。详细记载见《周勃传》及《高五王传》。

赞曰：孝惠皇帝及高后的时候，天下摆脱了战乱之苦，君臣都愿无为而治，所以惠帝采取无为以治天下，女主高后听政时期，不出宫门，但是天下太平，很少用刑罚，人民勤劳耕作，丰衣足食。

武帝纪

说明

本卷记述汉武帝刘彻在位五十四年的大事。汉武帝，在位期间加强皇权，颁布“推恩令”，制定《左官法》，重附益之法；不拘一格任用人才；抑制丞相职权，以近臣参与决策，形成内朝与外朝之分；征讨匈奴，通使西域，多事“四夷”。改革币制，官营盐铁，实行均输、平准制度；重视水利，治理黄河；尊崇儒家，罢黜百家；迷信封禅，巡游各地；晚年下诏罪己，不事征伐而力事本农。汉武帝是中国历史上杰出的人物，其文治武功，彪炳史册，永不磨灭。

[原文]

孝武皇帝，景帝中子也，母曰王美人。年四岁立为胶东王。七岁为皇太子，母为皇后。十六岁，后三年正月，景帝崩。甲子，太子即皇帝位，尊皇太后窦氏曰太皇太后，皇后曰皇太后。三月，封皇太后同母弟田蚡(fén)、胜皆为列侯。

建元元年冬十月，诏丞相、御史、列侯、中二千石、二千石、诸侯相举贤良方正直言极谏之士。丞相绾(wǎn)奏：“所举贤良，或治申、商、韩非、苏秦、张仪之言，乱国政，请皆罢。”奏可。

春二月，赦天下。赐民爵一级。年八十复二算，九十复甲卒。行三铢钱。

夏四月己巳，诏曰：“古之立教，乡里以齿，朝廷以爵，扶世导民，莫善于德。然则于乡里先耆(qí)

汉景帝

刘启，汉文帝之子，与其父一起开创了“文景之治”，又为武帝奠定了“汉武盛世”的鼎盛局面，到了武帝时期，西汉国力达到了巅峰。

艾，奉高年，古之道也。今天下孝子顺孙愿自竭尽以承其亲，外迫公事，内乏资财，是以孝心阙焉，朕甚哀之。民年九十以上，已有受鬻(yù)法，为复子若孙，令得身帅妻妾遂其供养之事。"

［译文］

孝武皇帝在景帝众多儿子中排行居中，其母名王美人。四岁时立为胶东王。七岁时立为皇太子，其母立为皇后。十六岁时，景帝后三年正月，景帝驾崩。甲子，太子即皇帝位，尊称皇太后窦氏为太皇太后，皇后为皇太后。三月，封皇太后的同母兄弟田蚡、田胜为列侯。

武帝建元元年冬十月，下诏命令丞相、御史大夫、列侯、俸禄满二千石及二千石的官吏、诸侯王国之相都要推荐品德好、威望高、敢于直言进谏的人才。丞相卫绾上奏说："现在推荐上来的贤良之士中，有的是提倡申不害、商鞅、韩非、苏秦、张仪学说的，扰乱国政，请全都废除。"武帝奏准了这个建议。

春季二月，大赦天下。赐给天下百姓爵位一级。凡是年高八十岁的老人免除全家两口人的人头税，九十岁以上的老人免除全家人军赋。发行三铢铜钱。

夏四月己巳，下诏："古代确立教育的标准，百姓之中注重年长，朝廷之上重视爵位，扶正社会风气引导百姓行为，最好的办法在于注重道德修养。然而在乡村尊重老人，侍奉高龄，只是古代的道德标准。现在天下的孝子贤孙都愿意尽全力奉养亲人，但是由于外面迫于公事繁多，家内又缺乏钱财，因此孝心也就难以尽到。朕非常哀伤。百姓年龄九十岁以上，朝廷已经有了领米粟为粥的政策，现在还要免除其子孙的徭役，让他们亲自带领妻妾承担供养老人的事务。"

［原文］

五月，诏曰："河海润千里，其令祠官修山川之祠，为岁事，曲加礼。"赦吴楚七国帑(nú)输在官者。

秋七月，诏曰："卫士转置送迎二万人，其省万人。罢苑马，以赐贫民。"议立明堂。遣使者安车蒲轮，束帛加璧，征鲁申公。

二年冬十月，御史大夫赵绾(wǎn)坐请毋奏事太皇太后，及郎中令王臧皆下狱，自杀。丞相婴、太尉蚡免。

春二月丙戌朔，日有蚀之。夏四月戊申，有如日夜出。初置茂陵邑。

三年春，河水溢于平原，大饥，人相食。赐徙茂陵者户钱二十万，田二顷。初作便门桥。

秋七月，有星孛于西北。济川王明坐杀太傅、中傅废迁防陵。

闽越围东瓯(ōu)，东瓯告急。遣中大夫严助持节发会稽兵，浮海救之。未至，闽越走，兵还。

[译文]

五月，下诏："河海润泽千里江山，应该让祭祀之官修建山川神庙，每年祭奉，增加祭祀之礼。"赦免吴楚七国叛乱者妻子沦为官府奴婢的罪。

秋七月，下诏："往常用两万京城卫士更戍，应减少万人。废除养马苑林不许百姓入内放牧砍柴的禁令，给平民百姓以恩惠。"商讨建立明堂事宜。派使者用蒲草裹轮的舒适马车，带上锦帛和璧玉，迎接鲁国的申公。

二年冬十月，御史大夫赵绾因请求奏事不必经过太皇太后批准而获罪，牵涉到郎中令王臧，二人都被关进监狱，不久二人都自杀。丞相窦婴、太尉田蚡被免官。

春二月初一，日食。夏四月戊申，白天如夜间一般。开始设置茂陵邑。

三年春，黄河水在平原郡决口，出现大饥荒和人吃人的现象。赏赐迁往茂陵居住的百姓每户二十万钱，田二顷。开始修建横跨渭水通往茂陵的便门桥。

秋七月，有彗星经过西北。济川王刘明因杀太傅、中傅而被废除王号迁往防陵。

闽越围击东瓯，东瓯向汉朝廷告急。武帝派中大夫严助持符节征调会稽兵卒，由海上去救援。还未到东瓯，闽越便逃走，朝廷退兵。

[原文]

九月丙子晦，日有蚀之。

四年夏，有风赤如血。六月，旱。秋九月，有星孛于东北。

五年春，罢三铢钱，行半两钱。置《五经》博士。

夏四月，平原君薨(hōng)。

五月，大蝗。

秋八月，广川王越、清河王乘皆薨。

六年春二月乙未，辽东高庙灾。

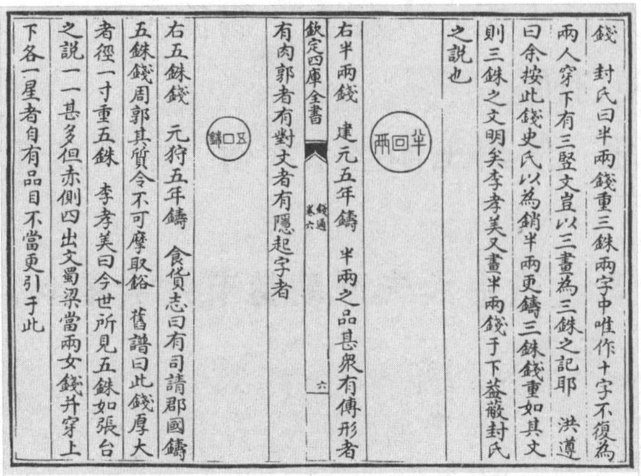
錢　封氏曰半兩錢重三銖兩字中唯作十字不復為
兩人穿下有三竪文豈以三畫為三銖之記耶　洪遵
曰余按此錢史氏以為銷半兩更鑄三銖錢重如其文
則三銖之文明矣李孝美又畫半兩錢于下蓋蔽封氏
之説也
右半兩錢　建元五年鑄　半兩之品甚衆有傳形者
有肉郭者有對文者有隱起字者
欽定四庫全書　錢通 卷六　六
右五銖錢　元狩五年鑄　食貨志曰有司請郡國鑄
五銖錢周郭其質令不可摩取鋊　舊譜曰此錢厚大
者徑一寸重五銖　李孝美曰今世所見五銖如張台
之説一一甚多但赤側四出文蜀梁當兩女錢并穿上
下各一星者自有品目不當更引于此

西汉半两钱

半两钱，最初通行于秦朝，到汉代继续通用，武帝五年废除三铢钱，推行半两钱，“半”与“两”二字分列方孔左右，通常是右“半”左“两”。

夏四月壬子，高园便殿火。上素服五日。

五月丁亥，太皇太后崩。

秋八月，有星孛于东方，长竟天。

闽越王郢(yǐng)攻南越。遣大行王恢将兵出豫章、大司农韩安国出会稽击之。未至，越人杀郢降，兵还。

元光元年冬十一月，初令郡国举孝廉各一人。

卫尉李广为骁骑将军屯云中，中尉程不识为车骑将军屯雁门，六月罢。

夏四月，赦天下，赐民长子爵一级。复七国宗室前绝属者。

［译文］

九月丙子最后一天，日食。

四年夏，风卷起沙尘其色如血。六月，天旱。秋九月，彗星经过东北。

五年春，废除三铢钱，推行半两钱。设置《五经》博士。

夏四月，武帝外祖母平原君去世。

五月，发生大的蝗虫灾害。

秋八月，广川王刘越、清河王刘乘都去世了。

六年春二月乙未，位于辽东郡的高庙发生火灾。

夏四月壬子，高帝陵园便殿起火。皇上素服五日。

五月丁亥，太皇太后去世。

秋八月，彗星出现在东方，长得可以划遍天空。

闽越王郢进攻南越。武帝派遣大行王恢率兵从豫章出发、大司农韩安国从会稽发兵，攻击闽越。还没有到达，越人便已杀郢降汉，汉朝退兵。

元光元年冬十一月，开始让郡国推举孝廉各一人。

卫尉李广为骁骑将军驻屯云中，中尉程不识为车骑将军驻屯雁门，六月撤回。

夏四月，大赦天下，赏赐百姓长子爵位一级。恢复吴楚七国宗室被取消的继承权。

［原文］

五月，诏贤良曰：“朕闻昔在唐、虞，画像而民不犯，日月所烛，莫不率俾。周之成、康，刑错不用，德及鸟兽，教通四海，海外肃眘(shèn)，北发渠搜，氐羌徕(lái)服。星辰不孛，日月不蚀，山陵不崩，川谷不塞；麟、凤在郊薮(sǒu)，河、洛出图书。呜虖，何施而臻此与！今朕获奉宗庙，夙兴以求，夜寐以思，若涉渊水，未知所济。猗与伟与！何行而可以章先帝之洪业休德，上参尧、舜，下配三王！朕之不敏，不能远德，此子大夫之所睹闻也。贤良明于古今王事之体，受策察问，咸以书对，著之于篇，朕亲览焉。”于是董仲舒、公孙弘等出焉。

秋七月癸未，日有蚀之。

二年冬十月，行幸雍，祠五畤。

［译文］

五月，下诏策问贤良：“朕听说过去在尧、舜的时候，用不同的衣服象征五刑，百姓就不犯罪，日月所照之处，没有不尽职不听从命令的。周朝的成王、康王，刑罚也搁置不用，恩德及于鸟兽，政令能够到达各地。海外到肃眘族，向北征发至渠搜，氐族、羌族均前来臣服。星辰不变色，日月不蚀，大山不崩，河流山谷不堵塞；麒麟、凤凰停留在郊外的草泽之中，黄河中的龙马载河图而出，洛水中的神龟负洛书而现。啊！这是实施了什么办法才达到如此完美的境地呢！如今朕继承皇家基业，早起以求，晚睡思考，犹如渡涉深水，还不知怎

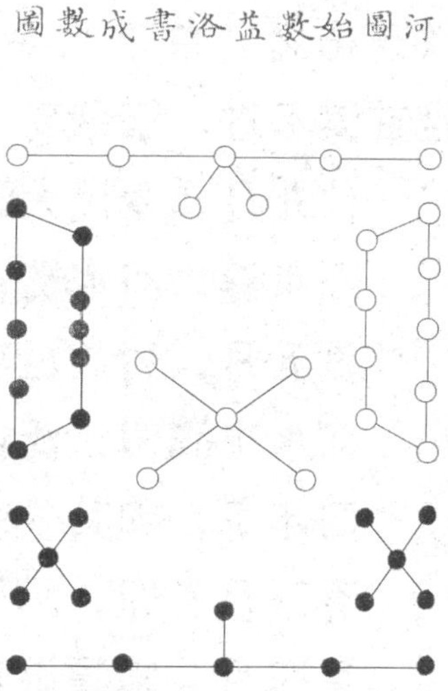

河图洛书

河图与洛书分别为上古时期流传下来的两幅图案，被认为是中华文化的滥觞。相传伏羲之时，黄河中跃出龙马，奉上河图，献给伏羲；大禹之时，洛河中浮出神龟，驮着洛书，献给大禹。“河出图，洛出书”指的就是这两件事。

样才能渡过去。这些传说是多么美好而伟大啊！朕怎样做才能弘扬先帝的宏业美德，向上追溯而加入尧、舜的行列，向下与禹、汤、文王相匹配呢！朕不够聪敏，恐不能远施恩德，这是诸位大夫所耳闻目见的。贤良之士深知古今王事之体制，请将考问的答案著述于简策之上，朕要亲自阅览。”于是董仲舒、公孙弘等人便以策问方式步入仕途。

秋七月癸未，日食。

二年冬十月，武帝驾临雍县，在五畤祭祀天帝。

[原文]

春，诏问公卿曰：“朕饰子女以配单于，金币文绣赂之甚厚，单于待命加嫚(màn)，侵盗亡已。边境被害，朕甚闵之。今欲举兵攻之，何如？”大行王恢建议宜击。

夏六月，御史大夫韩安国为护军将军，卫尉李广为骁骑将军，太仆公孙贺为轻车将军，大行王恢为将屯将军，太中大夫李息为材官将军，将三十万众屯马邑谷中，诱致单于，欲袭击之。单于入塞，觉之，走出。六月，军罢。将军王恢坐首谋不进，下狱死。

秋九月，令民大酺五日。

三年春，河水徙，从顿丘东南流入勃海。

夏五月，封高祖功臣五人后为列侯。

河水决濮(pú)阳，泛郡十六。发卒十万救决河。起龙渊宫。

四年冬，魏其侯窦婴有罪，弃市。

春三月乙卯，丞相蚡薨。

夏四月，陨霜杀草。五月，地震。赦天下。

五年春正月，河间王德薨(hōng)。

[译文]

春，下诏询问大臣：“朕将子女打扮装饰之后许配给单于，并以丰厚的黄金锦绣彩礼相赠，但是单于对朝廷命令更加怠慢，侵扰盗抢边境事件从来没有停止过。边境遭受祸害，朕非常忧虑。现在打算出兵攻打匈奴，你们看怎么样？”大行王恢建议皇上应该攻击。

夏六月，御史大夫韩安国任护军将军，卫尉李广任骁骑将军，太仆公孙贺任轻车将军，大行王恢为将屯将军，太中大人李息为材官将军，率领三十万大军隐避于马邑山谷之中，引诱单于前来，打算进行伏击。单于刚入塞，就发觉有伏兵，逃出塞外。六月，撤回大军。将军王恢犯了“首谋不进”之罪，下狱而死。

秋九月，下令允许百姓公开聚会饮酒五日。

三年春，黄河水改道，从顿丘东南流入渤海。

夏五月，封高祖功臣五人的后代为列侯。

黄河在濮阳决堤，淹没十六个郡。朝廷派兵十万人堵塞黄河决口。建造龙渊宫。

四年冬，魏其侯窦婴有罪，处死街头。

春三月乙卯，丞相田蚡去世。

夏四月，严霜冻死草木。五月，发生地震。大赦天下。

五年春正月，河间王刘德去世。

[原文]

夏，发巴、蜀治南夷道，又发卒万人治雁门阻险。

秋七月，大风拔木。

乙巳，皇后陈氏废。捕为巫蛊(gǔ)者，皆枭(xiāo)首。

八月，螟(míng)。征吏民有明当时之务、习先圣之术者，县次续食，令与计偕。

六年冬，初算商车。

春，穿漕渠通渭。

匈奴入上谷，杀略吏民。遣车骑将军卫青出上谷，骑将军公孙敖出代，轻车将军公孙贺出云中，骁骑将军李广出雁门。青至龙城，获首虏七百级。广、敖失师而还。诏曰：“夷狄无义，所从来久。间者匈奴数寇边境，故遣将抚师。古者治兵振旅，因遭虏之方入，将吏新会，上下未辑。代郡将军敖、雁门将军广所任不肖，校尉又背义妄行，弃军而北，少吏犯禁。用兵之法：不勤不教，将率之过也；教令宣明，不能尽力，士卒之罪也。将军已下廷尉，使理正之，而又加法于士卒，二者并行，非仁圣之心。朕闵众庶陷害，欲刷耻改

李广射虎

李广，西汉著名将领、军事家，传说其箭法高超。有一次夜里，忽闻风声草动，他以为是老虎出现，便射出一箭，第二天早晨，发现箭头深深陷入一块大石之中。

行，复奉正义，厥路亡繇。其赦雁门、代郡军士不循法者。”

［译文］

夏，征发巴、蜀民众打通通向南方少数民族地区通路，又派出士兵一万人修建雁门以固险阻。

秋七月，大风连根拔起树木。

乙巳，皇后陈氏被废黜。搞巫蛊邪术的人，都被逮捕并处死悬首示众。

八月，农田出现螟虫灾害。征集官吏、百姓中了解时务、熟习圣人治世方法之人，沿途由各县供给饮食，让他们与各郡国上计吏同来京师。

六年冬，开始征收商人车船税。

春，挖凿水渠沟通渭河。

匈奴侵犯上谷，杀害官吏、百姓，抢掠财物。朝廷派遣骑将军卫青从上谷发兵，骑将军公孙敖从代郡发兵，轻车将军公孙贺从云中发兵，骁骑将军李广从雁门发兵。卫青到达龙城，斩杀七百余匈奴兵。李广、公孙敖损兵而还。皇帝下诏："夷狄不讲仁义，由来已久。近来匈奴多次侵扰我边境，因此派遣将军抚慰军队。古代治理军队严明戒律，这次出兵，因刚刚遭受寇虏侵害，将士们不久才聚集起来，上下尚未协调一致。代郡将军公孙敖、雁门将军李广不称职，校尉军官们违背道义不知约束自己的行为，抛弃军队败退，下级官吏触犯禁律。用兵的方法是：不勤于训练教育士兵，是将帅的过错；教令已经明确宣布，而不去尽力照办，是士卒的罪过。将军已经交廷尉，按法律明治其罪，如果再对士兵施加刑罚，二者并行，就不是圣者仁义之心了。朕忧虑众士卒遭到陷害，本来打算洗刷耻辱改正错误，奉行正义，又担心无路可走。因此，应该赦免雁门、代郡士兵中不遵守军法的人。"

［原文］

夏，大旱，蝗。

六月，行幸雍。

秋，匈奴盗边。遣将军韩安国屯渔阳。

元朔元年冬十一月，诏曰："公卿大夫，所使总方略，壹统类，广教化，美风俗也。夫本仁祖义，褒德禄贤，劝善刑

暴，五帝、三王所繇(yóu)昌也。朕夙(sù)兴夜寐，嘉与宇内之士臻(zhēn)于斯路。故旅耆(qí)老，复孝敬，选豪俊，讲文学。稽参政事，祈进民心，深诏执事，兴廉举孝，庶几成风，绍休圣绪。夫十室之邑，必有忠信；三人并行，厥有我师。今或至阖郡而不荐一人，是化不下究，而积行之君子雍于上闻也。二千石官长纪纲人伦，将何以佐朕烛幽隐，劝元元，厉蒸庶，崇乡党之训哉？且进贤受上赏，蔽贤蒙显戮(lù)，古之道也。其与中二千石、礼官、博士议不举者罪。”有司奏议曰：“古者，诸侯贡士，壹适谓之好德，再适谓之贤贤，三适谓之有功，乃加九锡；不贡士，壹则黜(chù)爵，再则黜地，三而黜爵地毕矣。夫附下罔上者死，附上罔下者刑，与闻国政而无益于民者斥，在上位而不能进贤者退，此所以劝善黜恶也。今诏书昭先帝圣绪，令二千石举孝廉，所以化元元，移风易俗也。不举孝，不奉诏，当以不敬论。不察廉，不胜任也，当免。”奏可。

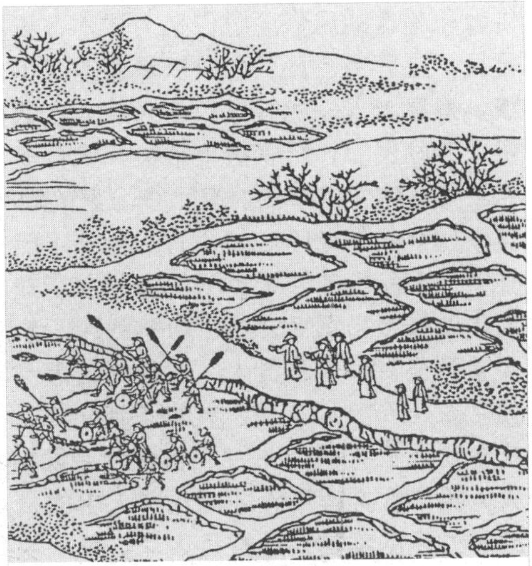

捕蝗

我国历史上经常发生蝗灾，不仅影响了人民的正常生活，而且对农业生产造成了很大的危害。所以，围绕着怎样治蝗、灭蝗，成为政府一个重要的课题，而且在史书上一般都会把它记载下来。

[译文]

夏，大旱，发生蝗虫灾害。

六月，武帝驾临雍县。

秋，匈奴侵扰边境。派遣将军韩安国驻屯渔阳。

元朔元年冬十一月，武帝下诏：“公卿大夫的职责为总握方略，统一众事，广传教化美善的风俗。以仁义为根本，表彰并奖励有道德的贤人，奖励善良，禁止暴行，是五帝、三王之所以昌盛的缘由。朕晚睡早起，鼓励天下之士完善这条道路。嘉惠老人，优待孝敬老人的人，选拔才能出众的人，宣讲文章之学。研究政事，激励民心，严令执事官员，推荐孝义、廉洁之士，希望成为一种风气，继承先圣美好伟大的事业。有十户人家的地方，必定有诚实忠信之人；三人一路同行，其中就有我的老师。如今有的全郡不能推荐一人，是教化不向下贯彻的表现，这样的话有品行的君子也不能被君主所知。二千石一级的长官统管人伦道德，这如何佐助朕照亮黑暗之处，劝勉百姓，激励大众，推广乡里训令呢？所以推荐贤人要受到奖赏，遮蔽贤人、匿藏知名人士要被处死，这是古代通行的办法。应该让朝中二千石一级官员、礼官、博士拿出一个不举荐贤人而治罪的办法来。”朝中执事官员上奏建议说：“在古代，诸侯推荐人才，第一次推举了人才属于品德好的人，第二次推荐了人才叫作贤人中的贤人，第三次推荐了人才便是有功之臣，要给予九锡的奖赏；不推举人才，第一次要废除爵位，第二次要削减领地，第三次则削去全部爵位和领地。迎合部下而欺骗上司者要被处死，谄媚上司而欺骗部下者要处以刑罚，参与国政不为民谋利者要罢斥，在上位而不能推荐贤人者要贬退，这就是为了奖励善良而废止邪恶。今天诏书宣扬了先帝遗业，下令太守举荐孝悌、廉洁之士，是为了开导百姓，移风易俗。不举荐孝悌，不执行诏令，应当以不敬罪论处。不能发现廉洁之士，也是不称职，应当罢免官职。”上奏建议被批准。

卫青钳徒论相

卫青出身卑微，少年时代曾执鞭牧羊。据史料记载：“青尝从人至甘泉居室，有一钳徒相青曰：‘贵人也，官至封侯。’青笑曰：‘人奴之生，得无笞骂即足矣，安得封侯事乎！’”

[原文]

十二月，江都王非薨。

春三月甲子，立皇后卫氏。诏曰：“朕闻天地不变，不成施化；阴阳不变，物不畅茂。《易》曰‘通其变，使民不倦’。《诗》云‘九变复贯，知言之选’。朕嘉唐、虞而乐殷、周，据旧以鉴新。其赦天下，与民更始。诸逋贷及辞讼在孝景后三年以前，皆勿听治。”

秋，匈奴入辽西，杀太守；

入渔阳、雁门，败都尉，杀略三千余人。遣将军卫青出雁门，将军李息出代，获首虏数千级。

东夷薉君南闾等口二十八万人降，为苍海郡。

鲁王馀、长沙王发皆薨。

二年冬，赐淮南王、菑川王几杖，毋朝。

春正月，诏曰："梁王、城阳王亲慈同生，愿以邑分弟，其许之。诸侯王请与子弟邑者，朕将亲览，使有列位焉。"于是藩国始分，而子弟毕侯矣。

匈奴入上谷、渔阳、杀略吏民千余人。遣将军卫青、李息出云中，至高阙，遂西至符离，获首虏数千级。收河南地，置朔方、五原郡。

[译文]

十二月，江都王刘非去世。

春三月甲子，立卫氏为皇后。下诏："朕听说天地不变化，就不能孕育万物；阴阳不变化，万物就不能生长繁茂。《易经》说'通达变化，才能使百姓不知疲倦'。《诗经》说'多次变化的事物都是循环往复进行的，并从中择其善者而从之'。朕赞赏唐尧、虞舜的质朴，也喜爱商、周的文采，借鉴旧的事物以立新政。现免除罪人的罪行，同百姓除旧迎新。景帝后三年以前百姓欠官府之物及各种诉讼，都不必再去办理了。"

秋，匈奴侵犯辽西郡，杀死太守；又侵入渔阳、雁门，击败都尉，杀害掳掠三千余人。派遣将军卫青出兵雁门，将军李息出兵代郡，斩获敌人首级数千。

东夷薉君南闾等率领二十八万人投降汉朝，汉朝在该地设置苍海郡。

鲁王刘馀、长沙王刘发都去世。

二年冬，赐给淮南王刘安、菑川王刘志茶几和拐杖，不必上朝拜见皇帝。

春正月，下诏："梁王、城阳王是我的亲生兄弟，愿意把封邑分给二弟，应接受。诸侯王请求给予子弟封邑者，朕将亲自过问，使其有列侯位置。"于是藩国便开始分而治之，侯王子弟都受封为侯了。

匈奴侵入上谷、渔阳，杀掠官吏平民千余人。派遣将军卫青、李息出兵云中，直达高阙，接着西至符离，斩获数千敌人。收复河套以南的河南地区，设置朔方、五原郡。

[原文]

三月乙亥晦，日有蚀之。

夏，募民徙朔方十万口。又徙郡国豪杰及訾三百万以上于茂陵。

秋，燕王定国有罪，自杀。

三年春，罢苍海郡。

三月，诏曰："夫刑罚所以防奸也，内长文所以见爱也。以百姓之未洽于教化，朕嘉与士大夫日新厥业，祗而不懈。其赦天下。"

夏，匈奴入代，杀太守；入雁门，杀略千余人。

六月庚午，皇太后崩。

秋，罢西南夷，城朔方城。令民大酺五日。

四年冬，行幸甘泉。

夏，匈奴入代、定襄、上郡，杀略数千人。

五年春，大旱。大将军卫青将六将军兵十余万人出朔方、高阙，获首虏万五千级。

[译文]

三月乙亥月末，发生日食。

夏，招募十万百姓迁往朔方。又迁徙各郡国豪富以及资产在三百万钱以上的大富户定居于茂陵。

秋，燕王刘定国有罪，自杀。

三年春，废除苍海郡。

三月，下诏："刑罚是为了防止奸邪，对内尊崇文德为的是显示亲爱。由于百姓没有受到教育，朕奖励士大夫每日更新职守，恭敬不懈。应该赦免天下有罪的人。"

夏，匈奴入侵代郡，杀死太守；入侵雁门郡，杀掠千余人。

六月庚午，皇太后去世。

秋，停止开通西南夷的道路，建造朔方城。允许百姓举行酒宴五日。

四年冬，武帝驾临甘泉宫。

夏，匈奴入侵代郡、定襄郡、上郡，杀掠数千人。

五年春，大旱。大将军卫青率六将、兵卒十余万人从朔方、高阙出发，斩获匈奴首级一万五千余。

[原文]

夏六月，诏曰："盖闻导民以礼，风之以乐。今礼坏乐崩，朕甚闵焉。故详延天下方闻之士，咸荐诸朝。其令礼官劝学，讲议洽闻，举遗举礼，以为天下先。太常其议予博士弟子，崇乡党之化，以厉贤材焉。"丞相弘请为博士置弟子员，学者益广。

秋，匈奴入代，杀都尉。

六年春二月，大将军卫青将六将军兵十余万骑出定襄，斩首三千余级。还，休士马于定襄、云中、雁门。赦天下。

夏四月，卫青复将六将军绝幕，大克获。前将军赵信军败，降匈奴。右将军苏建亡军，独自脱还，赎为庶人。

[译文]

夏六月，下诏："听说要用礼来指导百姓，要用音乐来进行教化人民。今天礼乐制度破坏，朕非常忧虑。因此要把天下博闻有识之士全部请来，举荐给朝廷。应当让礼官劝进学业，讲论见闻，推举遗逸之民倡兴礼学，作为天下的表率。太常应商议将有识之士置为博士弟子，推崇乡里教化，以加强培养贤能人才。"丞相公孙弘请求为博士设立弟子，于是学习礼乐者越来越多了。

秋，匈奴入侵代郡，杀死都尉。

六年春二月，大将军卫青率领六将军、十万余骑兵从定襄郡发兵，斩敌三千余人。返回，在定襄、云中、雁门休整兵马。大赦天下。

夏四月，卫青又率领六将军横扫沙漠，大获全胜。前将军赵信兵败，投降匈奴。右将军苏建损失全军，只身逃回，获罪贬为平民。

[原文]

六月，诏曰："朕闻五帝不相复礼，三代不同法，所繇(yóu)殊路而建德一也。盖孔子对定公以徕(lái)远，哀公以论臣，景公以节用，非期不同，所急异务也。今中国一统而北边未安，朕甚悼之。日者大将军巡朔方，征匈奴，斩首虏万八千级，诸禁锢及有过者，咸蒙厚赏，得免减罪。今大将军仍复克获，

斩首虏万九千级，受爵赏而欲移卖者，无所流驰，其议为令。”有司奏请置武功赏官，以宠战士。

元狩元年冬十月，行幸雍，祠五畤。获白麟，作《白麟之歌》。

十一月，淮南王安、衡山王赐谋反，诛。党与死者数万人。

十二月，大雨雪，民冻死。

夏四月，赦天下。

［译文］

六月，下诏：“朕听说五帝实行的是不重复的礼制，夏、商、周三代的治国之法也各不相同，虽然所走的道路不同，但是建立的功德伟业是一样的。孔子用“悦近徕远”来回答鲁定公的提问，对鲁哀公的提问，他用“政在选贤”来回答，对齐景公的提问，他用“政在节财”来回答，不一定非要不同，而是注重的缓急各有区别。现在中原已经统一而北方边境仍然没有安定，朕很痛心。不久前大将军巡行朔方，征伐匈奴，斩首俘虏一万八千余人，各类被囚禁而不得做官及有过错的人，都蒙受厚赏，得以减免罪过。今大将军又获大捷，斩首俘获一万九千余人，受到奖赏爵位而又想转卖的人，却没有转卖的政策，应商议个办法并写成命令。”朝廷执事官员请求设置武功赏官，以奖励战士。

元狩元年冬十月，武帝驾临雍县，在五畤祭祀天帝。获得一只白麒麟，作了一首《白麟之歌》。

十一月，淮南王刘安、衡山王刘赐谋反，被杀。同党被处死的有数万人。

十二月，天降大雪，有百姓冻死。

夏四月，大赦天下。

［原文］

丁卯，立皇太子。赐中二千石爵右庶长，民为父后者一级。诏曰：“朕闻咎繇(gāo yáo)对禹，曰在知人，知人则哲，惟帝难之。盖君者，心也，民犹支体，支体伤则心憯怛。日者淮南、衡山修文学，流货赂，两国接壤，怵于邪说，而造篡弑(shì)，此朕之不德。《诗》云：‘忧心惨惨，念国之为虐。’已赦天下，涤除与之更始。朕嘉孝弟、力田，哀夫老眊(mào)孤寡鳏(guān)独或匮(kuì)于

衣食，甚怜愍(mǐn)焉。其遣谒者巡行天下，存问致赐。曰：'皇帝使谒者赐县三老、孝者帛，人五匹；乡三老、弟者、力田帛，人三匹；年九十以上及鳏寡孤独帛，人二匹，絮三斤；八十以上米，人三石。有冤失职，使者以闻。县乡即赐，毋赘聚。'"

五月乙巳晦，日有蚀之。匈奴入上谷，杀数百人。

二年冬十月，行幸雍，祠五畤。

春三月戊寅，丞相弘薨。遣骠骑将军霍去病出陇西，至皋兰，斩首八千余级。

夏，马生余吾水中。南越献驯象、能言鸟。

将军去病、公孙敖出北地二千余里，过居延，斩首虏三万余级。

［译文］

丁卯，立皇太子。赐中二千石官员右庶长爵位，百姓中凡继承父业者赐爵一级。下诏："朕听说咎繇回答禹的问题时，说关键在于了解人，能了解人的人是贤哲，就是帝王也难以办到。君主犹如心脏，百姓犹如肢体，肢体受到伤害心脏就会疼痛。不久前，淮南王、衡山王研修文学，交易货物，两国相接，被邪说诱惑，因而酿成篡权谋反的大罪，这是朕没有恩德所造成的。《诗经》说：'忧伤之心戚惨，挂念国事最为沉重。'现在已经大赦天下，洗涤旧俗让百姓们开始新的生活。朕奖励孝顺父母、尊重兄长、致力于耕作的人，非常同情怜悯老者、鳏寡孤独者或缺少衣食的人。应派遣谒者巡视天下，慰问赏赐。可以说：'皇帝派谒者赏赐县三老和孝子以帛，每人五匹；乡三老、尊敬兄长者、努力耕种者赐以帛，每人三匹；年纪九十岁以上及鳏寡孤独者赐以帛，每人二匹，丝絮三斤；八十岁以上老者赐以米，每人三石。有冤而失去职业者，由使者直接报告皇帝。所有赏赐均在县乡，不必征召聚众。'"

五月乙巳为月末，发生日食。匈奴入侵上谷郡，杀害数百人。

二年冬十月，武帝驾临雍县，在五畤祭祀天帝。

春三月戊寅，丞相公孙弘去世。派遣骠骑将军霍去病出征陇西，到达皋兰，杀敌八千余人。

夏，有马生在余吾水中。南越朝贡驯象、鹦鹉。

将军霍去病、公孙敖率兵出北地二千余里，越过居延，杀敌三万多人。

昆明望春

汉武帝元狩三年，于长安西南郊开凿昆明池，针对攻打西南各少数民族，为练习水战所用。

[原文]

匈奴入雁门，杀略数百人。遣卫尉张骞(qiān)、郎中令李广皆出右北平。广杀匈奴三千余人，尽亡其军四千人，独身脱还，及公孙敖、张骞皆后期，当斩，赎为庶人。

江都王建有罪，自杀。胶东王寄薨(hōng)。

秋，匈奴昆邪王杀休屠王，并将其众合四万余人来降，置五属国以处之。以其地为武威、酒泉郡。

三年春，有星孛于东方。

夏五月，赦天下。立胶东康王少子庆为六安王。封故相国萧何曾孙庆为列侯。

秋，匈奴入右北平、定襄，杀略千余人。

遣谒者劝有水灾郡种宿麦。举吏民能假贷贫民者以名闻。

减陇西、北地、上郡戍卒半。发谪吏穿昆明池。

四年冬，有司言关东贫民徙陇西、北地、西河、上郡、会稽凡七十二万五千口，县官衣食振业，用度不足，请收银锡造白金及皮币以足用。初算缗(mín)钱。

[译文]

匈奴入侵雁门，杀掳数百人。派遣卫尉张骞、郎中令李广同时从右北平出兵。李广杀匈奴三千余人，丧失全军四千人，只身逃回。公孙敖、张骞失约迟到，按律当斩，贬为百姓。

江都王刘建有罪，自杀。胶东王刘寄去世。

秋，匈奴昆邪王杀休屠王，并率其部众合计四万余人前来投降，设置五个属国对其进行安置。将这些地区划分为武威郡和酒泉郡。

三年春，彗星出现于东方。

夏五月，大赦天下。立胶东康王少子刘庆为六安王。封已故相国萧何曾孙萧庆为列侯。

秋，匈奴侵犯右北平、定襄，杀掠千余人。

派遣谒者到遭水灾的郡县提倡种冬小麦。将官民中能借贷给贫民钱粮者的姓名推举上报给朝廷。

将陇西、北地、上郡的戍边兵卒减少一半。征发有罪的官吏开凿昆明池。

四年冬，有官员报告关东贫民迁徙到陇西、北地、西河、上郡、会稽的共七十二万五千人，国家赈济衣食扶持产业，用费不足，请求收集银锡铸造白金及皮币以供使用。开始征收商业税、手工业资产税。

[原文]

春，有星孛于东北。

夏，有长星出于西北。

大将军卫青将四将军出定襄，将军去病出代，各将五万骑，步兵踵(zhǒng)军后数十万人。青至幕北围单于，斩首万九千级，至阗(tián)颜山乃还。去病与左贤王战，斩获首虏七万余级，封狼居胥山乃还。两军士死者数万人。前将军广、后将军食其(yì jī)皆后期。广自杀，食其赎死。

五年春三月甲午，丞相李蔡有罪，自杀。

天下马少，平牡马，匹二十万。罢半两钱，行五铢钱。

徙天下奸猾吏民于边。

六年冬十月，赐丞相以下至吏二千石金，千石以下至乘从者帛，蛮夷锦各有差。雨水亡冰。

夏四月乙巳，庙立皇子闳(hóng)为齐王，旦为燕王，胥为广陵王。初作诰。

[译文]

春，有彗星出现在东北。

夏，有长星出现在西北。

大将军卫青率四将军发兵定襄，将军霍去病出兵代郡，分别率领五万骑兵，步兵数十万人。卫青到达沙漠以北后包围单于，杀敌一万九千人，抵达阗颜山后返回。霍去病与匈奴左贤王交战，灭敌七万余人，于狼居胥山刻石纪功后返回。卫、霍两军死亡士兵数万人。前将军李广、后将军赵食其均失约迟到。李广自杀，赵食其赎免死罪。

五年春三月甲午，丞相李蔡有罪，自杀。

天下马匹缺少，平抑公马每匹价格为二十万钱。废除半两钱，发行五铢钱。

迁徙天下奸猾官民到边地。

六年冬十月，赏赐黄金给丞相以下至二千石一级的官员，赏赐千石以下官员至随从人员以帛，赏赐少数民族以锦，各不相等。冬季雨水不结冰。

夏四月乙巳，在祖庙册立皇子刘闳为齐王，刘旦为燕王，刘胥为广陵王。开始作封王策文。

［原文］

六月，诏曰："日者有司以币轻多奸，农伤而末众，又禁兼并之涂，故改币以约之。稽诸往古，制宜于今。废期有月，而山泽之民未谕。夫仁行而从善，义立则俗易，意奉宪者所以导之未明与？将百姓所安殊路，而挢虔吏因乘势以侵蒸庶邪？何纷然其扰也！今遣博士大等六人分循行天下，存问鳏(guān)寡废疾，无以自振业者贷与之。谕三老、孝弟以为民师，举独行之君子，征诣行在所。朕嘉贤者，乐知其人。广宣厥道，士有特招，使者之任也。详问隐处亡位及冤失职，奸猾为害、野荒治苛者，举奏。郡国有所以为便者，上丞相、御史以闻。"

秋九月，大司马骠骑将军去病薨。

元鼎元年夏五月，赦天下，大酺五日。

得鼎汾水上。

济东王彭离有罪，废徙上庸。

二年冬十一月，御史大夫张汤有罪，自杀。

十二月，丞相青翟下狱死。

[译文]

渡河受款

霍去病，西汉时期名将，卫青的外甥，曾数次率军出击盘踞在河西一带的匈奴，作战不拘古法，沉稳果断。元狩六年卒，年仅二十四岁。

六月，下诏："前不久朝廷官员由于钱币重量轻又多有伪造，伤害了农业生产者，而从事商业和手工业的人多了起来，又要堵塞大户富户兼并弱小贫民的漏洞，因此要更换钱币来加以限制。研究古代的政策，制定适合今天的政策。废除旧币已经有一年零一个月的时间了，而居住在山泽的民众还不晓得告示之意。实行仁爱的政策人们就可以从事善良之事，确立正义就可以改变社会风俗，然而当前币制受阻，究竟是奉旨执行命令的官员宣示指导不明呢？还是用别的办法对付百姓，而妄托上命趁机侵夺民众的官吏造成的呢？怎么这样杂乱无章，令人烦扰！今派遣博士褚大等六人分别巡视天下，慰问鳏寡残疾之人，没有力量兴办产业者可以由官方借贷给予扶持。晓谕天下命三老、孝悌为民众老师，推举有特殊才能和有品德之人，征发来到朕的住所。朕嘉奖贤人，也很高兴见到并认识这些人。广泛宣扬他们的品德，德才兼备之士将得到特殊邀请，关键的责任在于使者的鉴别与推举。详细询问其隐身之处、为什么没有被任用，以及那些蒙冤失去正常职业等情况，奸邪狡猾为害百姓的人，农田未开垦而执政又刻薄的官吏，一律上奏揭发。郡国有才能的人，都要上报丞相、御史大夫，并呈报给皇帝。"

秋九月，大司马骠骑将军霍去病逝世。

元鼎元年夏五月，大赦天下，允许百姓宴饮五日。

在汾水河岸边得到古鼎。

济东王刘彭离有罪，罢黜王号迁徙到上庸旧邑。

二年冬十一月，御史大夫张汤有罪，自杀。

十二月，丞相庄青翟被关入监狱而死。

[原文]

春，起柏梁台。

三月，大雨雪。夏，大水，关东饿死者以千数。

秋九月，诏曰："仁不异远，义不辞难。今京师虽未为丰年，山林池泽之饶与民共之。今水潦移于江南，迫隆冬至，朕惧其饥寒不活。江南之地，火耕水耨（nòu），方下巴、蜀之粟致

之江陵，遣博士中等分循行，谕告所抵，无令重困。吏民有振救饥民免其厄者，具举以闻。”

三年冬，徙函谷关于新安。以故关为弘农县。

十一月，令民告缗(mín)者以其半与之。

正月戊子，阳陵园火。夏四月，雨雹，关东郡国十余饥，人相食。

常山王舜薨。子勃嗣立，有罪，废徙房陵。

四年冬十月，行幸雍，祠五畤。赐民爵一级，女子百户牛酒。行自夏阳，东幸汾阴。

十一月甲子，立后土祠于汾阴脽(shuí)上。礼毕，行幸荥阳。还至洛阳，诏曰：“祭地冀州，瞻望河、洛，巡省豫州，观于周室，邈(miǎo)而无祀。询问耆老，乃得孽子嘉。其封嘉为周子南君，以奉周祀。”

[译文]

春，开始建造柏梁台。

三月，天降大雪。夏，大水灾，函谷关以东地区饿死的人数以千计。

秋九月，下诏：“仁爱不分远近，正义不畏艰难。今年京师虽然没有获得丰收，但山林池泽的财富应与民共享。现在水灾移到江南，寒冬就要到来，朕害怕百姓饥寒交迫无法存活下去。江南地区，火耕灌水种田，刚刚从巴、蜀运出的粟米到了江陵，派遣博士中等人分路前往巡察，晓谕所到之处，不再允许加重百姓负担，使之困苦。官吏和百姓有能力救济饥民使其摆脱饥饿困苦者，全都要上报朝廷。”

三年冬，将函谷关迁到新安县。在旧关设立弘农县。

十一月，下令让百姓告发隐瞒产业逃避资产税的人，给予其隐瞒财产的一半作为奖励。

正月戊子，阳陵园失火。夏四月，下冰雹，关东地区十几个郡国发生饥荒，出现了人吃人的现象。

常山王刘舜去世。其子刘勃继承王位，因有罪，废除王号迁徙到房陵。

四年冬十月，武帝驾临雍县，在五畤祭祀天帝。赏赐百姓爵位一级，女子每一百户赏牛一头、酒若干斗。经过夏阳，向东驾临汾阴。

十一月甲子，在汾阴高丘上建造后土祠。礼仪完毕后，驾临荥阳。返回到洛阳，下诏说："在冀州祭祀土地神，瞻望黄河、洛水，巡视豫州，观览周王室旧址，一切都成为过去而没有人祭扫。询问老人，才找到旁支后代嘉。封嘉为周子南君，以侍奉周朝香火。"

[原文]

春二月，中山王胜薨(hōng)。

夏，封方士栾大为乐通侯，位上将军。

六月，得宝鼎后土祠旁。秋，马生渥洼水中。作《宝鼎》《天马》之歌。立常山宪王子商为泗水王。

五年冬十月，行幸雍，祠五畤。遂逾陇，登空同，西临祖厉河而还。

十一月辛巳朔旦，冬至。立泰畤于甘泉。天子亲郊见，朝日夕月。诏曰："朕以眇身托于王侯之上，德未能绥民，民或饥寒，故巡祭后土以祈丰年。冀州脽(shuí)壤乃显文鼎，获荐于庙。渥洼水出马，朕其御焉。战战兢兢，惧不克任，思昭天地，内惟自新。《诗》云：'四牡翼翼，以征不服。'亲省边垂，用事所极。望见泰一，修天文禅。辛卯夜，若景光十有二明。《易》曰：'先甲三日，后甲三日。'朕甚念年岁未咸登，饬躬斋戒，丁酉，拜况于郊。"

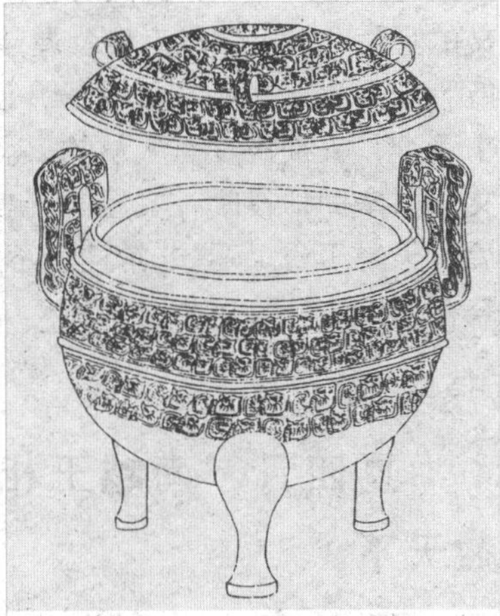

汉鼎

鼎本为古代普通的炊器，传说夏禹曾收九牧之金铸九鼎于荆山之下，以象征九州，从此，鼎就从一般的炊器而发展为传国重器，从土中挖出宝鼎，在古代是一件祥瑞的事情。

[译文]

春二月，中山王刘胜去世。

夏，封方士栾大为乐通侯，职位相当于上将军。

六月，在后土祠旁挖到宝鼎一个。秋，在渥洼水中出现神马。作《宝鼎》《天马》之歌。封常山宪王之子刘商为泗水王。

五年冬十月，驾临雍县，在五畤祭祀天帝。于是越过陇山，登上空同山，西至祖厉河然后返回。

十一月初一黎明，冬至。在甘泉立泰畤。天子亲自祭祀，早晨向东拜揖太阳，夜晚向西南拜揖月亮。下诏："朕以渺小之身寄托于王侯之上，恩德未能安抚百姓，百姓有的忍受饥寒，因此巡行祭祀后土神以祈求丰收之年。冀州高丘有显示镂有铭文的宝鼎，得以供献宗庙。渥洼水中出神马，朕可以驾驭。每天谨慎小心，害怕不能胜任国政，想要向天地表明心志，只有内省自新。《诗经》说：'四匹雄马驾驭战车飞奔，去征伐没有服从的人。'亲自巡视边防，用兵极盛。望见泰一，遂修建天文坛。辛卯日夜晚，其巨大光芒有十二次明亮之多。《易经》说：'前三天是辛日，后三天是丁日。'朕非常挂念不能年年都获得丰收，整饬身体以备斋戒，丁酉，在祭祀天神处行拜赐之礼。"

[原文]

夏四月，南越王相吕嘉反，杀汉使者及其王、王太后。赦天下。

丁丑晦，日有蚀之。

遣伏波将军路博德出桂阳，下湟水；楼船将军杨仆出豫章，下浈水；归义越侯严为戈船将军，出零陵，下离水；甲为下濑将军，下苍梧。皆将罪人，江淮以南楼船十万人，越驰义侯遗别将巴、蜀罪人，发夜郎兵，下牂(zāng)柯江，咸会番禺。

九月，列侯坐献黄金酎(zhòu)祭宗庙不如法夺爵者百六人，丞相赵周下狱死。乐通侯栾大坐诬(wū)罔要斩。

西羌众十万人反，与匈奴通使，攻故安，围枹罕(fú hǎn)。匈奴入五原，杀太守。

六年冬十月，发陇西、天水、安定骑士及中尉，河南、河内卒十万人，遣将军李息、郎中令徐自为征西羌，平之。

行东，将幸缑(gōu)氏，至左邑桐乡，闻南越破，以为闻喜县。

春，至汲新中乡，得吕嘉首，以为获嘉县。驰义侯遗兵未及下，上便令征西南夷，平之。遂定越地，以为南海、苍

梧、郁林、合浦、交阯、九真、日南、珠厓、儋耳郡。定西南夷，以为武都、牂（zāng）柯、越巂（xī）、沈黎（lí）、文山郡。

羌人

羌族，我国古代西部的少数民族，分布在今甘肃、青海、四川一带，以游牧为主。在汉代，羌人经常在匈奴的胁迫之下，参与反叛朝廷的活动，汉武帝曾派李息率军前去镇压，使叛乱得以平息。

[译文]

夏四月，南越王相吕嘉反叛汉朝，杀汉朝使者及南越王、王太后。大赦天下。

丁丑月末那天，发生日食。

派遣伏波将军路博德发兵桂阳，顺湟水而下；楼船将军杨仆出豫章，顺浈水而下；归义越侯严任戈船将军，出零陵，顺离水而下；甲为下濑将军，从苍梧出兵。诸将均率有罪之人，江淮以南楼船水兵十万人，越人驰义侯遣另外统率巴、蜀罪人，征发夜郎国兵，顺牂柯江而下，各路大军在番禺汇合。

九月，列侯因为宗庙祭祀时，所献酎金成色分量不合规定而犯法被削爵位者有一百零六人，丞相赵周入狱而死。乐通侯栾大因为谎言欺骗皇帝而被腰斩。

西羌族十万之众反叛汉朝，与匈奴勾结，攻击故安，包围枹罕。匈奴侵犯五原，杀死太守。

六年冬十月，征发陇西、天水、安定各郡县的骑兵及中尉，河南、河内兵卒十万人，派遣将军李息、郎中令徐自为征讨西羌，叛乱平息。

武帝巡行东方，快要驾临缑氏县，到了左邑桐乡时，听说南越兵败，于是改左邑县为闻喜县。

春，到了汲县新中乡时，斩获吕嘉首级，改汲县为获嘉县。驰义侯遣所率军还没来得及出发，武帝便命令他们去征讨西南夷，平息叛乱。于是，平定南越，设置南海、苍梧、郁林、合浦、交阯、九真、日南、珠厓、儋耳九郡。平定西南夷，设置武都、牂柯、越巂、沈黎、文山五郡。

[原文]

秋，东越王馀善反，攻杀汉将吏。遣横海将军韩说、中尉王温舒出会稽，楼船将军杨仆出豫章击之。又遣浮沮将军公孙贺出九原，匈河将军赵破奴出令居，皆二千余里，不见

虏而还。乃分武威、酒泉地置张掖、敦煌郡，徙民以实之。

元封元年冬十月，诏曰："南越、东瓯咸伏其辜，西蛮、北夷颇未辑睦。朕将巡边垂，择兵振旅，躬秉武节，置十二部将军，亲帅师焉。"行自云阳，北历上郡、西河、五原，出长城，北登单于台，至朔方，临北河。勒兵十八万骑，旌旗径千余里，威震匈奴。遣使者告单于曰："南越王头已县于汉北阙矣。单于能战，天子自将待边；不能，亟来臣服。何但亡匿幕北寒苦之地为！"匈奴詟焉。还，祠黄帝于桥山，乃归甘泉。

东越杀王馀善降。诏曰："东越险阻反复，为后世患，迁其民于江淮间。"遂虚其地。

［译文］

秋，东越王余善反叛，攻杀汉朝军将和官吏。汉朝派遣横海将军韩说、中尉王温舒发兵会稽，楼船将军杨仆发兵豫章，攻击东越。又派遣浮沮将军公孙贺出兵九原，匈河将军赵破奴发兵令居，行军距离都长达二千余里，没有遇见匈奴兵而返回。于是分出武威、酒泉两郡地另外置张掖、敦煌郡，迁徙内地百姓前去充实这两郡。

元封元年冬十月，下诏："南越、东瓯都辜负了汉廷，西部、北部各民族尚不和睦，朕将要巡视边防，整编军队振奋士气，亲自掌握统军号令，设立十二部将军，亲临前线统率军队。"巡行从云阳开始，北经上郡、西河、五原，出长城，北面登上单于台，到达朔方和北河岸边。检阅骑兵十八万，旌旗首尾长达千余里，威震匈奴。派遣使者告诉单于说："南越王人头已经挂在汉朝北门。单于如果敢于应战，天子将亲自率军队在边界等待；如不敢应战，则速来臣服汉朝。为什么只是躲藏在漠北寒苦之地呢！"匈奴畏惧起来。武帝返回。祭祀黄帝于桥山，然后回到甘泉。

东越人杀王馀善降汉。下诏："东越地形险要，其王反复无常，恐怕成为后世祸患，应该迁徙其民到江淮地区。"于是东越地区便成了无人之地。

［原文］

春正月，行幸缑氏。诏曰："朕用事华山，至于中岳，获驳麃，见夏后启母石。翌日，亲登嵩高，御史乘属，在庙旁吏卒咸闻呼万岁者三。登礼罔不答。其令祠官加增太室祠，

禁无伐其草木。以山下户三百为之奉邑，名曰崇高，独给祠，复亡所与。”行，遂东巡海上。

夏四月癸卯，上还，登封泰山，降坐明堂。诏曰：“朕以眇(miǎo)身承至尊，兢兢焉惟德菲薄，不明于礼乐，故用事八神。遭天地况施，著见景象，屑然如有闻。震于怪物，欲止不敢，遂登封泰山，至于梁父，然后升禅(shàn)肃然。自新，嘉与士大夫更始，其以十月为元封元年。行所巡至，博、奉高、蛇丘、历城、梁父，民田租逋赋、贷，已除。加年七十以上孤寡帛，人二匹。四县无出今年算。赐天下民爵一级，女子百户牛酒。”

泰山

泰山，古名“岱宗”，名列五岳之首。在古代，天子都要登上泰山，设坛举行祭天仪式，是为封禅。

行自泰山，复东巡海上，至碣(jié)石。自辽西历北边九原，归于甘泉。

[译文]

春正月，驾临缑氏。下诏：“朕祭祀华山，又到中岳，猎捕驳麃，见到夏启母的化身石。次日，亲自登上嵩高山，护车随从的御史，在庙旁的官吏和兵卒都听到了三声高呼万岁的声音。凡是登山祭祀的礼仪没有不回答的。所以应该让祭祀官修缮加固太室祠，禁止砍伐山上的草木。每年用山下三百户的赋税作为祭祀费用，名为崇高，专供祭祀，免除其徭役和其他杂役。”起驾后，向东巡行海上。

夏四月癸卯，武帝返回，上山祭祀泰山，下山坐于明堂会见大臣。下诏：“朕以微小身躯承担尊贵的帝位，每天都担心自己的恩德浅薄，对礼乐制度也不够明了，因此祭祀天地要恭请八方之神。遇到天地神灵的恩赐，显现出神灵景象，突然听到呼喊万岁的声音。被怪物震慑，想制止但又不敢轻举妄动，于是登上泰山祭祀天神，下至梁父山祭祀地神，然后又上肃然山祭祀。从此以后有了新的起点，要鼓励士大夫去旧迎新，应以十月为元封元年。巡视所到之处，博、奉高、蛇丘、历城、梁父，百姓的田租、官贷、赋税，都予以免除。增加赏赐年过七十岁的孤寡者以帛，每人二匹。四个县不交今年的人头税。赐天下百姓爵位一级，女子每百户赏给牛和酒。"

巡行从泰山出发，又向东巡行海上，到达碣石。从辽西经历北方九原，回到甘泉宫。

[原文]

二年冬十月，行幸雍，祠五時。春，幸缑(gōu)氏，遂至东莱。

夏四月，还祠泰山。至瓠(hù)子，临决河，命从臣将军以下皆负薪塞河堤，作《瓠子之歌》。赦所过徙，赐孤独高年米，人四石。还，作甘泉通天台、长安飞廉馆。

朝鲜王攻杀辽东都尉，乃募天下死罪击朝鲜。

六月，诏曰："甘泉宫内中产芝，九茎连叶。上帝博临，不异下房，赐朕弘休。其赦天下，赐云阳都百户牛酒。"作《芝房之歌》。

秋，作明堂于泰山下。

遣楼船将军杨仆、左将军荀彘(zhì)将应募罪人击朝鲜。又遣将军郭昌、中郎将卫广发巴、蜀兵平西南夷未服者，以为益州郡。

[译文]

二年冬十月，武帝驾临雍县，在五時祭祀天帝。春，驾临缑氏，于是到东莱。

夏四月，返回到泰山祭祀。到瓠子堤，正巧遇到黄河决口，命令大臣将军以下官兵都背柴填塞河堤，作《瓠子之歌》。赦免途经之地的罪犯，赐孤独年高者以米，每人四石。返回后，建造甘泉宫通天台和长安飞廉馆。

朝鲜王攻杀辽东都尉，于是招募天下死刑罪犯攻打朝鲜。

六月，下诏："甘泉宫内生长出灵芝，有九茎且叶与叶相连。天帝广施恩德，连下房内室也降临恩泽，赐予朕宏大美好之物。今大赦天下，赏赐云阳都每百户牛和酒。"作《芝房之歌》。

秋，建造明堂于泰山之下。

派遣楼船将军杨仆、左将军荀彘率领应募的罪人去攻打朝鲜。又派遣将军郭昌、中郎将卫广征发巴、蜀兵卒平定西南夷叛乱，设置益州郡。

［原文］

三年春，作角抵戏，三百里内皆观。

夏，朝鲜斩其王右渠降，以其地为乐浪、临屯、玄菟(tú)、真番郡。楼船将军杨仆坐失亡多免为庶民，左将军荀彘坐争功弃市。

秋七月，胶西王端薨。

武都氐人反，分徙酒泉郡。

四年冬十月，行幸雍，祠五畤。通回中道，遂北出萧关，历独鹿、鸣泽，自代而还，幸河东。

春三月，祠后土。诏曰："朕躬祭后土地祇，见光集于灵坛，一夜三烛。幸中都宫，殿上见光。其赦汾阴、夏阳、中都死罪以下，赐三县及杨氏皆无出今年租赋。"

［译文］

三年春，表演角抵戏，三百里内的百姓都来观看。

夏，朝鲜人杀其王右渠投降汉朝，在其地设立乐浪、临屯、玄菟、真番郡。楼船将军杨仆因作战伤亡过重而触犯军法，被免职贬为平民，左将军荀彘因争军功被武帝处死。

秋七月，胶西王刘端去世。

武都氐人反汉，将这些人分批迁徙到酒泉郡。

四年冬十月，武帝驾临雍县，在五畤祭祀天帝。途经回中通道，于是从萧关北面出发，经独鹿、鸣泽，从代郡返回，驾临河东。

春三月，祭祀后土神。下诏："朕亲自祭祀后土神，看见灵光出现在灵坛，一夜三照。驾临中都宫，殿上出现光芒。应赦汾阴、夏阳、中都死罪及以下的罪犯，赐三县及杨氏县今年都免交租赋。"

［原文］

秋，以匈奴弱，可遂臣服，乃遣使说之。单于使来，死京师。匈奴寇边，遣拔胡将军郭昌屯朔方。

九嶷山图

九嶷山，相传舜南巡之时，崩于山中，并葬于此。山下有舜陵，修有舜庙。古时帝王巡视路过此地时，都要前往舜庙祭奠大舜。

五年冬，行南巡狩，至于盛唐，望祀虞舜于九嶷。登灊(qián)天柱山，自寻阳浮江，亲射蛟江中，获之。舳(zhú)舻(lú)千里，薄枞阳而出，作《盛唐枞(zōng)阳之歌》。遂北至琅邪(yá)，并海，所过礼祠其名山大川。

春三月，还至泰山，增封。甲子，祠高祖于明堂，以配上帝，因朝诸侯王列侯，受郡国计。

［译文］

秋，由于匈奴势力削弱，应该及时使其臣服于汉朝，于是派使臣前去劝降。单于派使臣来京，死于京师。匈奴偷袭边地，派拔胡将军郭昌驻屯朔方。

五年冬，武帝到南方巡视游猎，到达南郡盛唐地区，遥祭葬于九嶷山的虞舜。登灊县的天柱山，从寻阳县登船游长江，武帝亲自射中江中的蛟龙，并捕获它。船只前后接连千里，在枞阳停船上岸，作《盛唐枞阳之歌》。然后北到琅邪，沿着大海而行，沿途祭拜名山大川。

春三月，回到泰山，加高山上的祭坛。甲子日，在明堂祭祀高祖，将其牌位配于天帝的旁边，随之朝见诸侯王和列侯，让郡国上报地方的钱粮、户口、治安等情况。

［原文］

夏四月，诏曰："朕巡荆、扬，辑江、淮物，会大海气，以合泰山。上天见象，增修封禅，其赦天下。所幸县毋出今年租赋，赐鳏(guān)寡孤独帛，贫穷者粟。"还幸甘泉，郊泰畤。

大司马大将军青薨。

初置刺史部十三州。名臣文武欲尽，诏曰："盖有非常之功，必待非常之人，故马或奔踶(dì)而致千里，士或有负俗之累

而立功名。夫泛驾之马，跅弛之士，亦在御之而已。其令州郡察吏民有茂材异等可为将相及使绝国者。”

六年冬，行幸回中。春，作首山宫。

三月，行幸河东，祠后土。诏曰：“朕礼首山，昆田出珍物，化或为黄金。祭后土，神光三烛。其赦汾阴殊死以下，赐天下贫民布帛，人一匹。”

益州、昆明反，赦京师亡命令从军，遣拔胡将军郭昌将以击之。

[译文]

夏四月，下诏：“朕巡视荆州、扬州，邀集江淮之物，汇合大海之气，聚合于泰山。上天显示景象，增修了祭坛，所以应该大赦天下。巡视所过之县免去今年的租赋，赏赐鳏寡孤独者以帛，贫穷人家赐粟。”返回后驾临甘泉宫，在郊外祭祀天神。

大司马大将军卫青去世。

初次设置十三州部刺史。知名的文武大臣大部分都死了，下诏：“建立丰功伟业，必须要依赖特殊人才，所以有的烈马狂奔而能一日千里，被世俗讥议之士反而能建立功业。翻车之马，放纵不羁之士，主要在于主人驾驭。命令州郡访察官吏、百姓中有能力超群、出类拔萃可以胜任将相及出使遥远国家的人才。”

六年冬，驾临回中。春，建造首山宫。

三月，驾临河东郡，祭祀后土神庙。下诏：“朕祭祀首山，在山下田地里挖出珍宝，有的变为黄金。祭祀后土神庙，神光三照。应赦免汾阴县死罪以下的罪犯，赐天下贫民以布帛，每人一匹。”

益州、昆明反叛，赦免京城死囚令其从军，派遣拔胡将军郭昌率领这些士兵前往平息。

[原文]

秋八月，行幸安定。遣贰师将军李广利发天下谪民西征大宛。蝗从东方飞至敦煌。

二年春正月戊申，丞相庆薨。

三月，行幸河东，祠后土。令天下大酺五日，膢(lú)五日，祠门户，比腊。

夏四月，诏曰："朕用事介山，祭后土，皆有光应。其赦汾阴、安邑殊死以下。"

五月，籍吏民马补车骑马。

秋，蝗。遣浚稽将军赵破奴二万骑出朔方击匈奴，不还。

冬十二月，御史大夫儿宽卒。

三年春正月，行东巡海上。夏四月，还，修封泰山，禅(shàn)石闾。

遣光禄勋徐自为筑五原塞外列城，西北至卢朐，游击将军韩说将兵屯之。强弩都尉路博德筑居延。

秋，匈奴入定襄、云中，杀略数千人，行坏光禄诸亭障；又入张掖、酒泉，杀都尉。

［译文］

秋八月，驾临安定。派遣贰师将军李广利征调天下罪犯西征大宛。蝗虫从东方飞到敦煌。

二年春正月戊申，丞相石庆去世。

三月，驾临河东郡，祭祀后土神。让天下百姓欢聚宴饮五日，祭饮食神五日，祭祀宗祖，与腊祭规格相同。

夏四月，下诏："朕祭祀介山，祭祀后土神，都有神光反应。今大赦汾阴、安邑死罪以下的犯人。"

五月，登记官吏和百姓养马的数量，从中征调一批驾车马和战马以作补充。

秋，蝗灾。派遣浚稽将军赵破奴率领两万骑兵从朔方出击匈奴，全军覆没。

冬十二月，御史大夫儿宽去世。

三年春正月，武帝向东巡行海上。夏四月，返回，修缮泰山上的祭坛，在石闾山祭祀。

派遣光禄勋徐自为建造五原塞外的防御城塞，西北到卢朐山，游击将军韩说率兵屯驻于此。强弩都尉路博德建造居延城。

秋，匈奴侵犯定襄、云中，杀掠数千人，破坏了光禄勋所筑边塞堡垒；又侵犯张掖、酒泉，杀死都尉。

［原文］

四年春，贰师将军广利斩大宛王首，获汗血马来。作《西

极天马之歌》。

秋，起明光宫。冬，行幸回中。

徙弘农都尉治武关，税出入者以给关吏、卒食。

天汉元年春正月，行幸甘泉，郊泰畤。三月，行幸河东，祠后土。

匈奴归汉使者，使使来献。夏五月，赦天下。

秋，闭城门大搜。发谪戍屯五原。

二年春，行幸东海。还幸回中。

夏五月，贰师将军三万骑出酒泉，与右贤王战于天山，斩首虏万余级。又遣因杅将军出西河，骑都尉李陵将步兵五千人出居延北，与单于战，斩首虏万余级。陵兵败，降匈奴。

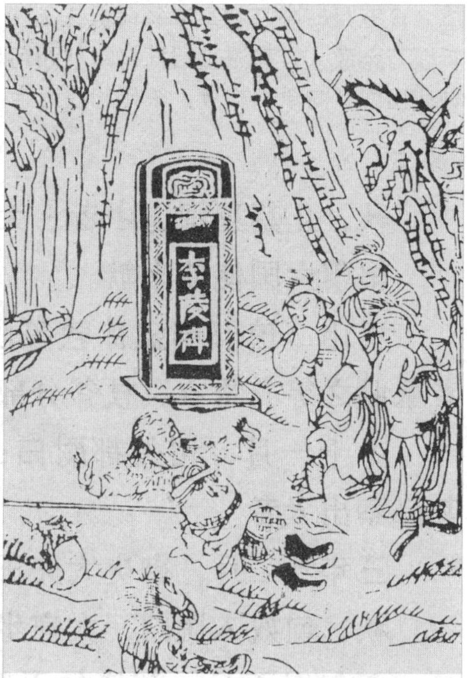

李陵碑

李陵，西汉名将，李广之孙，治军不亚其父，一次带兵深入匈奴腹地，由于敌众我寡，缺乏支援，被迫投降。汉武帝在盛怒之下，将李陵一族全部诛杀，名节遂不保。

[译文]

四年春，贰师将军李广利斩获大宛王头，获得汗血宝马返回。作《西极天马之歌》。

秋，建造明光宫。冬，驾临回中。

调弘农县都尉治理武关，收取出入关税以供给关内官兵生活所需。

天汉元年春正月，驾临甘泉宫，祭天神。三月，驾临河东，祭祀后土神。

匈奴放回汉朝的使者，并派使者前来献礼。夏五月，大赦天下。

秋，关闭城门搜查。征发罪犯屯戍五原。

二春，武帝驾临东海。返回驾临回中。

夏五月，贰师将军率领骑兵三万人从酒泉郡出发，与匈奴右贤王交战于天山，斩获万余敌人。又派遣因杅将军从西河郡发兵，骑都尉李陵率领步兵五千人从居延城北出发，与单于交战，杀死匈奴万余人。李陵兵败，投降匈奴。

［原文］

秋，止禁巫祠道中者。大搜。

渠黎六国使使来献。

泰山、琅邪群盗徐敦等阻山攻城，道路不通。遣直指使者暴胜之等衣绣衣、杖斧分部逐捕。刺史郡守以下皆伏诛。

冬十一月，诏关都尉曰："今豪杰多远交，依东方群盗。其谨察出入者。"

三年春二月，御史大夫王卿有罪，自杀。初榷酒酤(gū)。

秋，匈奴入雁门，太守坐畏懦弃市。

四年春正月，朝诸侯王于甘泉宫。发天下七科谪及勇敢士，遣贰师将军李广利将六万骑、步兵七万人出朔方，因杅将军公孙敖万骑、步兵三万人出雁门，游击将军韩说步兵三万人出五原，强弩(nǔ)都尉路博德步兵万余人与贰师会。广利与单于战余吾水上连日，敖与左贤王战不利，皆引还。

［译文］

秋，下令禁止使用巫术在道路上祭祀。大搜巫蛊。

渠黎等六国派使者前来朝贡。

泰山、琅邪盗贼徐敦等占据山险攻打当地县城，致使道路不通。朝廷派遣直指使者暴胜之等身穿锈衣、手持杖斧分别前往各州追捕。刺史郡守以下官员剿盗不力者均被处死。

冬十一月，下诏通告都尉说："如今仗势横行的豪强多到远方交结同党，依靠东方反叛的百姓。应严格查验出入关的人。"

三年春二月，御史大夫王卿有罪，自杀。初次实行酒类专卖。

秋，匈奴侵入雁门郡，太守因畏敌不前获罪被处死。

四年春正月，在甘泉宫接见诸侯王。征发天下有罪的七种人及勇敢之士，派遣贰师将军李广利率领六万骑兵、七万步兵从朔方发兵，因杅将军公孙敖率领一万骑兵、步兵三万从雁门郡发兵，游击将军韩说率步兵三万人从五原出发，强弩都尉路博德率步兵一万余人与贰师将军会合。李广利与单于在余吾水连日战斗，公孙敖与左贤王交战失败，都带兵返回。

［原文］

夏四月，立皇子髆为昌邑王。

秋九月，令死罪入赎钱五十万减死一等。

太始元年春正月，因杅将军敖有罪，要斩。

徙郡国吏民豪杰于茂陵、云陵。夏六月，赦天下。

二年春正月，行幸回中。

三月，诏曰："有司议曰，往者朕郊见上帝，西登陇首，获白麟以馈宗庙，渥(wò)洼水出天马，泰山见黄金，宜改故名。今更黄金为麟趾褭蹄以协瑞焉。"因以班赐诸侯王。

秋，旱。九月，募死罪入赎钱五十万减死一等。御史大夫杜周卒。

［译文］

夏四月，立皇子刘髆为昌邑王。

秋九月，让死刑罪犯交五十万钱赎金可减免死罪一级。

太始元年春正月，因杅将军公孙敖犯法，处以腰斩。

迁徙郡国中豪杰和官吏中仗势不法者到茂陵、云陵居住。夏六月，大赦天下。

二年春正月，武帝驾临回中。

三月，下诏："朝中官员议论说，前不久朕祭天时见到天帝，西边登上陇首山，猎获白麟以祭祀宗庙，渥洼水出现天马，泰山显现黄金，宜改旧的称呼。从今天起改黄金为麟趾褭蹄形以适应祥瑞。"并用黄金赏赐诸侯王。

秋，旱灾。九月，犯死罪者交出赎罪钱五十万减死罪一级。御史大夫杜周去世。

［原文］

四年春三月，行幸泰山。壬午，祀高祖于明堂，以配上帝，因受计。癸未，祀孝景皇帝于明堂。甲申，修封。丙戌，禅石闾(lǘ)。

夏四月，幸不其，祠神人于交门宫，若有乡坐拜者。作

汉建章宫

汉建章宫，始建于汉武帝太初元年，《三辅黄图》谓其“周二十余里，千门万户”，其豪华可见一斑，是一处较有名的皇家建筑。

《交门之歌》。夏五月，还幸建章宫，大置酒，赦天下。

秋七月，赵有蛇从郭外入邑，与邑中蛇群斗孝文庙下，邑中蛇死。

征和元年春正月，还，行幸建章宫。

三月，赵王彭祖薨。

冬十一月，发三辅骑士大搜上林，闭长安城门索，十一日乃解。巫蛊(gǔ)起。

［译文］

四年春三月，武帝驾临泰山。壬午，在明堂祭拜高祖，将其牌位放置于天帝之侧，遂召见郡国上计簿使。癸未日，在明堂祭拜孝景帝。甲申，修整祭坛。丙戌，在石闾山祭天。

夏四月，武帝驾临不其县，在交门宫祭拜神人，如有神之景象向祠坐而拜。作《交门之歌》。夏五月，返回驾临建章宫，大摆酒宴，大赦天下。

秋七月，赵国有蛇从城外游入，与城中之蛇群斗于孝文帝庙下，城中蛇死。

征和元年春正月，返回，驾临建章宫。

三月，赵王刘彭祖去世。

冬十一月，征派三辅骑士搜查上林苑，关闭长安城门搜查行巫术者，十一日才放行。巫术诅咒事件发生了。

［原文］

二年春正月，丞相贺下狱死。

夏四月，大风发屋折木。

闰月，诸邑公主、阳石公主皆坐巫蛊死。夏，行幸甘泉。

秋七月，按道侯韩说、使者江充等掘蛊(gǔ)太子宫。壬午，太子与皇后谋斩充，以节发兵与丞相刘屈牦大战长安，死者

数万人。庚寅，太子亡，皇后自杀。初置城门屯兵。更节加黄旄(máo)。御史大夫暴胜之、司直田仁坐失纵，胜之自杀，仁要斩。

八月辛亥，太子自杀于湖。癸亥，地震。

九月，立赵敬肃王子偃(yǎn)为干王。

匈奴入上谷、五原，杀略吏民。

[译文]

二年春正月，丞相公孙贺获罪下狱而死。

夏四月，大风吹毁房屋并折断树木。

闰四月，诸邑公主、阳石公主都因为使用巫术犯罪而被处死。夏，武帝驾临甘泉。

秋七月，按道侯韩说、使者江充等人在太子住处挖掘出木偶人。壬午，太子与皇后合谋欲杀江充，并执兵符调遣军队与丞相刘屈牦交战于长安城，死者数万人。庚寅，太子逃出，皇后自杀。开始设城门屯兵。更换兵符加上黄色牦牛尾。御史大夫暴胜之、司直田仁因放纵失察而获罪，暴胜之自杀，田仁处以腰斩。

八月辛亥，太子自杀于湖县。癸亥，地震。

九月，立赵敬肃王之子刘偃为干王。

匈奴侵犯上谷、五原，杀掠当地官民。

[原文]

三年春正月，行幸雍(yōng)，至安定、北地。匈奴入五原、酒泉，杀两都尉。

三月，遣贰师将军广利将七万人出五原，御史大夫商丘成二万人出西河，重合侯马通四万骑出酒泉。成至浚(jùn)稽山与虏战，多斩首。通至天山，虏引去，因降车师。皆引兵还。广利败，降匈奴。夏五月，赦天下。

六月，丞相屈牦下狱腰斩，妻枭(xiāo)首。秋，蝗。

九月，反者公孙勇、胡倩发觉，皆伏辜(gū)。

[译文]

三年春正月，武帝驾临雍县，而后到达安定、北地。匈奴侵犯五原、酒泉，杀死两地的都尉。

三月，派遣贰师将军李广利率领七万人出五原，御史大夫商丘成率二万人出兵西河，重合侯马通率领四万骑兵出酒泉。商丘成到达浚稽山后与匈奴交战，杀敌甚众。马通到达天山，匈奴退去，于是征服了车师国。丘成、马通都率部返回。李广利兵败，投降匈奴。夏五月，大赦天下。

六月，丞相刘屈牦下狱并被腰斩处死。其妻枭首示众。秋，发生蝗灾。

九月，公孙勇、胡倩谋反被发现，都伏法。

［原文］

四年春正月，行幸东莱，临大海。

二月丁酉，陨石于雍，二，声闻四百里。

三月，上耕于巨定。还幸泰山，修封。庚寅，祀于明堂。癸巳，禅石闾。夏六月，还幸甘泉。秋八月辛酉晦，日有蚀之。

后元元年春正月，行幸甘泉，郊泰畤，遂幸安定。昌邑王髆薨。

二月，诏曰："朕郊见上帝，巡于北边，见群鹤留止，以不罗罔，靡所获献。荐于泰畤，光景并见。其赦天下。"

夏六月，御史大夫商丘成有罪，自杀。侍中仆射莽何罗与弟重合侯通谋反，侍中驸马都尉金日磾、奉车都尉霍光、骑都尉上官桀(jié)讨之。

金日磾

金日磾，字翁叔，本为匈奴王太子，后投降大汉后沦为奴，逐步得到汉武帝的重用，成为近亲侍臣。

［译文］

四年春正月，武帝驾临东莱，到达大海岸边。

二月丁酉，陨石降落在雍县，有两块，声响远至四百里。

三月，武帝在巨定耕田。返回后驾临泰山，修整祭坛。庚寅日，在明堂拜祭。癸巳日，祭石闾山。夏六月，返回后驾临甘泉。秋八月辛酉月末，发生日食。

后元元年春正月，武帝驾临甘泉，祭祀天神庙，然后驾临安定。昌邑王刘髆去世。

二月，下诏："朕在郊外祭祀天神时见到上帝，在北边巡游时，看到群鹤停留。由于未用网捕，所以没有献上猎物。进献天神庙，神光、景象同时出现。因此要大赦天下。"

夏六月，御史大夫商丘成获罪自杀。侍中仆射莽何罗与弟重合侯马通谋反，侍中驸马都尉金日磾、奉车都尉霍光、骑都尉上官桀讨平叛乱。

[原文]

秋七月，地震，往往涌泉出。

二年春正月，朝诸侯王于甘泉宫，赐宗室。

二月，行幸盩(zhōu)厔(zhì)五柞(zhà)宫。乙丑，立皇子弗陵为皇太子。丁卯，帝崩于五柞宫，入殡(bìn)于未央宫前殿。三月甲申，葬茂陵。

赞曰：汉承百王之弊，高祖拨乱反正，文、景务在养民，至于稽古礼文之事，犹多阙焉。孝武初立，卓然罢黜(chù)百家，表章《六经》。遂畴(chóu)咨海内，举其俊茂，与之立功。兴太学，修郊祀，改正朔，定历数，协音律，作诗乐，建封禅，礼百神，绍周后，号令文章，焕焉可述。后嗣得遵洪业，而有三代之风。如武帝之雄材大略，不改文、景之恭俭以济斯民，虽《诗》《书》所称，何有加焉！

[译文]

秋七月，地震，常常有泉水涌出。

二年春正月，于甘泉宫接见诸侯王，赏赐宗室。

二月，驾临盩厔县五柞宫，乙丑，立皇子弗陵为皇太子。丁卯，武帝驾崩于五柞宫，在未央宫前殿入殓。三月甲申，葬于茂陵。

赞曰：汉始建于群雄逐鹿的动乱时期，承接了历代弊端，高祖拨乱反正，文帝、景帝注重休息养民，对于研究古代礼乐制度之事，还很缺乏。孝武帝刚刚继位就卓有远见地罢黜百家，突出《六经》的地位。只要谁能为天下谋事，就推举为优秀人才，让他建功立业。兴办太学，修建祭祀庙祠，改正月为一年的第一个月，确定了历法，规定了音律，常作诗赋乐曲，建造祭天神台，祭祀百神，继承了周朝的传统，号令制度，其光彩值得陈述。后继者得以继承其宏图大业，而具有夏、商、周三代的风气。像汉武帝这样的雄才大略，没有改变文、景帝时的恭俭以救助百姓的政策，即使是《诗经》《尚书》上所赞美的帝王又能超过其多少呢！

陈胜项籍传

说明

本卷记述秦朝末年陈胜、项羽等人带领农民起义军反抗秦朝残暴统治的事迹。《汉书》之所以将此二人的传并为一传，是由于二者在许多方面都带有一定的相似性，然而二者又由于出身及所代表的阶级利益的不同，走上了两条不同的道路。

[原文]

陈胜，字涉，阳城人。吴广，字叔，阳夏人也。胜少时，尝与人佣耕。辍(chuò)耕之垄上，怅然甚久，曰："苟富贵，无相忘！"佣者笑而应曰："若为佣耕，何富贵也？"胜太息曰："嗟乎，燕雀安知鸿鹄之志哉！"

[译文]

陈胜，字涉，阳城人。吴广，字叔，阳夏人。陈胜年轻的时候，曾经和别人一起被雇去种田。有一次坐在田间休息的时候，他失意了很长时间，说："要是有一天富贵了，谁都不要忘了谁啊！"被雇来种田的伙伴们笑着应道："你都被雇佣来耕田了，还能有什么富贵呢？"陈胜于是就叹息着说："唉，燕雀哪能知道鸿鹄的志向啊！"

陈胜

陈胜，秦末人，出身雇农，遭受压迫和剥削，后被朝廷征发戍守渔阳，走至大泽乡，由于不堪其苦，斩木为兵，揭竿为旗，发动起义，掀起了秦末第一次大规模的农民起义。

[原文]

秦二世元年秋七月，发闾左戍渔阳九百人，胜、广皆为屯长。行至蕲(qí)大泽乡，会天大雨，道不通，度已失期。失期法斩，胜、广乃谋曰："今亡亦死，举大计亦死，等死，死国

可乎？”胜曰：“天下苦秦久矣。吾闻二世，少子，不当立，当立者乃公子扶苏。扶苏以数谏故不得立，上使外将兵。今或闻无罪，二世杀之。百姓多闻其贤，未知其死。项燕为楚将，数有功，爱士卒，楚人怜之。或以为在。今诚以吾众为天下倡，宜多应者。”广以为然。乃行卜。卜者知其指意，曰：“足下事皆成，有功。然足下卜之鬼乎！”胜、广喜，念鬼，曰：“此教我先威众耳。”乃丹书帛曰“陈胜王”，置人所罾(zēng)鱼腹中。卒买鱼亨食，得书，已怪之矣。又间令广之次所旁丛祠中，夜构火，狐鸣呼曰：“大楚兴，陈胜王。”卒皆夜惊恐。旦日，卒中往往指目胜、广。

[译文]

秦二世元年秋七月，朝廷征调住在里巷左侧的贫民九百人去渔阳戍边，陈胜、吴广都担任屯长一职。当走到蕲地大泽乡的时候，正赶上天降大雨，道路中断，差不多已经延误了报到期限。延误报到期限，根据法律要被斩首。陈胜、吴广就商量说：“现在逃走也是死，举兵起义也不过是死，同样是死，为国事而死行不行？”陈胜说：“天下人遭受暴秦统治的苦痛已经很长时间了。我听说二世皇帝是小儿子，本不应当继位，应当继位的是公子扶苏。扶苏因为多次劝谏的缘故而不能被立为太子，始皇帝于是派他到外地领兵。现在有人听说他是无罪的，是二世把他杀害了。老百姓都知道扶苏的贤能，还不知道他已被害了。项燕是楚国的将军，曾经多次立下战功，又爱惜士兵，楚国人都很拥戴他。有的人以为他已经死了，有的人以为他躲在外面藏起来了。我们现在如果假冒是扶苏和项燕，为天下人带个头，应该会有很多人响应的。”吴广觉得他说得对。于是便去卜卦。卜卦人知道他们的心思，说：“你们的事情都能够成功，将会成就很大的功绩。然而您不要忘了向鬼神问卜啊！”陈胜、吴广很高兴，心里想着如何向鬼神问卜的事情，便说：“这是让我们先借鬼神在众人中取得威望啊。”于是，他们在布帛上用朱砂写了“陈胜王”三个字，然后偷偷塞进人家用罾网打捞起来的鱼肚子里。戍卒买鱼烹食的时候，就看到了鱼肚子里的帛书，这本来就已经令人感到奇怪了。陈胜又私下让吴广在驻地旁边树丛的神祠里，晚上点起火堆，装作狐狸嚎叫呼喊道：“大楚兴，陈胜王。”戍卒们晚上都很惊恐，心中不安。第二天早晨，戍卒们都在谈论着这件事情，都指指点点地瞧着陈胜、吴广。

[原文]

胜、广素爱人，士卒多为用。将尉醉，广故数言欲亡，

忿尉，令辱之，以激怒其众。尉果笞广。尉剑挺，广起夺而杀尉。胜佐之，并杀两尉。召令徒属曰：“公等遇雨，皆已失期，当斩。藉弟令毋斩，而戍死者固什六七。且壮士不死则已，死则举大名耳。侯王将相，宁有种乎！”徒属皆曰：“敬受令。”乃诈称公子扶苏、项燕，从民望也。袒右，称大楚。为坛而盟，祭以尉首。胜自立为将军，广为都尉。攻大泽乡，拔之。收兵而攻蕲，蕲下。乃令符离人葛婴将兵徇蕲(qí)以东，攻铚、酂、苦、柘、谯(qiáo)，皆下之。行收兵，比至陈，兵车六七百乘，骑千余，卒数万人。攻陈，陈守令皆不在，独守丞与战谯门中。不胜，守丞死。乃入据陈。

骊山图

骊山，位于西安临潼区城南，山势逶迤，树木葱茏。秦代修建陵墓，征用大批民众，在此服劳役，致使民众不堪其苦。

数日，号召三老豪杰会计事。皆曰：“将军身被坚执锐，伐无道，诛暴秦，复立楚之社稷，功宜为王。”胜乃立为王，号张楚。于是诸郡县苦秦吏暴，皆杀其长吏，将以应胜。乃以广为假王，监诸将以西击荥(xíng)阳。令陈人武臣、张耳、陈馀徇赵，汝阴人邓宗徇九江郡。当此时，楚兵数千人为聚者不可胜数。

［译文］

陈胜、吴广向来很体贴人，戍卒中很多人都愿意听他们的调遣。押送戍卒的校尉喝醉了，吴广故意多次说要逃跑，以此激怒校尉，让他当着众人侮辱自己，借此激怒大家。校尉果然鞭笞吴广。当校尉拔出剑来的时候，吴广暴起夺过剑来杀死了校尉。陈胜也赶上前来帮忙，协力杀死了两个校尉。他们把大家召集起来号令道："各位遇到大雨，已经延误了报到期限，误期是要被杀头的。即使能够不被杀，也会有十分之六七的人会为戍边而死。更何况大丈夫不死则已，要死就要留下举世的大名声。王侯将相哪个是天生的啊！"徒属们都说："我们愿意接受您的命令。"于是他们便以公子扶苏和项燕的名义举兵起义，顺从民意。戍卒们都裸露着右边的臂膀，举旗号为大楚。大家修筑高坛一起盟誓，把校尉的头当作祭品。陈胜自立为将军，立吴广为都尉。先攻打大泽乡，攻下来之后。又招兵进攻蕲县，又攻打了下来。于是就派符离人葛婴带兵攻打蕲县以东的地区，进攻铚、酂、苦、柘、谯等县城，全都攻打了下来。在行进途中不断招兵扩大军队，等到达陈县的时候，已经有六七百辆战车，一千余名骑兵，数万名步兵。在攻打陈县城时，郡守、县令都不在，只留下守丞在谯门中抵抗起义军，抵抗没有获得胜利，守丞战死了，起义军便进城占领了陈县。

过了几天，陈胜下令将乡官三老、地方豪绅都召集来商议事情。三老、乡绅们都说："将军您身披坚固的盔甲、手执锐利的武器，讨伐无道昏君，铲除暴秦，重新建立楚国，论功绩应该称王。"陈胜于是就被大家拥立为王，号称张楚。在这个时候，各个郡县中为秦国官吏暴政所苦的百姓，都杀死他们的官吏以响应陈胜。陈胜于是以吴广为代理王，督率各将领向西进攻荥阳。命令陈县人武臣、张耳、陈馀攻打赵地，命令汝阴人邓宗攻占九江郡。在这个时候，楚地数千人聚集在一起的起义军，不可胜数。

[原文]

葛婴至东城，立襄强为楚王。后闻胜已立，因杀襄强，还报。至陈，胜杀婴，令魏人周市北徇魏地。广围荥(xíng)阳，李由为三川守守荥阳，广不能下。胜征国之豪杰与计，以上蔡人房君蔡赐为上柱国。

周文，陈贤人也，尝为项燕军视日，事春申君，自言习兵。胜与之将军印，西击秦。行收兵至关，车千乘，卒十万，至戏，军焉。秦令少府章邯免骊山徒、人奴产子，悉发以击楚军，大败之。周文走出关，止屯曹阳。二月余，章邯追败之，复走黾(miǎn)池。十余日，章邯击，大破之。周文自刭(jǐng)，军遂不战。

[译文]

葛婴到达东城后，先是拥立襄强为楚王。后来葛婴听到陈胜已自立为王，就杀死襄强，回来汇报。他一回到陈县，陈胜便诛杀葛婴，命令魏国人周市领军向北攻打魏地。吴广领军包围荥阳。当时李由任三川郡守负责防守荥阳，吴广攻不下来。于是陈胜征召国内豪杰一起商讨对策，把上蔡人房君蔡赐为上柱国。

周文是陈县的贤人，曾经担任项燕军中占卜望日官，也曾经侍奉过春申君，自称熟悉军事。陈胜便授给他将军的印章，命令他率领军队向西攻打秦国。周文一路上招募兵马一直到达函谷关，当时已有上千辆战车，十万士兵，到达戏水后就驻扎了下来。秦二世命令少府章邯赦免在骊山服役的刑徒和奴婢的子孙，全都征发以攻击楚军，并打败了他们。周文兵败后退出函谷关，屯守曹阳。等到过了两个多月，章邯带兵追击又打败了周文，周文又退走驻屯黾池。又过了十多天，章邯再次进击，并再次打败了周文。周文战败自杀，整支军队都丧失了战斗力。

[原文]

武臣至邯郸，自立为赵王，陈馀为大将军，张耳、召骚为左右丞相。胜怒，捕系武臣等家室，欲诛之。柱国曰："秦未亡而诛赵王将相家属，此生一秦，不如因立之。"胜乃遣使者贺赵，而徙系武臣等家属宫中。而封张耳子敖为成都君，趣(cù)赵兵亟(jí)入关。赵王将相相与谋曰："王王赵，非楚意也。楚已诛秦，必加兵于赵。计莫如毋西兵，使使北徇燕地以自广。赵南据大河，北有燕、代，楚虽胜秦，不敢制赵，若不胜秦，必重赵。赵承秦、楚之敝，可以得志于天下。"赵王以为然，因不西兵，而遣故上谷卒史韩广将兵北徇燕。燕地贵人豪杰谓韩广曰："楚、赵皆已立王。燕虽小，亦万乘之国也，愿将军立为王。"韩广曰："广母在赵，不可。"燕人曰："赵方西忧秦，南忧楚，其力不能禁我。且以楚之强，不敢害赵王将相之家，今赵独安敢害将军家乎？"韩广以为然，乃自立为燕王。居数月，赵奉燕王母家属归之。

[译文]

武臣到达邯郸后，自立为赵王，任命陈馀为大将军，任命张耳、召骚为左右丞相。陈胜十分恼怒，派人逮捕关押了武臣等人的家眷，打算杀掉他们。柱国蔡赐建议说："秦朝尚未消灭就又要杀赵王及其将相的家属，这等于又增加了一个和秦国一样的敌人，不如因其势而封立他。"陈胜就派遣使者至赵祝贺，然后将武臣等人的家属转移到宫中。并封张耳的儿子张敖为成都君，催促赵军快速进军函谷关。赵王的将相们商议说："大王在赵地称王，这不是楚国的本意。楚灭秦后，必然加兵于赵，我们觉得莫不如先不着急向西进军，派遣大将向北夺取燕地以扩充我们的地盘。那时赵国南面据守黄河，北面有燕、代等广大地区，楚国即使战胜秦，也无法征服赵国。如果楚国不能战胜秦，必定会重视赵国。赵国此时乘秦、楚衰败之机，就可以得志于天下了。"赵王认为这个建议对，因而没有向西出兵，而派原上谷郡卒史韩广率领军队北上攻取燕地。原燕国的豪门贵族劝韩广说："楚地立了王，赵地也立了王。燕地虽小，也是拥有万辆战车的强国，希望将军能够自立为燕王。"韩广说："我的母亲住在赵国，我不能这样做呀。"燕国人说："赵国正担心西边的秦，担心南边的楚，没有力量限制我们。更何况凭着楚国那样强大，都不敢加害赵王将相的家属，现在赵国哪里敢加害将军的家属呢？"韩广认为他说得对，于是就自立为燕王。过了没几个月，赵国护送燕王的母亲和家属回到了燕国。

[原文]

是时，诸将徇地者不可胜数。周市北至狄，狄人田儋(dān)杀狄令，自立为齐王。反击周市。市军散，还至魏地，立魏后故宁陵君咎为魏王。咎在胜所，不得之魏。魏地已定。欲立周市为王，市不肯。使者五反，胜乃立宁陵君为魏王，遣之国。周市为相。

将军田臧等相与谋曰："周章军已破，秦兵且至，我守荥阳城不能下，秦军至，必大败。不如少遗兵，足以守荥(xíng)阳，悉精兵迎秦军。今假王骄，不知兵权，不可与计，非诛之，事恐败。"因相与矫陈王令以诛吴广，献其首于胜。胜使赐田臧楚令尹印，使为上将。田臧乃使诸将李归等守荥阳城，自以精兵西迎秦军于敖仓。与战，田臧死，军破。章邯进击李归等荥阳下，破之，李归死。阳城人邓说将兵居郏，章邯别将击破之，邓说走陈。铚(zhì)人五逢将兵居许，章邯击破之。五逢亦走陈。胜诛邓说。

［译文］

在这个时候，各地将领攻城略地的，不可胜数。周市向北进军一直到狄县，狄县人田儋杀死狄县县令，自立为齐王，在齐地起兵，反击周市。周市的军队溃散，回到魏地，打算立原魏王的后裔宁陵君魏咎为魏王。当时魏咎在陈胜那里，不能去魏地。等到魏地平定后，人们想拥立周市为魏王，周市不答应。直到使者先后五次往返于陈胜与魏之间，陈胜才答应立宁陵君魏咎为魏王，遣他回到了魏国。周市做了魏国丞相。

将军田臧等共同谋划，说："周章（即周文）的军队已经溃败，秦兵早晚会打过来，我们包围荥阳城这么长时间也攻打不下来，秦军一到，我们肯定会大败。不如留下部分部队，足以包围荥阳就够了，调动全部精兵去迎击秦军。现在的代理王吴广为人骄横，又不懂得军事权谋，我们无法和他一起共事，如果不杀了他，恐怕会败坏大事。"因此他们一起假借陈胜的命令而诛杀了吴广，把吴广的头颅献给陈胜。陈胜派遣使者赐给田臧楚国令尹的大印，任命他为上将军。田臧就派自己的部将李归等驻守在荥阳城外，自己率领精兵向西进攻，在敖仓迎战秦军。双方交战，田臧战死，楚国军队溃散。章邯在荥阳城下进攻李归等，并击溃了他们。李归兵败战死。阳城人邓说率领军队驻守在郯县，被章邯的另一支部队打败，邓说率领军队溃逃到了陈县。铚县人五逢率领军队驻扎在许县，章邯击溃了他。五逢也逃到了陈县。陈胜诛杀了邓说。

［原文］

胜初立时，凌人秦嘉、铚人董緤、符离人朱鸡石、取虑人郑布、徐人丁疾等皆特起，将兵围东海守于郯(tán)。胜闻，乃使武平君畔为将军，监郯下军。秦嘉自立为大司马，恶属人，告军吏曰："武平君年少，不知兵事，勿听。"因矫以王命杀武平君畔。

章邯已破五逢，击陈，柱国房君死。章邯又进击陈西张贺军。胜出临战，军破，张贺死。

腊月，胜之汝阴，还至下城父，其御庄贾杀胜以降秦。葬砀(dàng)，谥曰隐王。胜故涓人将军吕臣为苍头军，起新阳，攻陈，下之，杀庄贾，复以陈为楚。

［译文］

陈胜最开始自立为王的时候，凌县人秦嘉、铚县人董緤、符离人朱鸡石、取虑人郑布、徐县人丁疾等都各自起兵，率领军队把东海郡守包围在了郯县。陈胜听说了，就委派武平君畔为将军，监督统帅郯城的各路军队。秦嘉自立为大司马，不愿意隶属别人，他告诉军吏们说："武平君还年轻，又不懂军事，大家不要听他的！"后来假传陈胜的命令诛杀了武平君畔。

章邯已经击溃了五逢，攻击陈县，上柱国房君蔡赐兵败战死。章邯又进兵攻打陈县西边的张贺军。陈胜亲自上阵监督战事，但军队依然被击溃，张贺兵败战死。

腊月，陈胜经过汝阴，辗转到达下城父，他的车夫庄贾杀害了他之后投降了秦军。陈胜被葬在砀县，谥号为隐王。陈胜以前的侍臣将军吕臣组建了一支青巾裹头的"苍头军"，在新阳起兵，攻克了陈县，杀死了庄贾，又以陈县为楚都。

［原文］

初，胜令铚(zhì)人宋留将兵定南阳，入武关。留已徇南阳，闻胜死，南阳复为秦。宋留不能入武关，乃东至新蔡，遇秦军，宋留以军降秦。秦传留至咸阳，车裂留以徇。

秦嘉等闻胜军败，乃立景驹为楚王，引兵之方与，欲击秦军济阴下。使公孙庆使齐王，欲与并力俱进。齐王曰："陈王战败，未知其死生，楚安得不请而立王？"公孙庆曰："齐不请楚而立王，楚何故请齐而立王！且楚首事，当令于天下。"田儋杀公孙庆。秦左右校复攻陈，下之。吕将军走，徼兵复聚，与番盗英布相遇，攻击秦左右校，破之青波，复以陈为楚。会项梁立怀王孙心为楚王。

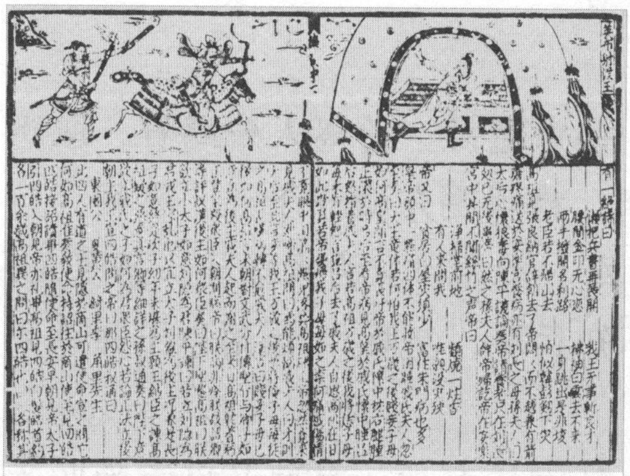

英布射汉王

英布，曾跟随刘邦平定天下，与韩信、彭越并称"汉初三大名将"。早年曾被送往骊山服役，结交英雄豪杰，后聚众几千人，举起了反秦的大旗。

［译文］

当初，陈胜命令铚县人宋留率军攻打南阳，进入武关。宋留攻占南阳后，听到陈胜已死的消息，南阳又被秦军攻克。宋留无法进入武关，就向东到新蔡，遇上了秦军，宋留率军投降秦军。秦军将宋留押到咸阳，车裂示众。

秦嘉等人听说陈胜兵败，就拥立景驹为楚王，率军到了方与县，准备攻打在济阴的秦军。派公孙庆到齐王那里，想联合齐国一道进攻。齐王说："陈王战败，到现在生死不明，楚国怎么可以没有请示我就自行立王呢？"公孙庆说："齐王没有请示楚国而自行立王，楚国又为什么要请示齐国才能立王呢？何况楚国首先起事，理所当然要号令整个天下。"田儋诛杀了公孙庆。秦军左右校尉率领军队再次进攻陈县，陈县被攻克。吕臣率军败退逃走，再次招兵聚集，与在番阳做盗贼的英布相遇，又进攻秦军的左右校尉，在青波打败了他们，再次以陈县为楚都。恰好这个时候项梁册立楚怀王的孙子心为楚王。

［原文］

陈胜王凡六月。初为王，其故人尝与佣耕者闻之，乃之陈，叩宫门曰："吾欲见涉。"宫门令欲缚之。自辩数，乃置，不肯为通。胜出，遮道而呼涉。乃召见，载与归。入宫，见殿屋帷(wéi)帐，客曰："伙，涉之为王沉沉者！"楚人谓多为伙，故天下传之"伙涉为王"，由陈涉始。客出入愈益发舒，言胜故情。或言"客愚无知，专妄言，轻威"。胜斩之。诸故人皆自引去，由是无亲胜者。以朱防为中正，胡武为司过，主司群臣。诸将徇地，至，令之不是者，系而罪之。以苛察为忠。其所不善者，不下吏，辄自治。胜信用之，诸将以故不亲附。此其所以败也。

胜虽已死，其所置遣侯王将相竟亡秦。高祖时为胜置守冢于砀，至今血食。王莽败，乃绝。

［译文］

陈胜称王一共六个月。称王之初的时候，以前曾经与他一道佣耕过的朋友听到此事，就赶来陈县，拍打着宫门说："我要见陈涉。"宫门令要把他捆起来。后来经他一再解释，才放了他，但仍不给他通报。等到陈胜出门的时候，他拦路高喊陈涉的名字。陈胜听到喊声，才召见了他，和他乘同一辆车回到了宫中。进了王宫之后，客人看到了殿堂房屋、帷幕帐帘后说："伙！陈涉做了王，宫苑楼阁居然这样阔气！"楚国人叫"多"为"伙"，所以在天下流传开来的"伙涉为王"这句话，就是由陈涉开始的。这位客人后来进进出出越发放肆无拘，谈论陈胜的往事。有人劝陈胜说："你这位客人愚昧无知，专门胡言乱语，恐怕会有损您的威严。"陈胜便杀了那位客人。于是，所有陈胜的老熟人都纷纷离开了，从此便没有亲近陈胜的人了。陈胜任用朱防做中正官，任命胡武为司过官，主要负责管理大臣们的事务。将领们攻占城池后，当他们回到陈县复命时，凡是办事不合命令的人，就抓起来治罪，以严厉、苛刻为忠诚。凡是跟这两人关系不好的，不用经过有关官吏的审问，他俩就可以任意惩治。陈胜信任这两个人，诸将因此不再亲近陈胜。这就是陈胜后来之所以失败的原因了。

虽然陈胜死了，但他所设置派遣的王侯、将相们最后终于灭亡了秦朝。汉高祖当时在砀为陈胜特意安置了守坟的人家，至今仍然按时宰杀牲畜祭祀他。王莽篡权失败后，祭祀就中断了。

［原文］

项籍字羽，下相人也。初起，年二十四。其季父梁，梁父即楚名将项燕者也。家世楚将，封于项，故姓项氏。

籍少时，学书不成，去；学剑又不成，去。梁怒之。籍曰："书足记姓名而已。剑一人敌，不足学，学万人敌耳。"于是梁奇其意，乃教以兵法。籍大喜，略知其意，又不肯竟。梁尝有栎阳逮，请蕲狱掾曹咎书抵栎阳狱史司马欣，以故事皆已。梁尝杀人，与籍避仇吴中。吴中贤士大夫皆出梁下。每有大徭役及丧，梁常主办，阴以兵法部勒宾客子弟，以知其能。秦始皇帝东游会稽，渡浙江，梁与籍观。籍曰："彼可取而代也。"梁掩其口，曰："无妄言，族矣！"梁以此奇

项羽

项羽，秦末起义军将领，自幼学习兵法，力能扛鼎，武艺高强，号称"霸王"。率领各路兵马进攻关中，一时威震诸侯。

籍。籍长八尺二寸，力扛鼎，才气过人。吴中子弟皆惮籍。

［译文］

项籍，字羽，下相人。一开始起兵的时候，项籍二十四岁。他的叔父叫项梁，项梁的父亲就是楚国的名将项燕。项家世代做楚国的将军，被封在项地，所以姓项。

项籍年轻的时候，曾经学习识字，没有成就，便放弃了；又学习剑术，也没有成就，又放弃了。项梁对他很生气。项籍说：“认识文字只要能够记个姓名就行了。学习剑术只能对抗一个人，这都不值得学习。我要学习可以对抗上万人的大本事。”因此项梁为他的志向所惊奇，便教授项籍兵法，项籍很高兴，只是略微知道一点内容后，就又不肯学完了。项梁曾经被栎阳的官吏追捕，就请蕲县监狱的办事员曹咎写信给栎阳监狱的办事员司马欣说情，这件事情才算了结。项梁曾经杀了人，和项籍到吴中地方去躲避仇家。吴中当地贤士大夫的才能都不如项梁。每当吴中有大徭役和丧事的时候，项梁都为他们操办，并在暗地里用兵法安排宾客、子弟们，借此机会了解他们的才能。秦始皇东巡会稽，渡浙江的时候，项梁和项籍一起去观看。项籍说：“我们可以取代这个人啊！”项梁赶紧捂住他的嘴，说：“别胡说，这可是会灭族的啊！”项梁因此认为项籍很奇特。项籍身高八尺二寸，力气足以举起鼎，无论是才能还是胆识都比别人强，吴中的子弟都忌惮项籍。

［原文］

秦二世元年，陈胜起。九月，会稽假守通素贤梁，乃召与计事。梁曰：“方今江西皆反秦，此亦天亡秦时也。先发制人，后发制于人。”守叹曰：“闻夫子楚将世家，唯足下耳！”梁曰：“吴有奇士桓楚，亡在泽中，人莫知其处，独籍知之。”梁乃戒籍持剑居外待。梁复入，与守语曰：“请召籍，使受令召桓楚。”籍入，梁眴籍曰：“可行矣！”籍遂拔剑击斩守。梁持守头，佩其印绶。门下惊扰，籍所击杀数十百人。府中皆詟伏，莫敢复起。梁乃召故人所知豪吏，谕以所为，遂举吴中兵。使人收下县，得精兵八千人，部署豪杰为校尉、候、司马。有一人不得官，自言。梁曰：“某时某丧，使公主某事，不能办，以故不任公。”众乃皆服。梁为会稽将，籍为裨(pí)将，徇下县。

秦二年，广陵人召平为陈胜徇广陵，未下。闻陈胜败走，秦将章邯(hán)且至，乃渡江矫陈王令，拜梁为楚上柱国，曰："江东已定，急引兵西击秦。"梁乃以八千人渡江而西。闻陈婴已下东阳，使使欲与连和俱西。陈婴者，故东阳令史，居县，素信，为长者。东阳少年杀其令，相聚数千人，欲立长，无适用，乃请陈婴。婴谢不能，遂强立之，县中从之者得二万人。欲立婴为王，异军苍头特起。婴母谓婴曰："自吾为乃家妇，闻先故未曾贵。今暴得大名不祥，不如有所属，事成犹得封侯，事败易以亡，非世所指名也。"婴乃不敢为王，谓其吏曰："项氏世世将家，有名于楚，今欲举大事，将非其人，不可。我倚名族，亡秦必矣。"其众从之，乃以其兵属梁。梁渡淮，英布、蒲将军亦以其兵属焉。凡六七万人，军下邳。

[译文]

秦二世元年，陈涉等人在大泽乡举兵起义。这年的九月，会稽郡代理郡守殷通因为向来认为项梁贤能，就召他来议事。项梁说："大江以西的地方都已经造反了，这是秦国要被上天灭亡的时候啊。这时先下手的就能制服人，后行动就要受制于人了。"殷通叹息说："听说先生是楚国大将世家之后，要举大事就只有靠您了！"项梁说："吴地有奇人异士桓楚，在大泽中逃亡，所有人都不知道他住在哪里，只有项籍一个人知道。"项梁就走了出去，叮嘱项籍持剑在外面等候。项梁又走了进去，对郡守说："请您召见项籍，让他接受召唤桓楚的使命。"项籍走进去，项梁对项籍使了个眼色，说："可以动手了！"于是项籍就拔剑砍下了郡守的头颅。项梁提着郡守的头颅，佩戴着郡守的印绶。郡守左右随从都惊慌失措，骚乱起来，项籍杀死了百十来个人。满衙门的人都吓得趴在地上，不再有人敢站起来。项梁就把以前所熟悉的豪强官吏召集起来，讲清楚这样做的目的是要起大事，于是就将吴中的兵员调集起来，并且派人征集所属各县的壮丁，得到八千精兵，项梁任命地方的豪杰来担任校尉、军候、司马各种官职。其中有一个人未被任用，自己去找项梁争辩。项梁说："前些时候某人死了，让您主办他的丧事，您没能办理好，所以这次没有任用您。"于是大家都佩服项梁。于是公推由项梁担任会稽将军，由项籍担任裨将，巡视所属各县。

秦二世二年，广陵人召平为陈胜攻打广陵，没有攻克。他听说陈胜兵败，

陈婴母

陈婴，秦末赵义军首领，据说当地民众一致推举他担任首领，她的母亲却表示反对，认为在这时局混乱、朝不保夕的年代里，名声太大了，反而会遭受祸害。后来，陈婴投靠了项羽，项羽自刎而死，而陈婴得以保全，应验了其母的预言。

秦国大将章邯马上就要来到，就渡江假托陈胜的命令，封项梁为楚上柱国，并说："江东已经平定，你迅速带兵向西攻打秦军。"项梁于是率军八千渡江西进。这时，听说陈婴已经占领东阳，项梁派遣使者要求和他联手，一起西进。陈婴原是东阳县令史，家住县城，向来诚实谨慎，人们尊其为长者。东阳子弟举事杀死县令，聚集几千人马，想要推举首领，没有合适的人选，就敦请陈婴。陈婴以才能不够为借口来辞谢，于是大家就强行立陈婴为首领，县里跟随起义的有两万人。众人要拥立陈婴称王，用青布裹头，标明他们是新起的军队。陈婴的母亲就对他说："自从我做陈家媳妇以来，没有听说你家祖先有过显贵人物。现在突然获得大名，这不是好兆头。不如从属于别人，事情成功了也能封侯，万一失败了也能够因为不是太著名而比较容易躲避。"陈婴便不敢称王，对他的军吏说："项氏世代为将，在楚国很有名望。现在要想办成大事，主帅非他不可。我们依仗名家大族，一定能灭亡秦国。"于是大家都听从他的话，让部队由项梁统率。项梁率军渡过淮河后，英布、蒲将军也各自带领军队来归附他，共有六七万人，驻军下邳。

[原文]

是时，秦嘉已立景驹（jū）为楚王，军彭城东，欲以距梁。梁谓军吏曰："陈王首事，战不利，未闻所在。今秦嘉背陈王立景驹，大逆亡道。"乃引兵击秦嘉。嘉军败走，追至胡陵。嘉还战一日，嘉死，军降。景驹走死梁地。梁已并秦嘉军，军胡陵，将引而西。章邯至栗，梁使别将朱鸡石、馀樊君与战。馀樊君死。朱鸡石败，亡走胡陵。梁乃引兵入薛，诛朱鸡石。梁前使羽别攻襄城，襄城坚守不下。已拔，皆坑之，还报梁，闻陈王定死，召诸别将会薛计事。时沛公亦从沛往。

居鄛人范增年七十，素好奇计，往说梁曰："陈胜败固当。夫秦灭六国，楚最亡罪，自怀王入秦不反，楚人怜之至今，故南公称曰'楚虽三户，亡秦必楚'。今陈胜首事，不立楚后，其势不长。今君起江东，楚蜂起之将皆争附君者，以君世世楚将，为能复立楚之后也。"于是梁乃求楚怀王孙心，在民间为人牧羊，立以为楚怀王，从民望也。陈婴为上柱国，封五县，与怀王都盱(xū)台。梁自号武信君，引兵攻亢父。

［译文］

此时，秦嘉已经拥立景驹为楚王，驻军彭城东面，想抵抗项梁。项梁对军吏说："陈王首先举事，作战不顺利，现在还不知道下落，而秦嘉背叛陈王拥立景驹，这是大逆不道！"于是进军攻打秦嘉，秦嘉军队败逃，项梁一直追击到胡陵。秦嘉回军交战一天，秦嘉战死，军队投降。景驹逃跑，最后死在梁地。项梁兼并了秦嘉的军队，驻军胡陵，准备领兵西进的时候，章邯的军队来到了栗县，项梁派统军的将领朱鸡石、馀樊君前往迎战。馀樊君战死，朱鸡石的军队溃败，逃到胡陵。项梁就率领军队进入薛县，诛杀朱鸡石。项梁之前派项羽另外攻打襄城，襄城守军坚守，一时没有攻克。等攻克之后，项羽把守军全部活埋了，然后回禀项梁。项梁听说陈王的确死了，就召集各部将领到薛县商量军务大事。这时沛公已经在沛县起兵，也赶来参加了会议。

居鄛人范增，已经七十岁了，一向善于出谋划策，前去劝项梁说："陈胜是必然会失败的。秦朝灭亡六国，最为无辜的是楚国，自从怀王被秦国掳去后再也没有回来，楚国的百姓思念他一直到现在，因此南公说'即使楚国最后只剩下三户人家，能够灭亡秦国的必定还是楚国'。现在陈胜首先发难举事，没有拥立楚王的后代而自立为王，他的势力肯定是无法长久的。现在您在江东起兵，正是因为您家世世代代都是楚国的将领，能够重新拥立楚王的后代，所以楚地蜂拥而起的将领都争着归附您。"于是项梁就派人从民间找来正在为人放羊的楚怀王的孙子心，拥立他做楚怀王，以顺从民意。陈婴担任楚国上柱国，受赐五县，跟怀王在盱台建都。项梁自称为武信君，率领军队攻打亢父。

［原文］

初，章邯既杀齐王田儋(dān)于临菑(zī)，田假复自立为齐王。儋弟荣走保东阿，章邯追围之。梁引兵救东阿，大破秦军东阿。田荣即引兵归，逐王假，假亡走楚，相田角亡走赵。角弟间

故将，居赵不敢归。田荣立儋子市为齐王。梁已破东阿下军，遂追秦军。数使使趣齐兵俱西。荣曰："楚杀田假，赵杀田角、田间，乃发兵。"梁曰："田假与国之王，穷来归我，不忍杀。"赵亦不杀角、间以市于齐。齐遂不肯发兵助楚。梁使羽与沛公别攻城阳，屠之。西破秦军濮阳东，秦兵收入濮(pú)阳。沛公、羽攻定陶，定陶未下，去，西略地至雍丘，大破秦军，斩李由。还攻外黄，外黄未下。

梁起东阿，比至定陶，再破秦军，羽等又斩李由，益轻秦，有骄色。宋义谏曰："战胜而将骄卒惰者败。今少惰矣，秦兵日益，臣为君畏之。"梁不听。乃使宋义于齐。道遇齐使者高陵君显，曰："公将见武信君乎？"曰："然。"义曰："臣论武信君军必败。公徐行则免，疾行则及祸。"秦果悉起兵益章邯，夜衔枚击楚，大破之定陶，梁死。沛公与羽去外黄，攻陈留，陈留坚守不下。沛公、羽相与谋曰："今梁军败，士卒恐。"乃与吕臣俱引兵而东。吕臣军彭城东，羽军彭城西，沛公军砀(dàng)。

[译文]

当初，章邯在临菑把齐王田儋杀了，结果田假又自立为齐王。田儋的弟弟田荣退守东阿，章邯追击包围了田荣军。项梁领兵援救东阿，在东阿打败秦军。田荣就率军回撤，驱逐齐王田假，田假逃到楚国，田假的相国田角逃到赵国。田角的弟弟田闲原来是齐国的将军，在赵国不敢回去。田荣立田儋的儿子田市为齐王。项梁击败了东阿一带的秦军，就紧跟着追击。他几次派使者督促齐军共同西进。田荣说："只有楚国杀掉田假，赵国杀掉田角和田闲，我们才会出兵。"项梁回答说："田假是盟国之王，走投无路来投靠我，实在不忍心杀他。"赵国也不愿意杀死田角和田闲去和齐国做交易。于是齐国就不肯派兵帮助楚军。项梁派项羽和沛公从另一方向攻打城阳，进行了全城屠杀。再向西进发，在濮阳东面打败了秦军，秦军回军退入濮阳城。沛公、项羽就进攻定陶。没有打下定陶，就撤走，向西继续攻占地盘到雍丘，大败秦军，并杀死了李由。回军攻打外黄，结果外黄没有攻下。

项梁发兵东阿，到达定陶后，再次击破秦军，项羽等人又斩了李由，便愈发地轻视秦军，露出了骄傲的神情。宋义就劝说项梁："如果打了胜仗之后将领骄傲、士兵怠惰，就会导致失败。现在士兵有些怠惰了，秦军又一天天增多，我替您担忧。"项梁没有理睬，而是派遣宋义出使齐国。宋义在归途遇到齐国派出的使者高陵君显，问他道："您将要去见武信君吧？"显说："是的。"宋义说："我认为武信君的军队一定会失败。您去慢些还能免死，去快了就得遭殃。"秦国果然发动所有军队增援章邯，士兵们夜袭楚军，在定陶击败了楚军，项梁战死后，沛公、项羽撤离外黄，转战陈留，却因为陈留军民坚守，没能攻下。沛公和项羽商量道："现在项梁的军队垮了，大家都很害怕啊。"就和吕臣的军队一道向东撤退。吕臣驻军彭城东面，项羽驻军彭城西面，沛公驻军砀县。

[原文]

章邯已破梁军，则以为楚地兵不足忧，乃渡河北击赵，大破之。当此之时，赵歇为王，陈馀为将，张耳为相，走入巨鹿城。秦将王离、涉间围巨鹿，章邯军其南，筑甬道而输之粟。陈馀将卒数万人军巨鹿北，所谓河北军也。

宋义所遇齐使者高陵君显见楚怀王曰："宋义论武信君必败，数日果败。军未战先见败征，可谓知兵矣。"王召宋义与计事而说之，因以为上将军；羽为鲁公，为次将，范增为末将。诸别将皆属，号卿子冠军。北救赵，至安阳，留不进。秦三年，羽谓宋义曰："今秦军围巨鹿，疾引兵渡河，楚击其外，赵应其内，破秦军必矣。"宋义曰："不然。夫搏牛之虻(méng)不可以破虮。今秦攻赵，战胜则兵罢，我承其敝；不胜，则我引兵鼓行而西，必举秦矣。故不如先斗秦、赵。夫击轻锐，我不如公；坐运筹策，公不如我。"因下令军中曰："猛如虎，很如羊，贪如狼，强不可令者，皆斩。"遣其子襄相齐，身送之无盐，饮酒高会。天寒大雨，士卒冻饥。羽曰："将戮力而攻秦，久留不行。今岁饥民贫，卒食半日菽(shū)，军无见粮，乃饮酒高会，不引兵渡河因赵食，与并力击秦，乃曰'承其敝'。夫以秦之强，攻新造之赵，其势必举赵。赵举秦强，何敝之

承！且国兵新破，王坐不安席，扫境内而属将军，国家安危，在此一举。今不恤(xù)士卒而徇私，非社稷之臣也。”羽晨朝上将军宋义，即其帐中斩义头，出令军中曰：“宋义与齐谋反楚，楚王阴令籍诛之。”诸将詟服，莫敢枝梧。皆曰：“首立楚者，将军家也，今将军诛乱。”乃相与共立羽为假上将军。使人追宋义子，及之齐，杀之。使桓楚报命于王。王因使使立羽为上将军。

［译文］

章邯打垮了项梁的军队后，就认为楚国的兵力不足为虑了，便北渡黄河攻打赵国，打垮了赵军。这时，赵歇为赵王，陈馀任统军大将，张耳任相国，都逃到了巨鹿城。秦将王离、涉间包围巨鹿，章邯的军队驻在他们南面，筑起甬道为他们输送军粮。陈馀率几万军队驻在巨鹿北面，这就是所谓的河北军。

宋义所遇的齐国使者高陵君显对楚怀王说：“宋义认定武信君必败，几天之后武信君果然失败了。在军队没有交战之前就能预见失败的征兆，这也可以算懂得兵法了。”楚王召见宋义，同他商量大事，非常欣赏他，就拜他为上将军；拜项羽为鲁公，任次将；范增任末将。各部将领都隶属于宋义，旗号为卿子冠军。北上救赵，行军至安阳，停留不前。秦二世三年，项羽对宋义说：“现在秦军围困在巨鹿，我们应率军速渡漳河，楚军攻打他们的外围，赵军在内响应，打垮秦军是一定的了。”宋义说：“不对。打牛虻的力气不可用来消灭虱子。现在秦军进攻赵军，战胜之后军队疲惫，我们就可趁机利用他们的疲惫；打不胜，我们再率军大举西进，就一定能推翻秦国了。因此不如先让秦、赵两军相争。披甲执戟冲锋陷阵，我宋义不如您；运筹帷幄，您不如我宋义。”于是宋义对军中下令说：“凡是有凶猛如虎，执拗如羊，贪婪如狼，倔强不听使命的士兵，一律斩首。”紧接着又派他的儿子宋襄去辅助齐王，并亲自送到无盐，大摆酒席。当时天降大雨，士兵又冷又饿。项羽说：“正该协力攻秦的时候，他却久留不前。如今年荒民苦，士兵只能吃一半豆子一半蔬菜的饭食，军中无存粮，他却饮酒设宴，不领兵渡河吃用赵国的粮食，和赵国协力攻秦，却说什么‘利用他们的疲惫’。赵国被占领秦军只会更强，哪还有什么疲惫之机可用呢！况且我国军队最近屡遭败战，大王坐卧不安，集全国兵力于上将军，国家安危在此一举。现在他不体恤士兵，却去钻营私利，这不是国之重臣所为！”于是项羽趁早上进见上将军宋义的机会，在帐中斩了他的头，出帐向军中发布命令说：“宋义阴谋勾结齐国造反，楚王密令我诛杀他。”诸将都畏服，没有人敢反抗。都说：“当初拥立楚王的就是将军家，现在将军诛灭了乱臣贼子。”于是大家拥立项羽为代理上将军。并派人追到齐国将宋义的儿子杀了。派遣桓楚向怀王禀报情况，怀王就派使臣册立项羽为上将军。

［原文］

羽已杀卿子冠军，威震楚国，名闻诸侯。乃遣当阳君、蒲将军将卒二万人渡河救巨鹿。战少利，陈馀复请兵。羽乃悉引兵渡河。已渡，皆湛舡（chuán），破釜甑（zèng），烧庐舍，持三日粮，视士必死，无还心。于是至则围王离，与秦军遇，九战，绝甬道，大破之，杀苏角，虏王离。涉间不降，自烧杀。当是时，楚兵冠诸侯。诸侯军救巨鹿者十余壁，莫敢纵兵。及楚击秦，诸侯皆从壁上观。楚战士无不一当十，呼声动天地。诸侯军人人惴恐。于是楚已破秦军，羽见诸侯将，入辕门，膝行而前，莫敢仰视。羽繇是始为诸侯上将军。兵皆属焉。

章邯军棘（jí）原，羽军漳南，相持未战。秦军数却，二世使人让章邯。章邯恐，使长史欣请事。至咸阳，留司马门三日，赵高不见，有不信之心。长史欣恐，还走，不敢出故道。赵高果使人追之，不及。欣至军，报曰："事亡可为者。相国赵高颛（zhuān）国主断。今战而胜，高嫉吾功；不胜，不免于死。愿将军熟计之。"陈馀亦遗章邯书曰："白起为秦将，南并鄢（yān）、郢，北坑马服，攻城略地，不可胜计，而卒赐死。蒙恬为秦将，北逐戎人，开榆中地数千里，竟斩阳周。何者？功多，秦不能封，因以法诛之。今将军为秦将三岁矣，所亡失已十万数，而诸

白起坑弃万军

白起，战国时期秦国名将，在赵秦长平一战中，白起指挥秦军大败赵军，俘虏赵国降兵达四十余万，全部坑杀，故人称他为"人屠"。最后，秦昭王以抗旨为由，令其自刎而死。

侯并起兹益多。彼赵高素谀日久，今事急，亦恐二世诛之，故欲以法诛将军以塞责，使人更代以脱其祸。将军居外久，多内隙，有功亦诛，亡功亦诛，且天之亡秦，无愚智皆知之。今将军内不能直谏。外为亡国将，孤立而欲长存，岂不哀哉！将军何不还兵与诸侯为从，南面称孤，孰与身伏斧质，妻子为戮乎？”章邯狐疑，阴使候始成使羽，欲约。约未成，羽使蒲将军引兵渡三户，军漳南，与秦战，再破之。羽悉引兵击秦军汙水上，大破之。邯使使见羽，欲约。羽召军吏谋曰：“粮少，欲听其约。”军吏皆曰：“善。”羽乃与盟洹水南殷虚上。已盟，章邯见羽流涕，为言赵高。羽乃立章邯为雍(yōng)王，置军中。使长史欣为上将，将秦军行前。

［译文］

项羽自从杀掉卿子冠军之后，威震楚国，名声传遍诸侯。他就派当阳君、蒲将军率军两万渡过漳河，援救巨鹿。战事稍有进展，陈馀又请求援兵。项羽就统率全军渡河。渡河之后沉掉了全部船只，砸毁了锅灶，烧掉营房壁垒，命令士卒每人只带三天的干粮，以此向士兵表明决一死战绝不后退的决心。于是一到巨鹿就包围了王离，与秦军会战，经过九次战役，截断了他们的粮道，打败秦军，杀死苏角，活捉王离。涉间拒绝降楚，自焚而死。在此之时，楚军居诸侯之首。诸侯前来援救巨鹿的有十多座营寨人马，就没有敢出兵的。直到楚军攻打秦军时，诸侯将领都在营寨上观看。楚军将士无不以一当十，杀声震天。诸侯军队无不人人战栗惊恐。就这样，在打败秦军之后，项羽召集诸侯将领，进入辕门时，他们都是跪在地上前行，谁都不敢仰视。从此项羽就成了诸侯中的上将军，各路诸侯的军队都由他统率。

章邯的军队驻在棘原，项羽的军队驻在漳南，两军对峙尚未开战。秦军数次后撤，秦二世派人向章邯问责。章邯心中惧怕，派长史司马欣回京请示。司马欣回到咸阳，在司马门停留了三天，赵高始终不接见，表示出不信任的心理。长史司马欣害怕，逃回军中，不敢走原路。赵高果然派人追杀他，没有追到。司马欣回到了军中，禀报说：“相国赵高在朝中掌权，居下位者是无法有作为的。现在作战如果能够胜利，赵高必定会忌妒我们的功劳；作战不能胜利，那我们就免不了一死。对此处境还请将军深思啊。”陈馀也致信章邯说：“当年白起为秦将，向南兼并了鄢、郢，在北方坑杀赵括的大军，攻城略地数都数不过来，最后被赐死。蒙恬为秦将，北征匈奴，开拓榆中疆土数千里，最后被斩于阳周。这是为何？功劳太多，秦国无法再给更高的封赏，就找个借口按律杀掉他们。如今将军做了三年秦将，所损失的兵力不下十万，而诸侯义军纷纷起事，愈来愈多。那赵高向来献媚奉承，时日已久，现在情势危急，也担心二世杀他，因此想借律诛杀将军以逃避责任，让人替换将军来解除他的隐患。将军在朝廷之外的时间太久了，与朝廷内有很多隔阂，无论是否有功都会被诛杀。况且天要灭秦，现在无论智愚都能看清楚。现在将军对内不能直言进谏，在朝廷之外成了亡国将军，孑然一身却想长期生存，岂不悲哀！将军何不反戈，与诸侯一起共同伐秦，自立为王，这与身伏斧锧、妻儿被杀相比，哪样较好呢？”章邯心怀疑虑，暗中派遣军候始成出使项羽军中，求订和约。和约还未签订，项羽就派蒲将军领兵渡过三户渡口，驻屯漳南，与秦军交战，再次打垮了秦军。项羽率领全军在汙水进攻秦军，把他们打得大败。章邯派人进见项羽求和，项羽召集军吏商议说：“我们缺少粮食，所以想答应他们的和议。”军吏都说：“好。”项羽就在洹水南边的殷墟与章邯会谈，签订了盟约。章邯见了项羽，就流着眼泪诉说赵高的种种恶行。于是项羽就封章邯为雍王，安置在楚军中。派长史司马欣担任上将军，统率秦军作为先锋。

[原文]

汉元年，羽将诸侯兵三十余万，行略地至河南，遂西到新安。异时诸侯吏卒徭役屯戍过秦中，秦中遇之多亡状，及秦军降诸侯，诸侯吏卒乘胜奴虏使之，轻折辱秦吏卒。吏卒多窃言曰：“章将军等诈吾属降诸侯，今能入关破秦，大善；即不能，诸侯虏吾属而东，秦又尽诛吾父母妻子。”诸将微闻其计，以告羽。羽乃召英布、蒲将军计曰：“秦吏卒尚众，其心不服，至关不听，事必危。不如击之，独与章邯、长史欣、都尉翳(yì)入秦。”于是夜击坑秦军二十余万人。

至函谷关，有兵守，不得入。闻沛公已屠咸阳，羽大怒，使当阳君击关。羽遂入，至戏西鸿门，闻沛公欲王关中，独有秦府库珍宝。亚父范增亦大怒，劝羽击沛公。飨(xiǎng)士，旦日合战。羽季父项伯素善张良。良时从沛公。项伯夜以语良。良与俱见沛公，因伯自解于羽。明日，沛公从百余骑至鸿门谢羽，自陈“封秦府库，还军霸上以待大王，闭关以备他盗，不敢背德。”羽意既解，范增欲害沛公，赖张良、樊哙得免。

语在《高纪》。

[译文]

汉元年，项羽统率诸侯军队三十多万人，一路上攻城略地，打到河南，接着西进抵达新安。诸侯军队的官兵在过去服徭役或戍边的过程中，在秦中遇到了很多无礼的对待，等到秦军投降了诸侯，诸侯军中的很多官兵们趁这个机会把秦军官兵当俘虏奴隶使唤，随意折磨和侮辱秦国投降的官吏、士兵。秦军很多官兵暗中议论说："章将军等人诈骗我们向诸侯投降，如果这次能够入关破秦，那就好了；要是不能，诸侯军把我们掳去东方，秦国一定会杀光我们的亲人。"将领们暗地里听到这些言论，汇报给项羽。项羽就召集英布、蒲将军等人商量说："秦军官兵人数很多，心中不服，万一到关中不听指挥就危险了，不如趁现在杀掉他们，而只带章邯、长史司马欣、都尉董翳等人进入秦地。"于是楚军出其不意地在夜间活埋了秦兵二十多万人。

项羽率军到达函谷关时，有军队把守而无法进入。这时听说沛公已经拿下咸阳，项羽大怒，派当阳君等人攻打函谷关。项羽于是进入函谷关，到达戏水西的鸿门，听说沛公有当关中王的想法，准备独自占有秦国府库中的珍宝。亚父范增也大怒，劝项羽攻打沛公。于是让士兵们饱餐一顿，准备第二天就开战。项伯是项羽的叔父，一直与张良关系很好。张良这时已追随沛公，项伯就连夜跑到沛公的军营，向张良告密。张良带着项伯一起去见沛公，求项伯想办法解除项羽的疑心。第二天，沛公只带一百多骑兵赴鸿门拜见项羽，解释道："我之所以要封存秦朝府库，退军到霸上，是为了恭候大王，而闭关是为了防备盗贼，不敢有违大王恩德啊！"项羽于是就打消了杀害沛公的主意，范增依然想杀害沛公，沛公幸亏张良、樊哙才能得以幸免。这件事情可以详见《高帝纪》。

[原文]

后数日，羽乃屠咸阳，杀秦降王子婴，烧其宫室，火三月不灭；收其宝货，略妇女而东。秦民失望。于是韩生说羽曰："关中阻山带河，四塞之地，肥饶，可都以伯。"羽见秦宫室皆已烧残，又怀思东归，曰："富贵不归故乡，如衣锦夜行。"韩生曰："人谓楚人沐猴而冠，果然。"羽闻之。斩韩生。

初，怀王与诸将约，先入关者王其地。羽既背约，使人致命于怀王。怀王曰："如约。"羽乃曰："怀王者，吾家武信君所立耳，非有功伐，何以得颛(zhuān)主约？天下初发难，假立诸

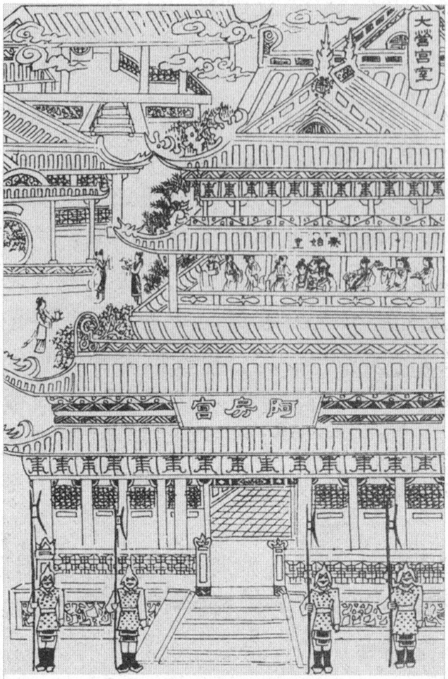

大营宫室

秦始皇灭六国后，在都城咸阳大兴土木，营建宫室，其中规模最大的就是阿房宫了。自项羽率军入关后，焚烧宫室，“火三月不灭”，几乎所有宫室化为灰烬。

侯后以伐秦。然身披坚执锐首事，暴露于野三年，灭秦定天下者，皆将相诸君与籍力也。怀王亡功，固当分其地王之。”诸将皆曰：“善。”羽乃阳尊怀王为义帝，曰：“古之王者，地方千里，必居上游。”徙之长沙，都郴(chēn)。乃分天下以王诸侯。

[译文]

过了几天，项羽率军进入咸阳大肆屠杀，诛杀秦国降王子婴，火烧秦国宫室，大火三个月都没有熄灭；夺取秦国的珠玉美人东返，使得秦地百姓大为失望。这时韩生劝说项羽道：“关中山河险阻，四面都是要塞，加上土地肥沃，可以以此建都称霸。”项王看到秦国宫室都已焚毁残破不堪，又想家要东归，说道：“富贵而不回家乡，就好像穿着锦绣衣服在深夜里行走一般。”韩生说：“有人说楚国人都是沐猴而冠，看来果真如此啊。”项羽听到后，大怒而杀掉了韩生。

当初，楚怀王与各位将领约定，先进入潼关者就可在关中称王。项羽已背离了盟约，派人问怀王的意思，怀王说：“按先前约定。”项羽说：“楚怀王都是我项家武信君拥立的，他又没有获得什么功劳，怎么可以自己独断专行地以盟主身份订立盟约呢？当初全国起义时，暂时拥立诸侯后裔为王，是为了便于讨伐秦国。然而亲自披坚执锐，率先起事，经过三年风餐露宿灭秦平定天下的，都是各位将相和我在出力啊！当然了，楚怀王尽管没有功劳，我们也应该分给他土地，使其为王。”各位将领都说：“好。”项羽就表面上尊怀王为义帝，说：“古代称王领有千里土地，必定居住在河流的上游。”于是把怀王迁到长沙，建都郴县。然后为诸侯划分土地以称王。

[原文]

羽与范增疑沛公，业已讲解，又恶背约，恐诸侯叛之，阴谋曰：“巴、蜀道险，秦之迁民皆居之。”乃曰：“巴、蜀亦

关中地。”故立沛公为汉王，王巴、蜀、汉中。而参分关中，王秦降将以距塞汉道。乃立章邯为雍王，王咸阳以西。长史司马欣，故栎阳狱吏，尝有德于梁；都尉董翳（yì），本劝章邯降。故立欣为塞王，王咸阳以东至河；立翳为翟王，王上郡。徙魏王豹为西魏王，王河东。瑕丘公申阳者，张耳嬖（bì）臣也，先下河南，迎楚河上。立阳为河南王。赵将司马卬定河内，数有功。立卬为殷王，王河内。徙赵王歇王代。赵相张耳素贤，又从入关，立为常山王，王赵地。当阳君英布为楚将，常冠军。立布为九江王。番君吴芮（ruì）帅百粤佐诸侯，从入关，立芮为衡山王。义帝柱国共敖将兵击南郡，功多，因立为临江王。徙燕王韩广为辽东王。燕将臧荼从楚救赵，因从入关。立荼为燕王。徙齐王田市为胶东王。齐将田都从共救赵，入关。立都为齐王。故秦所灭齐王建孙田安，羽方渡河救赵，安下济北数城，引兵降羽。立安为济北王。田荣者，背梁不肯助楚击秦，以故不得封。陈馀弃将印去，不从入关，然素闻其贤，有功于赵，闻其在南皮，故因环封之三县。番君将梅销功多，故封十万户侯。羽自立为西楚伯王，王梁、楚地九郡，都彭城。诸侯各就国。

田荣闻羽徙齐王市胶东，而立田都为齐王，大怒，不肯遣市之胶东，因以齐反，迎击都。都走楚。市畏羽，乃亡之胶东就国。荣怒，追杀之即墨，自立为齐王。予彭越将军印，令反梁地。越乃击杀济北王田安。田荣遂并王三齐之地。时汉王还定三秦。羽闻汉并关中，且东，齐、梁畔之，大怒，乃以故吴令郑昌为韩王以距汉，令萧公角等击彭越。越败萧公角等。时，张良徇韩，遗项王书曰：“汉王失职，欲得关中，如约即止，不敢东。”又以齐、梁反书遗羽，羽以此故

无西意，而北击齐。征兵九江王布，布称疾不行，使将将数千人往。

[译文]

项羽和范增都怀疑沛公，在和解之后又害怕沛公违约，担心诸侯背离自己，就在暗地里策划道："巴郡、蜀郡路途险阻，流放的秦国人都安置在蜀地。"于是就说："巴郡、蜀郡也是关中之地。"因此立沛公为汉王，领地包括巴郡、蜀郡、汉中。而把原关中三分，封秦国降将为王，以此阻挡汉王。以章邯为雍王，领地包括咸阳以西的地方。长史司马欣，是以前的栎阳狱吏，曾有恩于项梁；都尉董翳，曾劝章邯降楚军。因此以司马欣为塞王，领地包括咸阳以东至黄河的地方；以董翳为翟王，领地为上郡。改封魏王魏豹为西魏王，领地为河东。瑕丘公申阳是张耳亲信臣子，率先拿下河南，在黄河岸边迎接楚军，因此以申阳为河南王。赵将司马卬平定河内有功，以司马卬为殷王，领地为河内。把赵王歇徙封于代地。赵相国张耳素来贤能，又随军入关有功，所以封张耳为常山王，领地为赵地。当阳君英布身为楚将，以勇力冠居诸军，所以封英布为九江王。番君吴芮率领百粤士兵协助诸侯，又随军入关，有功，所以封吴芮为衡山王。义帝的柱国共敖率兵攻克南郡，功劳很大，以共敖为临江王。改封燕王韩广为辽东王。燕将臧荼跟随楚军援救赵国，后来又跟随入关，所以封臧荼为燕王。改封齐王田市为胶东王。齐将田都也一起救援了赵国，后来跟随入关也有功，所以封田都为齐王。以前被秦国灭掉的齐王田建的孙子田安，在项羽渡河救赵时，攻下了济北几座城池，率兵投降项羽，所以封田安为济北王。田荣背叛了项梁，又不肯派兵跟随楚军伐秦，因此没有受封。陈馀弃印离去，没有跟随入关，但知道他向来贤能，对救援赵国有功劳，后来知道他家住南皮，于是就把南皮周围三县封赠给他。番君的部将梅铜功劳很大，因此被封为十万户侯。项羽自封为西楚伯王，领地包括梁、楚地区九个郡，以彭城为都。诸侯各自前往封国。

田荣得知项羽徙封齐王田市到胶东，而立齐将田都为齐王，大怒，不让田市赴胶东，趁势占领齐地反楚，迎头攻击田都。田都逃至楚国。齐王田市害怕项羽，就逃往胶东赴任。田荣发怒，追击到即墨，将他杀了。田荣自立为齐王。授予彭越将军印章，让他在梁地反楚。彭越杀死济北王田安。因此田荣兼并了三齐的土地。这时，汉王回军平定三秦。项羽听说汉王已经兼并了关中，将要东进，齐、梁又背叛了他，大怒，于是立原吴县县令郑昌为韩王以抵抗汉军，命令萧公角等人攻击彭越。彭越击败了萧公角等人。当时，张良去招抚韩地，并写信给项羽说："汉王失去了应得的封职，希望得到关中，一如盟约所说，便停止军事行动，不敢东进。"又把齐、梁的反叛文告给项羽看，项羽因而无意西进，而向北攻打齐国。项羽向九江王英布征兵，英布称病不从，只派部将率领几千人前去。

[原文]

二年，羽阴使九江王布杀义帝。陈馀使张同、夏说说齐

王荣，曰：“项王为天下宰，不平，今尽王故王于丑地，而王群臣诸将善地，逐其故主赵王，乃北居代，馀以为不可。闻大王起兵，且不听不义，愿大王资馀兵，使击常山，以复赵王，请以国为扞蔽。”齐王许之，因遣兵往。陈馀悉三县兵，与齐并力击常山，大破之。张耳走归汉。陈馀迎故赵王歇反之赵。赵王因立馀为代王。羽至城阳，田荣亦将兵会战。荣不胜，走至平原，平原民杀之。羽遂北烧夷齐城郭室屋，皆坑降卒，系虏老弱妇女。徇齐至北海，所过残灭。齐人相聚而畔之。于是田荣弟横收得亡卒数万人，反城阳。羽因留，连战未能下。

汉王劫五诸侯兵，凡五十六万人，东伐楚。羽闻之，即令诸将击齐，而自以精兵三万人南从鲁出胡陵。汉王皆已破彭城，收其货赂美人，日置酒高会。羽乃从萧晨击汉军而东，至彭城，日中，大破汉军。汉军皆走，追之穀（gǔ）、泗水。汉军皆南走山，楚又追击至灵辟东睢（suī）水上。汉军却，为楚所挤，多杀。汉卒十余万皆入睢水，睢水为不流。汉王乃与数十骑遁去。语在《高纪》。太公、吕后间求汉王，反遇楚军。楚军与归，羽常置军中。

范增

范增，项羽的重要谋士，后来封位历阳侯，项羽尊称他为“亚父”。范增曾劝说项羽杀刘邦，项羽不听，后因汉离间，为项羽所疑，愤而离去，告老还乡，病死于途中。

三年，羽数击绝汉甬道，汉王食乏，请和，割荥（xíng）阳以西为汉。羽欲听之。历阳侯范增

曰："汉易与耳，今不取，后必悔之。"羽乃急围荥阳。汉王患之，乃与陈平金四万斤以间楚君臣。语在《陈平传》。项羽以故疑范增，稍夺之权。范增怒曰："天下事大定矣，君王自为之！愿赐骸（hái）骨归。"行未至彭城，疽发背死。于是汉将纪信诈为汉王出降，以诳（kuáng）楚军，故汉王得与数十骑从西门出。令周苛、枞公、魏豹守荥阳。汉王西入关收兵，还出宛、叶间，与九江王黥（qíng）布行收兵。羽闻之，即引兵南。汉王坚壁不与战。

［译文］

汉二年，项羽暗中唆使九江王英布杀害义帝。陈馀秘派张同、夏说游说齐王田荣道："项羽主宰天下，很不公平。如今皆把原来的诸侯封在坏地方，而把他的群臣诸将封到好地方，赶走原来的国王，使其北居代地，我认为不行。听说大王起兵，而且不听从项羽不合理的命令，希望大王资助我陈馀一些兵力，让我去攻打常山，恢复赵王原来的领地，让我国做齐国的屏障。"齐王应允了，就派兵去赵国。陈馀发动三县全部兵力，与齐军协力攻击常山，大胜常山军。张耳逃走，投降汉王。陈馀从代地迎接原来的赵王赵歇回到赵国。赵王因此立陈馀为代王。项羽到达城阳，田荣也带兵会战。田荣作战不利，逃至平原，平原民众杀了他。项羽于是北进，烧毁、铲平齐国的城郭房屋，坑杀了田荣的全部降卒，掳掠了齐国的老弱和妇女。一直攻打到北海一带，所到之处皆被摧毁。齐人聚集起来反抗项羽。这时，田荣的弟弟田横募集齐国的散兵几万人，于城阳反楚。项羽因此驻军于此，连战多次，没有攻克。

汉王率领五个诸侯国的军队，共五十六万人，东进攻打楚国。项王得知，就命诸将攻打齐国，而亲自带领精兵三万人南进，自鲁出胡陵。汉军都已攻破彭城，掳掠财货、珍宝和美女，每天饮酒聚会。项羽自萧县发起攻击，早晨往东打到彭城，中午时分，大胜汉军。汉军全线溃退，被逼到穀水、泗水。汉兵都向南逃到山地，楚军又追击至灵辟东南的睢水边。汉军败退，被楚军挤逼，死伤惨重。汉兵十多万人都落入了睢水，睢水被堵而不能流动。而汉王仅带几十名骑兵逃走。事见《高帝纪》。太公、吕后从小道寻觅汉王，反而碰上了楚军。楚军就把他们一起押回，项羽把他们安置在军营里。

汉高帝三年，项羽多次侵夺汉军甬道，汉王由于缺粮，请求讲和，划分荥阳以西归汉。项羽想要听从讲和，历阳侯范增说："如果不趁现在汉军容易攻取的时候进攻，等到以后肯定会后悔的。"项羽就和范增紧急包围了荥阳。汉王十分担忧，就给陈平四万斤黄金来挑拨离间项羽君臣关系。详情请见《陈平传》。项羽因此就怀疑范增，逐渐剥夺了他的权力。范增大怒，说："天下间的大事基本上已经安定，大王您可以自己完成了！希望您可以赐我这把老骨头回乡养老。"范增刚动身，还没到彭城，就发背疮而死。于是，汉军将领纪信诡称汉王前往降楚，以此欺诈楚军，因此汉王才得以与数十亲骑从西门逃脱。汉王派周苛、枞公、魏豹守卫荥阳。汉王西进入关召集部队，又出兵到宛县、叶县一带，与九江王英布在行军途中召集散兵。项羽听说之后，马上率军南行。但汉王只加固营寨并不与他交战。

［原文］

是时，彭越渡睢(suī)，与项声、薛公战下邳(pī)，杀薛公。羽乃东击彭越。汉王亦引兵北军成皋。羽已破走彭越，引兵西下荥阳城，亨周苛，杀枞公，虏韩王信，进围成皋。汉王跳，独与滕公得出。北渡河，至修武，从张耳、韩信。楚遂拔成皋。汉王得韩信军，留止，使卢绾、刘贾渡白马津入楚地，佐彭越共击破楚军燕郭西，烧其积聚，攻下梁地十余城。羽闻之，谓海春侯大司马曹咎曰："谨守成皋。即汉欲挑战，慎毋与战，勿令得东而已。我十五日必定梁地，复从将军。"于是引兵东。

四年，羽击陈留、外黄，外黄不下。数日降，羽悉令男子年十五以上诣城东，欲坑之。外黄令舍人儿年十三，往说羽曰："彭越强劫外黄，外黄恐，故且降，待大王。大王至，又皆坑之，百姓岂有所归心哉！从此以东，梁地十余城皆恐，莫肯下矣。"羽然其言，乃赦外黄当坑者。而东至睢(suī)阳，闻之皆争下。

汉果数挑楚军战，楚军不出。使人辱之，五六日，大司马怒，渡兵氾(fàn)水。卒半渡，汉击，大破之，尽得楚国金玉货赂。大司马咎、长史欣皆自刭(jǐng)氾水上。咎故蕲(qí)狱掾，欣故塞王，羽信任之。羽至睢(suī)阳，闻咎等破，则引兵还。汉军方围钟离眛于荥阳东，羽军至，汉军畏楚，尽走险阻。羽亦军广

武相守，乃为高俎，置太公其上，告汉王曰：“今不急下，吾亨太公。”汉王曰：“吾与若俱北面受命怀王，约为兄弟，吾翁即汝翁。必欲亨乃翁，幸分我一杯羹。”羽怒，欲杀之。项伯曰：“天下事未可知。且为天下者不顾家，虽杀之无益，但益怨耳。”羽从之。乃使人谓汉王曰：“天下匈匈，徒以吾两人，愿与王挑战，决雌雄，毋徒罢天下父子为也。”汉王笑谢曰：“吾宁斗智，不能斗力。”羽令壮士出挑战。汉有善骑射曰楼烦，楚挑战，三合，楼烦辄射杀之。羽大怒，自被甲持戟(jǐ)挑战。楼烦欲射，羽瞋目叱之。楼烦目不能视，手不能发，走还入壁，不敢复出。汉王使间问之，乃羽也，汉王大惊。于是羽与汉王相与临广武间而语。汉王数羽十罪。语在《高纪》。羽怒，伏弩(nǔ)射伤汉王。汉王入成皋。

[译文]

这时，彭越渡过睢水，与项声、薛公在下邳交战，并杀了薛公。于是项羽向东攻打彭越。汉王也领军北进成皋。项羽打败彭越之后，便率军西进，攻克荥阳城，烹杀周苛，诛杀枞公，俘虏韩王信，然后率军包围成皋。汉王逃离成皋，独自与滕公脱走、北渡黄河，奔至修武，来到张耳、韩信军中。楚军随即攻下了成皋。汉王掌握了韩信的部队，于是停留下来，派卢绾、刘贾渡过白马津，攻入楚地，协助彭越在燕县城西打败楚军，烧毁了楚军积蓄的军需，攻克了梁地十几座城池。项羽听到后就对海春侯大司马曹咎说：“小心谨慎地把守成皋，如果汉军挑战，千万不要与他们交战，能够不让他们东进就行了。我十五天内保证平定梁地，再回来同将军会合。”于是带兵东进。

汉四年，项羽亲自领军去攻打陈留、外黄，没能立即攻克外黄。外黄过了几天才投降，项王把所有十五岁以上的男子都集中到城东，准备活埋他们。外黄县令的家臣有个儿子，年仅十三岁，赶来劝项羽道：“是彭越威逼外黄人，外黄人心中惧怕，所以才暂且投降，以等待大王。大王来了之后，又全部活埋，百姓还会有归顺的心思吗！从这里往东梁地十多个城池的人都害怕，就都不会再投降了。”项羽觉得他说得有道理，就赦免了要活埋的外黄人。睢阳以东等地的人，听说这个情况之后都争着归顺项羽。

汉军果然多次向楚军挑战，楚军拒不出战。汉军遣人辱骂楚军，五六天后，大司马发怒，指挥部队渡过汜水。士兵刚刚渡过半数，汉军就出击，大败楚军，夺取楚军财物。大司马曹咎、长史司马欣都在汜水边自杀了。曹咎本是蕲县监狱属官，司马欣原是塞王，项羽非常信任他们。这时项羽来到睢阳，听说曹咎兵败，就带兵回转。汉军正在荥阳东面包围了钟离昧，项羽带兵来到，汉军畏惧楚军，全部逃往险要地带。项羽军也驻扎于广武县进行防守，于是做了一把高几案，把太公放置在上面，通告汉王说："如果不赶快投降，我就烹杀太公。"汉王说："我与你一起面向北接受怀王的命令，相约为兄弟，我的老爹便是你的老爹。如果一定要烹杀你老爹，那我希望你分给我一杯肉羹。"项羽大怒，要杀掉太公。项伯说："天下大事不能预料，况且争夺天下之人不顾家，即便杀了他也没有好处，只会添怨罢了。"项羽听从了他的话。项羽派人对汉王说："天下纷纷扰扰好多年，只是因为我们两个人罢了，希望与汉王挑战决一雌雄，别白白折磨天下百姓老小啊！"汉王笑着拒绝道："我宁肯斗智，不能斗勇。"项王令壮士出营挑战。汉军麾下有善于骑马射箭的楼烦人，楚兵挑战三个回合，楼烦射手便射杀他们。项羽大怒，于是亲自披挂上阵挑战。楼烦射手正要射他，项羽怒目呵斥。楼烦射手眼不敢看，手不敢发，逃回营垒，再也不敢出来。汉王派人前去打听，原来挑战的正是项羽。汉王吃了一惊。于是项羽就约汉王，在广武之间对话。汉王列数项羽多项罪状。事情记载于《高帝纪》。项羽发怒，埋伏的弓箭手射中了汉王。汉王逃到成皋。

［原文］

时，彭越数反梁地，绝楚粮食，又韩信破齐，且欲击楚。羽使从兄子项它为大将，龙且(jū)为裨(pí)将，救齐。韩信破杀龙且，追至成阳，虏齐王广。信遂自立为齐王。羽闻之，恐，使武涉往说信。语在《信传》。

时，汉关中兵益出，食多，羽兵食少。汉王使侯公说羽，羽乃与汉王约，中分天下，割鸿沟而西者为汉，东者为楚，归汉王父母妻子。已约，羽解而东。

［译文］

这时，彭越多次攻击梁地，断绝了楚军粮食补给甬道，韩信也攻克了齐国，并且将要攻打楚军。项羽派遣他的侄子项它为大将，龙且做副将，前去救援齐国。韩信击败并杀掉龙且，追击败军到成阳，俘获了齐王田广。韩信趁机自封为齐王。项羽听说这个消息，害怕起来，于是派武涉前往劝降韩信。事情记载于《韩信传》。

这时，汉关中地区派出的士兵大量增加，粮草丰足，而项羽兵疲粮少。汉王派侯公前往游说项羽，项羽就与汉王订约，平分天下，划分鸿沟以西的地方属汉，鸿沟以东的地方属楚，归还汉王的父母妻儿。约定后，项羽收兵东归。

[原文]

五年，汉王进兵追羽，至固陵，复为羽所败。汉王用张良计，致齐王信、建成侯彭越兵，及刘贾入楚地，围寿春。大司马周殷叛楚，举九江兵随刘贾，迎黥(qíng)布，与齐、梁诸侯皆大会。

虞姬

虞姬，项羽之爱姬，常随项羽出征，垓下一战中，楚军被汉军包围，四面楚歌，项羽大势既去，陪伴在侧的虞姬，拔剑起舞，自刎而死。

羽壁垓(gāi)下，军少食尽。汉帅诸侯兵围之数重。羽夜闻汉军四面皆楚歌，乃惊曰："汉皆已得楚乎？是何楚人多也！"起饮帐中。有美人姓虞氏，常幸从；骏马名骓(zhuī)，常骑。乃悲歌慷慨，自为歌诗曰："力拔山兮气盖世，时不利兮骓不逝。骓不逝兮可奈何！虞兮虞兮奈若何！"歌数曲，美人和之。羽泣下数行，左右皆泣，莫能仰视。

[译文]

汉五年，汉军进兵追击项羽，抵达固陵，又被项羽击败。汉王用张良的计策，调集齐王韩信、建成侯彭越的军队，又让刘贾领兵入楚地，包围了寿春。大司马周殷背叛楚国，带领九江全部士兵追随刘贾，迎接黥布，与齐国、梁国等诸侯全部聚集起来。

项羽军队在垓下扎下营寨，兵少粮尽。汉军及诸侯兵重重围住楚军。项羽晚上听到汉军四面都唱起楚歌，大惊道："汉军都已经占尽楚的土地了吗？为什么楚人那么多！"于是站起身，在营帐中喝酒。有位美人姓虞，经常受宠随行；有匹骏马叫骓，项羽经常骑它。这时项羽慷慨悲歌，自己作诗歌唱道："力拔山兮气盖世，时不利兮骓不逝。骓不逝兮可奈何！虞兮虞兮奈若何！"歌唱了好几遍，由美人伴唱。项羽流泪数行，侍从人员也都随着哭泣，不敢抬头观看。

［原文］

于是羽遂引东，欲渡乌江。乌江亭长舣(yǐ)船待，谓羽曰："江东虽小，地方千里，众数十万，亦足王也。愿大王急渡。今独臣有船，汉军至，亡以渡。"羽笑曰："乃天亡我，何渡为！且籍与江东子弟八千人渡而西，今亡一人还，纵江东父兄怜而王我，我何面目见之哉？纵彼不言，籍独不愧于心乎！"谓亭长曰："吾知公长者也，吾骑此马五岁，所当亡敌，尝一日千里，吾不忍杀，以赐公。"乃令骑皆去马，步持短兵接战。羽独所杀汉军数百人。羽亦被十余创。顾见汉骑司马吕马童曰："若非吾故人乎？"马童面之，指王翳(yì)曰："此项王也。"羽乃曰："吾闻汉购我头千金，邑万户，吾为公得。"乃自刭。王翳取其头，乱相蹂蹈争羽相杀者数十人。最后杨喜、吕马童、郎中吕胜、杨武各得其一体。故分其地以封五人，皆为列侯。

汉王乃以鲁公号葬羽于穀(gǔ)城。诸项支属皆不诛。封项伯等四人为列侯，赐姓刘氏。

［译文］

这时，项羽便带兵向东，要渡乌江。乌江亭长停船靠岸等候他，对项羽说："江东虽小，但土地纵横千里，民众有几十万，也足够称王了。希望大王迅速渡江。现在只我有船，汉军来到，无法渡江。"项羽笑着说："上天要亡我，我渡江做什么呢！况且我和江东子弟八千人渡江西征，如今没有一个人回去，纵使江东父老怜爱而以我为王，我有什么面目去见他们呢？即使他们不说，难道我内心不感到羞愧吗！"于是对亭长说："我知道您是一个厚道的人，我这匹马骑五年了，所向无敌，曾经日行千里，不忍杀掉，就把它送给你吧！"于是命骑兵都下马，手拿短兵器交战。项羽独自杀死的汉军就达几百人。项羽身上也受伤十多处。回头看见汉军骑司马吕马童说："你难道不是我的熟人吗？"吕马童面朝项羽，和王翳说："这就是项羽！"项羽就说："我听说汉王悬赏千金买我的头，封邑万户。我给你们一点恩德吧！"便自刎而死。王翳取下项羽头颅，其他人互相践踏抢夺项羽躯体，相互残杀的有几十个人。到最后，杨喜、吕马童、郎中吕胜和杨武各取得项羽一部分肢体。所以划分项羽的领地，封五人都当了列侯。

汉王按鲁公封号把项羽葬在穀城。项氏各支系都不予以诛杀。封项伯等四人为列侯，赐姓刘氏。

[原文]

周生亦有言，“舜盖重童子”，项羽又重童子，岂其苗裔邪？何其兴之暴也？夫秦失其政，陈涉首难，豪杰蜂起，相与并争，不可胜数。然羽非有尺寸，乘势拔起陇（lǒng）亩之中，三年，遂将五诸侯兵灭秦，分裂天下而威海内，封立王侯，政繇（yóu）羽出，号为“伯王”，位虽不终，近古以来未尝有也。及羽背关怀楚，放逐义帝，而怨王侯畔己，难矣。自矜（jīn）功伐，奋其私智而不师古，始霸王之国，欲以力征经营天下，五年卒亡其国，身死东城，尚不觉寤，不自责过失，乃引“天亡我，非用兵之罪”，岂不谬哉！

[译文]

周生曾说过，“舜的眼睛生有双瞳子”，项羽也有双瞳子，难道是舜的后人吗？为什么如此突然地兴起呢？秦朝政令失误，陈涉首先起义，英雄豪杰蜂拥而起，相互争斗，不可胜数。可是项羽没有尺寸的土地，却在民间乘势而起，历经三年，就率领五国诸侯灭掉秦朝，分裂天下而威震宇内，封立王侯，政令都由项羽发布，号称霸王，王位即使没有善终，近古以来也是没有出现过的。等到他背叛“先入关者称王关中”的盟约，怀念楚国东归，放逐义帝，埋怨诸侯王们背叛了自己，他的处境就困难了。自负战功，逞个人的才能而不效法古代圣贤，开始认为自己在从事霸王的事业，要用战争来经营天下，其结果是五年时间就灭亡了，死在东城，还不觉悟，不责备自己的过失，竟然说“天要亡我，不是作战用兵的过失”，这不是很荒谬吗！

韩信传

说明

本卷主要记述韩信在秦末汉初的主要事迹。韩信，字重言，淮阴人。西汉开国功臣，初属项羽，后归刘邦。中国历史上伟大的军事家、战略家、统帅和军事理论家。中国军事思想“谋战”派代表人物。

[原文]

韩信

韩信，秦末汉初著名的军事家，辅佐刘邦夺取天下，论功封为淮阴侯，后举事谋反，事不济，反为吕后抓获，被诛灭三族。

韩信，淮阴人也。家贫无行，不得推择为吏，又不能治生为商贾，常从人寄食。其母死无以葬，乃行营高燥地，令傍可置万家者。信从下乡南昌亭长食，亭长妻苦之，乃晨炊蓐(rù)食。食时信往，不为具食。信亦知其意，自绝去。至城下钓，有一漂母哀之，饭信，竟漂数十日。信谓漂母曰：“吾必重报母。”母怒曰：“大丈夫不能自食，吾哀王孙而进食，岂望报乎！”淮阴少年又侮信曰：“虽长大，好带刀剑，怯耳。”众辱信曰：“能死，刺我；不能，出跨下。”于是信孰视，俯出跨下。一市皆笑信，以为怯。

[译文]

韩信是淮阴县人。从小家庭贫困，自己也没有好的德行，既不能被推选去当官，又不会做生意以谋生，经常依靠他人生活。他母亲死了，穷得没钱安葬，就寻找了一块又高又干燥的宽敞地方做坟地，使日后在坟旁能安置下千万户人家。韩信曾投奔下乡南昌亭长家吃饭，亭长的妻子厌恶他，就很早起来做好饭，端到床上吃掉。到了吃早饭的时候，韩信去了，看到没有给他准备早餐。韩信明白她的用意，从此离去不再回来。韩信曾经到城下钓鱼，有一位老妈妈在旁边漂洗衣物，很可怜他，给他饭吃，一连几十天都是如此，直至漂洗完毕。韩信感激地对老妈妈讲："我将来一定要好好地报答你。"老人听后很生气，说："你一个大男人不能养活自己，我是怜悯你这位年轻人，才给你饭吃，难道是图你的报答吗！"淮阴城里有个青年人欺侮韩信说："你虽个子长得高大，还喜欢佩带刀剑，可实际上胆小得很！"并当众羞辱韩信说："你要是不怕死，就用剑来刺我；你若是怕死，就从我胯下爬过去。"于是韩信盯着那个青年人仔细地看了看之后，弯下身子，便从他的胯下爬了过去。满街看热闹的人都取笑韩信，认为他没出息，是个胆小鬼。

[原文]

及项梁度淮，信乃杖剑从之，居戏下，无所知名。梁败，又属项羽，为郎中。信数以策干项羽，羽弗用。汉王之入蜀，信亡楚归汉，未得知名，为连敖。坐法当斩，其畴(chóu)十三人皆已斩，至信，信乃仰视，适见滕(téng)公，曰："上不欲就天下乎？而斩壮士！"滕公奇其言，壮其貌，释弗斩。与语，大说之，言于汉王。汉王以为治粟都尉，上未奇之也。

[译文]

当项梁领兵渡过淮水北上时，韩信带着剑前去投奔他，在项梁的部下，做一个无名小卒。项梁失败之后，又跟随项羽，项羽让他做郎中。韩信多次向项羽献计，项羽都不予接受。汉王刘邦进入蜀，韩信从楚军逃出归附汉王，在汉军中仍然默默无闻，只是个连敖。后来因犯法而被判处死罪，同案犯十三人都被斩首，轮到韩信时，韩信抬头仰望，正好望见滕公夏侯婴，就说："汉王不是想要统一天下吗？为什么又杀掉壮士！"滕公觉得韩信的话非同一般，又看他长得威武，就把他放了没有杀他。与韩信谈话后，十分高兴，向汉王汇报了情况。汉王命韩信为治粟都尉，但没有重用他。

[原文]

数与萧何语，何奇之。至南郑，诸将道亡者数十人。信度何等已数言上，不我用，即亡。何闻信亡，不及以闻，自追之。人有言上曰："丞相何亡。"上怒，如失左右手。居一二

日，何来谒。上且怒且喜，骂何曰：“若亡，何也？”何曰：“臣非敢亡，追亡者耳。”上曰：“所追者谁也？”曰：“韩信。”上复骂曰：“诸将亡者已数十，公无所追；追信，诈也。”何曰：“诸将易得，至如信，国士无双。王必欲长王汉中，无所事信；必欲争天下，非信无可与计事者。顾王策安决。”王曰：“吾亦欲东耳，安能郁郁久居此乎？”何曰：“王计必东，能用信，信即留；不能用信，信终亡耳。”王曰：“吾为公以为将。”何曰：“虽为将，信不留。”王曰：“以为大将。”何曰：“幸甚。”于是王欲召信拜之。何曰：“王素嫚(màn)无礼，今拜大将如召小儿，此乃信所以去也。王必欲拜之，择日斋戒，设坛场具礼，乃可。”王许之。诸将皆喜，人人各自以为得大将。至拜，乃韩信也，一军皆惊。

[译文]

韩信多次与萧何聊天，萧何非常赏识他的才能。汉军抵达南郑，在半路中逃跑的将领有几十名。韩信考虑萧何等人已多次向汉王推荐过他，可还是得不到重用，也逃走了。萧何听到韩信逃走了，不等向汉王报告，便亲自去追赶。有人向汉王汇报说：“丞相萧何也逃跑了。”汉王大怒，就像失去了左右手那样着急。过了一两天，萧何前来拜见汉王。汉王既生气又高兴，骂萧何道：“你也逃跑，这是为何？”萧何回答说：“我哪里敢逃跑呢，我是去追赶逃跑的人。”汉王问：“你追赶的是何人？”萧何回答说：“是韩信。”汉王又骂道：“诸将领中逃跑的已有数十人，你一个都不去追；只去追韩信，这是在骗人。”萧何说：“那些将领是易于得到的，至于像韩信这样优秀的人才，可以说是盖世无双。大王如果只想在汉中称王，那就没有什么事能用得上韩信；如果一定要夺取天下，除了韩信，就再没有能与你商议大事的人了。这要看大王如何来定夺。”汉王说：“我是意欲向东方发展，哪里能闷闷不乐地长期窝在这个地方呢？”萧何说：“大王决定向东进军，如果能重用韩信，韩信便会留下来；如果不能重用他，韩信终究是要逃跑的。”汉王说：“我看在你的面子上，就让他当一名将领吧。”萧何说：“即使让他当一名将领，韩信还是不会留下的。”汉王说：“那就命他为大将。”萧何说：“好极了！”于是汉王想要马上把韩信召来宣布对他的任命。萧何说：“大王一贯待人傲慢，不讲礼节，如今任命大将就像召唤小孩子一样，这就是韩信要离开的原因。如果大王决计要任命他，应选择一个吉利日子，沐浴斋戒，设置高坛和广场，举行正式的拜将仪式，这样才行啊。”汉王准许了萧何的要求。将领们听说汉王要设坛拜大将都很高兴，人人都以为自己就要当大将了。等到拜将仪式举行时，才知大将竟然是韩信，全军上下都感到惊讶。

[原文]

汉王举兵东出陈仓，定三秦。二年，出关，收魏、河南，韩、殷王皆降。令齐、赵共击楚彭城，汉兵败散而还。信复发兵与汉王会荥(xíng)阳，复击破楚京、索间，以故楚兵不能西。

信、耳以兵数万，欲东下井陉(xíng)击赵。赵王、成安君陈馀闻汉且袭之，聚兵井陉口，号称二十万。广武君李左车说成安君曰：“闻汉将韩信涉西河，虏魏王，禽夏说，新喋血阏与。今乃辅以张耳，议欲以下赵，此乘胜而去国远斗，其锋不可当。臣闻‘千里馈(kuì)粮，士有饥色；樵苏后爨(cuàn)，师不宿饱。’今井陉之道，车不得方轨，骑不得成列，行数百里，其势粮食必在后。愿足下假臣奇兵三万人，从间路绝其辎(zī)重；足下深沟高垒勿与战。彼前不得斗，退不得还，吾奇兵绝其后，野无所掠卤(lǔ)，不至十日，两将之头可致戏下。愿君留意臣之计，必不为二子所禽矣。”成安君，儒者，常称义兵不用诈谋奇计，

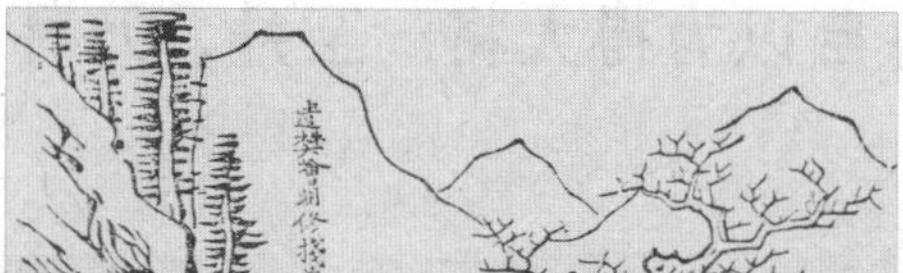

遣樊哙明修栈道

刘邦攻下咸阳，思忖东渡大计，纳韩信献“明修栈道，暗度陈仓”之计，派樊哙表面上修复栈道，暗地里却派大军进攻陈仓，最后攻下陈仓，夺下三秦之地，为刘邦基业建立了第一块根据地。

谓曰:“吾闻兵法‘什则围之,倍则战。’今韩信兵号数万,其实不能,千里袭我,亦以罢矣。今如此避弗击,后有大者,何以距之?诸侯谓吾怯,而轻来伐我。”不听广武君策。

[译文]

汉王出兵经过陈仓向东进军,平定了三秦。汉二年,领兵出函谷关,征服了魏和河南,韩王、殷王也都投降。接着联合齐、赵的军队共同攻打楚都彭城,汉军兵败,溃散而还。韩信又发兵与汉王会师荥阳,又攻打楚军于京、索之间,大败楚军,因此,楚军无法西进。

韩信和张耳带领数万军队,想要东下井陉,攻打赵国。赵王和成安君陈馀听说汉军将要来袭,就集结重兵扼守井陉口,号称二十万军队。广武君李左车给成安君献上计策说:“我听说汉将韩信已经渡过西河,俘虏了魏王,活捉了夏说,刚刚在阏与进行血战。现在又以张耳做辅助,决计要攻下赵国,这是乘胜而远离国土的战事,进攻的锋芒锐不可当。但我听说‘从千里之外运送粮食,士兵就面有饥色;临时打柴割草来做饭,军队就经常吃不饱’。如今井陉的道路狭窄,无法通过并行的两辆战车,骑兵不能排成行列前进,行军队伍前后绵延数百里,那种形势下军粮一定是排在部队的后面。希望你暂借我精兵三万,我从小路去拦截他们的粮草辎重;你要深挖战壕,高筑营垒,拒不出战。他们向前进无法交战,向后退无法回去,我率领奇袭部队截断他们的后路,使他们在野外劫掠不到任何粮食,不出十天,两位将领的首级就能送至你的帐前。希望你认真考虑我的计谋,我保证你一定不会被这两个人所俘虏。”成安君是个书呆子,经常宣称正义的军队不能使用诈谋诡计,说道:“我听兵法讲:‘兵力超过敌人十倍便可以包围他们,超过一倍便可以交战。’如今韩信的军队号称几万,其实并没有那么多,又千里跋涉来袭击我们,他们已经精疲力竭了。现在面对这样的敌人还退避不出击,假如以后遇到更强大的敌人,我们如何来抵抗呢?诸侯会认为我们胆小而轻易地前来攻打我们。”因而他没有采纳广武君的计策。

[原文]

信使间人窥知其不用,还报,则大喜,乃敢引兵遂下。未至井陉口三十里,止舍。夜半传发,选轻骑二千人,人持一赤帜,从间道萆(bì)山而望赵军,戒曰:“赵见我走,必空壁逐我,若疾入,拔赵帜,立汉帜。”令其裨(pí)将传餐,曰:“今日破赵会食!”诸将皆呒(fǔ)然,阳应曰:“诺。”信谓军吏曰:“赵已先据便地壁,且彼未见大将旗鼓,未肯击前行,恐吾阻险而还。”乃

使万人先行，出，背水陈。赵兵望见大笑。平旦，信建大将旗鼓，鼓行出井陉口，赵开壁击之，大战良久。于是信、张耳弃鼓旗，走水上军，复疾战。赵空壁争汉鼓旗，逐信、耳。信、耳已入水上军，军皆殊死战，不可败。信所出奇兵二千骑者，候赵空壁逐利，即驰入赵壁，皆拔赵旗帜，立汉赤帜二千。赵军已不能得信、耳等，欲还归壁，壁皆汉赤帜，大惊，以为汉皆已破赵王将矣，遂乱，遁走。赵将虽斩之，弗能禁。于是汉兵夹击，破虏赵军，斩成安君泜(zhī)水上，禽赵王歇。信乃令军毋斩广武君，有生得之者，购千金。顷之，有缚而至戏下者，信解其缚，东乡坐，西乡对，而师事之。

［译文］

韩信派出的暗探刺探到陈馀没有采纳广武君的计策，回来报告，韩信听后很高兴，才敢率军前往。在离井陉口三十里的地方停下来宿营。半夜传令出发，挑出了两千名轻装骑兵，每人手拿一面红旗，由小道上山，隐蔽在山上观察赵军，告诉大家说："赵军看到我军败退逃走，一定会倾巢出动追赶我军，这时候你们火速冲进赵军营中，拔掉赵军旗帜，插上汉军旗帜。"又让副将传令下去就地先吃点东西，告诉将领们说："今日攻破赵国之后举行会餐！"将领们都不相信，假装答应说："是。"韩信又跟执事军官说："赵军已先占据了有利的地形，安下营寨，并且他们在没有看到我军大将的旗帜时，是不会出来攻击我军先锋部队的，害怕我们到了关隘等险要地方退了回去。"韩信于是调拨了一万人先出发，出了井陉口，背靠河水摆开了阵势。赵军看见这种阵势大笑起来。天亮后，韩信竖起大将旗号，擂响了战鼓，大张旗鼓地走出了井陉口，赵军打开了营垒，攻击汉军，激战了很长时间。在这时，韩信和张耳装作不能抵挡，抛弃旗鼓急速逃至水边列阵的军中，回头接着进行激战。赵军果然倾巢出动争抢汉军的旗鼓，追赶韩信和张耳。韩信和张耳进入河边的军阵，将士们皆拼死决战，不可能被打败。韩信派出去的那两千轻骑兵，等到赵军倾巢出动争夺战利品的时候，就飞速冲进赵军营中，全部拔掉了赵军的旗帜，插上了两千面汉军的红旗。赵军看到已不可能取胜，捉不到韩信和张耳等人，想要退回营中，发现营垒全都是汉军红旗，大为惊慌，以为汉军已经打败了赵王和他的将领，阵势大乱，纷纷逃跑。赵军将领虽斩杀逃兵，但也无法阻止士兵逃跑。于是汉军前后夹攻，大败赵军，俘虏了大批人马，在泜水边斩杀成安君陈馀，活捉了赵王赵歇。韩信向军中传令，不得杀死广武君，有谁可以活捉到他，奖励千金。没过一会儿，就有人捆绑着广武君送至军营，韩信立即松开了他身上捆绑的绳索，请他面向东坐，自己面向西对坐，像对待老师那样对待他。

［原文］

汉王之败固陵，用张良计，征信将兵会垓下。项羽死，高祖袭夺信军，徙信为楚王，都下邳。信至国，召所从食漂母，赐千金。及下乡亭长，钱百，曰：“公，小人，为德不竟。”召辱己少年令出跨下者，以为中尉，告诸将相曰：“此壮士也。方辱我时，宁不能死？死之无名，故忍而就此。”

漂母之恩

韩信出身于平民，年轻之时，未知经营之道，常常依靠别人聊以度日。韩信在河边钓鱼时，一个漂洗衣服的老妇见韩信饿得可怜，就一连几十天给他饭吃。韩信发迹时，曾赐予漂母千金，来报答她的施饭之恩。

项王亡将钟离眛家在伊庐，素与信善。项王败，眛亡归信。汉怨眛，闻在楚，诏楚捕之。信初之国，行县邑，陈兵出入。有变告信欲反，书闻，上患之。用陈平谋，伪游于云梦者，实欲袭信，信弗知。高祖且至楚，信欲发兵，自度无罪；欲谒上，恐见禽。人或说信曰：“斩眛谒上，上必喜，亡患。”信见眛计事，眛曰：“汉所以不击取楚，以眛在。公若欲捕我自媚汉，吾今死，公随手亡矣。”乃骂信曰：“公非长者！”卒自刭。信持其首谒于陈。高祖令武士缚信，载后车。信曰：“果若人言，‘狡兔死，良狗亨’。”上曰：“人告公反。”遂械信。至雒（luò）阳，赦以为淮阴侯。

[译文]

汉王在固陵吃了败仗，采纳张良的计策，征召韩信带领部队到陔下会师。项羽死后，汉高祖用突袭的办法夺取了韩信的军权，改封韩信为楚王，建都下邳。韩信来到楚国，召见过去曾给他饭食吃的那位漂母，赠送给她一千金。前往下乡亭长处，赠送他一百钱，说:“你是小人，做好事有始无终。”又召见曾经欺侮自己，叫自己从胯下爬过去的那个年轻人，任命他为中尉，韩信对各位将相说:“这人是个壮士。当他侮辱我时，我难道不能杀掉他吗？但杀死他没有名目，所以忍了下来，才能有今天这样的成就。”

项王的逃亡将领钟离眜，家住在伊庐，向来与韩信交好。项王死后，他逃亡投奔韩信。汉王忌恨钟离眜，听说他在楚国，就下令让楚国逮捕他。韩信来到楚国时，巡游各县邑，进出都派军队警卫。有人上书告发楚王韩信意图谋反，看到告发信，汉高祖感到担忧。他采用陈平的计策，名义上是去游历云梦泽，其实是要攻击韩信，韩信还不知道。高祖将要到达楚国时，韩信想起兵造反，但考虑到自己没有罪过；想晋见皇帝，又担心被擒拿。有人劝韩信说:“杀了钟离眜去晋见皇帝，皇帝一定高兴，就没有灾祸了。”韩信去见钟离眜商量此事，钟离眜说:“汉王之所以不攻打楚国，是因为我钟离眜还在你这里。你如果要拿我去讨好汉王，我今天死了，你也会随着送命的。”于是骂韩信道:“你不是一个忠厚老实的人！”最后自杀了。韩信拿着钟离眜的头颅，到陈晋见汉高祖。汉高祖命令武士把韩信捆绑起来，装在后边的车上。韩信说:“果然像人们所言‘狡猾的兔子死了，优良的猎狗就要遭到烹杀’。”皇帝说:“有人告你造反。”就给韩信戴上刑具。到了洛阳，赦免了韩信，封他为淮阴侯。

[原文]

信知汉王畏恶其能，称疾不朝从。由此日怨望，居常鞅(yàng)鞅，羞与绛(jiàng)、灌等列。尝过樊将军哙。哙趋拜送迎，言称臣，曰:“大王乃肯临臣。”信出门，笑曰:“生乃与哙等为伍！”

上尝从容与信言诸将能各有差。上问曰:“如我，能将几何？”信曰:“陛下不过能将十万。”上曰:“如公何如？”曰:“如臣，多多益办耳。”上笑曰:“多多益办，何为为我禽？”信曰:“陛下不能将兵，而善将将，此乃信之为陛下禽也。且陛下所谓天授，非人力也。”

后陈豨(xī)为代相监边，辞信。信挈(qiè)其手，与步于庭数匝(zā)，仰天而叹曰:“子可与言乎？吾欲与子有言。”豨因曰:“唯将

军命。"信曰："公之所居，天下精兵处也；而公，陛下之信幸臣也。人言公反，陛下必不信；再至，陛下乃疑；三至，必怒而自将。吾为公从中起，天下可图也。"陈豨素知其能，信之，曰："谨奉教！"

［译文］

韩信知道汉王害怕和忌妒自己的才干，装病不去朝见也不随从出行。在家常常心怀怨恨，羞于与绛侯、灌婴处于平等地位。曾去拜访樊哙将军，樊哙用小步行拜的礼节迎送，口称臣子，说："大王竟肯光顾臣下家门。"韩信出门后，笑着说："我这一生竟和樊哙等人处在同等地位！"

皇帝曾经在空闲时跟韩信谈论将领们的才能。皇帝问道："像我这样，能领多少兵？"韩信说："陛下不过能领十万。"皇帝问："像你这样的如何？"韩信说："像我这样的将领，越多越好。"皇帝笑着说："越多越好，你为什么被我捉住了呢？"韩信说："陛下不善于领兵，却善于驾驭将领，这就是我被陛下捉住的原由。况且陛下的权力是上天赐给的。不是一般人力所能及的。"

后来陈豨被任命为代相监边，向韩信辞行。韩信拉着陈豨的手，同他在庭院里来回踱步好几圈，仰天长叹说："有话可以跟你谈吗？有些话我想跟你谈谈。"陈豨说："一切听从将军的安排！"韩信说："你所管辖的地区，是天下精兵汇聚的地方；而你又是陛下亲信宠爱的臣子。如果有人说你造反，陛下肯定不相信；这种话再传来，陛下就会产生怀疑了；第三次传来，陛下一定会大怒而亲自带兵征讨。我为你在京城起兵做内应，天下就可以图谋了。"陈豨向来清楚韩信的才能，相信他，说："谨听指教！"

［原文］

汉十年，豨(xī)果反，高帝自将而往，信称病不从。阴使人之豨所，而与家臣谋，夜诈赦诸官徒奴，欲发兵袭吕后、太子。部署已定，待豨报。其舍人得罪信，信囚，欲杀之。舍人弟上书变告信欲反状于吕后。吕后欲召，恐其党不就，乃与萧相国谋，诈令人从帝所来，称豨已破，群臣皆贺。相国给信曰："虽病，强入贺。"信入，吕后使武士缚信，斩之长乐钟室。信方斩，曰："吾不用蒯(kuǎi)通计，反为女子所诈，岂非天哉！"遂夷信三族。

高祖已破豨归，至，闻信死，且喜且哀之，问曰："信死亦何言？"吕后道其语。高祖曰："此齐辩士蒯通也。"召欲亨之。通至自说，释弗诛。语在《通传》。

［译文］

汉十年，陈豨果然造反，高帝亲自带兵前去讨伐，韩信装病没有跟随。暗中派人前往陈豨之处，韩信就和家臣策划，夜里假传诏令，释放各官府的罪犯和奴隶，准备发兵袭击吕后、太子。部署停当，等待陈豨回报。韩信的一个家臣得罪了韩信，韩信把他关起来，准备杀他。家臣的弟弟上书，向吕后告发韩信准备造反的情况。吕后想把韩信召来，但怕他不肯就范，便与萧相国商议，派人假装从皇帝那里来，说陈豨已死了，群臣都要前去朝贺。相国欺骗韩信说："你虽然有病，还是勉强进宫前去朝贺一下吧。"韩信一进宫，吕后便让武士把韩信绑起来，把他杀死在长乐宫的钟室。韩信在被斩时说："我没有采用蒯通的计谋，反为一女人所欺诈，这难道不是天意吗！"吕后便诛灭韩信三族。

高祖镇压了陈豨的叛变后归来，到达京城，听说韩信已死，既高兴又怜悯，问道："韩信临死前说了些什么话？"吕后把韩信说的话复述了一遍。高祖说："此人就是齐国的说客蒯通。"将蒯通召来要煮死他。蒯通来到后自己作了解释，得到赦免没有被杀。此事被记载在《蒯通传》。

萧何传

说 明

本卷记述萧何在汉朝建立过程中起到的重要作用。萧何，西汉初期政治家，“汉初三杰”之一，与刘邦同是沛县人。萧何在沛县县衙当主吏，刘邦在乡下基层当亭长，彼此相处投缘，颇有往来。其后刘邦以萧何为丞相。萧何极力辅佐刘邦成就大业。汉代建立后，他因功最高封为“酂侯”，位次第一，他以“自毁其名”的方法，以逃避被杀的危机。高祖死后，他辅佐惠帝。

[原文]

萧何，沛人也。以文毋害为沛主吏掾。高祖为布衣时，数以吏事护高祖。高祖为亭长，常佑之。高祖以吏繇(yáo)咸阳，吏皆送奉钱三，何独以五。秦御史监郡者，与从事辨之。何乃给泗(sì)水卒史事，第一。秦御史欲入言征何，何固请，得毋行。

及高祖起为沛公，何尝为丞督事。沛公至咸阳，诸将皆争走金帛财物之府，分之，何独先入收秦丞相、御史律令图书藏之。沛公具知天下厄塞、户口多少、强弱处、民所疾苦者，以何得秦图书也。

初，诸侯相与约，先入关破秦者王其地。沛公既先定秦，项羽后至，欲攻沛公，沛公谢之得解。羽遂屠烧咸阳，与范增谋曰：“巴、蜀道险，秦之迁民皆居蜀。”乃曰：“蜀汉亦关中地也。”故立沛公为汉王，而三分关中地，王秦降将以距汉王。汉王怒，欲谋攻项羽。周勃、灌婴、樊哙皆劝之，何谏之曰：“虽王汉中之恶，不犹愈于死乎？”汉王曰：“何为乃死也？”何曰：“今众弗如，百战百败，不死何为？《周书》曰

萧何

萧何，刘邦重要的大臣，楚汉争霸过程中，他留守关中，支援前线，稳定后方，为刘邦取胜起到重要的作用。建朝后，他被封为“酂侯”，位居人臣第一。

‘天予不取，反受其咎。’语曰‘天汉’，其称甚美。夫能诎(qū)于一人之下，而信于万乘之上者，汤、武是也。臣愿大王王汉中，养其民以致贤人，收用巴、蜀，还定三秦，天下可图也。”汉王曰：“善。”乃遂就国，以何为丞相。何进韩信，汉王以为大将军，说汉王令引兵东定三秦。语在《信传》。

[译文]

萧何原是沛县人。因为他的文章写得很好，而成为沛县的主吏。高祖还是平民的时候，萧何曾多次在吏事上偏袒高祖。高祖后来做了亭长，萧何又经常帮助他。高祖以官吏的身份到咸阳服役的时候，小吏们都只拿出三百钱为高祖送行，唯独萧何出了五百钱。秦御史监郡的人，曾和同僚们辩论过此事。于是萧何被授予泗水郡卒史一职，考核时是最好的。秦御史打算上书朝廷，请任用萧何，然而萧何坚定地拒绝了，这才没有去成。

后来高祖起义做了沛公，萧何曾经任丞督事一职。沛公到了咸阳后，将士们都争先恐后地瓜分府库储存的金帛财物，然而萧何却先进去把秦丞相、御史的律令图书收藏起来。沛公之所以能详细地了解到天下要塞、户民多少、强弱分布、人民的疾苦等事情，就是因为萧何收藏了这些图书。

开始的时候，诸侯们互相约定，先进入函谷关并且能战胜秦国的人，就可以就地称王。沛公首先打败了秦国，项羽后至，要攻打沛公，沛公向他谢罪，才得以解脱。项羽于是在咸阳城进行屠杀焚烧，他和范增盘算说：“巴、蜀的道路险要，秦国的移民又都居住在蜀地。”于是说：“蜀、汉也是关中的地盘。”所以立沛公为汉王，把关中的地盘分为三份，又把秦国投降的将领封为王，与汉王相抗衡。汉王很生气，于是策划攻打项羽。周勃、灌婴、樊哙都顺应汉王，萧何却劝谏说：“虽然在汉中为王不是很好，但不是比死要强多了吗？”汉王说：“这怎么就会死呢？”萧何说：“现在我们的兵将不如人家多，百战百败，除了死还能怎样？《周书》告诉我们：‘上天给予我们的，如果我们不去接受，结局只会非常悲惨。’俗话说‘天汉’，以汉配天，这个说法非常好。能屈于一人之下，而在万乘诸侯之上伸张其志的人，只有商汤、周武王。我希望大王能在汉中称王，休养百姓，招致贤才，收用巴、蜀的财力，回军平定三秦，在这之后就可以谋取天下了。”汉王说：“好。”于是来到封国就位，任命萧何为丞相。萧何又举荐了韩信，汉王便任命韩信为大将军，萧何又说服汉王让韩信领兵东进平定三秦，这一史实记载在《韩信传》中。

[原文]

何以丞相留收巴、蜀，填抚谕告，使给军食。汉二年，汉王与诸侯击楚，何守关中，侍太子，治栎阳。为令约束，立宗庙、社稷、宫室、县邑，辄(zhé)奏，上可许以从事；即不及奏，辄以便宜施行，上来以闻。计户转漕给军，汉王数失军遁去，何常兴关中卒，辄补缺。上以此剸属任何关中事。

汉三年，与项羽相距京、索间，上数使使劳苦丞相。鲍生谓何曰："今王暴衣露盖，数劳苦君者，有疑君心。为君计，莫若遣君子孙昆弟能胜兵者悉诣军所，上益信君。"于是何从其计，汉王大说。

汉五年，已杀项羽，即皇帝位，论功行封，群臣争功，岁余不决。上以何功最盛，先封为酂侯，食邑八千户。功臣皆曰："臣等身被坚执兵，多者百余战，少者数十合，攻城略地，大小各有差。今萧何未有汗马之劳，徒持文墨议论，不战，顾居臣等上，何也？"上曰："诸君知猎乎？"曰："知之。""知猎狗乎？"曰："知之。"上曰："夫猎，追杀兽者狗也，而发纵指示兽处者人也。今诸君徒能走得兽耳，功狗也；至如萧何，发纵指示，功人也。且诸君独以身从我，多者三两人；萧何举宗数十人皆随我，功不可忘也！"群臣后皆莫敢言。

列侯毕已受封，奏位次，皆曰："平阳侯曹参身被七十创，攻城略地，功最多，宜第一。"上已桡(náo)功臣多封何，至位次未有以复难之，然心欲何第一。关内侯鄂秋时为谒者，进曰："郡臣议皆误。夫曹参虽有野战略地之功，此特一时之事。

曹参

曹参，早年追随刘邦起兵，功劳甚大，建朝后，封为平阳侯，论功第二，萧何临终之前向惠帝推荐曹参为相。曹参为政主张清静无为，一时政治清明，民以乐之，后世称曰“萧规曹随”。

夫上与楚相距五岁，失军亡众，跳身遁者数矣，然萧何常从关中遣军补其处。非上所诏令召，而数万众会上乏绝者数矣。夫汉与楚相守荥（xíng）阳数年，军无见粮，萧何转漕关中，给食不乏。陛下虽数亡山东，萧何常全关中待陛下，此万世功也。今虽无曹参等百数，何缺于汉？汉得之不必待以全。奈何欲以一旦之功加万世之功哉！萧何当第一，曹参次之。”上曰：“善。”于是乃令何第一，赐带剑履上殿，入朝不趋。上曰：“吾闻进贤受上赏，萧何功虽高，待鄂君乃得明。”于是因鄂秋故所食关内侯邑二千户，封为安平侯。是日，悉封何父母兄弟十余人，皆食邑。乃益封何二千户，“以尝繇咸阳时何送我独赢钱二也”。

［译文］

萧何以丞相的身份接管并留守于巴、蜀，抚慰境内的百姓，并让他们供给军粮。汉二年，汉王联合诸侯攻打楚国，而萧何留守在关中，辅佐太子，治理栎阳。制定了法令规约，建立了宗庙、社稷、宫室、县邑，并经常上书给皇上，皇上许可的就去做；来不及上书的，就以合适的方式去做，等到皇上回来后再告诉皇上。并且计算户民数量转运粮饷，以供给军队使用。汉王多次全军覆没，萧何便经常征发关中兵士来补充兵源，皇上因此把关中事务专门交给萧何处理。

汉三年，汉王与项羽在京、索之间对峙，皇上多次派使者慰劳丞相萧何。鲍生对萧何说：“现在大王在外辛苦征战，多次慰劳你，这是在怀疑你。为你着想，不如让你的子孙兄弟中能打仗的人都去参军，这样皇上就更信任你了。”萧何于是听从了他的计策，汉王果然非常高兴。

汉五年，汉王杀掉项羽之后，做了皇帝，之后按功劳封赐将领，大臣们彼此争功，过了一年多还是决定不下来。皇上认为萧何功劳最大，就先封他为酂侯，食邑八千户。功臣们都说："我们身披铠甲，手拿兵器，经历了百余场战事，少的也经历了几十回，攻占城池，抢夺地盘，大小都有功绩。现在萧何并没有立下汗马功劳，他只是舞文弄墨发表议论，又没有打仗，官位却在我们之上，这是为什么？"皇上说："你们都知道打猎的事吧？"大臣们都说："知道。"皇上又问："那么你们知道猎狗吗？"大臣们回答说："知道。"皇上说："打猎，追杀野兽的是狗，而发号施令指明野兽所在之地的是人。现在你们所做的只是抓住野兽，功劳和猎狗类似；至于萧何，发号施令，他的功劳与猎人一样。而且你们只是自己一人跟随我，最多不过三两个人，而萧何全族几十个人都跟随着我，他的功劳是不能忘却的！"从此以后群臣都不敢再说了。

列侯们受封完毕之后，在上奏位次的时候，都说："平阳侯曹参身受战伤七十处，攻城略地，他的功劳最大，应位列第一。"皇上考虑到他已经让功臣们屈从而多封了萧何，至于位次他没有办法再为难大臣们了，然而他心里仍想让萧何位居第一。当时关内侯鄂秋担任谒者一职，他对皇上说："群臣们的意见都不对。曹参虽然有攻城略地的功劳，但这只是短时间的事。皇上与楚国相峙了五年，损兵折将，还多次轻身逃跑，然而萧何却经常从关中派军队来补充兵源。皇上并没有下令招募士卒，然而却有数万人在皇上身临困境之时赶来救援。汉与楚在荥阳相持多年，军中没有了存粮，萧何便从关中转运粮草，供给补缺。陛下虽然丢失山东数次，然而萧何却常常保全关中以忠于陛下，这是流芳万世的功劳啊。现在像曹参这样的人，即使没有一百个，汉室又能损失什么呢？汉室的胜利不一定非得有他们才能保全。为什么要把一时之功放于万世之功之上呢！所以萧何应当第一，曹参应该次之。"皇上说："好。"于是让萧何做第一，并恩赐他可以佩剑穿鞋上殿，进朝廷时不必小步急行。皇上说："我听说举荐贤士可以获得奖赏，萧何虽然功高盖世，但由鄂君得以澄清，他才能彰显他的才能功劳。"于是在鄂秋原来所享有的关内侯邑二千户之上，又加封他为安平侯。当天，封赏萧何的父母兄弟总共十几个人，都有食邑。后来又加封萧何二千户，皇上说："这是用来报答我在咸阳服役的时候，唯独萧何多送了我两百钱。"

[原文]

陈豨(xī)反，上自将，至邯郸。而韩信谋反关中，吕后用何计诛信。语在《信传》。上已闻诛信，使使拜丞相为相国，益封五千户，令卒五百人一都尉为相国卫。诸君皆贺，召平独吊。召平者，故秦东陵侯。秦破，为布衣，贫，种瓜长安城东，瓜美，故世谓"东陵瓜"，从召平始也。平谓何曰："祸

自此始矣。上暴露于外，而君守于内，非被矢石之难，而益君封置卫者，以今者淮阴新反于中，有疑君心。夫置卫卫君，非以宠君也。愿君让封勿受，悉以家私财佐军。”何从其计，上说。

其秋，黥(qíng)布反，上自将击之，数使使问相国何为。曰：“为上在军，拊循勉百姓，悉所有佐军，如陈豨时。”客又说何曰：“君灭族不久矣。夫君位为相国，功第一，不可复加。然君初入关，本得百姓心，十余年矣。皆附君，尚复孳(zī)孳得民和。上所谓数问君，畏君倾动关中。今君胡不多买田地，贱贳(shì)贷以自污？上心必安。”于是何从其计，上乃大说。

上罢布军归，民道遮行，上书言相国强贱买民田宅数千人。上至，何谒。上笑曰：“今相国乃利民！”民所上书皆以与何，曰：“君自谢民。”后何为民请曰：“长安地狭，上林中多空地，弃，愿令民得入田，毋收稿为兽食。”上大怒曰：“相国多受贾人财物，为请吾苑！”乃下何廷尉，械系之。数日，王卫尉侍，前问曰：“相国胡大罪，陛下系之暴也？”上曰：“吾闻李斯相秦皇帝，有善归主，有恶自予。今相国多受贾竖金，为请吾苑，以自媚于民。故系治之。”王卫尉曰：“夫职事苟有便于民而请之，真宰相事也。陛下奈何乃疑相国受贾人钱乎！且陛下距楚数岁，陈豨、黥布反时，陛下自

秦始皇

秦王在位期间，任用李斯为丞相，设礼仪，制法律，定制度，对稳定国内局势起了重大的作用。至于李斯相秦王，有过归己，有善归主，真是如履薄冰，实为万世人臣之忧患。

将往，当是时相国守关中，关中摇足则关西非陛下有也。相国不以此时为利，乃利贾人之金乎！且秦以不闻其过亡天下，夫李斯之分过，又何足法哉！陛下何疑宰相之浅也！”上不怿。是日，使使持节赦出何。何年老，素恭谨，徒跣(xiǎn)入谢。上曰：“相国休矣！相国为民请吾苑不许，我不过为桀(jié)、纣主，而相国为贤相。吾故系相国，欲令百姓闻吾过。”

［译文］

陈豨叛乱的时候，皇上亲自率军，赶到了邯郸。韩信在关中谋反的时候，吕后采纳了萧何的计策杀了韩信。这些在《韩信传》中都有记载。皇上听说韩信已经被杀，便派使者封丞相为相国，加封五千户，并加派五百名士兵和一个都尉作为相国的护卫。大家都来庆贺，然而只有召平为他感到忧虑。召平，原是秦的东陵侯。秦灭亡后，他便成为平民，穷困潦倒，在长安城东种瓜，他的瓜非常香甜，所以所谓的“东陵瓜”，就是从召平开始的。召平对萧何说：“大祸就要临头了。皇上露营在外，而您却留守于宫廷，没有遭受箭石之苦，皇上反而给您添加护卫，这只是因为淮阴侯刚在内部叛乱，对您有了疑心，从而给您配置了护卫守卫您，并不是用来恩宠您的。我希望您谢绝皇恩不要封赏，并且把你全部的家产都资助军队。”萧何于是听从了召平的计策，皇上果然很高兴。

这年秋天，黥布叛乱，皇上亲自率军讨伐，多次派使者询问相国在做什么。萧何回答说：“因为皇上在军中，所以我在安抚勉励百姓，把我的所有家产都拿出来资助军事，就像陈豨造反时候做的那样。”后来门客又劝说萧何：“您不久就会被灭族了。您位高为相国，功高盖世，然而您刚入关的时候，原本就很得民心，现在十几年过去了。民众都很亲服您，可是您仍然孜孜不倦地以求民和。皇上之所以多次询问您，是怕您在关中的势力太大。现在您为什么不多买田地，用低价赊买田地的方式损害自己的声誉，这样皇上一定会安心的。”于是萧何听了他的计策，皇上果然很高兴。

皇上平定黥布后，班师回朝的时候，百姓在路上拦住了皇上，上书说相国强行贱买了数千百姓的田宅。皇上回朝后，萧何去拜见皇上。皇上笑着说：“现在相国竟然向百姓取利了！”把百姓的上书都给了萧何，然后说：“您自己向百姓谢罪吧！”后来萧何替百姓们上书说：“长安耕地少，上林苑中有很多空地，闲置不用，希望能让百姓进去耕种，不收取稿秆，把它们留下来作野兽的食物。”皇上大怒说：“相国收了商人的贿赂，竟然替他们请求耕种我的林苑！”于是下令把萧何交给廷尉，让他带上刑具拘禁起来。几天后，王卫尉侍奉皇上的时候，走上前问皇上：“相国究竟犯了什么大罪，陛下会这么囚禁他？”皇上说：“我听说李斯当秦皇帝的丞相的时候，有好的事情就归功于皇上，有过错就说是自己的过错。现在相国收了商人的贿赂，自己为讨好于百姓，竟为他们请求耕种我的林苑，所以我才拘捕他治罪。”王卫尉说：“为官办事，有利于民的事情就上书请愿，这才是真正的宰相的职责。陛下怎么能怀疑这是相国接受了商人的钱呢！况且陛下与楚军征战数年，陈豨、黥布叛乱的时候，陛下亲自率军前往，那个时候，相国守在关中，关中稍有举动，那么关西就不是陛下的了。相国那个时候不图利，难道现在会贪图商人的钱吗？而且秦王是因为不愿听对自己的批评之言，从而丢掉了天下，李斯是太过分了，不值得借鉴！陛下不必把宰相看得如此浅薄！”皇上听了之后很不高兴。这一天，派使者拿着符节去赦免萧何。萧何年事已高，素来行事恭谨，光着脚入朝谢罪。皇上说：“相国不要这样！相国为百姓请求要我的林苑却没有得到批准，这使得我就像是桀、纣一样的君主，而相国却是贤能的国相。我之所以治罪相国，只是想让百姓知道我的过错。”

[原文]

高祖崩，何事惠帝。何病，上亲自临视何疾，因问曰：“君即百岁后，谁可代君？”对曰：“知臣莫如主。”帝曰：“曹参何如？”何顿首曰：“帝得之矣，何死不恨矣！”

何买田宅必居穷辟处，为家不治垣屋。曰：“令后世贤，师吾俭；不贤，毋为势家所夺。”

孝惠二年，何薨（hōng），谥曰文终侯。子禄嗣，薨，无子。高后乃封何夫人同为酂侯，小子延为筑阳侯。孝文元年，罢同，更封延为酂侯。薨，子遗嗣。薨，无子。文帝复以遗弟则嗣，有罪免。景帝二年，制诏御史：“故相国萧何，高皇帝大功臣，所与为天下也。今其祀（sì）绝，朕甚怜之。其以武阳县户二千封何孙嘉为列侯。”嘉，则弟也。薨，子胜嗣，后有罪免。武帝元狩中，复下诏御史：“以酂户二千四百封何曾孙庆为酂侯，布告天下，令明知朕报萧相国德也。”庆，则子也。薨，子寿成嗣，坐为太常牺牲瘦免。宣帝时，诏丞相、御史求问萧相国后在者，得玄孙建世等十二人，复下诏以酂户二千封建世为酂侯。传子至孙获，坐使奴杀人减死论。成帝时，复封何玄孙之子南䜌长喜为酂侯。传子至曾孙，王莽败乃绝。

[译文]

高祖死后，萧何辅佐惠帝。萧何病重的时候，皇上亲自去探望他，问萧何说："您百岁之后，谁能代替您呢？"萧何回答说："没有比皇上更了解臣下的了。"皇帝说："曹参如何？"萧何点头说："皇上找到贤才了，我就算死也没有可后悔的了！"

萧何坚持在贫穷偏僻的地方买田宅，盖房建家却不修院墙。他说："如果后代有才能，会学习我的俭朴；没有才能，也不会被权势之家抢夺走。"

孝惠帝二年，萧何死去，谥号文终侯。其子萧禄继承他的爵位，萧禄死后，由于他没有儿子，于是高后便封萧何夫人同为酂侯，他的小儿子萧延为筑阳侯。孝文帝元年，皇上罢免了萧何的夫人同，改封萧延为酂侯。萧延死后，他的儿子萧遗继承爵位。萧遗死后，由于他没有儿子，文帝又让萧遗的弟弟萧则继承，后萧则因为有罪而被罢免。景帝二年，诏令御史："已经故去的相国萧何，曾经是高皇帝时的大功臣，参政共同谋取天下。现在他的后代断绝了，朕很怜惜，因此可以把武阳县二千户赐封给萧何的孙子萧嘉，封其为列侯。"萧嘉，是萧则的弟弟。萧嘉死后，他的儿子萧胜继承爵位，后来因为有罪被罢免了。武帝元狩年间，又下诏御史："把酂地的两千四百户赐封给萧何的曾孙萧庆，封为酂侯，并且昭告天下，让臣民都知道我是在报答萧相国的恩德。"萧庆，是萧则的儿子。萧庆死后，他的儿子萧寿成继承爵位，后来因为他献给太常的牲畜太过瘦弱，从而被治罪罢免。宣帝在位的时候，下诏让丞相御史查询萧相国是否还有存留的后代，查到玄孙萧建世等十二人，皇上又下诏把酂二千户赐封给萧建世，为酂侯。传子至孙萧获后，因为萧获指使奴仆杀人而被治罪。成帝时，又赐封萧何的玄孙之子南䜌长萧喜为酂侯。传子至于曾孙。王莽失败后就绝灭了。

张良传

说 明

本卷记述张良辅佐汉高祖刘邦建立汉朝及其之后的事迹。张良，字子房，“汉初三杰”之一，先世原为韩国贵族。秦灭韩后，他图谋恢复韩国，结交刺客，在博狼沙狙击秦始皇未遂，逃亡至下邳。秦末农民起义中，率部投奔刘邦，不久游说项梁立韩贵族成为韩王，为韩司徒。后韩王成被项羽杀害，复归刘邦，为其重要谋士。张良有“运筹于帷幄之中，决胜于千里之外”的美誉。他身居乱世，胸怀国亡家败的悲愤，投身于倥偬的兵戎生涯，为刘邦击败项羽以及汉朝的建立立下了不可磨灭的功劳，是“汉初三杰”当中，唯一一位得到善终的人。

［原文］

张良字子房，其先韩人也。大父开地，相韩昭侯、宣惠王、襄哀王。父平，相釐王、悼惠王。悼惠王二十三年，平卒。卒二十岁，秦灭韩。良少，未宦事韩。韩破，良家僮三百人，弟死不葬，悉以家财求客刺秦王，为韩报仇，以五世相韩故。

良尝学礼淮阳，东见仓海君，得力士，为铁椎(chuí)重百二十斤。秦皇帝东游，至博狼沙中，良与客狙击秦皇帝，误中副车。秦皇帝大怒，大索天下，求贼急甚。良乃更名姓，亡匿下邳(pī)。

良尝闲从容步游下邳圯上，有一老父，衣褐，至良所，直堕其履圯(yí)下，顾谓良曰：“孺子下取履！”良愕然，欲欧之。为其老，乃强忍，下取履，因跪进。父以足受之，笑去。良殊大惊。父去里所，复还，曰：“孺子可教矣。后五日平明，与我期此。”良因怪，跪曰：“诺。”五日平明，良往。父已先在，怒曰：“与老人期，后，何也？去，后五日蚤会。”五日，

鸡鸣往。父又先在，复怒曰："后，何也？去，后五日复蚤来。"五日，良夜半往。有顷，父亦来，喜曰："当如是。"出一编书，曰："读是则为王者师。后十年兴。十三年，孺子见我，济北穀城山下黄石即我已。"遂去不见。旦日视其书，乃《太公兵法》。良因异之，常习读诵。

圯上受书

张良椎击秦王不遂，逃到下邳，一次在桥头，得遇一老人，授以《太公兵法》，日夜研读，终于成为一代名士。

居下邳，为任侠。项伯尝杀人，从良匿。

后十年，陈涉等起，良亦聚少年百余人。景驹自立为楚假王，在留。良欲往从之，行道遇沛公。沛公将数千人略地下邳，遂属焉。沛公拜良为厩(jiù)将。良数以《太公兵法》说沛公，沛公喜，常用其策。良为它人言，皆不省。良曰："沛公殆天授。"故遂从不去。

[译文]

张良字子房，他的祖先是韩人。他祖父张开地，曾做韩昭侯、宣惠王、襄哀王的丞相。父亲张平，曾经做釐王、悼惠王的丞相。悼惠王二十三年，张平去世。张平死后二十年，秦国灭掉韩国。张良当时年轻，没有在韩国做官。韩国灭亡后，张良家有三百家奴，弟弟死了都没有发丧，而以全部的财产寻求刺客刺杀秦王，替韩报仇，因为他的父祖做过五代韩相。

张良曾学礼于淮阳，在东面见到仓海君，发现一个大力士，做了重一百二十斤的铁锤。秦始皇帝东游，到达博狼沙的时候，张良和刺客一起埋伏于此刺杀秦皇帝，错误地击中副车。秦始皇帝非常生气，在天下大规模进行搜索，急于找到贼人。张良于是改换名姓，逃跑躲避在下邳。

张良曾得空在下邳桥上悠闲地漫步，有一老者，穿着粗布的衣服，走到张良面前，故意把鞋掉到桥下，转过头对张良说："年轻人下去拾鞋！"张良很奇怪，想打他。因为发现他老了，便忍着，到下面去拾鞋，并且长跪献上。老者伸出脚穿上鞋子，笑着离开。张良非常奇怪。老者走了一里路左右，又回来，说："年轻人值得教育。五天之后黎明时，在这里等我。"张良觉得很奇怪，长跪着对其说："行。"五天后黎明，张良去了。老者已经先到了，生气地说道："和老人约会，还晚来，为什么？走吧，五天后要早点来见。"五天以后，鸡叫时就去。老者又早来了，生气地说道："又晚到，怎么回事？走吧，五天后一定要早来。"五天以后，张良半夜就去了。过了一会儿，老者也来了，笑道："应该这样。"拿出一本书，说："读它就能给王者当老师。十年后崛起。十三年后，年轻人再来见我，济北穀城山下的黄石就是我。"说后便离开消失了。天亮后看那本书，是《太公兵法》。张良于是很奇怪，经常阅读。

张良在下邳住，爱打抱不平。项伯曾经杀人，躲避在张良那里。

十年后，陈涉等起义，张良也聚集一百多年轻人。景驹自立为楚假王，在留地。张良想去跟随他，走在路上碰到沛公。沛公正带领几千人攻占下邳，便跟随了沛公。沛公让张良做了厩将。张良多次向沛公讲《太公兵法》，沛公非常高兴，常接受他的计策。张良对别人说，别人都不理解。张良说："沛公可能是天授之才。"就跟随他再也不离开。

[原文]

沛公之薛，见项梁，共立楚怀王。良乃说项梁曰："君已立楚后，韩诸公子横阳君成贤，可立为王，益树党。"项梁使良求韩成，立为韩王。以良为韩司徒，与韩王将千余人西略韩地，得数城，秦辄复取之，往来为游兵颍川。

沛公之从雒(luò)阳南出轘辕，良引兵从沛公，下韩十余城，击杨熊军。沛公乃令韩王成留守阳翟(dí)，与良俱南，攻下宛，西入武关。沛公欲以二万人击秦峣(yáo)关下军，良曰："秦兵尚强，未可轻。臣闻其将屠者子，贾竖易动以利。愿沛公且留壁，使人先行，为五万人具食，益张旗帜诸山上，为疑兵，令郦食其持重宝啖(dàn)秦将。"秦将果欲连和俱西袭咸阳，沛公欲听之。良曰："此独其将欲叛，士卒恐不从。不从必危，不如因其解击之。"沛公乃引兵击秦军，大破之。逐北至蓝田，再战，秦兵竟败。遂至咸阳，秦王子婴降沛公。

沛公入秦，宫室帷帐狗马重宝妇女以千数，意欲留居之。樊哙谏，沛公不听。良曰：“夫秦为无道，故沛公得至此。为天下除残去贼，宜缟素为资。今始入秦，即安其乐，此所谓‘助桀为虐’。且‘忠言逆耳利于行，毒药苦口利于病’，愿沛公听樊哙言。”沛公乃还军霸上。

[译文]

沛公到达薛，见到项梁，他们一起拥立楚怀王。张良便劝说项梁：“您已经立了楚的后代，韩公子横阳君韩成有才能，可以立为王，多树几个党羽。”项梁让张良去找韩成，立为韩王。任张良为韩司徒，和韩王一起率一千多人向西攻占韩地，占领了几座城，而又被秦接着收复了，在颍川打起了游击战。

沛公从洛阳出发向南出轘辕，张良率兵跟随沛公，攻占韩十多城，击败杨熊的军队。沛公就命令韩王韩成留守阳翟，自己和张良一起向南，攻占宛，向西攻入武关。沛公想用两万人攻打秦峣关下军，张良说：“秦兵还很强大，不要轻视。臣听说那里的守将是屠户的儿子，经商的小人可以用利来引诱他。希望沛公先在壁垒中留守，派别人先行，为五万人准备粮食，在各山上插旗帜，作为疑兵，派遣郦食其拿着财宝诱惑秦将。”秦将果然要联合共同西袭咸阳，沛公打算听从他们。张良说：“这就是将领想反叛，士兵恐怕不听从。不听从一定有危险，不如就趁其松懈的时候攻打他们。”沛公于是率兵进攻秦军，大获全胜。追赶他们到达蓝田，又打了一仗，秦兵彻底失败。接着到达咸阳，秦王子婴向沛公投降。

沛公到达秦国，宫室有数以千计的帷帐、狗马、珍宝、妇女，他想留下住在那里。樊哙劝谏，沛公没有听他的。张良说：“因为秦国无道，所以沛公能到这里。为天下除去祸害，现在应该以勤俭朴素来显示本色。现在刚入秦，就想着安于享乐，这就是所说的‘助桀为虐’。并且‘忠言逆耳利于行，良药苦口利于病’，希望沛公听从樊哙的话。”沛公就又回去驻扎在霸上。

[原文]

项羽至鸿门，欲击沛公，项伯夜驰至沛公军，私见良，欲与俱去。良曰：“臣为韩王送沛公，今事有急，亡去不义。”乃具语沛公。沛公大惊，曰：“为之奈何？”良曰：“沛公诚欲背项王邪？”沛公曰：“鲰(zōu)生说我距关毋内诸侯，秦地可王也，故听之。”良田：“沛公自度能却项王乎？”沛公默然，曰：“今

樊哙鸿门闯宴

樊哙出身寒微，后投奔刘邦，项羽设鸿门宴，企图杀死刘邦，樊哙持盾闯入营帐，谴责项羽，尽显勇士之风，使项羽对刘邦消除疑虑，可谓有功之人。

为奈何？”良因要项伯见沛公。沛公与伯饮，为寿，结婚，令伯具言沛公不敢背项王，所以距关者，备它盗也。项羽后解，语在《羽传》。

汉元年，沛公为汉王，王巴、蜀，赐良金百溢，珠二斗，良具以献项伯。汉王亦因令良厚遗项伯，使请汉中地。项王许之。汉王之国，良送至褒中，遣良归韩。良因说汉王烧绝栈道，示天下无还心，以固项王意。乃使良还。行，烧绝栈道。

良归至韩，闻项羽以良从汉王故，不遣韩王成之国，与俱东，至彭城杀之。时汉王还定三秦，良乃遗项羽书曰：“汉王失职，欲得关中，如约即止，不敢复东。”又以齐反书遗羽，曰：“齐与赵欲并灭楚。”项羽以故北击齐。良乃间行归汉。汉王以良为成信侯，从东击楚。至彭城，汉王兵败而还。至下邑，汉王下马踞鞍而问曰：“吾欲捐关已东等弃之，谁可与共功者？”良曰：“九江王布，楚枭(xiāo)将，与项王有隙，彭越与齐王田荣反梁地，此两人可急使。而汉王之将独韩信可属大事，当一面。即欲捐之，捐之此三人，楚可破也。”汉王乃遣随何说九江王布，而使人连彭越。及魏王豹反，使韩信特将北击之，因举燕、代、齐、赵。然卒破楚者，此三人力也。

[译文]

项羽到达鸿门，要攻打沛公，项伯夜里跑到沛公军中，偷偷地见张良，想和他一起逃离。张良说："臣答应韩王护送沛公，现在事情紧急，逃跑是不义的。"便把这事告诉了沛公。沛公很惊讶，说："现在怎么办？"张良说："沛公想要真的背叛项王吗？"沛公说："有个小人对我说要把持关口不让诸侯进来，并且可以在秦地称王，便听了他的建议。"张良说："沛公觉得自己能打败项王吗？"沛公沉默，说："现在该怎么办？"张良就此请项伯来见沛公。沛公和项伯一起喝酒，为项伯祝寿，结为亲家，让项伯向项羽详细说明沛公不敢背叛项王，把住关口的原因是提防别的强盗。这样做之后项羽才作罢，此事在《项羽传》中。

汉元年，沛公做了汉王，据有巴、蜀，赏赐张良百镒黄金，二斗珍珠，张良把这些都献给了项伯。接着汉王又让张良送厚礼给项伯，让他向项羽请求要汉中之地。项王也同意了。汉王要去封国，张良送到褒中，派遣张良回韩。张良借机劝说汉王烧毁栈道，向天下表示没有回来的意思，让项王放心。就让张良回去了。在路上一边走，一边烧毁栈道。

张良回到韩，听说项羽因为张良曾经跟随汉王，就不让韩王成回国，和自己一起往东去，到彭城时杀了他。这时候汉王返回平定三秦，张良就写信对项羽说："汉王失职，想占领关中，按照约定停止，不敢再往东去。"又把齐国的反书送给项羽，说："齐和赵要共同灭楚。"项羽因此向北攻齐。张良就从小路回到汉。汉王任命张良为成信侯，从东攻打楚。到达彭城，汉王失败归来。到达下邑，汉王下马靠着马鞍问道："我想把关东让给别人，谁可以和我一起立破楚之功？"张良说："九江王英布，楚国猛将，和项王不和，彭越和齐王田荣在梁地造反，这两个人在紧急时可以用。汉王大将只有韩信可交付大事，能够独当一面。如果想要让出关东之地，可以让给这三个人，楚可以攻破。"汉王就派遣随何劝说九江王英布，又派人去联合彭越。等到魏王豹反叛，派遣韩信专门率兵向北攻打，接着攻下燕、代、齐、赵。最终攻破楚国靠的就是这三个人的力量。

[原文]

良多病，未尝特将兵，常为画策臣，时时从。

汉三年，项羽急围汉王于荥阳，汉王忧恐，与郦食其谋桡(náo)楚权。郦生曰："昔汤伐桀，封其后杞；武王诛纣，封其后宋。今秦无德，伐灭六国，无立锥之地。陛下诚复立六国后，此皆争戴陛下德义，愿为臣妾。德义已行，南面称伯，楚必敛衽而朝。"汉王曰："善。趣(cù)刻印，先生因行佩之。"

郦生未行，良从外来谒汉王。汉王方食，曰："客有为我

计桡楚权者。”具以郦生计告良曰:“于子房何如?”良曰:“谁为陛下画此计者?陛下事去矣。”汉王曰:“何哉?”良曰:“臣请借前箸以筹之。昔汤、武伐桀、纣封其后者,度能制其死命也。今陛下能制项籍死命乎?其不可一矣。武王入殷,表商容闾,式箕子门,封比干墓,今陛下能乎?其不可二矣。发巨桥之粟,散鹿台之财,以赐贫穷,今陛下能乎?其不可三矣。殷事以毕,偃革为轩,倒载干戈,示不复用,今陛下能乎?其不可四矣。休马华山之阳,示无所为,今陛下能乎?其不可五矣。息牛桃林之野,天下不复输积,今陛下能乎?其不可六矣。且夫天下游士,离亲戚,弃坟墓,去故旧,从陛下者,但日夜望咫尺之地。今乃立六国后,唯无复立者,游士各归事其主,从亲戚,反故旧,陛下谁与取天下乎?其不可七矣。且楚唯毋强,六国复桡而从之,陛下焉得而臣之?其不可八矣。诚用此谋,陛下事去矣。”汉王辍食吐哺,骂曰:“竖儒,几败乃公事!”令趣销印。

后韩信破齐欲自立为齐王,汉王怒。良说汉王,汉王使良授齐王信印。语在《信传》。

[译文]

张良经常有病,没有专门带过兵,常作为策划的大臣,时时跟从汉王。

汉三年,项羽迅速在荥阳围住汉王,汉王忧虑害怕,和郦食其一起谋划怎样削弱楚的力量。郦食其说:“从前汤讨伐桀,封他的后人于杞;武王诛纣后,封他的后代于宋。现在秦失去德义,灭掉六国,六国之后没有立足的地方。陛下如果再立六国的后代,他们都非常感恩陛下的德义,愿意做您的奴仆。德义已经足够,面向南就可以称霸,楚一定会恭恭敬敬地来朝见。”汉王说:“好。抓紧刻制大印,先生亲自去授予他们。”

郦食其还没有去,张良从外面来见汉王。汉王正在吃饭,说:“有门客为我策划怎样削弱楚的力量。”把郦食其的计谋都对张良说了,说:“你看如何?”张良说:“是谁为陛下出的计谋?陛下的大事要结束了。”汉王说:“为什么?”张良说:“臣想用这里的筷子来筹划。原来汤、武讨伐桀、纣而分封他们的后代,是想要消灭他们。现在陛下能消灭项籍吗？这是不行的第一个原因。武王进入殷，表彰商容，尊敬箕子，修缮比干的墓，现在陛下可以做到吗？这是不行的第二个原因。打开巨桥的粮仓，把鹿台的财物散发，赏赐给贫困者，现在陛下可以做到吗？这是不行的第三个原因。把殷灭掉后，把兵车制成轩车，倒放着干戈，表示再也不用，现在陛下可以做到吗？这是不行的第四个原因。让马在华山之阳休息，表示不再用它们，现在陛下可以做到吗？这是不行的第五个原因。让牛在桃林的原野上休息，普天之下不再征税，现在陛下可以做到吗？这是不行的第六个原因。况且现在天下的游士都辞别亲戚，抛弃自家的坟墓，离开自己的好友来投奔陛下，只是天天盼望有个安身立命的地方。现在却要封六国后代，天下没有可以封的地方，游士们回到原来的地方侍奉自己的主人，投奔亲戚，寻找旧友，还有谁和陛下打天下呢？这是不行的第七个原因。并且现在只有楚国强大，如果六国又去投降它，陛下怎么能够统治它们呢？这是不行的第八个原因。如果真用了这个计谋，陛下的事业就算结束了。”汉王中止吃饭，把口中的食物吐出，骂道：“混账儒生，几乎坏了大事！”下命令赶快销毁那些封印。

后来韩信灭掉齐后想自立为齐王，汉王很生气。张良劝说汉王，汉王就让张良授予韩信齐王印信。此事在《韩信传》中。

[原文]

五年冬，汉王追楚至阳夏南，战不利，壁固陵，诸侯期不至。良说汉王，汉王用其计，诸侯皆至。语在《高纪》。

汉六年，封功臣。良未尝有战斗功，高帝曰：“运筹策帷(wéi)幄中，决胜千里外，子房功也。自择齐三万户。”良曰：“始臣起下邳(pī)，与上会留，此天以臣授陛下。陛下用臣计，幸而时中，臣愿封留足矣，不敢当三万户。”乃封良为留侯，与萧何等俱封。

上已封大功臣二十余人，其余日夜争功而不决，未得行封。上居雒(luò)阳南宫，从复道望见诸将往往数人偶语。上曰：“此何语？”良曰：“陛下不知乎？此谋反耳。”上曰：“天下属安定，何故而反？”良曰：“陛下起布衣，与此属取天下，今陛下已为天子，而所封皆萧、曹故人所亲爱，而所诛者皆平生仇怨。今军吏计功，天下不足以遍封，此属畏陛下不能尽封，又恐见疑过失及诛，故相聚而谋反耳。”上乃忧曰：“为

将奈何？”良曰：“上平生所憎，群臣所共知，谁最甚者？”上曰：“雍齿与我有故怨，数窘(jiǒng)辱我，我欲杀之，为功多，不忍。”良曰：“今急先封雍(yōng)齿，以示群臣，群臣见雍齿先封，则人人自坚矣。”于是上置酒，封雍齿为什方侯，而急趣丞相、御史定功行封。群臣罢酒，皆喜曰：“雍齿且侯，我属无患矣。”

[译文]

汉五年冬天，汉王追击楚军到阳夏南部，战事不利，坚守固陵营垒，诸侯到约定时期没有来。张良向汉王献计，汉王就采用他的计策，诸侯就都率军前来。此事在《高帝纪》中有记载。

汉六年，封有功之臣。张良没有过战功，高帝说：“子房的功劳是运筹帷幄，决定千里之外的胜利。自己在齐挑选三万户。”张良说：“开始臣是在下邳起家，和皇上在留相会，这是上天把臣托付给陛下。陛下采纳臣的计策，幸而有时还能有成效，臣希望皇上把留封给我就够了，不敢接受三万户。”于是就封张良做了留侯，是和萧何等一起受的封。

皇上封了二十多位大功臣，其余的将领因天天在争功不能决定，所以没有得到分封。皇上住在洛阳南宫，从天桥上常常看见将领们几个人在一起私语。皇上说：“他们在说什么？”张良说：“陛下还不知道吧？这是想谋反。”皇上说：“天下刚刚稳定下来，为何要谋反？”张良说：“陛下本来是平民，和这些人一起打天下，现在陛下做了皇上，所封的都是萧、曹等故交好友，所杀的都是平时和您有仇恨的人。现在军吏都在计算自己的功劳，天下不够把所有人都封遍，这些人怕陛下不能够全部封赏，又怕被怀疑有过失而被杀害，所以聚集起来要谋反。”于是皇上担心地说：“那应该怎么做呢？”张良说：“皇上平时忌恨的人，大臣们都知道的，谁最厉害？”皇上说：“原来雍齿和我有仇，多次侮辱我让我陷入困境，我想杀他，因为他功劳多，又不忍心。”张良说：“现在马上先封雍齿，并且让群臣知道，群臣见到雍齿都先受封赏，每个人都会放心的。”于是皇上摆了酒席，封雍齿为什方侯，并马上催促丞相、御史计功封赏。群臣喝完酒以后，都高兴地说：“雍齿都被封侯，我们没有什么可担心的了。”

[原文]

刘敬说上都关中，上疑之。左右大臣皆山东人，多劝上都雒(luò)阳：“雒阳东有成皋，西有殽、黾，背河乡雒，其固亦足恃。”良曰：“雒阳虽有此固，其中小，不过数百里，田地薄，

四面受敌，此非用武之国。夫关中左殽、函，右陇、蜀，沃野千里，南有巴、蜀之饶，北有胡苑之利，阻三面而固守，独以一面东制诸侯。诸侯安定，河、渭漕(cáo)挽天下，西给京师；诸侯有变，顺流而下，足以委输。此所谓金城千里，天府之国。刘敬说是也。”于是上即日驾，西都关中。

商山四皓采蕨图

商山四皓，秦末汉初的东园公、甪里先生、绮里季和夏黄公四位隐者，他们长期隐居商山，刘邦请他们出仕，他们四人都拒绝了。刘邦在册封太子问题上，不能果断，在张良的建议之下，吕后聘请商山四皓，作为太子刘盈的支持，当刘邦看到四皓之后，便打消了更换太子的念头。

良从入关。性多疾，即道引不食谷，闭门不出岁余。

上欲废太子，立戚夫人子赵王如意。大臣多争，未能得坚决也。吕后恐，不知所为。或谓吕后曰：“留侯善画计，上信用之。”吕后乃使建成侯吕泽劫良，曰：“君常为上谋臣，今上日欲易太子，君安得高枕而卧？”良曰：“始上数在急困之中，幸用臣策；今天下安定，以爱欲易太子，骨肉之间，虽臣等百人何益！”吕泽强要曰：“为我画计。”良曰：“此难以口舌争也。顾上有所不能致者四人。四人年老矣，皆以上嫚(màn)娒士，故逃匿(nì)山中，义不为汉臣。然上高此四人。今公诚能毋爱金玉璧帛，令太子为书，卑辞安车，因使辨士固请，宜来。来，以为客，时从入朝，令上见之，则一助也。”于是吕后令吕泽使人奉太子书，卑辞厚礼，迎此四人。四人至，客建成侯所。

［译文］

刘敬劝说皇上在关中建都，皇上拿不定主意。而左右大臣都是山东人，多数劝皇上在洛阳建都，说："洛阳东面是成皋，西面是殽、黾，背朝黄河面对洛水，它的坚固足可以作为依靠。"张良说："洛阳虽有这样险固的地形，但面积很小，才几百里，土地不肥沃，容易四面受敌，这里不适合用武。关中左边有殽、函，右边为陇、蜀，有千里肥沃的土地，南面有丰饶的巴、蜀，北面有胡地可以作为畜牧之地，三面险阻足以坚固，就开东面来控制诸侯。诸侯安定，黄河、渭水可以漕运天下的物资，向西来供养京师；诸侯如果发难，顺流向下，就可以转运。这就是我们所说的金城千里，天府之国。刘敬想法很对。"于是皇上当天就起驾，向西在关中建都。

张良也跟着到了关中，身体经常有病，不食五谷来炼气养生，闭门一年多没有外出。

皇上想废掉太子，立戚夫人的儿子赵王如意为太子。很多大臣争论，皇上没有下定决心。吕后很害怕，不知道怎么办。有人对吕后说："留侯很善于谋划，他也被皇上信任。"吕后就派建成侯吕泽胁迫张良，说："您这么多年做皇上的谋臣，现在每天皇上都想着换太子，您怎么能够不感到忧愁呢？"张良说："以前皇上多次在危难之时，能有幸采纳臣的计策；天下现在已经安定，就因为偏爱而更换太子，骨肉之间的事情，就算有我们一百人又有何用？"吕泽强烈地要求说："给我出个计策。"张良说："这很难用口舌来争辩。想一想皇上不能招抚朝中的四个人。这四个人现在已经老了，都因为皇上对士人的怠慢，所以逃到山中，不愿做汉臣。但皇上对这四个人很看重。现在您只要能够不惜金玉璧帛，让太子写一封信，言辞谦逊，用安车迎接，再让能言善辩者去请，应该能来。他们来了以后就作为太子的贵宾，经常带着上朝，让皇上看见，会有助于太子巩固地位的。"于是吕后就叫吕泽遣人带着太子的书信，谦辞厚礼，恭迎这四人。四人来了，在建成侯那里住。

[原文]

汉十一年，黥(qíng)布反，上疾，欲使太子往击之。四人相谓曰："凡来者，将以存太子。太子将兵，事危矣。"乃说建成侯曰："太子将兵，有功即位不益，无功则从此受祸。且太子所与俱诸将，皆与上定天下枭(xiāo)将也，今乃使太子将之，此无异使羊将狼，皆不肯为用，其无功必矣。臣闻'母爱者子抱'，今戚夫人日夜侍御，赵王常居前，上曰'终不使不肖子居爱子上'，明其代太子位必矣。君何不急请吕后承间为上泣言：'黥布，天下猛将，善用兵，今诸将皆陛下故等夷，乃令太子将，此属莫肯为用，且布闻之，鼓行而西耳。上虽疾，强载

辎(zī)车，卧而护之，诸将不敢不尽力。上虽苦，强为妻子计。'”于是吕泽夜见吕后。吕后承间为上泣而言，如四人意。上曰：“吾惟之，竖子固不足遣，乃公自行耳。”于是上自将而东，群臣居守，皆送至霸上。良疾，强起至曲邮，见上曰：“臣宜从，疾甚。楚人剽疾，愿上慎毋与楚争锋。”因说上令太子为将军监关中兵。上谓“子房虽疾，强卧傅太子”。是时，叔孙通已为太傅，良行少傅事。

汉十二年，上从破布归，疾益甚，愈欲易太子。良谏不听，因疾不视事。叔孙太傅称说引古，以死争太子。上阳许之，犹欲易之。及晏，置酒，太子侍。四人者从太子，年皆八十有余，须眉皓白，衣冠甚伟。上怪，问曰：“何为者？”四人前对，各言其姓名。上乃惊曰：“吾求公，避逃我，今公何自从吾儿游乎？”四人曰：“陛下轻士善骂，臣等义不辱，故恐而亡匿。今闻太子仁孝，恭敬爱士，天下莫不延颈愿为太子死者，故臣等来。”上曰：“烦公幸卒调护太子。”

四人为寿已毕，趋去。上目送之，召戚夫人指视曰：“我欲易之，彼四人为之辅，羽翼已成，难动矣。吕氏真乃主矣。”戚夫人泣涕，上曰：“为我楚舞，吾为若楚歌。”歌曰：“鸿鹄高飞，一举千里。羽翼以就，横绝四海。横绝四海，又可奈何！虽有矰缴，尚安所施！”歌数阕，戚夫人歔(xū)欷(xī)流涕。上起去，罢酒。竟不易太子者，良本招此四人之力也。

［译文］

汉十一年，黥布造反，皇上生病了，想派太子去平叛。四人商量说：“我们为了保住太子而来。太子带领军队，这事太危险了。”就劝建成侯说：“太子带领军队，地位不会因为有功而提高，而没有功就会有灾难。并且和太子一起去平叛的将帅们，都是当年和皇上平定天下的猛将，现在让太子率领他们，就相当于让羊率领狼，都不肯被指挥，太子一定不会有战功。臣听说‘母亲受宠，所生的孩子也会受到抚爱’，现在戚夫人天天侍奉皇上，赵王经常在面前，皇上说‘一定不能让不肖的儿子在爱子的上面’，就说明赵王一定会代替太子的地位的。您为什么不抓紧让吕后找机会对皇上诉苦，说：‘黥布，是天下的一员猛将，善于用兵，现在各将领都是以前和陛下同辈的人，现在让太子带领，这些人肯定不想被指挥，并且黥布听到这些后，一定会击鼓西进。皇上虽然生病，只要能够乘坐辎车，躺着监视他们，各将领一定会尽力。皇上虽然劳累辛苦，就算为妻儿盘算一下。’”于是吕泽夜里就去见吕后。吕后找机会就按照四人的意思向皇上诉苦。皇上说：“我想过了，不能派遣那个小子，老子亲自去吧。”于是皇上亲率大兵东征，群臣留守，都送到霸上。张良生病，勉强动身到曲邮，见到皇上说：“臣本应该跟着去，不过生病厉害。楚人很勇猛，希望皇上谨慎，不要和楚争雄。”接着劝皇上让太子做将军监督关中的兵。皇上说“虽然子房生病，勉强躺着教育太子”。当时叔孙通已做了太傅，张良实际负责少傅的工作。

汉十二年，皇上击败黥布回来，病得更加严重，想要换太子。张良上书劝谏，皇上不听，张良便借病不再上朝。叔孙太傅称引古事，宁愿死也为太子争位。皇上假装应允他，但仍想换太子。等到宴会时，摆酒，太子服侍。四人随从太子，都八十多岁的年纪，雪白的头发和眉毛，不凡的衣冠。皇上惊奇，问道：“这些是什么人？”四人上前回答，每个人把自己的姓名说出。皇上很惊讶地说：“我邀请你们，你们逃避离开我，现在你们为何和我儿子交游呢？”四人说：“陛下爱骂人、轻视士人，我们为道义不受辱，因为害怕而逃避。现在听说太子仁孝，尊敬爱护士人，天下人都伸着脖子愿为太子效命，因此我们前来。”皇上说：“有幸烦劳各位来调教护卫太子。”

四人祝寿结束，快步离开。皇上盯着他们，叫来戚夫人指着四人对她说：“我想换太子，这四人辅佐他，翅膀已经硬了，难动摇了。吕氏真要成为你的主子。”戚夫人哭泣，皇上说：“跳楚舞给我看，我唱楚歌给你听。”唱道：“鸿鹄高飞，一冲千里。羽翼已成，横渡四海。横渡四海，又能怎样！便有弓箭，又有何用！”唱了几首，戚夫人呜咽哭泣。皇上起来走了，酒宴结束。最终没有更换太子，这是张良找来这四人的功劳。

[原文]

良从上击代，出奇计下马邑，及立萧相国，所与从容言天下事甚众，非天下所以存亡，故不著。良乃称曰：“家世相韩，及韩灭，不爱万金之资，为韩报仇强秦，天下震动。今以三寸舌为帝者师，封万户，位列侯，此布衣之极，于良足矣。愿弃人间事，欲从赤松子游耳。”乃学道，欲轻举。高帝崩，吕后德良，乃强食之，曰：“人生一世间，如白驹之过隙，何自苦如此！”良不得已，强听食。后六岁薨(hōng)。谥曰文成侯。

良始所见下邳(pī)圯(yí)上老父与书者，后十三岁从高帝过济北，果得榖(gǔ)城山下黄石，取而宝祠之。及良死，并葬黄石。每上冢伏腊祠黄石。

子不疑嗣侯。孝文三年坐不敬，国除。

赤松子

赤松子，秦汉传说中的上古神仙，相传他是神农时的雨师，能随风雨上下，为天下布雨。

[译文]

张良跟随皇上攻打代，出奇计攻下马邑，劝皇上立萧何为相国，和皇上很自然地谈论天下很多事，不是讲天下为什么兴亡的，因此没有记录。张良说："家族里世世代代做韩相，等到韩亡，不怜惜万金财产，替韩向强秦报仇，震惊天下。现在凭三寸舌头做皇上的军师，封邑万户，位居列侯，这是平民的最大的荣誉，对我来说已经足够了。想放弃人间的事情，跟赤松子出游。"于是学习道家的学说，想修炼成仙。高帝去世，吕后认为张良是有德之人，便强迫他进食，说："人生一世，像白驹过隙，为何使自己这样受苦！"张良没有办法，勉强进食。六年以后死。谥号文成侯。

开始张良在下邳桥上见到的给他书的老人，十三年后他跟随高帝途经济北，果然在榖城山下找到了黄石，拿回去郑重祭拜。到张良死后，和黄石一起葬了。子嗣每次上坟和伏腊时都拜祭黄石。

儿子张不疑继承侯位。孝文三年因为大不敬获罪，被除国。

贾谊传

说明

本卷记述贾谊的一些相关事迹。贾谊，又称贾太傅、贾长沙、贾生。洛阳人，西汉初年有名的政治家、文学家。十八岁即有才名，年轻时由河南郡守吴公推荐，二十余岁被文帝召为博士。不到一年被破格提拔为太中大夫。二十三岁时，因遭群臣嫉妒，被贬为长沙王太傅。后被召回长安，为梁怀王太傅，直至三十三岁忧伤而死。

[原文]

贾谊，雒(luò)阳人也，年十八，以能诵诗书属文称于郡中。河南守吴公闻其秀材，召置门下，甚幸爱。文帝初立，闻河南守吴公治平为天下第一，故与李斯同邑，而尝学事焉，征以为廷尉。廷尉乃言谊年少，颇通诸家之书。文帝召以为博士。是时，谊年二十余，最为少。每诏令议下，诸老先生未能言，谊尽为之对，人人各如其意所出。诸生于是以为能。文帝说之，超迁，岁中至太中大夫。

谊以为汉兴二十余年，天下和洽，宜当改正朔，易服色制度，定官名，兴礼乐。乃草具其仪法，色上黄，数用五，为官名悉更，奏之。文帝谦让未皇也。然诸法令所更定，及列侯就国，其说皆谊发之。于是天子议以谊任公卿之位。绛、灌、东阳侯、冯敬之属尽害之，乃毁谊曰："雒阳之人年少初学，专欲擅权，纷乱诸事。"于是天子后亦疏之，不用其议，以谊为长沙王太傅。

[译文]

贾谊是洛阳人，在十八岁时候，因能够背诵很多诗书和会写漂亮的文章在当地就非常有名气。河南郡守吴公听到他才学横溢，把他召到门下，非常器重他。汉文帝即位不久，听说河南郡守吴公管理地方政绩为全国第一，过去与李斯又是同乡，曾经向李斯学习过，于是封他做廷尉。廷尉就推荐说贾谊年纪虽轻，但很能通晓诸子百家之书。汉文帝就召贾谊做了博士。这时，贾谊只有二十多岁，在博士中是年龄最小的。每次汉文帝下令布置讨论的问题，年长的博士们还没有张口而贾谊就能够一一回答，并且人人都觉得说出了他们各自的想法。博士们于是也都认为贾谊才能出众。汉文帝喜欢他，破格提拔，一年之内就晋升为太中大夫。

贾谊认为汉朝建立二十多年了，社会秩序良好，人民生活融洽应当修订历法，改变车马服饰的颜色，制定法令制度，确定官职名称，振兴礼乐。于是起草各项仪式的法度，定黄色为车马服饰的颜色，定数字“五”为官印数字，官职名称全部更改，上奏皇上。汉文帝谨慎从事，没立即实行。然而各项法令的更改确定，以及各个诸侯都住到自己的封国去，这些主张都是贾谊提出的。于是汉文帝与大臣商议，是否让贾谊担任公卿的职位。绛侯、灌婴、东阳侯、冯敬这些人痛恨他，就诋毁说：“洛阳这个少年，才疏学浅，只想独揽大权，造成许多混乱。”由此，汉文帝也疏远了他，不采纳他的建议，让他去做长沙王太傅。

[原文]

谊既以适去，意不自得，及度湘水，为赋以吊屈原。屈原，楚贤臣也，被谗放逐，作《离骚赋》，其终篇曰：“已矣！国亡人，莫我知也。”遂自投江而死。谊追伤之，因以自谕。其辞曰：

恭承嘉惠兮，竢罪长沙。仄闻屈原兮，自湛汨罗。造托湘流兮，敬吊先生。遭世罔极兮，乃陨厥身。乌乎哀哉兮，逢时不祥！鸾凤伏窜兮，鸱鸮(chī xiāo)翱翔。阘茸尊显兮，谗谀得志；贤圣逆曳兮，方正倒植。谓随、夷溷兮，谓跖、蹻廉；莫邪为钝兮，铅刀为铦。于嗟默默，生之亡故兮！斡弃周鼎，宝康瓠兮。腾驾罢牛，骖蹇(jiǎn)驴兮；骥(jì)垂两耳，服盐车兮。章父荐屦，渐不可久兮；嗟苦先生，独离此咎兮！

谇曰：已矣！国其莫吾知兮，子独壹郁其谁语？凤缥缥(piāo)其高逝兮，夫固自引而远去。袭九渊之神龙兮，沕渊潜以自珍；偭蟂獭(tǎ)以隐处兮，夫岂从虾与蛭(zhì)螾？所贵圣之神德兮，

远浊世而自臧。使麒麟可系而羁兮，岂云异夫犬羊？般纷纷其离此邮兮，亦夫子之故也！历九州而相其君兮，何必怀此都也？凤皇翔于千仞兮，览德辉而下之；见细德之险征兮，遥增击而去之。彼寻常之污渎兮，岂容吞舟之鱼！横江湖之鳣鲸兮，固将制于蝼蚁。

[译文]

贾谊因为贬官离开了，才能没有得到发挥，在渡湘水时，贾谊写了一篇赋凭吊屈原。屈原是楚国一位贤明的臣子，被谗言所害而遭放逐，创作《离骚赋》，在篇末写道："算了吧！国家没有人了解我。"于是投江而死。贾谊追忆哀悼他，因此以屈原自喻。他的赋写道：

我禀承皇帝恩旨，到长沙去上任。曾以谦恭的心情听别人说屈原投汨罗江自尽的事。如今我只能用湘江水来寄托我对屈原的哀思与祭吊。大量的世俗谗言秽语诋毁先生，从而结束生命。悲哀呀！您没有生在一个好的年代。神鸟或者隐藏或者飞离，而鸱鸮却在天空中飞翔。无德无能的小人却因为阿谀奉承而名声显赫，地位高贵，春风得意。贤良的正人君子竟遭到不测的悲惨命运。黑白颠倒。世上竟有人说不贪图享受而投水身亡的卞随和因不食周粟而饿死的伯夷两个人贪婪，反而说大盗跖、庄跻是廉洁的；他们竟说古代名剑莫邪不锋利，而普通铅铁刀却都锋利无比。唉！您如此默默不得志却无缘无故遭遇迫害。不要传国的周鼎宝物，却把破烂的瓦罐当宝贝。驾辕用疲惫不堪的牛，拉车套用跛腿的驴；而骏马垂着双耳却拉着超重的盐车。用殷人的礼帽来做鞋垫，这种混乱的局面不会维持很久。受苦受难的屈原先生啊！唯独您遭受到这些不公平的待遇。

贾谊

贾谊，西汉人，年轻时就有才名，被汉文帝召为博士，怀才不遇，遭到群臣忌恨，被贬为长沙王太傅。到了长沙后，作《吊屈原赋》以自伤。

宣示说：算了吧！在国内能有谁了解您，先生您一个人在这生闷气，心里的话又能向谁讲呢？没有人理解，就应当像凤凰一样飘渺高飞消逝在远方，自我引退。效法隐藏在深渊里的蛟龙，要深藏在水中珍爱自己，神龙怎能和水虫、鱼、虾、蛤蟆、蚂蟥、蚯蚓之类为伍？要远离污浊的处境而自我珍藏，就要推崇圣人流传下来的美德啊！假如麒麟能叫人拴住，任人驾驭使唤，那它与狗羊又有什么不同呢？您遭遇到各种迫害与不幸，也是您没有洁身自好，远离这污浊的尘世的缘故啊！您完全可以云游九州，选择一个明君去辅佐他，何必一定要怀念楚国呢？君子应当像凤凰一样飞上万里长空，当看到有贤德的明君时才肯下来。当看到德行卑劣且有危险的征兆，便马上拍打着双翅远走高飞。在长宽只有十几尺的小水坑里，怎能容下可以吞掉船的大鱼。在江湖中来回游的鳣鲸大鱼，一旦游入死水坑中必然要遭到蝼蛄和蚂蚁的侵袭。

［原文］

谊为长沙傅三年，有服飞入谊舍，止于坐隅。服似鸮(xiāo)，不祥鸟也。谊既以适居长沙，长沙卑湿，谊自伤悼，以为寿不得长，乃为赋以自广。其辞曰：

单阏之岁，四月孟夏，庚子日斜，服集余舍，止于坐隅，貌甚闲暇。异物来崒，私怪其故，发书占之，谶(chèn)言其度。曰："野鸟入室，主人将去。"问于子服："余去何之？吉乎告我，凶言其灾。淹速之度，语余其期。"服乃太息，举首奋翼，口不能言，请对以意。万物变化，固亡休息。斡流而迁，或推而还。形气转续，变化而嬗(shàn)。沕穆亡间，胡可胜言！祸兮福所倚，福兮祸所伏；忧喜聚门，吉凶同域。彼吴强大，夫差以败；粤栖会稽，句践伯世。斯游遂成，卒被五刑；傅说胥靡，乃相武丁。夫祸之与福，何异纠纆！命不可说，孰知其极？水激则旱，矢激则远。万物回薄，震荡相转。云烝雨降，纠错相纷。大钧播物，坱圠无垠。天不可与虑，道不可与谋。迟速有命，乌识其时？

［译文］

贾谊在做长沙王太傅的第三年，有一只鹏鸟飞入贾谊的房间里，落在座位的旁边。鹏鸟像鸮，是一种不吉祥的鸟。贾谊因被贬居长沙，长沙低洼潮湿，贾谊常常感到悲哀，以为不可能长寿，就作赋来安慰自己，赋写道：

丁卯年夏季的第一个月庚子日，这天夕阳西下时，一只鹏鸟飞入我的居室，落在座位的一角，神态十分悠闲。飞入这么一只奇怪的鸟，便暗自猜测它飞来的原因。我打开占卜书，以书中预言吉凶的话核对吉凶的定数。书上说："屋内飞入野鸟，屋主人将要离开此地。"我向鹏鸟发问："我将要到什么地方去？如果是吉利的事，请告诉我，即使将有凶事，也请把灾祸是什么对我说明。我的寿命是长是短，请告诉我一个定期。"于是，鹏鸟长叹一声，然后抬起头，奋力拍打翅膀，它虽然嘴里不能说人语，却用它的表情告诉了我它的意思。它的意思说：世间万物循环变化，原本就没有止境，旋转流动，推移变化，有时消失，有时回还。形和气转化不断，有如蝉之蜕化一般。精深奥妙之处无法用言语说尽！祸中含有福的成分，福中也隐藏着祸根，祸福彼此相因相随；忧喜同聚在同一家之门，吉凶共在一个地域。春秋时期的吴国曾经非常强大，而吴王夫差却因强而败。越王勾践战败后被吴王夫差围困在会稽山中，而越王勾践卧薪尝胆，经过充分准备最后灭掉吴国。李斯游说秦国成功，并做了秦国丞相，然而被赵高所害，身受五刑而死；傅说原是一名服劳役的囚徒，而最后却成为殷高宗武丁的丞相。所以福与祸之间的关系与两三股绳子绞合拧在一起没有什么不同！天命无法解释清楚，谁知道它的终极所在？水能激流勇进，箭受到激发便能射得很远。万物轮回，不断变化转化。水受热为云，云受冷为雨，事物的变化错综复杂。万物形成就如制陶转轮造物一般，变化多端，范围广大无边无际。天和道不可为人谋虑，人的寿命长短自有天命，哪能预知它的期限呢！

鹏鸟

贾谊流落长沙三年，极度消沉，抑郁之至。一天，有一鹏鸟飞入室中，睹物思怀，自悼生世，遂赋《鹏鸟赋》一文以记之。

[原文]

且夫天地为炉，造化为工；阴阳为炭，万物为铜。合散消息，安有常则？千变万化，未始有极。忽然为人，何足控揣；化为异物，又何足患！小智自私，贱彼贵我；达人大观，物亡不可。贪夫徇财，列士徇名；夸者死权，品庶每生。怵迫之徒，或趋西东；大人不曲，意变齐同。愚士系俗，僒若囚拘；至人遗物，独与道俱。众人惑惑，好恶积意；真人恬漠，独与道息。释智遗形，超然自丧；寥廓忽荒，与道翱翔。乘流

则逝，得坎则止；纵躯委命，不私与已。其生兮若浮，其死兮若休。澹乎若深渊之靓，泛乎若不系之舟。不以生故自保，养空而浮。德人无累，知命不忧。细故蔕芥，何足以疑！

后岁余，文帝思谊，征之。至，入见，上方受禧，坐宣室。上因感鬼神事，而问鬼神之本。谊具道所以然之故。至夜半，文帝前席。既罢，曰："吾久不见贾生，自以为过之，今不及也。"乃拜谊为梁怀王太傅。怀王，上少子，爱，而好书，故令谊傅之，数问以得失。

［译文］

况且天地就好像是一个冶炼金属的炉子，造物主就像是冶金工匠。以阴阳当作冶炼炉中的炭火，自然界中的万物当作被冶炼的铜矿石料。聚灭生息，这一切怎么会有一定的规律呢？自然界万物的千变万化，没有开始也没有终止。偶然生而成人，也不要过分地珍爱；死后变为鬼神也没必要过分地忧伤！自私自利又耍小聪明的人，认为他人卑贱自己尊贵；通达的人目光远大，对万物一视同仁，认为没有不适宜的万物。贪得无厌的人为财而死，重义轻生之士为名节而死；重视权势的人为争权夺利而死，平民百姓大多都是贪生怕死的。为名利钱财所引诱的人整天东奔西跑到处钻营；修养高深的人不会被物欲所屈服，万物再怎么变化都等量齐观一视同仁。愚笨的人为世俗所累，其窘迫的形态如同被囚禁的犯人一样；至高道德的人，不为身外之物拖累，唯独与大道共存。大部分人惶恐疑惑不可终日，头脑中聚集了很多可爱和可憎的事物；而得道的真人却十分恬静淡漠，独与大道共存。放弃智慧思虑，遗弃形体，做到心如止水，达到人生修养的最高境界；在寥廓恍惚深远的世界中，得天地之道的真人无所依附，唯与大道共翱翔。人生像浮在水上的木头顺水向远方流漂，只是在碰到水中小洲时才停止；把自己的身躯托付给命运，不把身躯看成是自己的私有之物。活着的时候就好像将自己的生命托附人间，死后就如同永久地安息。淡泊的人生就像死一般宁静的深渊，而推波助澜的思想波涛就如同没有拴住的航船。不应因为生在人世间而过于珍惜自己的生命，最好是养其空虚之性，以浮游于人世之间。有修养有德性的人无所牵累，居无思行无虑，不藏是非美恶，因为他们知天命而不会自寻忧愁。像猫头鹰飞入室内这样琐细之事有什么值得疑虑的呢！

一年多以后，汉文帝思念贾谊，宣他回京城。贾谊入朝见皇上，汉文帝正在接受神灵的降福，坐在宣室里召见贾谊。汉文帝因对鬼神之事有所兴趣，就向贾谊询问鬼神的缘由。贾谊详细讲述其中的道理。一直谈到深夜，汉文帝听得不自觉地移坐到席的前端。谈论完了之后，汉文帝说："我很久没看到贾生了，自以为已经超过他了，今天看来，还是比不上他啊。"于是任命贾谊为梁怀王的太傅。梁怀王，是汉文帝的小儿子，很受汉文帝宠爱，又喜欢读诗书，所以叫贾谊做他的老师，他还多次向贾谊请教关于成败得失的问题。

［原文］

是时，匈奴强，侵边。天下初定，制度疏阔。诸侯王僭(jiàn)儗，地过古制，淮南、济北王皆为逆诛。谊数上疏陈政事，多所欲匡建，其大略曰：

臣窃惟事势，可为痛哭者一，可为流涕者二，可为长太息者六，若其它背理而伤道者，难遍以疏举。进言者皆曰天下已安已治矣，臣独以为未也。曰安且治者，非愚则谀，皆非事实知治乱之体者也。夫抱火厝之积薪之下而寝其上，火未及燃，因谓之安，方今之势，何以异此！本末舛逆，首尾衡决，国制抢攘(rǎng)，非甚有纪，胡可谓治！陛下何不壹令臣得孰数之于前，因陈治安之策，试详择焉！

夫射猎之娱，与安危之机孰急？使为治，劳智虑，苦身体，乏钟鼓之乐，勿为可也。乐与今同，而加之诸侯轨道，兵革不动，民保首领，匈奴宾服，四荒乡风，百姓素朴，狱讼衰息，大数既得，则天下顺治，海内之气，清和咸理。生为明帝，没为明神，名誉之美，垂于无穷。《礼》祖有功而宗有德，使顾成之庙称为太宗，上配太祖，与汉亡极。建久安之势，成

青山从猎

古代天子一般每年都举行大型的围猎活动，有很多帝王沉溺于娱乐，导致政治昏聩。针对于此，贾谊在《陈政事疏》中则提出“夫射猎之娱，与安危之机孰急”的疑问，此疏在于规劝皇帝，要有忧患之虑，时刻为国家社稷着想。

长治之业，以承祖庙，以奉六亲，至孝也；以幸天下，以育群生，至仁也；立经陈纪，轻重同得，后可以为万世法程，虽有愚幼不肖之嗣，犹得蒙业而安，至明也。以陛下之明达，因使少知治体者得佐下风，致此非难也。其具可素陈于前，愿幸无忽。臣谨稽之天地，验之往古，按之当今之务，日夜念此至孰也，虽使禹、舜复生，为陛下计，亡以易此。夫树国固必相疑之势，下数被其殃(yāng)，上数爽其忧，甚非所以安上而全下也。今或亲弟谋为东帝，亲兄之子西乡而击，今吴又见告矣。天子春秋鼎盛，行义未过，德泽有加焉，犹尚如是，况莫大诸侯，权力且十此者乎！

［译文］

这一时期，匈奴强大起来，常常侵扰汉朝边境地区。汉朝刚刚建立，法规制度不健全。诸侯王超越本身的权力范围，占据的土地数量都超过古代制度的限制，淮南王、济北王都因为谋反而被诛灭。贾谊多次上书陈述政事，他的意见大多是想改变和建立新制度，其大意是：

我私下考虑了当前的国家形势，认为有一件事是可为之痛哭的，有两件事是可以为之流泪的，有六件事是可以为之长叹的，至于其他违背事理而伤害正道的，难以分条列举。向陛下进言的人都说国家已经治理得非常好了，已经安宁，我独自认为事情远非如此。那些说国家安定并治理好了的人，不是因为愚蠢就是为了阿谀奉承，都不是从事实出发及知道治乱根本之所在的人。这如同把火种放在柴堆下而自己睡到上面，柴堆没有被点燃，就认为很安全，当前国家的形势跟这种情况有什么不同呢！本与末被颠倒了，前后的堤防被破坏了，国家制度混乱，并不是很有纲纪，怎么可以说治理好了呢！陛下为何不让我在您面前获得机会，来深入细致地陈述国家政治修明、社会安定的策略，以供您来仔细选择呢？

打猎这种娱乐，与掌握国家安危的关键哪一个紧要？如果觉得去治理国家就会劳心神，苦身体，少了钟鼓的娱乐，这样是不可以的。我的治国方针，能保证所享受的乐趣不受影响，却可以使诸侯遵守法纪，国家没有战乱，民众拥护首领，匈奴表示臣服，国家的民俗风气渐好，百姓简朴勤劳，犯罪纠纷逐步消失，这样就掌握了治国的大计，从而使天下大治，社会气象清平和谐，所以出现这种局面都是很合理的。活在世上就做贤明的帝王，去世了则做明神，具有美好的名誉，就会流传千古。《礼》上说，作为开国的君主要有功劳，作为继业的君主要有贤德，假使陛下的帝业功德能使您封为太宗，则您就能上与太祖相配，并和汉朝统治一起流芳百世。

建立永久安定的国家局势，成就长久统治的基业，以此继承祖业，奉养六亲，这是最孝顺的了；以此造福天下，养育万物，这是最仁爱的了；确立准则，颁布纲纪，轻重缓急处理得宜，而后可以成为万世的法式，即使有愚笨不成器的后代，还能承受祖业得到安定，这是最英明的了。像陛下这样的英明通达之君，只要让稍微懂得治国之道的大臣在下面辅佐，不怎么困难就能做到这样。这些治国之道现在都摆在您的面前，希望不要忽视。我认真并且慎重地考察过自然和社会，用历史加以验证，研究当前必须解决的事情，日夜考虑这套治国安邦的办法直到成熟。即使禹、舜再生，为陛下计谋，也不会改变这些方法。诸侯国的势力强大，必然会造成与朝廷互相猜疑对立的局势，因此民众屡次遭受灾祸，朝廷也常为此而担忧，这实在不是治国安邦、造福民众的办法。如今有你的亲弟图谋在东部称帝，亲兄的儿子也从西面进攻朝廷，现在，吴王谋反的事又报上来了。陛下正当壮年，行事合乎道义，没有过错，又不断增加对各诸侯王的恩惠，他们尚且如此，更何况那些最大的诸侯，权力比他们还要强大十倍呢！

[原文]

然而天下少安，何也？大国之王幼弱未壮，汉之所置傅、相方握其事。数年之后，诸侯之王大抵皆冠，血气方刚，汉之傅、相称病而赐罢，彼自丞、尉以上偏置私人，如此，有异淮南、济北之为邪！此时而欲为治安，虽尧、舜不治。黄帝曰："日中必熭(huì)，操刀必割。"今令此道顺而全安，甚易，不肯早为，已乃堕骨肉之属而抗刭(jǐng)之，岂有异秦之季世乎！夫以天子之位，乘今之时，因天之助，尚惮以危为安，以乱为治，假设陛下居齐桓之处，将不合诸侯而匡天下乎？臣又以知陛下有所必不能矣。假设天下如曩(nǎng)时，淮阴侯尚王楚，黥(qíng)布王淮南，彭越王梁，韩信王韩，张敖王赵，贯高为相，卢绾(wǎn)王燕，陈豨(xī)在代，令此六七公者皆亡恙，当是时而陛下即天子位，能自安乎？臣有以知陛下之不能也。天下殽乱，高皇帝与诸公并起，非有仄室之势以豫席之也。诸公幸者，乃为中涓，其次廑(jǐn)得舍人，材之不逮至远也。高皇帝以明圣威武即天子位，割膏腴之地以王诸公，多者百余城，少者乃三四十县，惪至渥(wò)也，然其后十年之间，反者九起。陛下之

与诸公，非亲角材而臣之也，又非身封王之也。自高皇帝不能以是一岁为安，故臣知陛下之不能也。然尚有可诿者，曰疏，臣请试言其亲者。假令悼惠王王齐，元王王楚，中子王赵，幽王王淮阳，共王王梁，灵王王燕，厉王王淮南，六七贵人皆亡恙，当是时陛下即位，能为治乎？臣又知陛下之不能也。若此诸王，虽名为臣，实皆有布衣昆弟之心，虑亡不帝制而

黄帝

黄帝，传说中华夏民族的祖先，在位之时，无为而治，一时政治清明，民乐融融。文中所引黄帝“日中必彗，操刀必割”之说，在于劝谏帝王果断采取削藩措施，不要遗误时机。

天子自为者。擅爵人，赦死罪，甚者或戴黄屋，汉法令非行也。虽行不轨如厉王者，令之不肯听，召之安可致乎？幸而来至，法安可得加？动一亲戚，天下圜（huán）视而起。陛下之臣虽有悍如冯敬者，适启其口，匕首已陷其匈矣。陛下虽贤，谁与领此？故疏者必危，亲者必乱，已然之效也。其异姓负强而动者，汉已幸胜之矣，又不易其所以然。同姓袭是迹而动，既有征矣，其势尽又复然。殃祸之变，未知所移。明帝处之尚不能以安，后世将如之何！

屠牛坦一朝解十二牛，而芒刃不顿者，所排击剥割，皆众理解也。至于髋髀（kuān bì）之所，非斤则斧。夫仁义恩厚，人主之芒刃也；权势法制，人主之斤斧也。今诸侯王皆众髋髀也，释斤斧之用，而欲婴以芒刃，臣以为不缺则折。胡不用之淮南、济北？势不可也。

[译文]

然而现在，国家局势还比较安定，这是什么原因呢？因为那些大诸侯国的国王还未成年，朝廷派去的太傅、丞相正掌握着诸侯国的大权。几年以后，诸侯王大都长大成人，精力旺盛，朝廷委派的太傅、丞相则不得不称病还乡，那些诸侯王就会把丞尉以上的官职都安插上自己的亲信，像这样的话，他们的所作所为与淮南王、济北王有什么不同呢！到了那时，要想使国家长治久安，即使唐尧、虞舜也是办不到的。黄帝说："正午时分一定要晒东西，只要拿着刀子就要赶快去切割东西。"现在按照这个道理去做，就很容易使国家长治久安。如果不趁早采取措施，就会伤害骨肉之情，甚至还要杀他们的头，这和秦朝末年的局势有什么不同吗！现在您凭着天子的权位，当今的有利时机，上天的保佑，还对转危为安、改乱为治的措施有顾虑；假如陛下处于当年齐恒公所处的环境，就不会联合诸侯恢复天下的秩序了吗？我知道陛下一定不能那样做。假如国家的形势还像从前那样，淮阴侯韩信还统治楚国，黥布统治淮南，彭越统治梁国，韩王信统治韩国，张敖统治赵国，贯高做赵国的相，卢绾统治燕国，陈豨还在代国，假如这六七人都还活着，而这时陛下即天子的位置，自己能觉得稳固吗？我有理由认为陛下是不能的。那时，天下混乱，高皇帝和这些人一同起兵，起初并没有亲族的势力可以依靠。这些人中的幸运者才做了中涓，差一点的只当舍人，他们的才能不及高皇帝而且差得很远。高皇帝凭着他的圣明威武做了天子，然后把肥沃的土地分封给这些人做诸侯王，多的有一百多座城池，少的也有三四十个县，恩德是极深厚的了。可是在以后的十年当中，反叛的事件竟然发生了九起。陛下与这些人的关系，并不是亲自同他们较量过才使他们心甘情愿臣服的，也不是亲自封他们当诸侯王的。在这种情况下，从高皇帝起就没有得到一年的安宁，所以我知道陛下也是不能得到安宁的。然而，还有一个借口可以推辞，说与他们的关系不亲，那就让我说说那些关系亲近的同姓王吧。假如悼惠王还在齐国称王，元王还在楚国称王，赵王在赵国称王，幽王在淮阳称王，共王在梁国称王，灵王在燕国称王，厉王在淮南称王，假如这六七位贵人都还健在，这时陛下即位为天子，还能把国家治理好吗？我又知道陛下是不能治理好的。这些同姓诸侯王，虽然名义上是臣子，实际上都认为自己和皇帝是一般的兄弟关系，他们无不想采用皇帝的礼仪制度让自己做皇帝。他们擅自封爵，赦免犯人的死罪，甚至有人敢乘坐皇帝专用的黄绸车盖的车，汉朝的法令在那里不能推行。即使能推行，对于图谋不轨如厉王那样的人，命令他都不肯听从，召见他到长安他又怎么会来呢？即使侥幸来了，难道法律就可以施加到他的身上去吗？如果惩罚了一个亲戚，天下的诸侯王就会瞪着眼跟您作对。陛下的臣子当中虽然有冯敬那样勇敢的人，但刚要开口告发诸侯王，刺客的匕首就已经刺进他的胸膛了。陛下虽然英明，但谁能辅佐您来一起治理这些诸侯王呢？所以说关系疏远的异姓王必然危害国家，关系亲近的同姓王也一定会反叛，这已经被事实证明了。那些凭借强大的实力而反叛的异姓诸侯王，汉朝已经侥幸地打败了他们，可是并不能改变造成混乱的制度。但是同姓诸侯王又沿着这条老路发动叛乱，如今已经有迹象了，这种局势又和原来诸侯割据完全一样。灾祸的发展变化，还不知会怎么样。像您这样英明的皇帝处在这种情况下，尚且不能使国家安宁，后继者又将如何呢！

屠牛坦一个早晨宰割十二头牛，锋利的刀刃并没有变钝，那是因为他刮剔剥割的地方都在肌肉和骨头的缝隙之间，这是大家都明白的道理。至于对付大腿骨的地方，不是用砍刀就是用斧头。仁义恩厚好比陛下的锋利刀刃，权势和法制好比陛下的砍刀和斧子。如今诸侯王都像一些大腿骨，对他们不用砍刀斧子，而用利刃去切割，我认为刀子不是被碰出缺口就是被折断。为什么不能用仁义厚恩的方法去对待淮南王、济北王呢？因为形势不允许这样做了。

[原文]

臣窃迹前事，大抵强者先反。淮阴王楚最强，则最先反；韩信倚胡，则又反；贯高因赵资，则又反；陈豨(xī)兵精，则又反；彭越用梁，则又反；黥(qíng)布用淮南，则又反；卢绾(wǎn)最弱，最后反。长沙乃在二万五千户耳，功少而最完，势疏而最忠，非独性异人也，亦形势然也。曩(nǎng)令樊、郦(lì)、绛、灌据数十城而王，今虽以残亡可也；令信、越之伦列为彻侯而居，虽至今存可也。然则天下之大计可知已。欲诸王之皆忠附，则莫若令如长沙王；欲臣子之勿菹醢(zū hǎi)，则莫若令如樊、郦等；欲天下之治安，莫若众建诸侯而少其力。力少则易使以义，国小则亡邪心。令海内之势如身之使臂，臂之使指，莫不制从。诸侯之君不敢有异心，辐凑并进而归命天子。虽在细民，且知其安，故天下咸知陛下之明。割地定制，令齐、赵、楚各为若干国，使悼惠王、幽王、元王之子孙毕以次各受祖之分地，地尽而止，及燕、梁它国皆然。其分地众而子孙少者，建以为国，空而置之，须其子孙生者，举使君之。诸侯之地其削颇入汉者，为徙其侯国及封其子孙也，所以数偿之；一寸之地，一人之众，天子亡所利焉，诚以定治而已，故天下咸知陛下之廉。地制壹定，宗室子孙莫虑不王，下无倍畔之

心，上无诛伐之志，故天下咸知陛下之仁。法立而不犯，令行而不逆，贯高、利几之谋不生，柴奇、开章之计不萌，细民乡善，大臣致顺，故天下咸知陛下之义。卧赤子天下之上而安，植遗腹，朝委裘（qiú），而天下不乱，当时大治，后世诵圣。壹动而五业附，陛下谁惮（dàn）而久不为此？

［译文］

我私下考察以往发生的叛乱，先谋反的大都是势力强大的诸侯王。淮阴侯韩信在楚称王，势力最强大，是最先反叛的；韩王信依靠匈奴的势力，也继续起来反叛；贯高依靠赵国的优越条件，又反叛；陈豨倚仗其军队精悍，又反叛；彭越利用梁国的资助，又反叛；英布依靠淮南的力量，又反叛；势力最弱的卢绾，最后一个反叛。长沙王的封地内人口才两万五千户，功劳小但保存得最完善，势力弱但对朝廷最忠诚，这不是由于性格独特与其他诸侯王不同，而是形势使他这样的。如果像从前一样，赐樊哙、郦商、周勃、灌婴等人几十个城池，即使现在他们的势力已经削弱了，也是不可以的。如果让韩信、彭越这些人只居于彻侯地位，即使现在还存在，也是可以的。既然这样，治理国家的大计就可以明白了。要想使诸侯王都对朝廷忠心归附，那么最好让他们像长沙王那样势力弱小；要想使臣子不至于被剁成肉酱，那么最好让他们像樊哙、郦商等人那样只封侯不封王；要想使国家长治久安，最好多建立小的诸侯国，减弱他们的势力。势力小了，就容易用法令来规范他们；封国小了，就不会起谋反的野心。如果全国的形势就如同身体指挥胳膊，胳膊指挥手指一样，就没有不服从的了。诸侯王不敢抱有二心，就像车轮的辐条聚向车轴那样，齐心协力地效忠皇帝。即使平民百姓也会觉察到国家安定，社会和谐，因此天下人自然就会知道陛下的英明。分割土地，定下制度，使齐、赵、楚等几个大诸侯国分成若干小国，使悼惠王、幽王、元王的子孙，都按长幼次序继承祖先的一份封地，一直到土地分完为止。对于燕、梁等其他诸侯国也都用同样的方法分割土地。那些封地多子孙少的诸侯国也划分成若干小国，可以暂时空着王位，等他们有了子孙，全部让他们去做诸侯国君。对于诸侯王的土地被大量削减而收归朝廷的，就迁移他的封地和封他的子孙到其他地方去，按原来的土地数封给他；哪怕一寸土地，一个百姓，皇帝都不想占有他们的，只是为了国家的安定罢了，因此，天下之人都知道陛下的廉洁了。分割土地的制度一旦确定，宗室子孙都不用担心做不到王，诸侯王没有反叛之心，皇上也就不用有讨伐的念头，因此，天下人都知道陛下的仁爱了。法制建立没有人触犯，政令推行没有人违抗，像贯高、利几之类的阴谋不会发生，柴奇、开章那样的诡计也不会萌发，平民百姓都趋向善良，大臣都表示顺从，因此，天下人都知道皇上的正义了。这样，即使让幼儿当皇帝，国家也是安定的；即便是立遗腹子为皇帝，只是让臣下朝拜先帝遗留下来的衣物，天下也不会混乱，这样，当代国家能安定太平，后代也会称颂陛下的圣明。只要实行这一项措施，就能建立以上这样五项功业，陛下还顾虑什么而迟迟不这样做呢？

［原文］

天下之势方病大瘇。一胫之大几如要，一指之大几如股，平居不可屈信，一二指搐（chù），身虑亡聊。失今不治，必为锢（gù）疾，后虽有扁鹊，不能为已。病非徒瘇也，又苦蹠戾。元王之子，帝之从弟也；今之王者，从弟之子也。惠王，亲兄子也；今之王者，兄子之子也。亲者或亡分地以安天下，疏者或制大权以逼天子，臣故曰非徒病瘇也，又苦蹠戾。可痛哭者，此病是也。

蛮夷率服图

汉文帝时，国家刚建国不久，虽然经过了高祖时一段休养生息，但在国力方面仍然很薄弱，而北部的匈奴却很强大，不断南下，骚扰汉国边境，为了稳定局面，每年都要给匈奴奉送大量的钱物，贾谊此文指出这一弊端，切中要害。

天下之势方倒县。凡天子者，天下之首，何也？上也。蛮夷者，天下之足，何也？下也。今匈奴嫚侮侵掠，至不敬也，为天下患，至亡已也，而汉岁致金絮采缯（zēng）以奉之。夷狄征令，是主上之操也；天子共贡，是臣下之礼也。足反居上，首顾居下，倒县如此，莫之能解，犹为国有人乎？非亶倒县而已，又类辟，且病痱。夫辟者一面病，痱（féi）者一方痛。今西边北边之郡，虽有长爵不轻得复，五尺以上不轻得息，斥候望烽燧不得卧，将吏被介胄（zhòu）而睡，臣故曰一方病矣。医能治之，而上不使，可为流涕者此也。

陛下何忍以帝皇之号为戎人诸侯，势既卑辱，而祸不息，长此安穷！进谋者率以为是，固不可解也，亡具甚矣。臣窃料匈奴之众不过汉一大县，以天下之大困于一县之众，甚为执事者羞之。陛下何不试以臣为属国之官以主匈奴？行臣之计，请必系单于之颈而制其命，伏中行说而笞其背，举匈奴之众唯上之令。今不猎猛敌而猎田彘（zhì），不搏反寇而搏畜菟（tù），玩细娱而不图大患，非所以为安也。德可远施，威可远加，而直数百里外威令不信，可为流涕者此也。

［译文］

目前，天下的形势好像一个患有脚肿的病人一样。一条小腿肿得几乎跟腰一样粗，一个脚指头肿得差不多像大腿一样粗，平时不能屈伸，一两个脚趾抽动，全身都感到疼痛难忍。如果现在治疗不及时，必然成为难治之症，即使以后有扁鹊那样的神医也无能为力了。况且患的不仅仅是脚肿病，而且还苦于脚掌扭折不能走路。元王的儿子是陛下的堂弟；现在做楚王的是陛下堂弟的儿子。惠王是陛下兄长的儿子，现在做齐王的是陛下兄长的孙子。现在，陛下近亲的人当中有的还没有封地以保持天下的安定局面，而疏远的人却有的已执掌着大权来威胁皇上。这就是我说的，不但患脚肿病，同时还苦于脚掌扭折的原因。可以为之痛哭的，就是这种病啊。

现在，国家的形势正好上下颠倒。天子本是天下的头，为什么呢？因为在上面。蛮夷本是天下的脚，为什么呢？因为在下面。现在匈奴对汉朝肆意侮辱掠夺，到了不尊敬的极点，成为天下的祸害，没有止境，而汉王朝每年却还向它赠送大量的金钱、丝绵和各种彩色的丝织品。匈奴对汉朝发号施令，行驶的是皇上才有的权力；皇上向匈奴纳贡，行的是臣下的礼节。现在脚反而到上面，头反而在下面，如此颠倒，没有解决的方法，还能说有治国的人才吗？不但上下颠倒，而且像得了足病，还患了风病。足病只是局部性的病，风病则是一大片地方疼痛。现在在西部边境，即使爵位很高的人也不能轻易免除兵役，儿童以上的人都因为备战而得不到休息，哨兵日夜瞭望烽火不得安睡，将官睡觉时都挂着甲胄。所以我说这是一方得了病。这种病，医生能够治疗，但皇上没有让他治，可以为之流泪的，就是这件事啊。

陛下怎能忍受以堂堂皇帝的称号去做匈奴的诸侯，地位既卑下屈辱，又祸患无穷，长此下去，哪有穷尽！出谋献策的人都认为这样做是对的，这实在让人不可理解，这些人简直无能到了极点。我私下估计匈奴的人口只不过相当于汉朝的一个大县，以这么大的天下，而受困于只相当于一县人口的匈奴，我真为执政的大臣们感到羞愧。陛下为什么不任命我为属国之官去掌管匈奴呢？实行我的计策，必定可以捉住单于，掌握他的生死命运，降伏中行说而鞭打他的脊背，使整个匈奴都听从陛下的命令。现在不去攻打凶猛的敌人而去打野猪，不去捕捉叛臣而去捕捉兔子，贪图娱乐而不考虑解除国家的大祸患，这就是天下不安定的原因啊。皇上的恩德本来可以施行到很远的地方，而现在仅仅在数百里以内就行不通了，可以为之流泪的，就是这件事啊。

［原文］

今民卖僮者，为之绣衣丝履偏诸缘，内之闲中，是古天子后服，所以庙而不宴者也，而庶人得以衣婢妾。白縠之表，薄纨之里，緁以偏诸，美者黼（fǔ）绣，是古天子之服，今富人大贾嘉会召客者以被墙。古者以奉一帝一后而节适，今庶人屋壁得为帝服，倡优下贱得为后饰，然而天下不屈者，殆未有也。且帝之身自衣皂绨（tí），而富民墙屋被文绣；天子之后以缘其领，庶人孽（niè）妾缘其履：此臣所谓舛也。夫百人作之不能衣一人，欲天下亡寒，胡可得也？一人耕之，十人聚而食之，欲天下亡饥，不可得也。饥寒切于民之肌肤，欲其亡为奸邪，不可得也。国已屈矣，盗贼直须时耳，然而献计者曰“毋动为大”耳。夫俗至大不敬也，至亡等也，至冒上也，进计者犹曰“毋为”。可为长太息者此也。

［译文］

现在民间贩卖奴婢的人，给奴婢穿上镶了花边的绣花衣和丝鞋，圈在木栅栏内，这些奴婢穿的服饰都是古代皇后穿的，而且皇后平时宴会都不穿，也只是在祭祀时穿，而现在平民却用来给婢妾穿了。用白色绉纱做面子，细薄熟绢做衬里，又镶上花边，更漂亮的还绣上花纹，这是古代帝王的服饰，现在富商在宴会上招待客人时，却用来挂在墙壁上作为装饰。古代这些服饰只用来侍奉一帝一后，是节制也是适宜的，现在平民的屋壁挂上了皇帝的服饰，下贱的倡优也穿皇后的服饰，这样天下财力不枯竭，恐怕是不可能的。况且皇帝自己穿的是黑色粗厚的丝织品，而富民的墙壁上却披挂着华丽的刺绣；皇后用来镶衣领的花边，一般人的婢妾却用来镶在鞋口上：这就是我所讲的错乱之事。一百个人做衣，还不能满足一人穿，要想使天下没有不受冻的人，怎么可能做到呢？一个人种地收获的粮食，却有十个人聚集起来吃它，要想使天下之人不挨饿，是不可能做到的。饥饿寒冷关系到人的生存，要想使他们不做邪恶的事，也是不可能的。国家的财力已经枯竭了，盗贼何时起只是时间而已，然而献计的人却说“最好是不要变动政策”。社会风气已经到了对上极不尊敬的地步，已经到达没有尊卑等级的程度，以至于去冒犯皇上，而献计的人还是说“不要去改变”。我可以为之深深叹息的，就是这样的事啊。

晁错传

说明

晁错曾学习申商刑名之学，官至御史大夫。深明时势，论政切要，上书言事凡三十篇，建议“削藩”，劝农立本，徙民实边，抵御匈奴侵扰，为文帝、景帝所重视。因其“削藩”建议触犯诸侯王利益，吴、楚七国以诛错为名举兵反汉，爰盎从中诋毁，景帝一时糊涂而相信，使其被斩于东市，并连累家族。

[原文]

晁错，颍(yǐng)川人也。学申、商刑名于轵(zhǐ)张恢生所，与洛阳宋孟及刘带同师。以文学为太常掌故。

错为人陗直刻深。孝文时，天下亡治《尚书》者，独闻齐有伏生，故秦博士，治《尚书》，年九十余，老不可征。乃诏太常，使人受之。太常遣错受《尚书》伏生所，还，因上书称说。诏以为太子舍人，门大夫，迁博士。又上书言：“人主所以尊显功名扬于万世之后者，以知术数也。故人主知所以临制臣下而治其众，则群臣畏服矣；知所以听言受事，则不欺蔽矣；知所以安利万民，则海内必从矣；知所以忠孝事上，则臣子之行备矣：此四者，臣窃为皇太子急之。人臣之议或曰皇太子亡以知事为也，臣之愚，诚以为不然。窃观上世之君，不能奉其宗庙而劫杀于其臣者，皆不知术数者也。皇太子所读书多矣，而未深知术数者，不问书说也。夫多诵而不知其说，所谓劳苦而不为功。臣窃观皇太子材智高奇，驭射伎艺过人绝远，然于术数未有所守者，以陛下为心也。窃愿陛下幸择圣人之术可用今世者，以赐皇太子，因时使太子陈明于前。唯陛下裁察。”上善之，于是拜错为太子家令。

晁错

晁错，汉代政治家，有辨才，人称“智囊”，主张加强中央集权，削减诸侯势力，重农抑商。他的主张触犯了一些诸侯王国的利益，七国叛乱时，被景帝错杀。

以其辩得幸太子，太子家号曰“智囊”。

是时匈奴强，数寇边，上发兵以御之。错上言兵事，曰：

臣闻汉兴以来，胡虏数入边地，小入则小利，大入则大利；高后时再入陇西，攻城屠邑，驱略畜产；其后复入陇西，杀吏卒，大寇盗。窃闻战胜之威，民气百倍；败兵之卒，没世不复。自高后以来，陇西三困于匈奴矣，民气破伤，亡有胜意。今兹陇西之吏，赖社稷之神灵，奉陛下之明诏，和辑士卒，底厉其节，起破伤之民以当乘胜之匈奴，用少击众，杀一王，败其众而大有利。非陇西之民有勇怯，乃将吏之制巧拙异也。故兵法曰：“有必胜之将，无必胜之民。”繇此观之，安边境，立功名，在于良将，不可不择也。

［译文］

晁错是颍川人。曾经在轵县儒生张恢那里学习申不害、商鞅的刑名学说，与洛阳人宋孟、刘带是同学。因为通晓文学被推举为太常掌故。

晁错为人严厉耿直而又苛刻有深见。汉文帝时，天下没有研究《尚书》的人，唯独听说齐国有个叫伏生的人，原来是秦朝的博士，精通《尚书》，现在已经九十多岁了，年龄太大而不能征召。文帝于是下令太常派人前往学习。太常派晁错到伏生那里学习《尚书》，回来后，晁错上书报告所学情况，他对《尚书》的解说得到称赞。文帝下诏先后任命他担任太子舍人、门大夫，最后升为博士。晁错又上书说：“君王所以地位尊贵显赫，功名传于万代，是因为懂得利用刑名之术。因此，如果懂得怎样控制臣下、治理民众，那么群臣便畏惧顺从了；懂得如何听取各种言论，那么便不会被欺骗所蒙蔽了；懂得怎样使社会安定，使百姓富裕，那么天下的百姓就会服从；懂得如何对尊长尽忠尽孝，那么臣子的行为就完备了。这四条，臣自以为是皇太子急需解决的事情。臣子有人议论认为皇太子没有必要知道该如何做事，臣虽然愚笨，实在也认为并非如此。看看前世君王，因不能供奉宗庙而让臣子胁迫杀害的原因，就在于不懂得利用刑名之术。皇太子所读的书已经很多了，但却没有深入掌握刑名之术的原因，在于不深究书中阐述的道理。读书多而不知其中论述的道理，这就是劳而无功。臣看到皇太子才智双全，驾驭、骑射技艺十分出众，然而对于刑名之学还没有领悟，这与陛下的用心所在是有关的。臣希望陛下选择一些圣人之道，又适用于今世的，用以赐教皇太子，根据情况让太子形成自己的见解。望陛下明察、裁决。”皇上认为他说得很好，于是封晁错为太子家令。由于他的善辩才能得宠于太子，在太子家中号称“智囊”。

这时匈奴势力强大，屡次侵犯边疆，皇上发兵进行抵御。晁错上书论军事，说：

我听说自汉朝建立以来，胡人就多次侵入我边地，小规模侵入就获得小的利益，大规模侵入就获得大的好处；高后时匈奴再侵入陇西，攻占城池，抢劫边镇，驱逐牲畜，掠夺财物；之后又再次侵入陇西，杀害官兵，大举抢掠。我听说取得军事胜利后，可增长百倍士气；而失败的将士，至死也不能振奋。从高后以来，陇西被匈奴侵扰了三次，军民士气受到打击伤害，缺乏取胜的信心。今天陇西的官吏，仰仗先祖神灵，奉行陛下明诏，讲究和睦，团结士卒，激励他们的意志，振作受伤害的百姓的士气来抵挡来势汹汹的匈奴，以少击多，杀死匈奴一个王，对于击败众多匈奴士兵十分有利。不是陇西人民有勇敢和胆怯的区分，而是将吏表现出来得巧妙、拙笨有所不同而已。因此兵法说：“有必胜的将领，没有必胜的百姓。”由此看来，安定边境，建功立业，关键在于良将，不可不加以选择。

[原文]

臣又闻用兵，临战合刃之急者三：一曰得地形，二曰卒服习，三曰器用利。兵法曰：丈五之沟，渐车之水，山林积石，经川丘阜，草木所在，此步兵之地也，车骑二不当一。土山丘陵，曼衍相属，平原广野，此车骑之地，步兵十不当一。平陵相远，川谷居间，仰高临下，此弓弩之地也，短兵百不当一。两陈相近，平地浅草，可前可后，此长戟之地也，剑楯三不当一。萑苇(huán wěi)竹萧，草木蒙茏，支叶茂接，此矛鋋之地也，长戟二不当一。曲道相伏，险厄相薄，此剑楯之地也，弓弩三不当一。士不选练，卒不服习，起居不精，动静不集，

趋利弗及，避难不毕，前击后解，与金鼓之指相失，此不习勤卒之过也，百不当十。兵不完利，与空手同；甲不坚密，与袒裼同；弩不可以及远，与短兵同；射不能中，与亡矢同；中不能入，与亡镞同：此将不省兵之祸也，五不当一。故兵法曰：器械不利，以其卒予敌也；卒不可用，以其将予敌也；将不知兵，以其主予敌也；君不择将，以其国予敌也。四者，兵之至要也。

臣又闻小大异形，强弱异势，险易异备。夫卑身以事强，小国之形也；合小以攻大，敌国之形也；以蛮夷攻蛮夷，中国之形也。今匈奴地形、技艺与中国异。上下山阪，出入溪涧，中国之马弗与也；险道倾仄，且驰且射，中国之骑弗与也；风雨罢劳，饥渴不困，中国之人弗与也：此匈奴之长技也。若夫平原易地，轻车突骑，则匈奴之众易挠乱也；劲弩长戟，射疏及远，则匈奴之弓弗能格也；坚甲利刃，长短相杂，游弩往来，什伍俱前，则匈奴之兵弗能当也；材官驺发，矢道同的，则匈奴之革笥(sì)木荐弗能支也；下马地斗，剑戟相接，去就相薄，则匈奴之足弗能给也：此中国之长技也。以此观之，匈奴之长技三，中国之长技五。陛下又兴数十万之众，以诛数万之匈奴，众寡之计，以一击十之术也。

虽然，兵，凶器；战，危事也。以大为小，以强为弱，在俛卬之间耳。夫以人之死争胜，跌而不振，则悔之亡及也。帝王之道，出于万全。今降胡义渠蛮夷之属来归谊者，其众数千，饮食长技与匈奴同，可赐之坚甲絮衣，劲弓利矢，益以边郡之良骑。令明将能知其习俗和辑其心者，以陛下之明约将之。即有险阻，以此当之；平地通道，则以轻车材官制之。两军相为表里，各用其长技，衡加之以众，此万全之

术也。

传曰："狂夫之言，而明主择焉。"臣错愚陋，昧死上狂言，唯陛下财择。

兵事

此文系出自《言兵事疏》，是晁错的一篇谈论兵法的文章，对守边备塞进行了详细的阐释，巩固了边防，对后世的军事改革也起了重大的作用。

［译文］

我又听说指挥作战，临阵交锋最紧急的有三件事：一是占据有利地形，二是士兵服从命令、训练有素，三是兵器精良、锐利无比。兵法说：有宽度达到丈五的沟渠，漫过车的水，有大石块的山林，有水经过的丘陵和平原，草木生长之地，这是适合步兵作战的地方，车兵、骑兵在这里战斗事倍功半。绵延起伏的土山丘陵，平原旷野，是车兵、骑兵的用武之地，十个步兵在这里交战，抵御不了一个骑兵。地势高高低低，上下悬殊，起伏不定，河谷居中，可以居高临下，这是弓弩的用武之地，使用短兵器百不当一。两阵相临近，平坦的土地，低矮的草木，可向前进攻，可后退防守，这是长戟的用武之地，使用剑盾三不当一。萑苇竹萧，草木葱茏，枝叶茂密，这是长矛短矛的用武之地，使用长戟二不当一。道路曲曲折折，险阻交错，这是剑盾的用武之地，使用弓弩三不当一。士卒没有经过选拔、训练，不服从指挥，起居动作不熟练，动静不协调、不一致，不能及时夺取机会，不能迅速地躲避灾难，前面攻击后面懈怠，与金鼓指挥脱节，这些都是平时训练士卒不力的过错，这种士兵在交战时百不当十。兵器不锐利，与空手相同；盔甲不坚硬，与赤身裸体一样；弓箭不能发射到远处，与短兵器相同；射箭不中目标，与没有箭相同；射中目标而不能入内，与没有箭头一样：这些都是将领没有仔细检查兵器所造成的灾祸，在这些情况下交战，五不当一。因此兵法说：兵器不锐利，就等于把士兵交给了敌人；士卒不可用，就是把将领交给了敌人；将领如不知用兵谋略，就是把国君交给了敌人；国君不懂如何选择任用将领，就是把国家交给了敌人。这四个方面，是用兵的最关键所在。

我又听说小与大有不同的形态，强与弱有不同的局势，险与易有不同的防备。以低微之身去事奉强者是小国所表现的形态；联合小国攻打大国，是势力平均之国的形态；用蛮夷去攻击蛮夷，是中原之国的形态。如今匈奴的地形、擅长的技艺与中原不同。上下山坡，出入溪涧，中原的战马不如匈奴的战马强悍；在险道倾侧的地方，边奔跑边射箭，中原的骑手不如匈奴骑手技术精湛；经风雨抗疲劳，饥渴不困乏，中原人不如匈奴人：这些是匈奴擅长的。若在平原地带，以轻车扰骑兵，匈奴就容易乱了阵；强弓长戟，射击距离远、使用空间大，匈奴的弓不能相提并论；坚固铠甲、锐利兵器，长短配合，游弩往来支应，列队的士兵一齐向前，匈奴士兵就抵挡不住；骑射手弓箭齐发，射同一目标，匈奴的革笥、木荐遮挡不住；下马到地上搏斗，剑戟相交，脚步前后移动，匈奴人的脚不能快速相连：这些是中原兵士擅长的。由此看来，匈奴擅长的军事技能有三项，中原所擅长的技能有五项。陛下又发兵数十万，用来诛杀匈奴的数万人，计算人数的多少，就是以一击十的策略了。

虽然这样，但兵器还是属于凶器，战争还是危险的事情。不懂用兵之道和御敌之法，就会以大为小，由强变弱，这种变换也就像俯身仰头那样容易。用人的死亡去换取胜利，就会士气低落而无法振奋，后悔都来不及。帝王成功之道，立足于万全之策。今天来投降的胡人比如义渠、蛮夷等都是归义的，他们有几千人之多，他们的饮食、作战技艺与匈奴相同，可以赐给他们坚硬的盔甲、棉衣、强弓利箭，再补充一些边郡的良马。让那些熟知他们生活习俗、心理活动的将领，用陛下所赐的宽宏的条件去统领他们。如果有了艰难险阻，就用这一办法对付；平地通道，就用轻车、材官去对付。两军互相配合，协同作战，各用其长处，再加上使用众多士兵，这是取胜的万全之策。

左传上说："狂夫之言，请明主选择。"臣晁错愚笨鄙陋，冒死进上狂言，希望陛下裁决、选择。

[原文]

文帝嘉之，乃赐错玺(xǐ)书宠答焉，曰："皇帝问太子家令：上书言兵体三章，闻之。书言'狂夫之言，而明主择焉'。今则不然。言者不狂，而择者不明，国之大患，故在于此。使夫不明择于不狂，是以万听而万不当也。"

错复言守边备塞、劝农力本，当世急务二事，曰：

臣闻秦时北攻胡貉，筑塞河上，南攻杨粤，置戍卒焉。其起兵而攻胡、粤者非以卫边地而救民死也，贪戾而欲广大也，故功未立而天下乱。且夫起兵而不知其势，战则为人禽，屯则卒积死。夫胡貉之地，积阴之处也，木皮三寸，冰厚六

尺，食肉而饮酪，其人密理，鸟兽毳毛，其性能寒。杨粤之地少阴多阳，其人疏理，鸟兽希毛，其性能暑。秦之戍卒不能其水土，戍者死于边，输者偾于道。秦民见行，如往弃市，因以谪发之，名曰"谪戍"。先发吏有谪及赘婿、贾人，后以尝有市籍者，又后以大父母、父母尝有市籍者，后入闾，取其左。发之不顺，行者深怨，有背畔之心。凡民守战至死而不降北者，以计为之也。故战胜守固则有拜爵之赏，攻城屠邑则得其财卤以富家室，故能使其众蒙矢石，赴汤火，视死如生。今秦之发卒也，有万死之害，而亡铢两之报，死事之后不得一算之复，天下明知祸烈及已也。陈胜行戍，至于大泽，为天下先倡，天下从之如流水者，秦以威劫而行之之敝也。

胡人衣食之业不著于地，其势易以扰乱边竟。何以明之？胡人食肉饮酪，衣皮毛，非有城郭田宅之归居，如飞鸟走兽于广野，美草甘水则止，草尽水竭则移。以是观之，往来转徙，时至时去，此胡人之生业，而中国之所以离南亩也。今使胡人数处转牧行猎于塞下，或当燕、代，或当上郡、

出塞

边塞之地，历来为国家防守重地，在汉代尤为如此。西汉文、景之时，尽管经济得到了很大的发展，但北方有匈奴，势力强大，不断南下，掠夺大量人口和牲畜，边地人民不堪其苦，所以，如何加强边防成为当时国家关注的重点，而晁错《守边劝农疏》一文就是在这种背景下完成的，陈说了当时的利害弊病。

北地、陇西，以候备塞之卒，卒少则入。陛下不救，则边民绝望而有降敌之心；救之，少发则不足，多发，远县才至，则胡又已去。聚而不罢，为费甚大；罢之，则胡复入。如此连年，则中国贫苦而民不安矣。

[译文]

文帝闻言十分高兴，便赐给晁错玺书作为回答，说："皇帝问太子家令：上书所讲的关于兵事的三个篇章，我听到了。你上书说'狂夫之言，而明主选择'。如今不是这样。说话的人不狂妄，而做选择的人又不明智，国家的大隐患，就在这里啊。如果让不明智的人去选择不狂妄的话，听上一万条上书也就会有一万次不当的方法。"

晁错又上书论述守卫边塞，鼓励农耕，这两件对于当世非常要紧的事务，他说：

我听说秦朝时向北攻打胡、貉，在黄河边上修筑军事堡垒，向南攻打杨、粤，安置了戍边士卒。他们发兵攻打胡、粤的目的，并非为了保卫边地、救助民生，而是贪图扩大疆域，因此功业尚未建立天下就大乱起来。如果发兵而不知道自己所处的形势，交战时就会被人擒获，屯守时就会让士卒老死在边地。胡、貉之地非常寒冷，草木生长不到三寸，而冰冻却厚达六尺，当地人吃肉喝奶，人们肌肉发达，鸟兽长着细长的毛发，能耐住严寒。杨、粤之地阴天少晴天多，人们的肌肉疏松，鸟兽长着稀疏的毛发，能抵御暑热。秦朝的戍卒适应不了边地的水土，戍守的士卒死在边境，运输东西的士卒和民工则死在路上。秦朝人民走上离乡之路，就像奔赴刑场一样，因此政府就强制征发，起名叫"谪戍"。先征发因有罪而被贬的官吏及上门女婿、小商贩，然后征发曾经入过商人户籍的，再者征发祖父母、父母曾经入过商人户籍的，最后征发居住在闾左的所有穷人。征发进行得不顺利，上路服役的人群深怀怨恨，有背叛之心。凡是在攻防战争中宁死而不降敌的百姓，都是用计谋实现的。战胜敌人或者坚固防守等有军功的就会有拜爵的赏赐，攻城略地进而夺取战利品可以使士兵家室富足，所以能让兵士甘愿冒着箭矢和石块，赴汤蹈火，视死如归。而今天秦朝征发士卒，有死一万次的危险，而没有一点银两作为报偿，战死之后都不能免除一算钱的赋税，天下人都清楚地看到灾祸的火焰已经烧到自己身边。陈胜前往戍边，到了大泽乡，为天下率先倡导起义，天下人跟从他如流水趋附一般，就是因为秦朝用暴力强行征发劳役的恶果。

胡人的日常生活不固定在同一地上，这造就了他们经常来边境扰乱的习惯。从哪里可以知道呢？胡人吃肉喝奶，穿皮衣，没有城市和田宅定居，就像飞鸟走兽在旷野上游移，遇到水草甜美的地方便停下来，草尽水竭便移走。由此看来，转移不定，随时到达，随时离去，这就是胡人的生存状况，而在中原就会造成离开耕地的局面。如今胡人在这几处转移放牧，在边塞行猎，有时到燕、代，有时到上郡、北地、陇西，以便窥伺我防守的戍卒，卒少就侵入。陛下如果不救，边民就会绝望而产生降敌之心；如果去救，派的兵少则不足以抵抗胡人，派的兵多，路途遥远，刚刚到达，胡人便已经离开。如兵士屯聚在那里不回来，就会费用太大；退回来，胡人又来入侵。如此连年，中原地区的百姓就会逐渐贫苦而不得安宁了。

[原文]

陛下幸忧边境，遣将吏发卒以治塞，甚大惠也。然令远方之卒守塞，一岁而更，不知胡人之能，不如选常居者，家室田作，且以备之。以便为之高城深堑(qiàn)，具蔺石，布渠答，复为一城其内，城间百五十岁。要害之处，通川之道，调立城邑，毋下千家，为中周虎落。先为室屋，具田器，乃募罪人及免徒复作令居之；不足，募以丁奴婢赎罪及输奴婢欲以拜爵者；不足，乃募民之欲往者。皆赐高爵，复其家。予冬夏衣，廪食，能自给而止。郡县之民得买其爵，以自增至卿。其亡夫若妻者，县官买予之。人情非有匹敌，不能久安其处。塞下之民，禄利不厚，不可使久居危难之地。胡人入驱而能止其所驱者，以其半予之，县官为赎其民。如是，则邑里相救助，赴胡不避死。非以德上也，欲全亲戚而利其财也。此与东方之戍卒不习地势而心畏胡者，功相万也。以陛下之时，徙民实边，使远方无屯戍之事，塞下之民父子相保，亡系虏之患，利施后世，名称圣明，其与秦之行怨民，相去远矣。

胡人

所谓胡人，古代对中国北部和西部一些游牧民族的称呼，含有不文明、不开化之意味。古代当民族关系不和时，它们常常骚扰边境一带地区。

上从其言，募民徙塞下。错

复言：

陛下幸募民相徙以实塞下，使屯戍之事益省，输将之费益寡，甚大惠也。下吏诚能称厚惠，奉明法，存恤所徙之老弱，善遇其壮士，和辑其心而勿侵刻，使先至者安乐而不思故乡，则贫民相募而劝往矣。臣闻古之徙远方以实广虚也，相其阴阳之和，尝其水泉之味，审其土地之宜，观其草木之饶，然后营邑立城，制里割宅，通田作之道，正阡陌之界，先为筑室，家有一堂二内，门户之闭，置器物焉，民至有所居，作有所用，此民所以轻去故乡而劝之新邑也。为置医巫，以救疾病，以修祭祀，男女有昏，生死相恤（xù），坟墓相从，种树畜长，室屋完安，此所以使民乐其处而有长居之心也。

臣又闻古之制边县以备敌也，使五家为伍，伍有长；十长一里，里有假士；四里一连，连有假五百；十连一邑，邑有假候：皆择其邑之贤材有护，习地形知民心者，居则习民于射法，出则教民于应敌。故卒伍成于内，则军正定于外。服习以成，勿令迁徙，幼则同游，长则共事。夜战声相知，则足以相救；昼战目相见，则足以相识；欢爱之心，足以相死。如此而劝以厚赏，威以重罚，则前死不还踵矣。所徙之民非壮有材力，但费衣粮，不可用也；虽有材力，不得良吏，犹亡功也。

陛下绝匈奴不与和亲，臣窃意其冬来南也，壹大治，则终身创矣。欲立威者，始于折胶，来而不能困，使得气去，后未易服也。愚臣亡识，唯陛下财察。

［译文］

好在陛下担忧边界安危，派兵遣将整治边塞，好处非常大。然而让远方而来的士卒戍守边塞，一年便轮换一次，他们无法了解胡人的特点，不如选拔可以常居的士卒，在那里建立家室，耕种田地，就此守边。为了防守的方便，就建造高城深沟。准备垒石，布下铁蒺藜，于城内再造一城，两城之间相距一百五十步。在其要害之处，河流经过的路口，规划并建立城邑，城邑中的居民不少于千家，城周围应设置防盗用的竹篾，首先造居室，准备好农具，然后招募罪人及免去徒刑后处罚一年劳役的人居住；如数量不够，则招募用成年奴婢赎罪的和用奴婢买爵位的人；再不够，便招募想去的百姓。一律赐给高爵位，免除全家赋役。发给他们冬夏所需的衣服，供给饮食，到他们能自给时再停止供应。郡县百姓可以买爵位，可以买到高级爵位，可同列卿地位一样。他们的丈夫或妻子死亡的，由官府给其购买奴婢、购买妻子、购买衣服。从人情的角度说，如果没有男女的匹配，则不能久居其处。塞下的当地居民，利禄不厚，不可让他们永久居住在危难之地。胡人入侵抢掠，能阻止其抢掠的将被抢财物的一半奖励给他，官府出价赎回被抢掳的百姓。这样，邑里就会互相救助，与胡人交战时就不怕死。所有这些，并不是让皇上立功德仁义的，而是去保护当地人民的生命财产。与内地戍卒不熟习地势又心畏胡人的情况相比，当地戍卒的功劳要高出万倍。陛下这个时候，迁徙人民来充实边塞，让远方的百姓没有屯戍负担，边塞的百姓又父子相保，没有被俘虏的后患，好处流传给后世，陛下就是圣明之君，这和强制秦朝之人去边塞服役相比，利害相差太大了。

皇上听从了晁错的建议，招募人民迁徙到边塞。晁错又进言说：

陛下幸好招募人民迁徙到边塞，使屯戍之事的费用大大节省，运送物资的费用更加减少，好处明显。下面的官吏真能称得起宽厚恩惠，执行了英明的方法，关心迁徙来的老弱人民，善待壮士，对他们宽厚和睦而不侵害，让先来的徙民安乐而不思念故土，那么贫民便会互相邀请并劝说内地的人去边地生活。我听说古代迁徙到远方去充实空虚之地，要首先察看阴阳是否调和，尝尝水泉的味道，查看一下土地的好坏，观察草木的长势，然后营造城池，编制里区划分住宅，开通通向田地的道路，确定田间边界，先造住室，一家有一堂二室，有可以开闭的门窗，再设置家具，百姓来就可以居住，而且耕作有农具，这就是百姓所以肯轻易离开家乡而乐意到边塞去的条件。要给他们配备医生巫师，以便治疗疾病，能够祭祀祖先、神灵，男婚女嫁，生死相恤，坟墓相从，种树养畜，室屋完整安全，这些足以让百姓乐于居其处而生长住久留之心。

我又听说古代设置边城是为了防备敌人侵犯的，让五家为一伍，有伍长；十长为一里，里有假士；四里为一连，连有假五百；十连为一邑，邑有假候：各长都是邑中有贤才又有保护能力、熟悉当地地形和深得民心的人，闲居时就让百姓练习射箭，外出时就教民如何对敌。因此对内是卒伍编制，对外就是军政编制。训练成功之后，就不许再向别处迁徙，幼年时共同游玩，长大后就共事。夜战凭声音就能辨认出自己人，便可以互相救助；白天作战相见便能相认；相互的爱护之心，足以拼死相救。这样，用厚赏劝导，用重罚威慑，那么即便死亡在前面也不会转身逃走。所迁徙之民不是健壮有才的人，而只是消费衣粮者，则不能使用；虽然勇猛有力，没有有能力的官吏，就不会有任何功劳。

陛下拒绝匈奴的和亲请求，我估计今冬胡人就会向南侵犯，只要重创胡人一次，他便永久受创。想树立威严，必须从折断其弓弩开始，前来侵犯而不能重创，让敌人得胜而去，以后就不易降服了。愚臣无才识，只希望陛下明察。

[原文]

后诏有司举贤良文学士，错在选中。上亲策诏之，曰：

惟十有五年九月壬子，皇帝曰："昔者大禹勤求贤士，施及方外，四极之内，舟车所至，人迹所及，靡不闻命，以辅其不逮；近者献其明，远者通厥聪，比善戮力，以翼天子。是以大禹能亡失德，夏以长楙。高皇帝亲除大害，去乱从，并建豪英，以为官师，为谏争，辅天子之阙，而翼戴汉宗也。赖天之灵，宗庙之福，方内以安，泽及四夷。今朕获执天子之正，以承宗庙之祀，朕既不德，又不敏，明弗能烛，而智不能治，此大夫之所著闻也。故诏有司、诸侯王、三公、九卿及主郡吏，各帅其志，以选贤良明于国家之大体，通于人事之终始，及能直言极谏者，各有人数，将以匡朕之不逮。二三大夫之行当此三道，朕甚嘉之，故登大夫于朝，亲谕朕志。大夫其上三道之要，及永惟朕之不德，吏之不平，政之不宣，民之不宁，四者之阙，悉陈其志，毋有所隐。上以荐先帝之宗庙，下以兴愚民之休利，著之于篇，朕亲览焉，观大夫所以佐朕，至与不至。书之，周之密之，重之闭之。兴自朕躬，大夫其正论，毋枉执事。乌乎，戒之！二三大夫其帅志毋怠！"

错对曰：

平阳侯臣窋、汝阴侯臣灶、颍阴侯臣何、廷尉臣宜昌、陇西太守臣昆邪所选贤良太子家令臣错昧死再拜言：臣窃闻古之贤主莫不求贤以为辅翼，故黄帝得力牧而为五帝先，大

禹得咎繇而为三王祖，齐桓得管子而为五伯长。今陛下讲于大禹及高皇帝之建豪英也，退托于不明，以求贤良，让之至也。臣窃观上世之传，若高皇帝之建功业，陛下之德厚而得贤佐，皆有司之所览，刻于玉版，藏于金匮，历之春秋，纪之后世，为帝者祖宗，与天地相终。今臣窋等乃以臣错充赋，甚不称明诏求贤之意。臣错草茅臣，亡识知，昧死上愚对，曰：

管仲

管仲，名夷吾，春秋时著名的政治家、军事家，辅佐齐桓公，进行改革，发展经济，国力空前强盛，齐桓公俨然成为“春秋五霸”之首。

诏策曰“明于国家大体”，愚臣窃以古之五帝明之。臣闻五帝神圣，其臣莫能及，故自亲事，处于法官之中，明堂之上；动静上配天，下顺地，中得人。故众生之类亡不覆也，根著之徒亡不载也；烛以光明，亡偏异也；德上及飞鸟，下至水虫草木诸产，皆被其泽。然后阴阳调，四时节，日月光，风雨时，膏露降，五谷熟，祆孽灭，贼气息，民不疾疫，河出图，洛出书，神龙至，凤鸟翔，德泽满天下，灵光施四海。此谓配天地，治国大体之功也。

［译文］

后来皇帝下诏令朝廷官员推荐贤良文学之士，晁错也在推举之列。皇上亲自策问他，说：

十五年九月壬子日，皇帝说：“以前大禹广求贤士，扩展到境外，四方边远地区，凡舟车所能到达，人迹所至的地方，没有不遵从命令的，以求弥补其施政之缺陷；无论远近，人们都能显出自己的聪明智慧，戮力同心，协助天子。所以大禹能不失去德政，夏朝长治久安。高皇帝亲自拔除大的祸患，铲除祸乱滋生的土壤，选拔豪杰贤士，作为官长，他们尽力劝谏，弥补天子朝政的不足，而拥戴汉王朝。幸依上天之灵，宗庙之福，天下安定，福及四方边境。现在朕即天子正位，以继承宗庙的祭祀，朕既没有高德又不聪敏，不能洞察天下，智慧不能使国家大治，这是诸大夫看得见的。因此下诏有司、诸侯王、三公、九卿及郡守，各倚仗自己的意志，选出贤良之才，深明国家大体，通晓人事的变化，并敢于直言劝谏的贤士若干名，用来辅佐弥补朕的不足之处。现在有二三名大夫可以论述国体、人事、劝谏三方面的道理，朕十分高兴，因此请诸大夫登朝，亲自告谕诸位朕的旨意。大夫应通晓国体、人事、劝谏三道要领，深思朕的不足之处，针对官吏办事不公正，政事不畅通，百姓不安宁，四者缺漏不妥之处，都要讲出自己的意见，不要隐瞒。上可以进献先帝之宗庙，下可以为万民谋利益，写成具体篇章，朕要亲自阅览，看看大夫用来辅佐朕的建议，是尽到了责任还是存在未说明的问题。将它写下来，然后慎重地封存起来。由朕亲自拆封，大夫们要秉笔直书，不要有所顾忌。啊，切记啊！被推荐来的二三位大夫应发挥自己的意见，不得怠慢！”

晁错回答说：

平阳侯臣曹窋、汝阴侯臣夏侯灶、颍阴侯臣灌何、廷尉臣宜昌、陇西太守臣公孙昆邪联合荐举的贤良太子家令臣晁错冒死再次进言说：我听说古代圣明的君王没有不寻求贤士来辅弼自己的，因此黄帝因为有了力牧而能占据五帝之中的首位，大禹因为有了咎繇成为三王的祖先，齐桓公得到管仲才成为五霸中实力最强的一位。现在陛下提到从大禹至高皇帝选拔豪杰英才的事情，并谦虚地认为自己不够英明，想得到贤明之士的辅佐，实在是过谦啊。我观看前世的历史传记，如像高皇帝那样建立不朽功业，以陛下您深厚的德行从而得到贤士辅佐，这都是有司所能够观察到的，让他们将这些篆刻在玉板之上，藏在金柜中，历经岁月的洗礼，流传到千秋万代，被后代帝王所景仰，将与天地一样长久。今天您的臣下曹窋等人把臣晁错拿来充数，这与陛下您颁布诏书寻纳贤良的目的很不相符。我晁错是一个微不足道的小臣，缺少见识，现冒死献上我愚笨的对策，它的内容是：

诏策所说的“明于国家大体”，我想通过远古时期五帝的事例来解释它。我听说五帝智慧非凡，当时的那些大臣都不如他们，所以他们能够亲自处理事务，无论在宫殿之中，还是明堂之上；他们处理政事都能够做到上符合天意，下顺应地势，中间符合人民的意愿。所以众多生灵没有照顾不到的，生长在土地上的万物没有不受他培育的；这就像用蜡烛来照明一样，光亮无所偏倚；他们的恩德向上可以感动飞鸟，向下能够触动水虫，像草木这样的生物，都能受到他们恩德的润泽。这样一来，就能够调和阴阳，控制四季，可使日月生光，风调雨顺，土地肥沃，五谷丰登，使妖孽灭绝，毒气散去，人民没有疾病，黄河出现符图，洛水出现神书，神龙到来，凤凰飞翔，德泽充溢天下，灵气漫至四海。这就是顺应天地，是治理国家的最理想的成就。

［原文］

诏策曰“通于人事终始”，愚臣窃以古之三王明之。臣闻三王臣主俱贤，故合谋相辅，计安天下，莫不本于人情。人情莫不欲寿，三王生而不伤也；人情莫不欲富，三王厚而不困也；人情莫不欲安，三王扶而不危也；人情莫不欲逸，三王节其力而不尽也。其为法令也，合于人情而后行之；其动众使民也，本于人事然后为之。取人以己，内恕及人。情之所恶，不以强人；情之所欲，不以禁民。是以天下乐其政，归其德，望之若父母，从之若流水；百姓和亲，国家安宁，名位不失，施及后世。此明于人情终始之功也。

诏策曰“直言极谏”，愚臣窃以五伯之臣明之。臣闻五伯不及其臣，故属之以国，任之以事。五伯之佐之为人臣也，察身而不敢诬，奉法令不容私，尽心力不敢矜，遭患难不避死，见贤不居其上，受禄不过其量，不以亡能居尊显之位。自行若此，可谓方正之士矣。其立法也，非以苦民伤众而为之机陷也，以之兴利除害，尊主安民而救暴乱也。其行赏也，非虚取民财妄予人也，以劝天下之忠孝而明其功也。故功多者赏厚，功少者赏薄。如此，敛民财以顾其功，而民不恨者，知与而安己也。其行罚也，非以忿怒妄诛而从暴心也，以禁天下不忠不孝而害国者也。故罪大者罚重，罪小者罚轻。如此，民虽伏罪至死而不怨者，知罪罚之至，自取之也。立法若此，可谓平正之吏矣。法之逆者，请而更之，不以伤民；主行之暴者，逆而复之，不以伤国。救主之失，补主之过，扬主之美，明主之功，使主内亡邪辟之行，外亡骞污之名。事君若此，可谓直言极谏之士矣。此五伯之所以德匡天下，威正诸侯，功业甚美，名声章明。举天下之贤主，五伯与焉，

兼六国混一图

秦以区区一国之力，而能攻破六国之合纵，真乃天为之？非也，非兵不利、战不善，弊在赂秦，赂秦而力亏，攻守之势大变，破灭之道也。

此身不及其臣而使得直言极谏补其不逮之功也。今陛下人民之众，威武之重，德惠之厚，令行禁止之势，万万于五伯，而赐愚臣策曰“匡朕之不逮”，愚臣何足以识陛下之高明而奉承之！

诏策曰“吏之不平，政之不宣，民之不宁”，愚臣窃以秦事明之。臣闻秦始并天下之时，其主不及三王，而臣不及其佐，然功力不迟者，何也？地形便，山川利，财用足，民利战。其所与并者六国，六国者，臣主皆不肖，谋不辑，民不用，故当此之时，秦最富强。夫国富强而邻国乱者，帝王之资也，故秦能兼六国，立为天子。当此之时，三王之功不能进焉。及其末涂之衰也，任不肖而信谗贼；宫室过度，耆欲亡极，民力罢尽，赋敛不节；矜奋自贤，群臣恐谀，骄溢纵恣，不顾患祸；妄赏以随喜意，妄诛以快怒心，法令烦憯，刑罚暴酷，轻绝人命，身自射杀；天下寒心，莫安其处。奸邪之吏，乘其乱法，以成其威，狱官主断，生杀自恣。上下瓦解，各自为制。秦始乱之时，吏之所先侵者，贫人贱民也；至其中节，所侵者富人吏家也；及其末涂，所侵者宗室大臣也。是故亲疏皆危，外内咸怨，离散逋逃，人有走心。陈胜先倡，天下大溃，绝祀亡世，为异姓福。此吏

不平，政不宣，民不宁之祸也。今陛下配天象地，覆露万民，绝秦之迹，除其乱法；躬亲本事，废去淫末；除苛解娆，宽大爱人；肉刑不用，罪人亡帑；非谤不治，铸钱者除；通关去塞，不孽诸侯；宾礼长老，爱恤少孤；罪人有期，後宫出嫁；尊赐孝悌，农民不租；明诏军师，爱士大夫；求进方正，废退奸邪；除去阴刑，害民者诛；忧劳百姓，列侯就都；亲耕节用，视民不奢。所为天下兴利除害，变法易故，以安海内者，大功数十，皆上世之所难及，陛下行之，道纯德厚，元元之民幸矣。

［译文］

诏策所说的“通于人事终始”，我想通过古代的三王来说明。我听说三王时代君臣都非常贤明，因此他们一起计议，共同商议安定天下的大计，没有不从人情出发考虑的。人们没有不想长寿的，三王就保护人们的生命而不去伤害；人们没有不想富裕的，三王就想法使人们财产丰厚而不使人穷困；人们没有不想安宁的，三王就努力维持社会稳定而不去危害人民；人们没有不想舒适的，三王就节省人力而不滥用民力。三王制定法令，只有符合人民意愿的才去执行；发动民众兴办事业，从人民的角度出发然后去实行。以自己的心理需求来要求别人，以自己的好恶去揣测别人。自己心里厌恶的，不可强加于人；自己内心想要的，不要禁止人们去追求。这样做的话人民就乐于接受政府的统治，愿意顺从他们，像敬仰父母一样敬仰他们，像流水一样跟从他们；百姓和睦团结，国家安宁，名分地位的秩序不混乱，以延续到后代。这就是明白民间人情世故的政治统治之道。

诏策所说的“直言极谏”，我私下认为可以用春秋五霸的大臣来作说明。我听说五霸的能力不如他们的大臣，因此他们可以把国家托付给大臣，把大事交由大臣办理。五霸的辅佐大臣作为臣子，能够省察自身而不做诬陷之事，遵守法令而不容私情，恪尽职守而不自以为是，遇到国家发生灾难能不避死亡，碰到贤人不凌驾在他上面，接受俸禄不超过规定的标准，不让无能之人占据显贵位置。他们自己的品行就是这样，可以说是严格按照法则办事的臣子。他们制定法律，不是设置机关来使人民受苦受伤害，而是用来兴利除害，是为了尊主安民、治理暴乱的。他们进行奖赏，不是为了收取人民钱财私自吞占的，而是用来鼓励天下忠孝之人并宣扬其功劳的。因此功劳多的人得到的奖赏丰厚，功劳少的人得到的奖赏就少。这样一来，收取人民的钱财又按功劳高低赏赐给人民，百姓知道了就不会痛恨，是因为他们明白了自己的付出是为了自己的安定。他们实行惩罚，不是怀有愤恨之心进行诛杀来放纵自己的暴躁之心，而是为了禁绝不忠不孝甚至是危害国家安全的行为。因此，罪过大的进行重罚，罪过小的进行轻罚。这样，百姓犯罪至死也不会怨恨，因为他知道这是自己招来的对自己犯罪的处罚，这样心里就会平衡。制定法律如果能达到这种效果，法律的制定者肯定是公平正直的官吏。法律违背了情理，就要修改，不要用来伤民；君主执行得暴烈，就反过来恢复正确措施，不要用来伤害国家。补救国君的过失，发扬国君的美德，彰明国君的功劳，使国君内无奸邪行为，外无损害清明的坏名声。辅佐国君到这种地步，可谓直言极谏之士了。这正是五霸之所以用德政来统治天下，威慑诸侯，功业盛美，名声显赫的原因，举出天下贤明君主的话，五霸就是突出的代表，这是虽然自己不如其臣却能利用直言极谏来弥补不足的功劳。今天陛下统领人民众多，威武庄重，德惠深厚，令行禁止之势，超过五霸万万倍，然而赐给愚臣的诏策说“弥补朕的不足”，愚臣怎么还能够认识到陛下的高明而要去奉承！

诏策说“吏之不平，政之不宣，民之不宁”，愚臣用秦国的例子来说明。臣听说秦开始兼并天下时，它的国君才能比不过三王，而大臣们也比不上三王的辅臣，然而功业的建立却很迅速，为什么？地形方便，山川有利，财富充足，人民善于作战。它与并存的六国相比，六国的君主都是无能之辈，也没有统一的计谋，老百姓也不听从使唤。因此，当时秦国最富强。国强而邻国混乱，正是称帝的最好时机，所以秦国可以兼并六国，立为天子。当时，三王建立功业的策略不被采纳。在后来衰败之时，任用无能之人并听信谗言；宫室过度膨胀，奢侈的欲望没有极限，民力疲尽，赋敛没有节制；妄自称贤，群臣因恐惧而争相阿谀奉承，骄横放纵，不顾灾祸临头；赏罚随个人喜好，以随意诛杀来发泄怒心，法令烦苛残害下民，刑罚残酷而暴戾，对人轻易处决，并亲自射杀；天下寒心，不能安定居住，奸邪官吏利用混乱的法律来助长自己的威风，狱官随意决定罪犯的生死。上下瓦解，各自为政。秦刚开始内乱时，贫人贱民是官吏最先侵夺的对象；到中期，富有的官吏之家遭受侵害；到了最后，所侵害的是宗室大臣。因此，亲疏都感到恐惧不安，内外都充满仇恨，离散逃亡，人人都有叛逃之心。陈胜首先倡议，于是天下大乱，断绝了宗庙祭祀，国家被异姓占有。这就是吏不平、政不宣、民不宁之祸。今陛下天时地利，荫泽万民，除绝亡秦遗迹，废除乱法；亲身提倡农业，杜绝淫末的商业；减免苛捐杂税，宽厚爱人；不使用肉刑，犯罪不株连妻子和子女；诽谤不治罪，废除铸钱的法律；打通关塞，不猜疑诸侯；礼敬长老，抚恤儿童和老人；罪人的刑罚要有期限，后宫可以出嫁；尊敬赏赐孝悌，农民免租；明诏军中师长，爱惜士卒和官员；利用行为端正的官吏，罢免奸邪之官；除去宫刑，害民者处死；慰问百姓，列侯回到封国；亲自耕田，节省用费，向百姓昭示不要奢侈。为天下兴利除害，革除旧制度，安定国家，大功数十项，都是上世所难以办到的，陛下实行了，道德纯厚，是天下百姓之大幸。

[原文]

诏策曰"永惟朕之不德"，愚臣不足以当之。

诏策曰"悉陈其志，毋有所隐"，愚臣窃以五帝之贤臣明之。臣闻五帝其臣莫能及，则自亲之；三王臣主俱贤，则共忧之；五伯不及其臣，则任使之。此所以神明不遗，而贤圣不废也，故各当其世而立功德焉。传曰"往者不可及，来者犹可待，能明其世者谓之天子"，此之谓也。窃闻战不胜者易其地，民贫穷者变其业。今以陛下神明德厚，资财不下五帝，临制天下，至今十有六年，民不益富，盗贼不衰，边竟未安，其所以然，意者陛下未之躬亲，而待群臣也。今执事之臣皆天下之选已，然莫能望陛下清光，譬之犹五帝之佐也。陛下不自躬亲，而待不望清光之臣，臣窃恐神明之遗也。日损一日，岁亡一岁，日月益暮，盛德不及究于天下，以传万世，愚臣不自度量，窃为陛下惜之。昧死上狂惑草茅之愚，臣言唯陛下财择。

时，贾谊已死，对策者百馀人，唯错为高第，繇是迁中大夫。错又言宜削诸侯事，及法令可更定者，书凡三十篇。孝文虽不尽听，然奇其材。当是时，太子善错计策，爰盎诸大功臣多不好错。

景帝即位，以错为内史。错数请间言事，辄听，幸倾九卿，法令多所更定。丞相

颛顼

颛顼，号高阳氏，传说中的五帝之一，聪慧有智谋，在位期间，凡事亲自躬行，为百姓做过不少好事，在国家中有很高的威望。

申屠嘉心弗便，力未有以伤。内史府居太上庙堧中，门东出，不便，错乃穿门南出，凿庙堧垣。丞相大怒，欲因此过为奏请诛错。错闻之，即请间为上言之。丞相奏事，因言错擅凿庙垣为门，请下廷尉诛。上曰："此非庙垣，乃堧中垣，不致于法。"丞相谢。罢朝，因怒谓长史曰："吾当先斩以闻，乃先请，固误。"丞相遂发病死。错以此愈贵。

迁为御史大夫，请诸侯之罪过，削其支郡。奏上，上令公卿、列侯、宗室杂议，莫敢难，独窦婴争之，繇此与错有隙。错所更令三十章，诸侯谴哗。错父闻之，从颍川来，谓错曰："上初即位，公为政用事，侵削诸侯，疏人骨肉，口让多怨，公何为也？"错曰："固也。不如此，天子不尊，宗庙不安。"父曰："刘氏安矣，而晁氏危，吾去公归矣！"遂饮药死，曰："吾不忍见祸逮身。"

[译文]

诏策说"永远纠正朕的不合德义的言行"，愚臣不能完全担当此任。

诏策说"都要讲出自己的意见不要隐瞒"，我用五帝的贤臣例子来说明。臣听说五帝之臣不如五帝，五帝都要亲自去办政务；三王臣主都非常贤明，便臣主共同操心；五霸不如其臣子，便任用其臣。这便是不弃神明之德，不废圣贤之名，各在当世建立功德。书上说"过去的事已经追不回来，将来的事还可以等待，能通晓世事者就是天子"，说的就是这个意思。我私下听说如果作战不能取胜就变换他的封地，百姓贫穷就改变他的职业。今陛下圣明德厚，才能不低于五帝，统治天下，至今十六年，民不增加财富，盗贼没有衰减，边境不能安宁，之所以这样，有人说陛下没有亲身办事，而在指望群臣去办。如今当政大臣都是从全国各地选拔上来的，然而也没有体会到陛下圣明之意，就像五帝的辅佐之臣。陛下不亲自处理，而指望没有体会陛下圣明的臣子，臣私自以为神明之德就要被自己丢弃。一天天一年年，日月更加临近夜暮，陛下的盛德不普及到天下，以流传万世，愚臣不自量力，私下为陛下感到惋惜。冒死向皇上奏明草茅之愚见，臣言仅供陛下裁择。

当时贾谊已经去世，对策的一百多人中，晁错最为出色，由此升为中大夫。晁错又说应该削弱诸侯，还有应更改法令，共上书言更令三十篇。汉文帝虽然不完全采纳，然而认为他是奇才。当时，太子认为晁错的建议很好，而爰盎等大功臣大都不喜欢晁错。

景帝即位后，任命晁错为内史。晁错多次请求向景帝单独谈论政事，景帝每次都认为有道理，宠爱晁错超过了九卿，很多法令都被修改。丞相申屠嘉心里不满，但又无力对其加以伤害。内史府建在太上庙的外墙里面的空地上，门向东开，进出不便，晁错便在南墙开门出入，凿开了太上庙的外墙。丞相非常生气，打算借这个过错撰写奏章请求景帝诛杀晁错。晁错听说了这个消息，立即请求单独进见皇上，先向皇上说了这件事。丞相上朝奏事，趁机说了晁错擅自凿开太上庙的墙作门，请求下令把他交给廷尉处死。皇上说："这不是庙墙，是庙外的围墙，不至于用法律惩处。"丞相谢罪，退朝后，生气地对长史说："我应该先杀掉他再上报皇上，因先奏请，才会失误。"丞相随后发病而死，晁错因此更加受到重用。

晁错被提升为御史大夫，陈述诸侯的罪过，请求削减他们郡属之地。奏章送上去，皇上命令公卿、列侯和皇室中人集会讨论，没有谁敢提出异议，只有窦婴不同意，从此便和晁错有了隔阂。晁错修改的法令有三十章，诸侯哗然，憎恨晁错。晁错的父亲听到这个消息，从颍川赶来，对晁错说："皇上刚刚即位，你就执政掌权，侵害削弱诸侯的利益，使人家的骨肉疏远，人们都怨恨您，为什么这么做呢？"晁错说："就应该如此。不这样，天子不会得到尊敬，国家不会安定。"晁错的父亲说："刘家的天下安宁了，而晁家却危险了，我离开您回去了！"随后便服毒药死去，临死时说："我不忍心看到大祸连累自己。"

[原文]

后十余日，吴、楚七国俱反，以诛错为名。上与错议出军事，错欲令上自将兵，而身居守。会窦婴言爰盎(àng)，诏召入见，上方与错调兵食。上问盎曰："君尝为吴相，知吴臣田禄伯为人乎？今吴、楚反，于公意何如？"对曰："不足忧也，今破矣。"上曰："吴王即山铸钱，煮海为盐，诱天下豪杰，白头举事，此其计不百全，岂发乎？何以言其无能为也？"盎对曰："吴铜、盐之利则有之，安得豪杰而诱之！诚令吴得豪杰，亦且辅而为谊，不反矣。吴所诱，皆亡赖子弟，亡命铸钱奸人，故相诱以乱。"错曰："盎策之善。"上问曰："计安出？"盎对曰："愿屏左右。"上屏人，独错在。盎曰："臣所言，人臣不得知。"乃屏错。错趋避东箱，甚恨。上卒问盎，对曰："吴、楚相遗书，言高皇帝王子弟各有分地，今贼臣晁错擅(shàn)适诸侯，削夺之地，以故反名为西共诛错，复故地而罢。

赵将括母

赵括喜好谈兵，但经验不足，秦赵长平一战，赵军全部战死，赵括亦身首异处。当初，赵括领兵之时，赵括母就向赵王进谏，赵括空口谈兵，并无实战经验，不宜出战，但赵王并不听从，后果如其言，可以见出赵括母的深明远见。

方今计，独有斩错，发使赦吴、楚七国，复其故地，则兵可毋血刃而俱罢。”于是上默然良久，曰：“顾诚何如，吾不爱一人谢天下。”盎曰：“愚计出此，唯上孰计之。”乃拜盎为太常，密装治行。

后十余日，丞相青翟、中尉嘉、廷慰欧劾奏错曰：“吴王反逆亡道，欲危宗庙，天下所当共诛。今御史大夫错议曰：‘兵数百万，独属群臣，不可信，陛下不如自出临兵，使错居守。徐、僮之旁吴所未下者可以予吴。’错不称陛下德信，欲疏群臣百姓，又欲以城邑予吴，亡臣子礼，大逆无道。错当要斩，父母妻子同产无少长皆弃市。臣请论如法。”制曰：“可。”错殊不知。乃使中尉召错，绐(dài)载行市。错衣朝衣，斩东市。

错已死，谒者仆射邓公为校尉，击吴、楚为将。还，上书言军事，见上。上问曰：“道军所来，闻晁错死，吴、楚罢不？”邓公曰：“吴为反数十岁矣，发怒削地，以诛错为名，其意不在错也。且臣恐天下之士拑口不敢复言矣。”上曰：“何哉？”邓公曰：“夫晁错患诸侯强大不可制，故请削之，以尊京师，万世之利也。计画始行，卒受大戮，内杜忠臣之口，

外为诸侯报仇，臣窃为陛下不取也。”于是景帝喟然长息，曰：“公言善。吾亦恨之！”乃拜邓公为城阳中尉。

晁错锐于为国远虑，而不见身害。其父睹之，经于沟渎，亡益救败，不如赵母指括，以全其宗。悲夫！错虽不终，世哀其忠。故论其施行之语著于篇。

[译文]

十几天之后，以诛晁错的名义，吴、楚七国都起兵反叛。皇上与晁错商议如何出兵，晁错想让皇上亲自率兵，由他留守后方。当时窦婴正举荐爰盎，爰盎受召入见，皇上正与晁错筹划如何调配军粮。皇上问爰盎说："你曾担任吴国相，知道吴臣田禄伯是个什么样的人吗？现在吴、楚反叛，你怎么看呢？"回答说："不足以忧虑，今天就可以打败他们。"皇上说："吴王依山铸铜钱，煮海盐，招收天下有才能的人，头裹白巾为标记起来谋反，这个计划还没有完成，哪能罢手呢？为什么说他没有能力反叛成功呢？"爰盎回答说："吴国拿铜盐获利是有的，哪里能引诱到天下有识之士！如果真是让吴国得到豪杰，也只是辅政为谊，不会反叛。吴国所招收的人都是一些无赖子弟，亡命铸钱的奸人，所以能相诱为乱。"晁错说："爰盎建议很好。"皇上说："那如何去平叛呢？"爰盎说："请左右人等退下。"皇上让左右人退下，晁错一人留下。爰盎说："臣要说的，其他臣不能知。"于是让晁错退下。晁错忙避到东厢房，因此对爰盎深恶痛绝。皇上急问爰盎，回答说："吴、楚相送来书信，说高皇帝封子弟们封地并让他们到封地为王，今贼臣晁错擅自削弱诸侯，剥夺他们的土地，所以他们的反名是西进共诛晁错，恢复原有封地就罢兵。现如今的对策，只有斩晁错，派使者赦免吴、楚七国的反叛之罚，恢复他们的封地，那么不会流血就可以使七国全部撤兵。"于是皇上沉默了很久才说："看看情况如何，我宁肯牺牲一个人来求得天下的安宁。"爰盎说："愚计拿出来，只是皇上要好好考虑。"于是皇上任爰盎为太常，使其秘密打点行装起程。

十几天后，丞相青翟、中尉嘉、廷尉张欧上奏弹劾晁错说："吴王叛逆无道，想危害天下，天下应当一起歼灭他。现在御史大夫晁错建议说：'几百万的兵，单独交给大臣们不可靠，陛下不如亲自率兵，让晁错留守。徐、僮周围吴未攻占的地方可以给吴。'晁错不但不称颂陛下德义诚信，反而想疏远群臣百姓，又想用城邑给吴，没有尽到做臣子的职责，大逆不道。晁错应当受腰斩处死，父母妻子兄弟无论老少都应处死。臣请按法论处。"皇上批示说："可以。"晁错毫无所知。于是派中尉召晁错，骗上车经过街市，晁错穿着朝服就在东市被斩。

晁错已死，谒者仆射邓公担任校尉，担任进攻吴、楚叛军的将领。他回京师，上奏报告作战情况，觐见皇上。皇上问道："你从军中来，听到晁错死了，吴、楚撤兵了没有？"邓公说："吴王想谋反已有几十年了，因削减他的封地而激怒了他，虽以诛杀晁错为名，但他的本意并不在晁错呀。而且我担忧天下的士大夫闭口，不敢进言了。”皇上说：“为什么呢？”邓公说：“晁错担心诸侯强大而不能够制服，所以请求皇上削减诸侯的封地，这样得以让他们尊崇朝廷，这是利在千秋的好事。计划刚开始实行，竟然遭受杀害，对内来说，堵塞了忠臣的口，对外来说，却替诸侯报了仇，我私下认为您这样做是不对的。”这时，景帝长叹一声，说道：“您说得对，我也因为这件事悔恨不已。”于是任命邓公担任城阳中尉。

晁错敏锐地为国深谋远虑，但没有看到自身祸害临头。他的父亲对于他的处境看得清楚，然而自杀于沟渠，并不能挽救败亡局面，不如赵母责备赵括，赵括虽败于长平，却保全了整个赵家。可悲啊！虽然晁错没有善终，世人还是哀叹他的忠心。因此收集他实施政事的有关言论，载于传记之中。

司马迁传

说明

本传叙述司马迁其人其事及其撰述。司马迁，字子长，司马谈之子，生于景帝中元五年。早年师从孔安国、董仲舒，游历各地，了解风俗，博采传闻。初任郎中，出使西南。元封三年担任太史令，继承父业，著述历史。天汉年间，因替李陵辩解，遭受腐刑。不久担任中书令，发愤著述，完成《太史公书》(后称《史记》)。这是一部不朽的史学著作。

[原文]

昔在颛顼(zhuān xū)，命南正重司天，火正黎司地。唐、虞之际，绍重、黎之后，使复典之，至于夏、商，故重、黎氏世序天地。其在周，程伯休甫其后也。当宣王时，官失其守而为司马氏。司马氏世典周史。惠、襄之间，司马氏适晋。晋中军随会奔魏，而司马氏入少梁。

[译文]

早在颛顼统治时期，令南正重掌管天文，令火正黎掌管地理。唐尧、虞舜统治时期，仍然命重和黎的后代管理天文和地理，直到夏朝和商朝，还是重氏和黎氏世代掌管天文和地理。西周时，封为程伯的休甫是他们的后代。周宣王当政的时候，他们丢失了主管天文地理的官职，被司马氏替代。司马氏代代主管周朝的历史。在周惠王和周襄王之际，司马氏到了晋国。晋国的中军元帅随会逃到魏国，司马氏也随后来到了少梁。

[原文]

自司马氏去周适晋，分散，或在卫，或在赵，或在秦。其在卫者，相中山。在赵者，以传剑论显，蒯(kuǎi)聩其后也。在秦者错，与张仪争论，于是惠王使错将兵伐蜀，遂拔，因而守之。错孙蕲，事武安君白起。而少梁更名夏阳。蕲与武安

君坑赵长平军，还而与之俱赐死杜邮，葬于华池。蕲(qí)孙昌，为秦王铁官。昌生毋怿(yì)，毋怿为汉市长。毋怿生喜，喜为五大夫，卒，皆葬高门。喜生谈，谈为太史公。

[译文]

自从司马氏家族到晋国后，他们就分散开了，有的在卫国，有的在赵国，有的在秦国。在卫国的，后来有人做了中山国的相。在赵国的，由于传授有关击剑的方法而声名显赫，蒯聩就是他们的后代。在秦国的司马错，曾与张仪争论伐蜀的事，最终秦惠王采纳了他的建议，让他带兵伐蜀，最终取得胜利并被任命为蜀郡守。他的孙子司马蕲是武安君白起的部下。这时少梁改名为夏阳。司马蕲与武安君白起在长平活埋掉赵国的军队，回到秦国后，他与白起反被秦王赐死于杜邮，安葬在华池。司马蕲的孙子司马昌，在秦国任铁官。司马昌生司马毋怿，司马毋怿当过汉朝的市长。司马毋怿生司马喜，司马喜曾为五大夫，他们死后，都安葬在高门。司马喜生司马谈，司马谈曾任太史公。

[原文]

太史公既掌天官，不治民。有子曰迁。迁生龙门，耕牧河山之阳。年十岁则诵古文。二十而南游江、淮，上会稽，探禹穴，窥九疑，浮沅、湘。北涉汶、泗，讲业齐鲁之都，观夫子遗风，乡射邹峄；厄困蕃、薛、彭城，过梁、楚以归。于是迁仕为郎中，奉使西征巴、蜀以南，略邛(qióng)、筰、昆明，还报命。

司马迁

司马迁，字子长，我国西汉伟大的史学家、文学家，所著《史记》是中国第一部纪传体通史，被鲁迅称为“史家之绝唱，无韵之离骚”。

[译文]

太史公掌管天文工作，不管政事。他有个儿子叫司马迁。司马迁生在龙门，在山南麓过着农耕生活。十岁时已能读古文著作。他二十岁时南游江淮，登上会稽山，探访禹穴，到九疑山，考察舜的遗迹，泛舟沅、湘水间。北渡汶水、泗水，在齐、鲁之都探讨学业，观察孔子教化的遗风，还在邹峄学习乡射礼节；在游历蕃、薛、彭城等地的时候，一度遭受困厄，经过梁、楚之地后回到长安。于是司马迁做了郎中，奉朝廷之命西征巴蜀以南的地区，平定了邛、筰、昆明之后，回到长安复命。

[原文]

是岁，天子始建汉家之封，而太史公留滞周南，不得与从事，发愤且卒。而子迁适反，见父于河、雒(luò)之间。太史公执迁手而泣曰："予先，周室之太史也。自上世尝显功名虞、夏，典天官事。后世中衰，绝于予乎？汝复为太史，则续吾祖矣。今天子接千岁之统，封泰山，而予不得从行，是命也夫！命也夫！予死，尔必为太史；为太史，毋忘吾所欲论著矣。且夫孝，始于事亲，中于事君，终于立身；扬名于后世，以显父母，此孝之大也。夫天下称周公，言其能论歌文、武之德，宣周、召之风，达大王、王季思虑，爰及公刘，以尊后稷也。幽、厉之后，王道缺，礼乐衰，孔子脩(xiū)旧起废，论《诗》、《书》，作《春秋》，则学者至今则之。自获麟以来四百有余岁，而诸侯相兼，史记放绝。今汉兴，海内壹统，明主贤君，忠臣义士，予为太史而不论载，废天下之文，予甚惧焉，尔其念哉！"迁俯首流涕曰："小子不敏，请悉论先人所次旧闻，不敢阙。"

观周明堂

所谓明堂，创始于黄帝，也叫"世室""重屋"，古代天子祭祀上帝和祖先的所在。汉代所修明堂，上圆下方，以茅草为盖，四面环水，后代明堂大多延袭了这一样式。

卒三岁，而迁为太史令，䌷史记石室金镄之书。五年而当太初元年，十一月甲子朔旦冬至，天历始改，建于明堂，诸神受记。

[译文]

这一年，天子首倡汉朝的封禅典礼，而太史公被留在周南，不能参与其事，心中愤懑而得病，将要死去。他的儿子司马迁刚好在这时出使回来，在黄河与洛水之间见到了父亲。太史公抓着儿子的手含着泪说："我们的祖先是周朝的太史。远在上古虞舜夏禹时就取得过显赫的功名，主管天文工作。后来衰落了，难道要断送在我这里吗？你继为太史，就可以接续先祖的事业了。如今天子继承汉朝一统千年的大业，到泰山封禅，而我不能随行，这是我的命啊！我的命啊！我死以后，你一定会做太史；做了太史，你千万不要忘记我要编写的论著啊。孝，是从侍奉父母亲开始的，中间经历效忠君主，最后能够在社会上立足，显名于后世，光耀父母，这是最大的孝道。天下称颂周公，是因为他能够歌颂周文王、武王的功德，宣扬周公、召公的遗风，使人明白周太王、王季的思想以及公刘的功业，让始祖后稷受到尊崇。幽王、厉王之后，王道衰落，礼乐败坏，孔子收集、整理旧有的文献典籍，重振被废弃了的王道和礼乐。整理《诗》《书》，著作《春秋》，直到今天，人们仍以此为准则。从鲁哀公获麟到现在已经四百多年了，中间因为诸侯兼并混战，史书丢散、记载中断。如今汉朝兴起，海内统一，贤明君主、忠义臣子的事迹，我作为太史而不能给予评论记载，中断了国家的历史文献，对此我感到心中不安，你可要记在心里啊！"司马迁低下头流着泪说："小子虽然不聪明，但一定把父亲编纂史书的计划全部完成，不敢有丝毫的缺漏。"

太史公死后三年，司马迁做了太史令，他阅览和摘录了石室金柜收藏的图书档案，又过了五年，正当太初元年，十一月甲子初一凌晨冬至，开始改用太初历，新的历法在明堂上公布，诸神受到祭祀。

[原文]

太史公曰："先人有言：'自周公卒五百岁而有孔子，孔子至于今五百岁，有能绍而明之，正《易传》，继《春秋》，本《诗》《书》《礼》《乐》之际。'意在斯乎！意在斯乎！小子何敢攘焉！"

上大夫壶遂曰："昔孔子为何作《春秋》哉？"太史公曰："余闻之董生：'周道废，孔子为鲁司寇，诸侯害之，大

夫壅之。孔子知时之不用，道之不行也，是非二百四十二年之中，以为天下仪表，贬诸侯，讨大夫，以达王事而已矣。’子曰：‘我欲载之空言，不如见之于行事之深切著明也。’《春秋》上明三王之道，下辨人事之经纪，别嫌疑，明是非，定犹与，善善恶恶，贤贤贱不肖，存亡国，继绝世，补弊起废，王道之大者也。《易》，著天地、阴阳、四时、五行，故长于变；《礼》，纲纪人伦，故长于行；《书》，记先王之事，故长于政；《诗》，记山川、溪谷、禽兽、草木、牝牡、雌雄，故长于风；《乐》，乐所以立，故长于和；《春秋》，辩是非，故长于治人。是故《礼》以节人，《乐》以发和，《书》以道事，《诗》以达意，《易》以道化，《春秋》以道义。拨乱世反之正，莫近于《春秋》。《春秋》文成数万，其指数千。万物之散聚皆在《春秋》。《春秋》之中，弑君三十六，亡国五十二，诸侯奔走不得保社稷者不可胜数。察其所以，皆失其本已。故《易》曰‘差以豪厘，谬以千里’。故‘臣弑君，子弑父，非一朝一夕之故，其渐久矣’。有国者不可以不知《春秋》，前有谗而不见，后有贼而不知。为人臣者不可以不知《春秋》，守经事而不知其宜，遭变事而不知其权。为人君父者而不通于《春秋》之义者，必蒙首恶之名。为人臣子不通于《春秋》之义者，必陷篡弑诛死之罪。其实皆以善为之，而不知其义，被之空言不敢辞。夫不通礼义之指，至于君不君，臣不臣，父不父，子不子。夫君不君则犯，臣不臣则诛，父不父则无道，子不子则不孝：此四行者，天下之大过也。以天下大过予之，受而不敢辞。故《春秋》者，礼义之大宗也。夫礼禁未然之前，法施已然之后；法之所为用者易见，而礼之所为禁者难知。”

[译文]

太史公说："父亲曾说过：'在周公死后五百年出现了孔子，从孔子到现在又过去五百年了，是继承并光大孔子事业的时候了，修正《易传》，续作《春秋》，根据《诗》《书》《礼》《乐》衡量一切。'大意就在于此吧！大意就在于此吧！我怎么能推辞呢！"

上大夫壶遂问道："当初孔子为什么作《春秋》呢？"太史公答道："我听董仲舒说：'周朝的王道衰落了，孔子作为鲁国的司寇，想振兴王道，但是诸侯诬陷他，大夫阻挠他。孔子明白自己的主张在当时不会被采纳，王道不能被推行，于是便把自己的是非褒贬涵于《春秋》所记的二百四十二年的历史之中，以此为天下的准则。书中他贬斥僭礼的诸侯，声讨犯上的大夫，只不过是为了实行王道罢了。'孔子说：'与其用空洞的说教去教育别人，还不如记载具体的历史事件，这样更为深切明显。'《春秋》一书，上能说明三王之道，下能分辨人伦纲常，判别嫌疑，明辨是非，裁定犹豫难决之事，表彰善良，贬斥丑恶，尊重贤能者，轻视不肖之徒，保存灭亡国家的史迹，续接已断绝了的世系，弥补残缺，振兴衰废，这些都是王道中的要点。《易》专讲天地、阴阳、四时、五行，所以长于变化；《礼》是规范人际关系的，所以长于行事；《书》是记载先王事迹的，所以精于政事；《诗》是记载山川、溪谷、禽兽、草木、牝牡、雌雄的，所以长于风土人情；《乐》是论述音乐经典的，所以长于和谐；《春秋》明辨是非，所以长于治人。由此可见，《礼》用来节制人欲，《乐》用以发扬和气，《书》用以指导政事，《诗》用以表达思想感情，《易》用以说明事物的变化，《春秋》用以指导人们遵循道义。治理乱世，使其走向繁荣，没有比《春秋》更合适的了。《春秋》文字数万，旨意数千，万物的离散聚合都集中在《春秋》里面。在《春秋》中，记载着三十六起弑君事件和五十二个亡国事件，诸侯奔走逃亡不能保其国的，不计其数。究其所以如此，都是由于丢掉了礼义这个根本。所以《易》说'差之毫厘，谬以千里'。因此'臣弑君、子弑父，并不是一朝一夕形成的，而是渐渐发展而来的'。当国君的不能不通晓《春秋》，否则朝上有进谗言的就看不见，后面有奸贼作乱也不知道。做臣子的不能不通晓《春秋》，否则就不知道日常事务怎么处理才适当，遭到突变就不能灵活地去应对。做人君、人父的，不能通晓《春秋》大义的，一定会被蒙上罪大恶极的罪名。做人臣、人子的，不通晓《春秋》大义，一定会陷于篡弑的罪名而被杀头。实际上他们都以为是在做好事，却因为不知其道义所在，反而被加上了空洞的罪名也无法推卸。不通晓礼义的宗旨，就会落到君主不像君主、臣子不像臣子、父亲不像父亲、儿子不像儿子的地步。君主不像君主，就会受到臣下的冒犯，臣子不像臣子就会被诛杀，父亲不像父亲，就没有人伦之道，儿子不像儿子就是忤逆不孝：这四种行为是天下最大的罪过。把天下最大的罪名加在他们头上，他们也只能接受无法推辞。因此说，《春秋》一书是礼义的根本。礼义的作用是杜绝坏事的发生，法律的作用是在坏事发生之后进行惩罚；法律起的作用显而易见，而礼义所起的防微杜渐的作用却不易被人了解。"

[原文]

壶遂曰："孔子之时，上无明君，下不得任用，故作《春秋》，垂空文以断礼义，当一王之法。今夫子上遇明天子，下得守职，万事既具，咸各序其宜，夫子所论，欲以何明？"太史公曰："唯唯，否否，不然。余闻之先人曰：'虑戏至纯厚，作《易》八卦。尧、舜之盛，《尚书》载之，礼乐作焉。汤、武之隆，诗人歌之。《春秋》采善贬恶，推三代之德，褒周室，非独刺讥而已也。'汉兴已来，至明天子，获符瑞，封禅，改正朔，易服色，受命于穆清，泽流罔(wǎng)极，海外殊俗，重译款塞，请来献见者，不可胜道。臣下百官，力诵圣德，犹不能宣尽其意。且士贤能矣，而不用，有国者耻也；主上明圣，德不布闻，有司之过也。且余掌其官，废明圣盛德不载，灭功臣、贤大夫之业不述，堕先人所言，罪莫大焉。余所谓述故事，整齐其世传，非所谓作也，而君比之《春秋》，谬矣。"

因膰去鲁

齐国听说孔子在鲁国执政，非常担忧，用计赠送鲁君女乐车马，鲁君终日往观，怠于政事，孔子还是不忍心离去，看到鲁君没有按照以前的惯例给大夫分送祭祀的胙肉，孔子于是辞职出走，周游列国。

于是论次其文。十年而遭李陵之祸，幽于缧绁(xiè)。乃喟然而叹曰："是余之罪夫！身亏不用矣。"退而深惟曰："夫《诗》、《书》隐约者，欲遂其志之思也。"卒述陶唐以来，至于麟止，自黄帝始。

［译文］

壶遂说道："孔子那时候，上面没有贤明的君主，下面的人臣不被重用，所以才作《春秋》，留下论述，以裁断礼义，作为统一的王法。如今您遇到圣明的君主，当官任职，万事俱备，各得其所，您所论述的，准备阐明什么呢？"太史公答道："啊，不不，不是这样。我听父亲说：'伏羲性情纯厚，他作了《易》八卦。尧、舜道德高尚，《尚书》予以记载，礼乐由此而兴。商汤、周武王功绩兴隆，受到诗人的歌颂。《春秋》扬善贬恶，推崇夏、商、周三代的盛德，褒扬周王室，不仅仅只是讽刺而已。'从汉朝建立到当今圣明天子，这段期间获得了吉祥的符瑞，举行了封禅大典，改革了历法，替换了衣物的颜色，天子的恩泽浩浩荡荡，海外异俗之地的国家也多经辗转叩关入境，请求献礼、谨见，这样的事情不可胜数。臣下百官极力颂扬天子的恩德，还不能完全表达自己的心意。何况，天下有贤能的人得不到重用，是国君的耻辱；主上英明，可其恩德不能传扬天下，这是主管官员的过错。我担任史官的工作，如果撇开天子的圣明功德不去记载，埋没了功臣、贤臣的功业不去论述，背弃了我祖辈的嘱咐，这是多么大的罪过啊。我所写的不过是记述历史故事，整理、归纳世代相传的史料，不是人们所说的著作，而您把它比作《春秋》就不对了。"

于是他按次序论述和编写其书。写作的第十年，遭受李陵之祸，被投进了监狱。在狱中哀叹道："这是我的罪过啊！身体残废没有用了。"事后仔细思量道："《诗》《书》的文义之所以含蓄隐约，是由于作者想借以更好地表现自己的深沉思想。"他终于着手记述从黄帝开始，直到武帝获麟为止的历史。

［原文］

惟汉继五帝末流，接三代绝业。周道既废，秦拨去古文，焚灭《诗》《书》，故明堂、石室、金镄、玉版图籍散乱。汉兴，萧何次律令，韩信申军法，张苍为章程，叔孙通定礼仪，则文学彬彬稍进，《诗》、《书》往往间出。自曹参荐盖公言黄、老，而贾谊、朝错明申、韩，公孙弘以儒显，百年之间，天下遗文古事靡不毕集。太史公仍父子相继纂(zhuàn)其职，曰："於戏！余维先人尝掌斯事，显于唐、虞；至于周，复典之。故司马氏世主天官，至于余乎，钦念哉！"罔罗天下放失旧闻，王迹所兴，原始察终，见盛观衰，论考之行事，略三代，录秦、汉，上记轩辕，下至于兹，著十二本纪；既科条之矣，并时异世，年差不明，作十表；礼乐损益，律历改

易，兵权、山川、鬼神，天人之际，承敝通变，作八书；二十八宿环北辰，三十辐共一毂，运行无穷，辅弼股肱(gōng)之臣配焉，忠信行道以奉主上，作三十世家；扶义俶傥，不令己失时，立功名于天下，作七十列传：凡百三十篇，五十二万六千五百字，为《太史公书》。序略，

坑儒焚书

在秦始皇三十四年（前213年），丞相李斯主张禁止“儒生”以古非今，以私学诽谤朝政。下令焚烧《秦记》以外的列国史记，对不属于博士馆的私藏《诗》《书》等也限期交出烧毁。秦始皇三十五年（前212年），以“妖言以乱黔首”的罪名追查方士侯生、卢生，并累及四百多名方士和儒生均被挖坑活埋。

以拾遗补艺，成一家言，协《六经》异传，齐百家杂语，臧之名山，副在京师，以竢后圣君子。第七十，迁之自叙云尔。而十篇缺，有录无书。

[译文]

汉朝继承了五帝的遗业，接续被中断了的三代事业。周朝王道渐渐衰微，秦朝毁弃了古代文化的典籍，焚毁了《诗》《书》，造成明堂、石室金柜中的玉版图籍丢失散乱了。汉朝建立后，萧何颁布了律令，韩信整顿了军法，张苍制定了章程，叔孙通制定了礼仪，于是品学兼优的文人学者逐渐被启用，《诗》《书》之类的典籍在各地不断被发现。自从曹参荐用盖公，提倡黄老学说，贾谊、晁错精通申不害、韩非的法家学说，公孙弘因儒学而显达，一百年来，天下的遗文旧事无不汇集于太史公处。太史公父子相继担任这一职务，太史公说：“唉！我的先祖曾担任这一官职，扬名于唐尧、虞舜之际；到了周朝再次主管这一工作。所以司马氏世世代代主管文史星历，直到我啊，这一传统我一直恭敬不忘啊！”搜集天下散失的历史故事和传说，对帝王兴起的业绩追本溯源，探究始终，探求朝代兴衰的原因，根据事实进行论述考证，简述三代，详细记录了秦汉的历史，从黄帝写起，直到当朝皇帝，写了十二篇本纪；列出大纲后，对同一时代或不同时代的复杂历史事件，年代交叉难以明辨的，作了十表；对礼乐增减，律历改革，兵法权谋、山川形势、鬼神问题，天人之间的关系，经济的变通，作了八书。辅佐得力的大臣和帝王相配合，忠诚行道，奉卫皇上，他们像二十八星宿围绕着北斗、三十根辐条共聚一毂而运行无穷一样，因此为他们作了三十世家；扶持正义，慷慨超群之士，他们抓住时机，立功于天下，为他们作了七十列传：全书总共一百三十篇，五十二万六千五百字，这就是《太史公书》。本篇《自序》概括地阐明著作宗旨，就是拾取遗逸的史事以补充六艺之缺，成为一家之言。它协调了有关《六经》的各种不同解释，融汇了百家杂说；把正本藏在名山，副本留在京师，等待后世的圣人君子观览。列传的第七十篇，是司马迁的自传。在一百三十篇中少了十篇文章的内容，只有目录。

[原文]

迁既被刑之后，为中书令，尊宠任职。故人益州刺史任安予迁书，责以古贤臣之义。迁报之曰：

少卿足下：曩者辱赐书，教以慎于接物，推贤进士为务。意气勤勤恳恳，若望仆不相师用，而流俗人之言。仆非敢如是也。虽罢驽，亦尝侧闻长者遗风矣。顾自以为身残处秽，动而见尤，欲益反损，是以抑郁而无谁语。若仆大质已亏缺，虽材怀随、和，行若由、夷，终不可以为荣，适足以发笑而自点耳。

[译文]

司马迁受刑以后，做了中书令，职高位尊。他的故友益州刺史任安写信给他，用古代贤臣的标准要求他。司马迁回信说：

少卿足下：早些时候承蒙您写信给我，教我谨慎地待人接物，并担负起向皇帝推荐人才的应尽义务。信中情真意切，好像责备我没遵从您的意见行事，而听从了世俗流言一样。我是绝对不敢这样的。我虽然才智平庸，但也聆听过德高望重的长者的教诲。只是自己认为身体已经残废，而又处于卑贱的地位，稍有举动就会受到责难，主观上想有所作为，客观上反而会招致损害，因此情绪烦闷而又找不到知心的朋友去诉说。像我这样身体残废的人，即使怀有随侯珠、和氏璧那样的可贵之材，有许由、伯夷那样的高尚品德，终究也不能引以为荣，相反恰好遭人耻笑而使自己更加难堪。

[原文]

仆闻之：修身者，智之府也；爱施者，仁之端也；取予者，义之符也；耻辱者，勇之决也；立名者，行之极也。士

有此五者，然后可以托于世，列于君子之林矣。故祸莫憯于欲利，悲莫痛于伤心，行莫丑于辱先，而诟莫大于宫刑。刑余之人，无所比数，非一世也，所从来远矣！夫中材之人，事关于宦竖，莫不伤气，况慷慨之士乎！如今朝虽乏人，奈何令刀锯之余荐天下豪隽哉！仆赖先人绪业，得待罪辇毂(gū)下，二十余年矣。所以自惟：上之，不能纳忠效信，有奇策材力之誉，自结明主；次之，又不能拾遗补阙，招贤进能，显岩穴之士；外之，不能备行伍，攻城野战，有斩将搴(qiān)旗之功；下之，不能累日积劳，取尊官厚禄，以为宗族交游光宠。四者无一遂，苟合取容，无所短长之效，可见于此矣。乡者，仆亦尝厕下大夫之列，陪外廷末议。不以此时引维纲，尽思虑，今已亏形为埽除之隶，在阘(tà)茸之中，乃欲卬首信眉，论列是非，不亦轻朝廷，羞当世之士邪！嗟乎！嗟乎！如仆，尚何言哉！尚何言哉！

龙门

龙门，传说大禹曾在龙门开山治水，这里靠近黄河，附近名胜古迹很多，司马迁从小就受到了这种文化的熏陶，为以后创作《史记》打下了良好的基础。

[译文]

我听说：加强自身修养是智慧的象征；乐于施舍是仁慈的开端；取舍得当是道义的表现；正确对待耻辱是判断勇敢的标准；树立好的名声是品行的最高标准。士人只有具备了这五条，才能在社会上立足，从而进入君子的队伍。所以最惨的灾祸，莫过于贪婪私利；最痛苦的悲哀，莫过于伤人自尊心；最丑恶的行为，莫过于羞辱了祖先；最大的耻辱，莫过于遭受宫刑。受过宫刑的人，没有人愿意和他在一起，这不是一朝一代的习俗，而是由来已久了。就是一般的人，涉及有关宦官的事，没有不垂头丧气的，何况那些慷慨激昂的士人呢！如今朝廷虽然缺乏人才，怎么会让一个受过宫刑的人去举荐天下的英雄豪杰呢！我靠着祖上的恩业，得以在京师任职，已有二十多年了。平常自己常想：对上，我没能竭尽忠诚，取得奇策高才的美誉，以博得君主的赏识；其次，我又没能帮皇帝拾遗补缺、招贤进能，以发现那些隐士的才干；对外，我也没能参加军队去攻城野战，取得斩将拔旗的功绩；对下，我也没能用积年的劳苦换来高官厚禄，来为宗族朋友争光得宠。这四者，没有一样成功的，只不过是得过且过，受到皇帝的收容而已，由此可见我没有一点可称道的长处。过去，我也曾位于下大夫的行列，事奉于朝堂之上，发表些微不足道的议论。可我没有在那个时候捍卫国家的法度，为国竭思尽虑，如今身残体废了，成了一个扫除的奴仆，处于这样卑贱的地位，却要扬眉吐气、议论是非，这不是蔑视朝廷、羞辱当今的士人吗？唉！唉！像我这样的人，能有什么可说呢？

[原文]

且事本末未易明也。仆少负不羁之才，长无乡曲之誉，主上幸以先人之故，使得奉薄技，出入周卫之中。仆以为戴盆何以望天，故绝宾客之知，忘室家之业，日夜思竭其不肖之材力，务壹心营职，以求亲媚于主上。而事乃有大谬不然者。夫仆与李陵俱居门下，素非相善也，趣舍异路，未尝衔杯酒接殷勤之欢。然仆观其为人自奇士，事亲孝，与士信，临财廉，取予义，分别有让，恭俭下人，常思奋不顾身以徇国家之急。其素所畜积也，仆以为有国士之风。夫人臣出万死不顾一生之计，赵公家之难，斯已奇矣。今举事壹不当，而全躯保妻子之臣随而媒蘖(niè)其短，仆诚私心痛之！且李陵提步卒不满五千，深践戎马之地，足历王庭，垂饵虎口，横挑强胡，卬亿万之师，与单于连战十余日，所杀过当。虏救死扶伤不给，旃(zhān)裘之君长咸震怖，乃悉征左右贤王，举引弓之民，一国共攻而围之。转斗千里，矢尽道穷，救兵不至，士卒死伤如积。然李陵一呼劳军，士无不起，躬流涕，沫血饮泣，张空拳，冒白刃，北首争死敌。陵未没时，使有来报，

汉公卿王侯皆奉觞（shāng）上寿。后数日，陵败书闻，主上为之食不甘味，听朝不怡。大臣忧惧，不知所出。仆窃不自料其卑贱，见主上惨凄怛（dá）悼，诚欲效其款款之愚。以为李陵素与士大夫绝甘分少，能得人之死力，虽古名将不过也。身虽陷败，彼观其意，且欲得其当而报汉。事已无可奈何，其所摧败，功亦足以暴于天下。仆怀欲陈之，而未有路，适会召问，即以此指推言陵功，欲以广主上之意，塞睚眦（yá zì）之辞。未能尽明，明主不深晓，以为仆沮贰师，而为李陵游说，遂下于理。拳拳之忠，终不能自列。因为诬上，卒从吏议。家贫，财赂不足以自赎，交游莫救，左右亲近不为壹言。身非木石，独与法吏为伍，深幽囹圄（líng yǔ）之中，谁可告诉者！此正少卿所亲见，仆行事岂不然邪？李陵既生降，陨其家声，而仆又茸以蚕室，重为天下观笑。悲夫！悲夫！

文津阁

文津阁，清代七大图书馆之一，这里曾藏有一部《四库全书》。在汉代，皇家藏书之处，分太常、太史、延阁等六处，司马迁曾担任过太史令，可以检阅宫廷中所藏的一切图书，这为他写作《史记》提供了充足的资

[译文]

况且，事情的真相是很难说清楚的。我少年的时候，自以为才华横溢，长大成人后却不能够博得乡里的称赞，幸好皇帝因为我父亲的关系，让我得以施展微薄的才能，出入戒备森严的宫禁之中。我以为头顶着盆子是看不到天空的，所以我就断绝了与朋友的交往，把家庭的私事抛在一边，日夜想着竭尽我微薄的才能，专心致力于本职工作，以博得皇帝的宠爱信任。然而意料不到的是竟会出现与此完全相反的情况。我和李陵同在宫中任职，平时并不十分要好，思想志趣也不一

样，更没在一起饮酒把欢过。可是我观察他的为人，觉得他是一个能自守节操的出众人物。他侍奉父母很孝顺，结交士人讲信用，对待财货廉洁奉公，取舍之间重德义，能尊老爱幼而有礼让，谦恭自约，礼贤下士，又常常想着为国家的危难而献身。从他平时的修养品德来看，有国家栋梁的风度。作为臣子，出于宁肯万死，不求一生的考虑，奔赴国家的危难，这已经非常了不起了！如今他因为一件事情做得不对，那些贪生怕死、只顾保全自己身家性命的臣子，就随意诬陷、夸大他的罪名，对此我感到十分痛心。况且，李陵只率领不到五千的步兵，就长驱直入战地，足迹到达匈奴的王庭。这支诱虎之师，能主动出击，四处挑战，猛攻强敌，与单于的军队连战十几天，所杀的敌人大大超过了自己军队的损失。杀得敌人连救死扶伤都顾不上，匈奴的君长都震惊了，于是征调了左、右贤王的所属部队，动员了全部能拉弓打仗的人，举全国的力量来围攻他们。李陵率军转战千里，箭矢已尽，无路可走，而救兵又赶不到，死伤的士卒堆积如山。即使在这种情况下，李陵一声令下，疲惫的士卒也都无不奋起，他们噙着泪，血流满面，举起空弓，迎着敌人的兵刃，向北争着与敌人决一死战。李陵军未覆灭时，使者来报战况，朝廷上的公卿王侯都向皇帝举杯祝贺。可是过了几天，李陵兵败的消息传来，皇帝吃饭不香，上朝不悦，大臣们就担忧害怕，不知如何是好。我不自知地位的卑下，看到主上极度悲伤的心境，实在想对皇帝竭忠尽智。我认为李陵一向对将士们绝甘分少，因而能得到部下的拼死力搏，就是古代名将也赶不上他。李陵虽然失败被俘，我看他的心意，是想在匈奴立功报汉，以抵当他败降之罪。事情到了这种地步已无法挽回，但他们深入敌阵、摧败敌人的功劳，也足以光耀天下了。我怀着这些想法想向主上陈说，可没有时机。恰好主上召见，我就本着上述意思陈说李陵的功绩，想借此宽慰主上，堵塞那些陷害李陵的谗言。可是由于没说清楚，圣明的君主又没详细推究，认为我是在诋毁贰师将军而替李陵开脱罪名，于是就把我交给大理治罪。我的诚恳忠心始终没有机会表白，结果落了个欺君罔上的罪名。我家庭贫穷，没钱赎罪，朋友们也没有谁来营救，主上身边的亲信也不为我说一句好话。我的身体不是草木石头做成的，独自和法吏打交道，被关进阴森的监狱里，能向谁诉说我的苦处呢！这些都是你亲眼看到的，我的遭遇难道不是这样的吗？李陵投降了匈奴，败坏了家族的名声，而我却被处以宫刑住在蚕室中蒙受羞辱，着实被所有人所耻笑。可悲呀！可悲呀！

[原文]

事未易一二为俗人言也。仆之先人，非有剖符丹书之功，文史、星历，近乎卜祝之间，固主上所戏弄，倡优畜之，流俗之所轻也。假令仆伏法受诛，若九牛亡一毛，与蝼蚁何异！而世又不与能死节者比，特以为智穷罪极，不能自免，卒就死耳。何也？素所自树立使然。人固有一死，死有重于泰山，

或轻于鸿毛，用之所趋异也。太上不辱先，其次不辱身，其次不辱理色，其次不辱辞令，其次诎体受辱，其次易服受辱，其次关木索被棰楚受辱，其次鬄毛发婴金铁受辱，其次毁肌肤断支体受辱，最下腐刑，极矣。传曰"刑不上大夫"，此言士节不可不厉也。今交手足，受木索，暴肌肤，受榜棰(chuí)，幽于圜(huán)墙之中，当此之时，见狱吏则头枪地，视徒隶则心惕息。何者？积威约之势也。及已至此，言不辱者，所谓强颜耳，曷足贵乎！且西伯，伯也，拘牖里；李斯，相也，具五刑；淮阴，王也，受械于陈；彭越、张敖，南乡称孤，系狱具罪；绛侯诛诸吕，权倾五伯，囚于请室；魏其，大将也，衣赭，关三木；季布为朱家钳奴；灌夫受辱居室。此人皆身至王侯将相，声闻邻国，及罪至罔加，不能引决自财。在尘埃之中，古今一体，安在其不辱也！由此言之，勇怯，势也；强弱，形也。审矣，曷足怪乎！且人不能早自财绳墨之外，已稍陵夷至于鞭棰之间，乃欲引节，斯不亦远乎！古人所以重施刑于大夫者，殆为此也。夫人情莫不贪生恶死，念亲戚，顾妻子，至激于义理者不然，乃有不得已也。今仆不幸，早失二亲，无兄弟之亲，独身孤立，少卿视仆于妻子何如哉？且勇者不必死节，怯夫慕义，何处

文王卑服图

周文王，在商纣时，任西部诸侯之长，故称西伯侯。西伯勤于政事，积善行仁，天下诸侯恭而敬之，因崇侯虎向纣王进谗言，一度被囚于羑里，后得释放。

不勉焉！仆虽怯耎欲苟活，亦颇识去就之分矣，何至自湛溺累绁之辱哉！且夫臧获婢妾犹能引决，况若仆之不得已乎！所以隐忍苟活，函粪土之中而不辞者，恨私心有所不尽，鄙没世而文采不表于后也。

［译文］

有些事情是很难对庸俗的人一一说明白的。我的祖先没有立下受赐剖符、丹书那样的恩功，而是掌管文史、星历的官，与卜官、祝官的地位差不多啊，本来就是供皇上使唤的，就如同豢养的优伶一样，是被世人所轻视的官职。假如我伏法去死，微不足道，和一只蝼蚁被踩死有什么区别？而舆论也不会把我视为是为气节正义而死的，反会认为我智虑穷尽，罪大恶极，不能够自我解救，终于自杀而已。为什么呢？因为自己所从事的行业必然使人有这种看法。人总是要死的，有的人死得重于泰山，有的人死得轻于鸿毛，这是因为他们在死的作用上有所不同。一个人，最好是不使祖先受辱，其次是自己不受辱，再次是脸面不受辱，又其次是不因讲话而受辱，更次的是不受捆绑之辱，更次之的是不受穿上赭衣的耻辱，比这还要次的是不遭受戴刑具、被拷打、剃头发、戴铁锁的耻辱，还有比这更次一等的是遭受毁坏肌体的耻辱，最下等的是遭受腐刑的耻辱，腐刑是一个人最大的耻辱。书上说“对大夫以上的人不加刑法”，也就是说士人不能不严厉地保持操守。现在，我被绑了手脚，戴上了刑具，剥掉衣服鞭打，关在四面高墙的监狱之中，这时候见到狱吏就只知道叩头，碰上狱卒就害怕心惊。为什么呢？因为逐渐产生了对狱吏的威吓迫使的恐惧。已到了这种地步，却还说自己没有受辱，难道不是厚着脸皮吗，哪还有什么尊严可说啊！况且西伯作为一方诸侯，也曾被拘留在牖里；李斯曾是丞相，也惨遭五类刑罚；淮阴侯本为王，却在陈地被拘捕；彭越、张敖曾南向称王，同样因罪被关在监狱；绛侯周勃灭掉吕氏宗族，权势超过春秋五霸，结果还是被关请室之中；魏其侯是员大将，也曾穿上赭衣、戴上刑具；季布自受钳刑给朱家做奴隶；灌夫也被下狱受辱。这些人都曾是王侯将相，声名远播，及至犯罪落入法网，不能够及早自杀。落入尘世之中的人，从古到今都一样，哪会不受辱的呢？由此说来，勇怯强弱都是由形势决定的。明白了这个道理，还有什么可奇怪的呢？况且一个人不在法律制裁之前自绝，稍一犹豫，等情况恶化、鞭子落到自己头上以后，才想为气节而死，不是太晚了吗？古人难于对大夫上刑的原因大概就是这个缘故吧。说到人之常情，没有不贪生怕死，怀恋父母兄弟、妻子儿女的，只有那些被理想所激发的人们除外，然而他们也有不得已的情况。我现在很不幸，父母早已死了，又没有兄弟，独自一人。少卿你看我对妻子儿女怎样呢？勇敢的人不一定为名节而死，怯懦的人如果仰慕正义，也会处处勉励自己的！我虽软弱，也想苟且偷生，但也十分清楚舍生就义的意义。为何要遭受坐牢的耻辱呢！况且奴仆婢妾尚能慷慨就死，更何况像我这种处于迫不得已环境中的人呢！我之所以忍辱苟活下去，即使陷入粪土之中也不轻易去死，是遗憾自己的志向还没有表达出来，如果无声地死去，我的文章著述就不能流传于后世了。

［原文］

古者富贵而名摩灭，不可胜记，唯俶傥非常之人称焉。盖西伯拘而演《周易》；仲尼厄而作《春秋》；屈原放逐，乃赋《离骚》；左丘失明，厥有《国语》，孙子髌(bìn)脚，《兵法》修列；不韦迁蜀，世传《吕览》；韩非囚秦，《说难》《孤愤》。《诗》三百篇，大氐贤圣发愤之所为作也。此人皆意有所郁结，不得通其道，故述往事，思来者。及如左丘明无目，孙子断足，终不可用，退论书策以舒其愤，思垂空文以自见。仆窃不逊，近自托于无能之辞，网罗天下放失旧闻，考之行事，稽其成败兴坏之理，凡百三十篇，亦欲以究天人之际，通古今之变，成一家之言。草创未就，适会此祸，惜其不成，是以就极刑而无愠色。仆诚已著此书，藏之名山，传之其人通邑大都，则仆偿前辱之责，虽万被戮，岂有悔哉！然此可为智者道，难为俗人言也。

［译文］

古代有许多富足显贵而埋没无闻的人，但只有那些卓越非凡的人物才能流芳后世。周文王被囚，推演出《周易》；孔子受困穷，著作了《春秋》；屈原被放逐，写出了《离骚》；左丘明双目失明，写出了《国语》；孙子受髌刑，论著了《兵法》；吕不韦被放逐到蜀地，所写《吕览》流传于后世；韩非在秦国被逮捕入狱，写出《说难》《孤愤》。《诗》三百篇，大都是圣贤抒发激愤的作品。这些人都是因为心里有所郁结，抱负又得不到实现，所以才论述往事，以寄希望于未来的人。就如左丘明双目失明，孙子被废去双足，终生再也不能为世所用了，于是隐退著书，以抒发内心的遗憾期望文章能流传后世，使自己的才华得到实现。近年来，我不自量力，也把自己的思想表现在浅薄的文章中，搜罗天下散失的遗闻旧事，考证历史事实，研究事业成败的原因，探索朝代兴衰的道理，共一百三十篇，也渴望用它来反映自然和社会的关系，通晓从古到今的变化，形成一家学说。初稿还没有完成，就惨遭这场灾祸。我痛惜全书没有完成，因此遭受极刑而没有怨恨消沉的表现。我决定完成这部书的写作，把它藏在名山之中，传给通都大邑中志气相投的人，这样就可以偿还以前我所受耻辱的债了，即使万一被杀，我也绝不后悔！然而这些只能对有学识的人讲，很难被浅薄的俗人了解。

左丘明

左丘明，春秋时人，鲁国史学家，传说他双目失明，《国语》出于他之手。《国语》里面记录了大量西周、春秋的重要史事，保存了具有很高价值的原始资料。

[原文]

且负下未易居，下流多谤议。仆以口语遇遭此祸，重为乡党戮笑，污辱先人，亦何面目复上父母之丘墓乎？虽累百世，垢弥甚耳！是以肠一日而九回，居则忽忽若有所亡，出则不知所如往。每念斯耻，汗未尝不发背沾衣也。身直为闺阁之臣，宁得自引深臧于岩穴邪！故且从俗浮湛，与时俯仰，以通其狂惑。今少卿乃教以推贤进士，无乃与仆之私指谬乎？今虽欲自雕瑑，曼辞以自解，无益，于俗不信，祇(zhǐ)取辱耳。要之死日，然后是非乃定。书不能尽意，故略陈固陋。

[译文]

而且，背着坏的名声，在社会上是很难立足的，自己卑贱的地位也常常遭到毁谤。我因为发表议论而遭受这场灾祸，着实被同乡人所讥笑，污辱了自己的祖先，还有什么脸面到父母坟上去祭奠呢？即使经过百代，耻辱仍会越来越深重！因此，我整天心绪不宁，待在家里恍恍惚惚像丢失了魂一样；走到外边，又不知要往哪儿去。每当想到这一耻辱，冷汗就湿透了衣裳。我是宫中的臣仆，哪能隐居在深山呢！所以只好暂且随波逐流，得过且过，来抒发自己内心的郁结。现在少卿请我推荐贤士，这恐怕和我个人的想法相违背吧？如今即使我想装饰自己，用美好的言辞来自我解脱，也没有用，没有人会相信我的，相反还会招来耻辱。总之，到了死的那一天，是非才会有定论。这封信不能详尽地表达我的心意，只是浅略地说说我肤浅的见解。

［原文］

迁既死后，其书稍出。宣帝时，迁外孙平通侯杨恽祖述其书，遂宣布焉。至王莽时，求封迁后，为史通子。

赞曰：自古书契之作而有史官，其载籍博矣。至孔氏籑之，上断唐尧，下讫秦缪（mù）。唐、虞以前，虽有遗文，其语不经，故言黄帝、颛顼之事未可明也。及孔子因鲁史记而作《春秋》，而左丘明论辑其本事以为之传，又籑异同为《国语》。又有《世本》，录黄帝以来至春秋时帝王、公、侯、卿、大夫祖世所出。春秋之后，七国并争，秦兼诸侯，有《战国策》。汉兴伐秦定天下，有《楚汉春秋》。故司马迁据《左氏》《国语》，采《世本》《战国策》，述《楚汉春秋》，接其后事，讫于天汉。其言秦、汉，详矣。至于采经摭（zhí）传，分散数家之事，甚多疏略，或有抵梧。亦其涉猎者广博，贯穿经传，驰骋古今，上下数千载间，斯以勤矣。又，其是非颇缪于圣人，论大道则先黄、老而后六经，序游侠则退处士而进奸雄，述货殖则崇势利而羞贱贫，此其所蔽也。然自刘向、扬雄博极群书，皆称迁有良史之材，服其善序事理，辨而不华，质而不俚，其文直，其事核，不虚美，不隐恶，故谓之实录。乌呼！以迁之博物洽闻，而不能以知自全，既陷极刑，幽而发愤，书亦信矣。迹其所以自伤悼，《小雅》巷伯之伦。夫唯《大雅》"既明且哲，能保其身"，难矣哉！

［译文］

司马迁死后，他的书渐渐流行开来。宣帝时，司马迁的外孙平通侯杨恽最先陈述司马迁的著作，于是得以传播开来。到了王莽的时候，有人请求册封司马迁的后人，于是封其后人为史通子。

人们称赞道：从有文字开始就有了史官，并留下了许多史书。孔子整理史书，上自唐尧时期，下到秦穆公时期。唐尧、虞舜以前的情况虽然有留传下来的文字，

扬雄

扬雄，字子云，西汉大学者，不慕权贵，然好学而深思。据说他曾览司马迁的《史记》，称赞司马迁有良史之材，对其评价很高。

但那些文字模糊不清，所以说关于黄帝、颛顼的事迹就不那么清楚。到孔子依据鲁国的史书著作《春秋》，左丘明阐述整理有关史实来给《春秋》作传，又编撰了与此相异同的史料而作为《国语》。又有《世本》，记录了黄帝以来至春秋时期帝王、公侯、卿大夫的祖宗、世系的由来。春秋之后，七国争雄，最后秦国兼并了各诸侯国，这段历史有《战国策》记载。汉朝起来推翻秦朝，平定天下，记载这段历史的是《楚汉春秋》。所以司马迁根据《左氏春秋》《国语》，采用《世本》《战国策》的一些史料，陈述《楚汉春秋》的史实，接续记载其后的史事，到天汉年间。所讲的秦、汉时期的历史十分详尽。至于采录、摘取经传，分别记述几家的史事，有许多地方粗疏简略，有的甚至互相矛盾。但他涉猎的知识广博，贯通经传，驰骋于古今上下几千年之间，这是他刻苦努力的结果。再有他的是非观和圣人观与常人不同，论说大道以黄老学说为主，而以六经为辅；叙述游侠，则贬低隐士而推举奸雄；论述经济活动，则崇尚权势财利，而羞辱贫贱，这些是他的不足之处。然而，从刘向到扬雄，这些人博览群书后，他们都称赞司马迁是良史之才，佩服他擅长述说事物道理的才能，明辨而不华丽，质朴而不鄙俗，他的文章秉笔直书，所记述的史事真实，少有虚假的赞美，不掩饰丑恶的东西，可称作实录。唉！凭司马迁的博学广闻，还不能靠智慧保全自己，遭到极刑仍在狱中发愤写作，他给任安的信中所陈述的也是可信的。究其所以哀叹自己，是属于《诗经·小雅》中巷伯一类的人。做到《诗经·大雅》所说的“既明辨又聪明，还能保全自己”，这样太难了！

后汉书

光武帝纪

说 明

本卷记述了光武帝刘秀建立东汉及在位期间的大事。刘秀在位期间，在政治上，采取“退功臣而进文吏”的方针，不设丞相以削弱三公权力，并严禁王子、诸王交通宾客，结党营私，地方长官可直接上奏皇帝，加强皇权统治；在经济上，实行度田，把公田借给农民耕种，提倡垦荒，发展屯田，安置流民，赈济贫民；在思想上提倡经学，表彰名节。由于这一系列措施的实施，使当时社会安定，生产发展，东汉王朝出现了“光武中兴”的局面。刘秀是中国历史上颇有建树的一位封建帝王。

[原文]

世祖光武皇帝讳秀，字文叔，南阳蔡阳人，高祖九世之孙也，出自景帝生长沙定王发。发生舂(chōng)陵节侯买，买生郁林太守外，外生巨鹿都尉回，回生南顿令钦，钦生光武。光武年九岁而孤，养于叔父良。身长七尺三寸，美须眉，大口，隆准，日角。性勤于稼穑(jià sè)，而兄伯升好侠养士，常非笑光武事田业，比之高祖兄仲。王莽天凤中，乃之长安，受《尚书》，略通大义。

莽末，天下连岁灾蝗，寇盗锋起。地皇三年，南阳荒饥，诸家宾客多为小盗。光武避吏新野，因卖谷于宛。宛人李通等以图谶(chèn)说光武云：“刘氏复起，李氏为辅。”光武初不敢当，然独念兄伯升素结轻客，必举大事，且王莽败亡已兆，天下方乱，遂与定谋，于是乃市兵弩。十月，与李通从弟轶等起于宛，时年二十八。

[译文]

世祖光武皇帝讳名秀，字文叔，南阳郡蔡阳县人，汉高祖第九代孙子，出自于汉景帝的儿子长沙定王刘发的那个支系。刘发生春陵节侯刘买，刘买生郁林太守刘外，刘外生巨鹿都尉刘回，刘回生南顿县令刘钦，刘钦生光武帝。光武帝九岁时就死了父亲，由叔父刘良抚养。他身高七尺三寸，须眉秀美，大嘴，高鼻梁，额骨隆起。生性喜欢种植庄稼，而哥哥刘伯升好行侠养士，曾讥笑光武帝只知经营农业，把他比作汉高祖的哥哥刘仲。王莽天凤年间，光武帝来到长安，拜师学习《尚书》，略通大义。

王莽末年，天下连年闹蝗灾，盗贼蜂起。地皇三年，南阳发生饥荒，各家的宾客大都去偷盗抢劫。光武帝为逃避官吏的追究躲到新野，顺便在宛城出售粮食。宛人李通等人用图谶鼓动光武帝说："刘氏复兴，李氏为辅。"光武帝起初不敢答应，然而暗自思量哥哥伯升一向结交无业游民，必将发动起义，况且王莽败亡的征兆已经明显，天下正在动荡起来，于是同李通等人定下大计，从此着手购置兵刃弩箭。十月，与李通从弟李轶等起兵于宛城，当时他二十八岁。

兴兵复汉

历代王朝的更替都是始于战争、终于战争。乱世出豪杰，刘秀正是适应时局，揭竿而起，才有了后来的功成身就，乃至成为东汉开国之帝。

[原文]

十一月，有星孛（bèi）于张。光武遂将宾客还舂（chōng）陵。时伯升已会众起兵。初，诸家子弟恐惧，皆亡逃自匿，曰“伯升杀我”。及见光武绛衣大冠，皆惊曰“谨厚者亦复为之”，乃稍自安。伯升于是招新市、平林兵，与其帅王凤、陈牧西击长聚。光武初骑牛，杀新野尉乃得马。进屠唐子乡，又杀湖阳尉。军中分财物不均，众恚恨，欲反攻诸刘。光武敛宗人所得物，悉以与之，众乃悦。进拔棘（jí）阳，与王莽前队大夫甄阜（zhēn fù）、属正梁丘赐战于小长安，汉军大败，还保棘阳。

更始元年正月甲子朔，汉军复与甄阜、梁丘赐战于沘（bǐ）水西，大破之。斩阜、赐。伯升又破王莽纳言将军严尤、秩宗

将军陈茂于淯阳，进围宛城。

二月辛巳，立刘圣公为天子，以伯升为大司徒，光武为太常偏将军。

三月，光武别与诸将徇昆阳、定陵、郾，皆下之。多得牛、马、财物，谷数十万斛，转以馈宛下。莽闻阜、赐死，汉帝立，大惧，遣大司徒王寻、大司空王邑将兵百万，其甲士四十二万人，五月，至颍（yǐng）川，复与严尤、陈茂合。初，光武为舂陵侯家讼逋租于尤，尤见而奇之。及是时，城中出降尤者言光武不取财物，但会兵计策。尤笑曰："是美须眉者邪？何为乃如是！"

［译文］

十一月，有彗星从张宿边经过。光武帝于是率领宾客回到舂陵。当时刘伯升已经聚众起兵。起初，各家子弟十分恐惧，都逃散躲藏起来，说"伯升要害我们"。等到看见光武帝身着武将的绛衣大冠，都吃惊地说"谨慎厚道的人也造反了"，这才稍微心安了一些。刘伯升于是请来新市军和平林军，同他们的主帅王凤、陈牧一道向西进攻长聚。光武帝开始骑牛，杀死新野尉后才得以骑马。进占并屠戮了唐子乡，又杀死了湖阳尉。军中分配财物不均，士兵愤恨不平，想反攻刘姓各部。光武帝收敛起宗族成员所得到的财物，全部给了众将士，士兵们才喜悦起来。进占棘阳后，与王莽前队大夫甄阜、属正梁丘赐交战于小长安，汉军被打得大败，退守棘阳。

更始元年正月初一，汉军又与甄阜、梁丘赐交战于沘水西岸，大败敌军，斩杀了甄阜、梁丘赐。刘伯升又在淯阳击败王莽的纳言将军严尤和秩宗将军陈茂，进而包围了宛城。

二月辛巳，拥立刘圣公为天子，以刘伯升为大司徒，光武帝为太常偏将军。

三月，光武帝另带领一些将领征讨昆阳、定陵、郾等地，全都攻占下来。缴获大批的牛马和财物，仅粮食就有数十万斛，转运到了宛城城下。王莽获悉甄阜、梁丘赐战死，汉帝已经登基，十分恐惧。派遣大司徒王寻、大司空王邑统兵百万，包括身着盔甲的士兵四十二万人。五月，抵达颍川，又和严尤、陈茂会合。当初，光武帝曾替舂陵侯家向严尤申诉拖欠租赋事，严尤见后，很欣赏他的风度。到此时，汉军城中出降严尤的人说光武帝不掠夺财物，只是筹划军事策略。严尤笑道："是那位须眉俊美的人吗？他为什么会这么做！"

［原文］

初，王莽征天下能为兵法者六十三家数百人，并以为军

吏；选练武卫，招募猛士，旌旗辎(zī)重，千里不绝。时有长人巨无霸，长一丈，大十围，以为垒尉；又驱诸猛兽虎豹犀象之属，以助威武。自秦、汉出师之盛，未尝有也。光武将数千兵，徼之于阳关。诸将见寻、邑兵盛，反走，驰入昆阳，皆惶怖，忧念妻孥(nú)，欲散归诸城。光武议曰：“今兵谷既少，而外寇强大，并力御之，功庶可立；如欲分散，势无俱全。且宛城未拔，不能相救，昆阳即破，一日之间，诸部亦灭矣。今不同心胆共举功名，反欲守妻子财物邪？”诸将怒曰：“刘将军何敢如是！”光武笑而起。会候骑还，言大兵且至城北，军陈数百里，不见其后。诸将遽(jù)相谓曰：“更请刘将军计之。”光武复为图画成败。诸将忧迫，皆曰：“诺”。时城中唯有八九千人，光武乃使成国上公王凤、廷尉大将军王常留守，夜自与骠骑大将军宗佻、五威将军李轶等十三骑，出城南门，于外收兵。时莽军到城下者且十万，光武几不得出。既至郾、定陵，悉发诸营兵，而诸将贪惜财货，欲分留守之。光武曰：“今若破敌，珍琉万倍，大功可成；如为所败，首领无余，何财物之有！”众乃从。

严尤说王邑曰：“昆阳城小而坚，今假号者在宛，亟进大兵，彼必奔走；宛败，昆阳自服。”邑曰：“吾昔以虎牙将军围翟义，坐不生得，以见责让。今将百万之众，遇城而不能下，何谓邪？”遂围之数十重，列营百数，云车十余丈，瞰(kàn)临城中，旗帜蔽野，埃尘连天，钲鼓之声闻数百里。或为地道，冲輣橦(chōng)城。积弩乱发，矢下如雨，城中负户而汲。王凤等乞降，不许。寻、邑自以为功在漏刻，意气甚逸。夜有流星坠营中，昼有云如坏山，当营而陨(yǔn)，不及地尺而散，吏士皆厌伏。

[译文]

起初，王莽征调天下精通兵法的六十三家学派中的数百人，一并任用为军吏；又选拔训练卫兵，招募猛士，组成庞大的军队开赴战场，军旗和军用物资在千里大道上络绎不绝。当时军中有巨人叫巨无霸，身高一丈，腰粗十围，被任命为垒尉；又驱赶着各种猛兽如虎、豹、犀牛、大象之类，以助军威。自秦汉以来，出征的军队如此声势浩大的，还从未有过。光武帝率领数千名士兵，巡逻到阳关。众将领见到王寻、王邑军容盛大，转而顺原路撤退，奔回昆阳城，全都心惊胆战，忧虑后方的妻子儿女，想分别返回原来驻守的城池。光武帝建议道："现在士兵和军粮都很少，而外敌强大，合力抵御他们，或许可以立功；如果力量分散，势必难以保全。而且宛城尚未夺取，主力不能前来救援，昆阳一旦被攻破，一日之间，各部也将被消灭。今天不同心协力共同谋取功名，反而要去守护各自的妻子儿女和财物吗？"众将发怒道："刘将军怎敢这样说话？"光武帝笑着起身。恰巧侦察的骑兵回来，说王莽大军已进抵城北，军队绵延数百里，看不见后尾。众将领窘迫地相互商量说："还是请刘将军来商议对策吧。"光武帝再度剖析成败得失。众将迫于形势，都同声称是。当时城中只有八九千人，光武帝便让成国上公王凤、廷尉大将军王常留守昆阳，晚上自己同骠骑大将军宗佻、五威将军李轶等十三人骑马，出昆阳城南门，到外地调集兵马。这时王莽军队来到城下的已有十万人，光武帝等人几乎不能出城。他们到了郾、定陵，调动各营所有兵马，而那些将领贪恋钱财，想分兵留守。光武帝说："现在如果能够击败敌人，所得珍宝是已有的万倍，大功可以告成；如果被莽军打败，脑袋都没有了，还有什么财物可以享有？"大家这才听从了他的命令。

严尤劝说王邑道："昆阳城小但坚固，现在称帝的人在宛城，速派大兵前往，他们一定逃走；宛城被打败了，昆阳自然降服。"王邑说："我过去以虎牙将军的身份围攻翟义，因为没能将他生擒，所以受到责备。今天率领百万大军，遇到敌人据守的城池而不能攻取，如何交代？"于是围绕昆阳城设下数十道防线，建立百座营盘，竖起的云车高十余丈，靠近昆阳俯视城中，各类旗帜遍

义智倾服

历代战争造就了众多运筹帷幄、长于韬略的军事统帅。如"破釜沉舟"的项羽、反击匈奴的卫青、勇冠三军的霍去病、雄才大略的曹操、神机妙算的诸葛亮、"义智倾服"的谢玄、英明果敢的李世民、传奇皇帝朱元璋等等，复兴汉室的刘秀亦在此列。

布田野，人马搅得尘埃满天，敲鼓击钲的军乐声传至数百里之远。莽军有的挖掘地道攻城，有的用冲车撞城和用楼车攀城。大批弓弩手连续不断地发射，箭如雨下，城中军民不得不背着门板去打水。王凤等人乞求投降，遭到拒绝。王寻、王邑自以为胜利已为时不远，神态十分安闲。晚上有流星坠落在莽军营地之中，天亮后又有营头星从营盘上空直落而下，离地一尺左右散开来，莽军将士全部都伏在地上。

仁厚俭恕

得人心者得天下，这是帝王学的精髓。昔日，汉文帝仁厚俭恕，以德政治天下，开创了中国封建社会第一个太平盛世——文景之治。光武帝刘秀亦以仁义礼制收揽人心，人心向归，故而最终得以在兴复汉室的刘姓王族中脱颖而出，成为一代明君。

［原文］

六月己卯，光武遂与营部俱进，自将步骑千余，前去大军四五里而陈。寻、邑亦遣兵数千合战。光武奔之，斩首数十级。诸部喜曰："刘将军平生见小敌怯，今见大敌勇，甚可怪也，且复居前。请助将军！"光武复进、寻、邑兵却，诸部共乘之，斩首数百千级。连胜，遂前。时，伯升拔宛已三日，而光武尚未知。乃伪使持书报城中，云"宛下兵到"，而阳堕其书。寻、邑得之，不憙。诸将既经累捷，胆气益壮，无不一当百。光武乃与敢死者三千人，从城西水上冲其中坚，寻、邑陈乱，乘锐崩之，遂杀王寻。城中亦鼓噪而出，中外合势，震呼动天地，莽兵大溃，走者相腾践，奔殪百余里间。会大雷风，屋瓦皆飞，雨下如注，滍(zhì)川盛溢，虎豹皆股战，士卒争赴，溺死者以万数，水为不流。王邑、严尤、陈茂轻骑乘死人度水逃去。尽获其军实辎重、车甲珍宝，不可胜算，

举之连月不尽，或燔(fán)烧其余。

光武因复徇下颍阳。会伯升为更始所害，光武自父城驰诣宛谢。司徒官属迎吊光武，光武难交私语，深引过而已。未尝自伐昆阳之功，又不敢为伯升服丧，饮食言笑如平常。更始以是惭，拜光武为破虏大将军，封武信侯。

九月庚戌，三辅豪杰共诛王莽，传首诣宛。

更始将北都洛阳，以光武行司隶校尉，使前整修宫府。于是置僚属，作文移，从事司察，一如旧章。时三辅吏士东迎更始，见诸将过，皆冠帻，而服妇人衣，诸于绣镼(jué)，莫不笑之，或有畏而走者。及见司隶僚属，皆欢喜不自胜。老吏或垂涕曰："不图今日复见汉官威仪！"由是识者皆属心焉。

及更始至洛阳，乃遣光武以破虏将军行大司马事。十月，持节北度河，镇慰州郡。所到部县，辄见二千石、长吏、三老、官属，下至佐史，考察黜陟(chù zhì)，如州牧行部事。辄(zhé)平遣囚徒，除王莽苛政，复汉官名。吏人喜悦，争持牛酒迎劳。

进至邯郸，故赵缪王子林说光武曰："赤眉今在河东，但决水灌之，百万之众可使为鱼。"光武不答，去之真定。林于是乃诈以卜者王郎为成帝子子舆，十二月，立郎为天子，都邯郸，遂遣使者降下郡国。

[译文]

六月己卯，光武帝即与各部人马一齐进发，自己亲率步兵、骑兵一千多名，在离莽军大约四五里的地方排开阵势。王寻、王邑也派兵数千前来交战。光武帝冲击敌营，斩下数十名敌军首级。其他各部将士惊喜地说："刘将军平生见到小股敌人就害怕，今天遇到强敌却勇猛无畏，真叫人奇怪，而且又冲在前面。请让我们帮助将军！"光武帝再次进攻，王寻、王邑派出的军队退却，义军各部乘机进攻，杀死莽军近千人。义军连连获胜，继续向昆阳进军。此时刘伯升攻取宛城已有三天了，而光武帝还不知道。于是伪装成宛城的使者携带书信通知昆阳守军，说"宛城的救兵即刻赶到"，却故意掉落了这封书信。王寻、王邑得知后，十分不

冰合滹沱

刘秀曾因王郎之迫，南遁至滹沱河时，薄冰覆河，无法渡河。已无退路，奉令察看的王霸遂说："冰坚可度。"上天佑之，部队行进到河边，河冰竟真的冻合了，大军乃渡。而最后几骑还未完全上岸时，河冰又化解了。刘秀说："王霸权以济事，殆天瑞也。"

快。义军众将领屡战屡捷，胆气更壮，无不以一当百。光武帝就与三千名敢死队员，从城西涉水直扑莽军的中军，王寻、王邑的阵势大乱，义军一鼓作气打垮敌军，杀死了王寻。昆阳守军也击鼓呐喊冲杀出来，内外夹击，喊杀声惊天动地，莽军大溃退，逃跑的士兵自相践踏，死尸僵卧在百余里的路上。恰逢雷声大作，狂风骤起，屋瓦被风刮得乱飞，暴雨如注，滍川的河水猛涨，吓得虎豹都四肢颤抖，士兵们争着渡河，淹死的人数以万计，河水为之断流。王邑、严尤、陈茂骑马踏着死尸渡河逃走。义军缴获了莽军的各种军用物资，兵车、盔甲和珍宝，多得无法计算，运了几个月都没运完，有人把剩余的物资烧掉了。

光武帝再接再厉夺取颍阳。恰在此时刘伯升被更始帝杀害，光武帝从父城赶回宛城请罪。刘伯升司徒府的属吏都来迎接光武帝并表示慰问，光武帝不便述说心里话，只能沉痛地引咎自责而已。他未曾自夸攻占昆阳的功劳，又不敢为刘伯升穿丧服，吃饭说笑如同平时一样。更始帝于是心中有愧，便任命光武帝为破虏大将军，封武信侯。

九月庚戌，三辅的豪杰共同杀死了王莽，将首级送到宛城。

更始帝将北上建都洛阳，以光武兼管司隶校尉事务，命他前去整修宫室和府第。于是光武帝任命了属吏，写好文书发到各属县，行使起督促文书、察举非法的职责，一切按照汉朝的旧规定办理。当时三辅地区的官吏和士人到洛阳城东迎接更始帝，看见诸位将军经过，都是头上戴帻，身穿如同妇女所穿的衣裳，即诸于和绣㧺之类，无不感到可笑，甚至有人害怕而走掉了。等到看见司隶校尉的部下，都高兴得不知如何是好。老年的官吏有的流着泪说："不料想今天还能重新看到汉朝官员的威仪风采！"从此有识之士都倾心于光武帝。

待更始帝到达洛阳，就派光武以破虏将军的身份负起大司马的责任。十月，持节向北渡过黄河，镇抚河北各州郡。所到郡县，便接见二千石、长吏、三老、官属，下至一般佐史，考察治政得失、官吏升降，如同州牧巡行辖区一样。他一到某地就审查释放囚徒，革除王莽苛政，恢复汉朝官吏的名称。吏民欢欣鼓舞，争着带上牛和酒，迎接慰劳光武一行人。

进抵邯郸，原赵缪王之子刘林劝说光武帝道："赤眉军现在在河东，只要决堤放水淹他们，百万赤眉军都会成为鱼。”光武帝不理睬，又前往真定。刘林于是伪称卜者王郎是成帝的儿子刘子舆，在十二月，拥立王郎为天子，建都邯郸，并派遣使者劝降了许多郡国。

［原文］

二年正月，光武以王郎新盛，乃北徇蓟。王郎移檄(xí)购光武十万户，而故广阳王子刘接起兵蓟(jì)中以应郎。城内扰乱，转相惊恐，言邯郸使者方到，二千石以下皆出迎。于是光武趣驾南辕，晨夜不敢入城邑，舍食道傍。至饶阳，官属皆乏食。光武乃自称邯郸使者，入传舍。传吏方进食，从者饥，争夺之。传吏疑其伪，乃椎鼓数十通，绐言邯郸将军至，官属皆失色。光武升车欲驰，既而惧不免，徐还坐，曰："请邯郸将军入。"久乃驾去。传中人遥语门者闭之。门长曰："天下讵可知，而闭长者乎？"遂得南出。晨夜兼行，蒙犯霜雪，天时寒，面皆破裂。至呼沱河，无船，适遇冰合，得过，未毕数车而陷。进至下博城西，遑惑不知所之。有白衣老父在道旁，指曰："努力！信都郡为长安守，去此八十里。"光武即驰赴之，信都太守任光开门出迎。世祖因发旁县，得四千人，先击堂阳、贯县，皆降之。王莽和成卒正邳(pī)彤亦举郡降。又昌城人刘植、宋子人耿纯，各率宗亲子弟，据其县邑，以奉光武。于是北降下曲阳，众稍合，乐附者至有数万人。

复北击中山，拔卢奴。所过发奔命兵，移檄边部，共击邯郸，郡县还复响应。南击新市、真定、元氏、防子，皆下之，因入赵界。

时，王郎大将李育屯柏人，汉兵不知而进，前部偏将朱浮、邓禹为育所破，亡失辎重。光武在后闻之，收浮、禹散

吴汉无终夺军

吴汉（？—44年），“云台二十八将”位居第二。其人忠勇无敌，杀罚果断，曾因在无终夺十郡兵马而闻名天下，诗曰：“子颜精骑止二十，无终夺军苗曾死，智勇调得十郡兵，汉家天下从此复。”

卒，与育战于郭门，大破之，尽得其所获。育还保城，攻之不下，于是引兵拔广阿。会上谷太守耿况、渔阳太守彭宠各遣其将吴汉、寇恂等将突骑来助击王郎，更始亦遣尚书仆射谢躬讨郎，光武因大飨士卒，遂东围巨鹿。王郎守将王饶坚守，月余不下。郎遣将倪宏、刘奉率数万人救巨鹿，光武逆战于南䜌，斩首数千级。四月，进围邯郸，连战破之。五月甲辰，拔其城，诛王郎。收文书，得吏人与郎交关谤毁者数千章。光武不省，会诸将军烧之，曰：“令反侧子自安。”

更始遣侍御史持节立光武为萧王，悉令罢兵诣行在所。光武辞以河北未平，不就征。自是始贰于更始。

[译文]

更始二年正月，光武帝鉴于王郎势力比较强大，于是向北奔向蓟县。王郎发布檄文，悬赏十万户捉拿光武帝，而原广阳王之子刘接于蓟城中起兵，以响应王郎。城内很混乱，谣言四起，人人惊恐，说邯郸使者刚刚到达，二千石以下官吏都前去迎接。于是光武帝急忙坐车南逃，无论白天黑夜都不敢进入城邑，吃住全在道旁。到达饶阳，部下断了炊。光武帝就自称是邯郸使者，住进传舍。传舍的官吏刚送进食物，光武帝的随从因为饥饿，便争抢食物。传吏怀疑他们是伪装的使者，就击鼓数十下，假称邯郸的将军来到，光武帝的部下都大惊失色。光武帝上车想跑，既而害怕出不去，慢慢回到座位，说：“请邯郸的将军进来。”过了许久才驾车离去。传舍中的人远远地叫守护城门的人关闭大门。门长说：“天下形势还难预料，怎能随便将尊贵的人困在城中呢？”于是光武帝得以从南门离去。他们日夜兼程，冒着霜雪，天气寒冷，脸都冻裂了。到了呼沱河，没有船只，恰遇河水结冰，得以通过，还没全部过完冰面就解冻了，而后面的几辆车还未完全通过就陷入河中。进抵下博县城西，彷徨犹豫不知该向何方。有一个白衣老人在路边，指示说：“努力啊！信都郡仍忠于长安刘玄，离这里八十里。”光武帝立即奔赴信都。信都太守任光开门出迎。世祖因此征发附近各县的兵卒，得到四千人。先攻打堂阳、贳县，两地皆降服。王莽和成郡卒正邳彤也率全郡归降。又昌城人刘植、宋子人耿纯，各领宗亲子弟，占领各自的县城，以拥戴光武帝。于是北进攻下下曲阳，兵马初步集结，乐意投靠的人达到数万人。

接着北上进攻中山，夺取卢奴。所过之处派“奔命”兵向周围各部传递文书，要求共同打击邯郸势力，郡县又改而响应这一号召。又南下进攻新市、真定、元氏、防子，都占领下来，因此进入赵国地界。

当时王郎大将李育驻扎在柏人，汉兵不知情况而进军，前部偏将军朱浮、邓禹被李育打败，丧失了辎重。光武帝在后面听说此事，收容了朱浮、邓禹溃散的士兵，与李育大战于柏人的外城城门，大获全胜，夺回了被李育缴获的物资。李育退守城池，光武帝攻打不下，就率军夺取广阿。恰好上谷太守耿况、渔阳太守彭宠各派他们的将军吴汉、寇恂等人率领突骑来协助攻打王郎，更始帝也派遣尚书仆射谢躬讨伐王郎，光武帝因而大举犒劳士兵，然后东进围困巨鹿。王郎守将王饶坚守，经过一个多月仍攻打不下。王郎派将军倪宏、刘奉领兵数万援救巨鹿，光武帝迎战于南䜌，杀敌数千人。四月，围攻邯郸，连战连胜。五月甲辰，攻取邯郸，处死王郎。收缴文书，得到自己部下与王郎联络或诽谤自己的信件数千封。光武帝也不查看，集合众将当面把信烧掉，说：“让为此事担忧的人心安。”

更始帝派侍御史持节封光武帝为萧王，命令他遣散军队后回到更始帝身边。光武帝以河北地区尚未平定为由，不应征召，从此对更始帝有了二心。

[原文]

是时，长安政乱，四方背叛。梁王刘永擅命睢阳，公孙述称王巴蜀，李宪自立为淮南王，秦丰自号楚黎王，张步起琅邪，董宪起东海，延岑起汉中，田戎起夷陵，并置将帅，侵略郡县。又别号诸贼铜马、大彤、高湖、重连、铁胫(jìng)、大抢、尤来、上江、青犊、五校、檀乡、五幡、五楼、富平、获索等，各领部曲，众合数百万人，所在寇掠。

光武将击之，先遣吴汉北发十郡兵。幽州牧苗曾不从，汉遂斩曾而发其众。秋，光武击铜马于鄡，吴汉将突骑来会清阳。贼数挑战，光武坚营自守；有出卤掠者，辄击取之，绝其粮道。积月余日，贼食尽，夜遁去，追至馆陶，大破之。

受降未尽，而高湖、重连从东南来，与铜马余众合，光武复与大战于蒲阳，悉破降之，封其渠帅为列侯。降者犹不自安，光武知其意，敕令各归营勒兵，乃自乘轻骑按行部陈。降者更相语曰："萧王推赤心置人腹中，安得不投死乎！"由是皆服。悉将降人分配诸将，众遂数十万，故关西号光武为"铜马帝"。

赤眉别帅与大彤、青犊十余万众在射犬，光武进击，大破之，众皆散走。使吴汉、岑彭袭杀谢躬于邺。青犊、赤眉贼入函谷关，攻更始。光武乃遣邓禹率六裨将引兵而西，以乘更始、赤眉之乱。时，更始使大司马朱鲔(wěi)、舞阴王李轶等屯洛阳，光武亦令冯异守孟津以拒之。

建武元年春正月，平陵人方望立前孺子刘婴为天子，更始遣丞相李松击斩之。

[译文]

当时长安政治混乱，四方背叛。梁王刘永擅自发号施令于睢阳，公孙述称王于巴蜀，李宪自立为淮南王，秦丰自号楚黎王，张步起事于琅邪，董宪起事于东海，延岑起事于汉中，田戎起事于夷陵，都各自任命将帅，侵占郡县。又有各种名号的贼兵如铜马、大彤、高湖、重连、铁胫、大抢、尤来、上江、青犊、五校、檀乡、五幡、五楼、富平、获索等，各领部众，总数合计达数百万人，在所在之处到处劫掠。

光武帝将攻击各路寇贼，先派遣吴汉到北方征发十郡兵马。幽州牧苗曾不听从调兵，吴汉就斩杀苗曾而征发了他的部下。秋天，光武帝进攻铜马于鄡县，吴汉率领突骑来到清阳会合。贼兵多次挑战，光武帝坚守营垒；贼兵有出外抢掠的人，就发兵消灭他们，断绝了贼兵的粮道。累计过了一月有余，贼兵粮食吃光，乘夜色逃去，光武帝追击到馆陶，大败贼军。接受投降尚未结束，高湖、重连军从东南方冲来，与铜马残部会合，光武帝又与他们大战于蒲阳，全部打败并降服了他们，封他们的首领为列侯。降人仍然心中不安，光武帝懂得他们的心意，命令他们各自回营整顿队伍，于是自己轻装骑马一一巡视各部。降人互相说道："萧王以赤心待我等，我等怎能不以死报效呢！"从此都顺服。光武帝把降人全部分配给各位将领，士兵于是多达数十万，因而关西称光武帝为"铜马帝"。

赤眉一个别将与大彤、青犊军共十多万人驻扎射犬，光武帝进击，大败他们，各军全都逃散。又派吴汉、岑彭袭杀谢躬于邺城。青犊、赤眉军开进函谷关，进攻更始帝。光武就派遣邓禹率领六员裨将引兵向西进发，以利用更始、赤眉相争的机会。当时更始帝派大司马朱鲔、舞阴王李轶等屯守洛阳，光武帝也命令冯异据守孟津予以抗衡。

建武元年春正月，平陵人方望拥立原来的孺子刘婴为天子，更始帝派遣丞相李松进攻并斩杀了刘婴。

[原文]

光武北击尤来、大抢、五幡于元氏，追至右北平，连破之。又战于顺水北，乘胜轻进，反为所败。贼追急，短兵接，光武自投高岸，遇突骑王丰，下马授光武，光武抚其肩而上，顾笑谓耿弇曰：“几为虏嗤(chī)。”弇频射却贼，得免。士卒死者数千人，散兵归保范阳。军中不见光武，或云已殁，诸将不知所为。吴汉曰：“卿曹努力！王兄子在南阳，何忧无主？”众恐惧，数日乃定。贼虽战胜，而素慑大威，客主不相知，夜遂引去。大军复进至安次，与战，破之，斩首三千余级。贼入渔阳，乃遣吴汉率耿弇、陈俊、马武等十二将军追战于潞东，及平谷，大破灭之。

朱鲔遣讨难将军苏茂攻温，冯异、寇恂(xún)与战，大破之，斩其将贾强。

于是诸将议上尊号。马武先进曰：“天下无主。如有圣人承敝而起，虽仲尼为相，孙子为将，犹恐无能有益。反水不收，后悔无及。大王虽执谦退，

耿弇宫台望战

耿弇（3年—58年），东汉中兴名将，“云台二十八将”之一。西汉末，耿弇即从刘秀起兵，任大将军。耿弇和邓禹为刘秀的左膀右臂，一生功高盖世，为刘秀平定四十六郡，屠城三百座，堪称战神。有“宫台望战”之典故流传后世。

奈宗庙社稷何！宜且还蓟即尊位，乃议征伐。今此谁贼而驰骛(wù)击之乎？”光武惊曰：“何将军出是言？可斩也！”武曰：“诸将尽然。”光武使出晓之，乃引军还至蓟。

夏四月，公孙述自称天子。

[译文]

光武帝北上进攻尤来、大抢、五幡军于元氏，追击到右北平，连续打败他们。又战于顺水之北，乘胜冒进，反而被打败。贼兵追击得很紧，短兵相接，光武帝从高坡上跳下去，遇到突骑王丰，王丰将马让给光武帝，光武帝扶着王丰的肩膀上马，回过头来笑着对耿弇说：“几乎被敌人所耻笑。”耿弇频频射箭击退贼兵，得以幸免。光武帝的士兵死了数千人，散兵退守范阳。军中不见光武帝，有人说他已战死，众将不知如何是好。吴汉说：“大家努力！萧王哥哥的儿子还在南阳，何愁没有主公？”众人恐惧，几天以后才安定下来。贼兵虽然取胜，但平素慑服于汉军军威，加上客主双方互不摸底，晚上就撤走了。大军又前进到安次，与敌交锋，击败他们，斩首三千余级。贼兵退入渔阳，于是派遣吴汉率领耿弇、陈俊、马武等十二位将军追击于潞县之东，一直进抵平谷，大败并消灭了贼军。

朱鲔派遣讨难将军苏茂进攻温县，冯异、寇恂与他们交锋，大败敌军，斩杀苏茂的将领贾强。

于是众将商议给光武帝上尊号。马武先向光武帝进言：“天下无主。如果有圣人利用天下凋敝的时候崛起，我们即使有仲尼为相，孙子为将，也恐怕难有作为。泼水难收，后悔无及。大王虽然执意谦让，但宗庙社稷怎么办？应该返回蓟县登基，再商议征伐的事情。否则现在难说谁是逆贼而放手攻打他们吗！”光武帝震惊地说：“将军为何说出这样的话？真该斩首！”马武说：“众将领都这样说。”光武帝让他出去劝说众将，于是引军回到蓟县。

夏四月，公孙述自称天子。

[原文]

光武从蓟还，过范阳，命收葬吏士。至中山，诸将复上奏曰：“汉遭王莽，宗庙废绝，豪杰愤怒，兆人涂炭。王与伯升首举义兵，更始因其资以据帝位，而不能奉承大统，败乱纲纪，盗贼日多，群生危蹙(cù)。大王初征昆阳，王莽自溃；后拔邯郸，北州弭定；参分天下而有其二，跨州据土，带甲百万。言武力则莫之敢抗，论文德则无所与辞。臣闻帝王不

称帝

战乱无主时期，才能卓著、民望高显之领袖，多被拥戴成王。如三国的刘备，又如公元25年在鄗（今河北柏乡北）称帝的刘秀。

可以久旷，天命不可以谦拒，惟大王以社稷为计，万姓为心。”光武又不听。

行到南平棘，诸将复固请之。光武曰：“寇贼未平，四面受敌，何遽欲正号位乎？诸将且出。”耿纯进曰：“天下士大夫捐亲戚，弃土壤，从大王于矢石之间者，其计固望其攀龙鳞，附凤翼，以成其所志耳。今功业即定，天人亦应，而大王留时逆众，不正号位，纯恐士大夫望绝计穷，则有去归之思，无为久自苦也。大众一散，难可复合。时不可留，众不可逆。”纯言甚诚切，光武深感，曰：“吾将思之。”

行至鄗，光武先在长安时同舍生强华自关中奉《赤伏符》，曰：“刘秀发兵捕不道，四夷云集龙斗野，四七之际火为主。”群臣因复奏曰：“受命之符，人应为大，万里合信，不议同情，周之白鱼，曷足比焉？今上无天子，海内淆乱，符瑞之应，昭然著闻，宜答天神，以塞群望。”光武于是命有司设坛场于鄗南千秋亭五成陌。

六月己未，即皇帝位。燔燎告天，禋于六宗，望于群神。其祝文曰：“皇天上帝，后土神祇，眷顾降命，属秀黎元，为人父母，秀不敢当。群下百辟，不谋同辞，咸曰：‘王莽篡位，秀发愤兴兵，破王寻、王邑于昆阳，诛王郎、铜马于河北，

平定天下，海内蒙恩。上当天地之心，下为元元所归。’谶记曰：‘刘秀发兵捕不道，卯金修德为天子。’秀犹固辞，至于再，至于三。群下佥曰：‘皇天大命，不可稽留。’敢不敬承。”于是建元为建武，大赦天下，改鄗为高邑。

是月，赤眉立刘盆子为天子。

[译文]

光武帝从蓟县南下，路过范阳，下令收葬以前阵亡的将士遗体。抵达中山，众将又上奏说："汉朝遭遇王莽之乱，宗庙废弃，祭祀断绝，豪杰愤怒，百姓惨遭涂炭。大王与伯升首举义兵，更始凭靠你们的努力才得以占据帝位，却不能维护好大业，破坏搅乱了纲纪，盗贼日益增多，百姓处于危难和窘境之中。大王初征昆阳，王莽不战自溃；后来夺取邯郸，河北的州郡归顺平定；三分天下而有其二，据有数州领土，军队多达百万。谈武力没有人敢于对抗，论文德更是无可挑剔。臣等听说帝王之位不可以长久空着，天命不可以谦让拒绝，愿大王一心以社稷为重，以百姓为念。"光武帝又不听从。

行进到南平棘，众将又坚决地请求光武帝登基。光武帝说："贼寇尚未平定，仍四面受敌，怎么能立即考虑称帝的事呢？诸位将军暂且出去吧。"耿纯进来说："天下的士大夫丢弃亲人，远离故土，追随大王于箭石横飞的战场，无非想攀龙鳞，附凤翼，以实现建功立业的志向。现在功业已成，天人也相应合，而大王拖延良机违逆众心，不就帝位，我恐怕士大夫深感绝望，就会产生另谋出路之心，不愿长久苦守下去。大军一旦离散，难以再度召集。良机不可久留，众心不可违背。"耿纯言辞十分恳切，光武帝深受感动，说："我将考虑这件事。"

进抵鄗城，曾经与光武帝同在长安居住求学的强华从关中送来《赤伏符》，符文是："刘秀发兵捉拿无道之人，四方各族如云聚集天空，如龙斗于荒野这外，四七运数相乘火德显运。"群臣因而再次上奏道："承受天命的征兆，与之相应的人当居大位，相距万里而征兆相合，不经商议而情思相同，周代的白鱼之信，何足相比？现今上无天子，海内混乱，符瑞所示，昭然若揭，应该顺从天神的意愿，以满足大家的希望。"光武帝于是命令有关部门设立坛场于鄗县城南千秋亭的五成陌。

六月己未，即皇帝位。烧柴升烟祭告上天、祖宗，望祭群神。祭祀祝文说："皇天上帝，后土神祇，垂青于我而降下天命，将百姓托付给我刘秀，为人父母，秀不敢当。手下群臣，不谋而合，都说：'王莽篡位，刘秀发愤起兵，破王寻、王邑于昆阳，杀王郎、铜马于河北，平定天下，海内蒙受恩惠。上应天地之心，下为百姓所归。'谶记说：'刘秀发兵捉拿无道之士，卯金刘氏修德当为太子。'秀仍然坚辞，以至于一而再，再而三。群臣都说：'皇天大命，不可拖延。'敢不恭敬受命。"于是定年号为建武，大赦天下，改鄗县为高邑。

这个月，赤眉军拥立刘盆子为天子。

[原文]

甲子，前将军邓禹击更始定国公王匡于安邑，大破之，斩其将刘均。

秋七月辛未，拜前将军邓禹为大司徒。丁丑，以野王令王梁为大司空。壬午，以大将军吴汉为大司马，偏将军景丹为骠骑大将军，大将军耿弇为建威大将军，偏将军盖延为虎牙大将军，偏将军朱祐为建义大将军，中坚将军杜茂为大将军。

时，宗室刘茂自号“厌新将军”，率众降，封为中山王。

己亥，幸怀。遣耿弇率强弩将军陈俊军五社津，备荥(xíng)阳以东。使吴汉率朱祐及廷尉岑彭、执金吾贾复、扬化将军坚镡(xín)等十一将军围朱鲔于洛阳。

八月壬子，祭社稷。癸丑，祠高祖、太宗、世宗于怀宫。进幸河阳。更始廪丘王田立降。

九月，赤眉入长安，更始奔高陵。辛未，诏曰:“更始破败，弃城逃走，妻子裸袒，流冗道路。朕甚愍之。今封更始为淮阳王。吏人敢有贼害者，罪同大逆。”

甲申，以前密令卓茂为太傅。

辛卯，朱鲔(wěi)举城降。

冬十月癸丑，车驾入洛阳，幸南宫却非殿，遂定都焉。

遣岑彭击荆州群贼。

景丹

景丹，“云台二十八将”之一。刘秀北上时降于刘秀，在消灭王郎的战役中军功卓越。刘秀称帝后，论功封爵，任景丹为骠骑大将军。景丹得逢明君，竭力报效，后因连年征战而病死军中。

盖延

盖延，“云台二十八将”之一。初为彭宠护军，后跟吴汉一起归附刘秀。他是一名虎将，在刘秀征战山东时功劳卓越，先后讨伐刘永、董宪、苏茂、周建、庞萌等人。后来在平定陇西战争中，接连攻取街泉、略阳、清水诸屯聚，攻无不克。

十一月甲午，幸怀。

刘永自称天子。

十二月丙戌，至自怀。

赤眉杀更始，而隗嚣据陇右，卢芳起安定。破虏大将军叔寿击五校贼于曲梁，战殁。

二年春正月甲子朔，日有食之。大司马吴汉率九将军击檀乡贼于邺（yè）东，大破降之。庚辰，封功臣皆为列侯，大国四县，余各有差。下诏曰：“人情得足，苦于放纵，快须臾之欲，忘慎罚之义。惟诸将业远功大，诚欲传于无穷，宜如临深渊，如履薄冰，战战栗栗，日慎一日。其显效未訓，名籍未立者，大鸿胪趣上，朕将差而录之。”博士丁恭议曰：“古帝王封诸侯不过百里，故利以建侯，取法于雷，强干弱枝，所以为治也。今封诸侯四县，不合法制。”帝曰：“古之亡国，皆以无道，未尝闻功臣地多而灭亡者。”乃遣谒者即授印绶（shòu），策曰：“在上不骄，高而不危；制节谨度，满而不溢。敬之戒之。传尔子孙，长为汉藩。”

壬午，更始复汉将军邓晔、辅汉将军于匡降，皆复爵位。

壬子，起高庙，建社稷于洛阳，立郊兆于城南，始正火德，色尚赤。

是月，赤眉焚西京宫室，发掘园陵，寇掠关中。大司徒邓禹入长安，遣府掾(yuàn)奉十一帝神主，纳于高庙。

真定王杨、临邑侯让谋反，遣前将军耿纯诛之。

［译文］

甲子日，前将军邓禹攻击更始定国公王匡于安邑，大败王匡，斩杀其将领刘均。

秋天七月辛未，拜前将军邓禹为大司徒。丁丑日，以野王令王梁为大司空。壬午日，以大将军吴汉为大司马，偏将军景丹为骠骑大将军，大将军耿弇为建威大将军，偏将军盖延为虎牙大将军，偏将军朱祐为建义大将军，中坚将军杜茂为大将军。

当时宗室刘茂自号“厌新将军”，率众投降，被封为中山王。

己亥，驾临怀县。派遣耿弇率领强弩将军陈俊驻扎五社津，守备荥阳以东地区。派吴汉率领朱祐以及廷尉岑彭、执金吾贾复、扬化将军坚镡等十一位将军，围困朱鲔于洛阳。

八月壬子，祭祀社稷。癸丑日，拜祭高祖、太宗、世宗于怀县离宫。进抵河阳。更始廪丘王田立归降。

九月，赤眉军攻入长安，更始帝逃到高陵。辛未日，诏书说：“更始已经失败，弃城逃走，妻子裸露，流散道路。朕非常怜悯他们。今天封更始为淮阳王。吏民有敢于伤害他们的，罪与大逆不道相同。”

甲申日，任命原密县县令卓茂为太傅。

辛卯日，朱鲔举城投降。

冬十月癸丑日，车驾进入洛阳，来到南宫却非殿，于是定都于此。

派岑彭进攻荆州各路叛军。

十一月甲午日，驾临怀县。

刘永自称天子。

十二月丙戌日，从怀县返回洛阳。

赤眉军杀死更始帝，而隗嚣占据陇右地区，卢芳起兵于安定。破虏大将军叔寿进攻五校叛军于曲梁，战死。

二年春正月初一，有日食。大司马吴汉率领九位将军进攻檀乡叛军于邺县的东边，大败并降服了他们。庚辰日，封全部功臣为列侯，分封的大国有四县，其余因等级不同封邑各有差别。下诏说：“人情得到满足，常被放纵所苦，为满足一时的欲望，忘却应当谨慎对待刑罚的宗旨。只因诸位将军功业远大，真诚希望能传之无穷，应当像面临深渊，或脚踏薄冰一样，战战栗栗，一天比一天谨慎。凡有显著功劳而未得到报答，没有列入封侯名册的人，大鸿胪速速奏上，朕将分别封赏他们。”博士丁恭上书说：“古时候帝王分封诸侯不超过百里，所以有利于建

耿纯

耿纯（？ —37 年），东汉开国功臣，“云台二十八将”之一。原为舞阴王李轶的骑都尉，后见刘秀正义之师，乃率两千人投奔，使原本兵少势孤的刘秀迅速在河北打开局面，乃至后来称帝。

侯，取法于雷卦，由于实行强干弱枝方法，因此国家安定。现在封给诸侯四县，不符合法制。”光武帝说：“古代凡是灭亡的国家，都是因为无道，没听说是因为功臣封地多而亡国的。”于是派遣谒者立即颁发印绶，策文说：“在高位而不骄傲，位虽高而没有危险；约束自己遵守法度，势虽盈满也不会倾覆。要谨慎小心地对待此事。传爵位给你的子孙，长久成为汉朝的藩属。”

壬午日，更始帝的复汉将军邓晔、辅汉将军于匡投降，都恢复了原有爵位。

壬子日，筑起高庙，建社稷坛于洛阳，立郊兆坛于城南，开始以火德为正，以赤色为上色。

这个月，赤眉军焚烧西京长安的宫室，挖掘园陵，抢掠关中。大司徒邓禹进入长安，派司徒府掾吏护送西汉十一帝的神主牌位，放入高庙。

真定王刘杨、临邑侯刘让谋反，派遣前将军耿纯杀了他们。

［原文］

二月己酉，幸修武。

大司空王梁免。壬子，以太中大夫宋弘为大司空。

遣骠骑大将军景丹率征虏将军祭遵等二将军击弘农贼，破之，因遣祭遵围蛮中贼张满。

渔阳太守彭宠反，攻幽州牧朱浮于蓟。

延岑自称武安王于汉中。

辛卯，至自修武。

三月乙未，大赦天下，诏曰：“顷狱多冤人，用刑深刻，朕甚愍之。孔子云：‘刑罚不中，则民无所措手足。’其与中二千石、诸大夫、博士、议郎议省刑法。”

遣执金吾贾复率二将军击更始郾王尹遵，破降之。

骁骑将军刘植击密贼，战殁。

遣虎牙大将军盖延率四将军伐刘永。夏四月，围永于睢阳。更始将苏茂杀淮阳太守潘蹇(jiǎn)而附刘永。

甲午，封叔父良为广阳王，兄子章为太原王，章弟兴为鲁王，舂陵侯嫡子祉(zhǐ)为城阳王。

五月庚辰，封更始元氏王歙(xī)为泗水王，故真定王杨子得为真定王，周后姬常为周承休公。

癸未，诏曰："民有嫁妻卖子欲归父母者，恣(zì)听之。敢拘执，论如律。"

六月戊戌，立贵人郭氏为皇后，子强为皇太子，大赦天下。增郎、谒(yè)者、从官秩各一等。丙午，封宗子刘终为淄(zī)川王。

秋八月，帝自将征五校。丙辰，幸内黄，大破五校于羛阳，降之。

遣游击将军邓隆救朱浮，与彭宠战于潞，隆军败绩。盖延拔睢阳(suī yáng)，刘永奔谯。破虏将军邓奉据淯阳反。九月壬戌，至自内黄。

骠骑大将军景丹薨(hōng)。

延岑大破赤眉于杜陵。

关中饥，民相食。

冬十一月，以廷尉岑彭为征南大将军，率八将军讨邓奉于堵乡。

铜马、青犊、尤来余贼共立孙登为天子于上郡。登将乐玄杀登，以其众五万余人降。

遣偏将军冯异代邓禹伐赤眉。

使太中大夫伏隆持节安辑青、徐二州，招张步降之。

十二月戊午，诏曰："惟宗室列侯为王莽所废，先灵无所

耕织图

建业易，守业难，民丰则政稳。西汉末年，民生凋敝，故而光武帝建国之初，便释放奴婢、刑徒，薄赋敛，省刑法，与民休息。垦田、人口大幅度的增加，奠定了东汉前期国家强盛的物质基础。

依归，朕甚愍之。其并复故国。若侯身已殁，属所上其子孙见名尚书，封拜。”

是岁，盖延等大破刘永于沛西。初，王莽末，天下旱蝗，黄金一斤易粟一斛(hú)；至是野谷旅生，麻菽尤盛，野蚕成茧，被于山阜，人收其利焉。

[译文]

二月己酉，驾临修武。

大司空王梁被免除职务。壬子日，以太中大夫宋弘为大司空。

派遣骠骑大将军景丹率领征虏将军祭遵等二位将军进攻弘农叛军，打败了他们，因而派遣祭遵围攻蛮中叛军张满。

渔阳太守彭宠造反，攻打幽州牧朱浮于蓟县。

延岑自称武安王于汉中。

辛卯，从修武返回到洛阳。

三月乙未日，大赦天下，诏书说：“近来狱中多有冤屈的人，用刑太重，朕非常怜悯他们。孔子说：‘刑罚不得当，那么百姓就会手足无措。’立即和中二千石、诸大夫、博士、议郎商议修改刑法。”

派遣执金吾贾复率领二位将军进攻更始郾王尹遵，打败并降服了他。

骁骑将军刘植进攻密县叛军，战死。

派遣虎牙大将军盖延率领四位将军讨伐刘永。夏四月，包围刘永于睢阳。更始将领苏茂杀死淮阳太守潘蹇而依附刘永。

甲午日，封叔父刘良为广阳王，兄子刘章为太原王，刘章弟刘兴为鲁王，春陵侯正妻之子刘祉为城阳王。

五月庚辰日，封更始元氏王刘歙为泗水王，原真定王刘杨之子刘得为真定王，周朝后代姬常为周承休公。

癸未日，诏书说：“百姓中有被迫嫁出的女儿、卖掉的儿子想回到父母身边的，任凭他们抉择。敢于扣留不放的，按律论处。”

六月戊戌，立贵人郭氏为皇后，儿子刘强为皇太子，大赦天下。增加郎、谒者、从官的俸禄各一等。丙午日，封宗子刘终为淄川王。

秋八月，光武帝亲自率军征伐五校。丙辰日，驾临内黄，大败五校于羛阳，降服了他们。

派遣游击将军邓隆救援朱浮，与彭宠交战于潞县，邓隆战败。盖延夺取睢阳，刘永逃到谯县。破虏将军邓奉占据淯阳反叛。九月壬戌日，从内黄返回京师。

骠骑大将军景丹去世。

延岑大败赤眉军于杜陵。

关中发生饥荒，百姓相食。

冬十一月，以廷尉岑彭为征南大将军，率领八位将军讨伐邓奉于堵乡。

铜马、青犊、尤来残余叛军共同于上郡拥立孙登为天子。孙登将领乐玄杀死孙登，率领他的部下五万余人投降。

派遣偏将军冯异代替邓禹率军讨伐赤眉。

让太中大夫伏隆持节安抚青、徐二州，劝说张步投降。

岑彭

岑彭（？ —35 年），东汉中兴名将，“云台二十八将”之翘楚。其人作战勇敢，奇计迭出，而且信义素著，以德怀人。故能克成宏远之业，建立不世之功。

十二月戊午日，诏书说：“宗室列侯被王莽所废黜，先祖灵魂无所归依，朕十分怜悯他们。一并恢复他们的故国。如果列侯已经身亡，所在郡县将他子孙的名字上报到尚书那里，予以封拜。”

这一年，盖延等大败刘永于沛县西。起初，王莽末年，天下闹旱灾、蝗灾，黄金一斤换小米一斛；到这时野谷丛生，麻和豆类尤其多，野蚕结茧，覆盖在山冈之上，百姓从中得到好处。

［原文］

三年春正月甲子，以偏将军冯异为征西大将军，杜茂为骠骑大将军。大司徒邓禹及冯异与赤眉战于回溪，禹、异败绩。

征虏将军祭遵破蛮中，斩张满。

辛巳，立皇考南顿君已上四庙。

壬午，大赦天下。

闰月乙巳，大司徒邓禹免。

冯异与赤眉战于崤底，大破之，余众南向宜阳，帝自将征之。己亥，幸宜阳。甲辰，亲勒六军，大陈戎马，大司马吴汉精卒当前，中军次之，骁骑、武卫分陈左右。赤眉望见震怖，遣使乞降。丙午，赤眉君臣面缚，奉高皇帝玺绶，诏以属城门校尉。戊申，至自宜阳。己酉，诏曰："群盗纵横，贼害元元，盆子窃尊号，乱惑天下。朕奋兵讨击，应时崩解，十余万众束手降服，先帝玺绶归之王府。斯皆祖宗之灵，士人之力，朕曷足以享斯哉！其择吉日祠高庙，赐天下长子当为父后者爵，人一级。"

荒亭进粥

更始元年，王郎称帝。刘秀率部众向南疾进，到达河北饶阳芜蒌亭时，天气寒冷，北风凛冽，大家饥渴劳顿，不可名状。冯异给刘秀送来了热腾腾的豆粥。第二天一早，刘秀对将领们说："昨得公孙豆粥，饥寒俱解。"

二月己未，祠高庙，受传国玺。

刘永立董宪为海西王，张步为齐王。步杀光禄大夫伏隆而反。

幸怀，遣吴汉率二将军击青犊于轵西，大破降之。

三月壬寅，以大司徒司直伏湛为大司徒。

彭宠陷蓟城，宠自立为燕王。

帝自将征邓奉，幸堵阳。夏四月，大破邓奉于小长安，斩之。

冯异与延岑战于上林，破之。吴汉率七将军与刘永将苏茂战于广乐，大破之。虎牙大将军盖延围刘永于睢阳。

五月己酉，车驾还宫。乙卯

晦，日有食之。

六月壬戌，大赦天下。

耿弇与延岑战于穰(ráng)，大破之。

秋七月，征南大将军岑彭率三将军伐秦丰，战于黎丘，大破之，获其将蔡宏。

庚辰，诏曰："吏不满六百石，下至墨绶(shòu)长、相，有罪先请。男子八十以上，十岁以下，及妇人从坐者，自非不道、诏所名捕，皆不得系。当验问者即就验。女徒雇山归家。"

盖延拔睢阳，获刘永，而苏茂、周建立永子纡(yū)为梁王。

冬十月壬申，幸舂(chōng)陵，祠园庙，因置酒旧宅，大会故人父老。十一月乙未，至自舂陵。

涿郡太守张丰反。

是岁，李宪自称天子。西州大将军隗嚣(xiāo)奉奏。建义大将军朱祐率祭遵与延岑战于东阳，斩其将张成。

[译文]

三年春天正月甲子，以偏将军冯异为征西大将军，杜茂为骠骑大将军。大司徒邓禹和冯异与赤眉军战于回溪，邓禹、冯异被击败。

征虏将军祭遵攻破蛮中，杀了张满。

辛巳日，立皇父南顿君以上四庙。

壬午日，大赦天下。

闰月乙巳日，大司徒邓禹被免职。

冯异与赤眉战于崤底，大败赤眉，赤眉军残部向南逃往宜阳，光武帝亲自率军征讨他们。己亥日，驾临宜阳。甲辰日，亲自统辖六军，部署大量兵马，大司马吴汉的精兵排列于前，中军在后，骁骑、武卫分列左右。赤眉军望见后震惊恐惧，派出使者请求投降。丙午日，赤眉君臣反绑双臂，献上高皇帝玺印，光武帝命令将有关事宜交付城门校尉处理。戊申日，从宜阳回到洛阳。己酉日，诏书说："群盗纵横，残害百姓，刘盆子窃据尊号，扰乱迷惑天下。朕出兵征伐，立刻土崩瓦解，十余万人束手降服。先帝的玺印归于王府。一切都仰仗祖宗之灵，士人之力，朕怎么配有此荣耀！选择吉日祭祀高庙，赏赐天下长子并封继承父亲财产的人以爵位，每人一级。"

朱祐

朱祐，“云台二十八将”之一。朱祐少时便是刘秀至交好友，后殚精竭虑，助其称帝。

二月己未日，祭祀高庙，接受传国玺。

刘永立董宪为海西王，张步为齐王。张步杀死光禄大夫伏隆而造反。

驾临怀县。派遣吴汉率领二位将军攻击青犊于轵县之西，大败并降服了他们。

三月壬寅日，以大司徒司直伏湛为大司徒。

彭宠攻陷蓟城，自立为燕王。

光武帝亲自率兵征伐邓奉，抵达堵阳。夏四月，大败邓奉于小长安，并斩了他。

冯异与延岑战于上林，击破了他。吴汉率领七位将军与刘永的将领苏茂战于广乐，大败茂军。虎牙大将军盖延围困刘永于睢阳。

五月己酉日，车驾回宫。乙卯月末，出现日食。

六月壬戌日，大赦天下。

耿弇与延岑战于穰县，大败岑军。

秋七月，征南大将军岑彭率三位将军讨伐秦丰，战于黎丘，大败丰军，俘获了他的将领蔡宏。

庚辰日，下诏书说：“官吏不满六百石，下至墨绶县长、诸侯相，有罪需处置必先请示。男子八十岁以上，十岁以下，以及妇人受连坐者，只要不是犯了“不道”罪，或下诏具名特捕的人，都不许囚禁。应当查问的立即接受查问。女犯出钱每月雇人于山中伐木的可以放回家。”

盖延攻占睢阳，俘获刘永，而苏茂、周建拥立刘永的儿子刘纡为梁王。

冬天十月壬申日，驾临舂陵，祭祀陵园祖庙，因而摆酒于旧住宅，广招故友和父老聚会。十一月乙未日，从舂陵返京。

涿郡太守张丰造反。

这一年，李宪自称天子。西州大将军隗嚣上书进奏此事。建义大将军朱祐率祭遵与延岑交战于东阳，斩杀延岑的将领张成。

[原文]

四年春正月甲申，大赦天下。

二月壬子，幸怀。壬申，至自怀。

遣右将军邓禹率二将军与延岑战于武当，破之。

夏四月丁巳，幸邺。己巳，进幸临平。

遣大司马吴汉击五校贼于箕山，大破之。

五月，进幸元氏。辛巳，进幸卢奴。遣征虏将军祭遵率四将军讨张丰于涿(zhuō)郡，斩丰。

六月辛亥，车驾还宫。

七月丁亥，幸谯。遣捕虏将军马武、偏将军王霸围刘纡(yū)于垂惠。

马武

马武（？ -61 年），“云台二十八将”之一。刘秀称帝后，对有较高政治才能的开国功臣，仍加重用，而对那些虽屡建军功却缺少治国才干的功臣，则不授以实职实权，只让他们享受荣华富贵。马武即属后者。

董宪将贲休以兰陵城降，宪围之。虎牙大将军盖延率平狄将军庞萌救贲(bēn)休，不克，兰陵为宪所陷。

秋八月戊午，进幸寿春。

太中大夫徐恽擅杀临淮太守刘度，恽坐诛。遣扬武将军马成率三将军伐李宪。九月，围宪于舒。

冬十月甲寅，车驾还宫。

太傅卓茂薨(hōng)。

十一月丙申，幸宛。遣建义大将军朱祐率二将军围秦丰于黎丘。

十二月丙寅，进幸黎丘。

是岁，征西大将军冯异与公孙述将程焉战于陈仓，破之。

[译文]

四年春天正月甲申日，大赦天下。

二月壬子，驾临怀县。壬申日从怀县抵京师。

派遣右将军邓禹率领二位将军与延岑战于武当，打败了延岑。

夏天四月丁巳日，驾临邺城。己巳日，驾临临平。

派遣大司马吴汉进攻五校叛军于箕山，大败五校。

五月，驾临元氏。辛巳，驾临卢奴。派遣征虏将军祭遵率领四位将军讨伐张丰于涿郡，斩了张丰。

六月辛亥日，车驾返回洛阳宫。

七月丁亥日，驾临谯县。派遣捕虏将军马武、偏将军王霸围攻刘纡于垂惠。

董宪的将领贲休以兰陵城归降，董宪围困了该城。虎牙大将军盖延率平狄将军庞萌援救贲休，未成功，兰陵被董宪所攻陷。

秋天八月戊午日，驾临寿春。

太中大夫徐恽擅自杀死临淮太守刘度，徐恽因此被处死。派遣扬武将军马成率领三位将军讨伐李宪。九月，围困李宪于舒城。

冬天十月甲寅日，车驾回到洛阳宫中。

太傅卓茂去世。

十一月丙申日，驾临宛城。派遣建义大将军朱祐率二位将军围攻秦丰于黎丘。

十二月丙寅日，驾临黎丘。

这一年，征西大将军冯异与公孙述的将领程焉交战于陈仓，打败了他。

[原文]

五年春正月癸巳，车驾还宫。

二月丙午，大赦天下。

捕虏将军马武、偏将军王霸拔垂惠。乙丑，幸魏郡。壬申，封殷后孔安为殷绍嘉公。

彭宠为其苍头所杀，渔阳平。大司马吴汉率建威大将军耿弇击富平、获索贼于平原，大破降之。复遣耿弇(yǎn)率二将军讨张步。

三月癸未，徙广阳王良为赵王，始就国。

平狄将军庞萌反，杀楚郡太守孙萌而东附董宪。遣征南大将军岑彭率二将军伐田戎于津乡，大破之。

夏四月，旱，蝗。河西大将军窦融始遣使贡献。

五月丙子，诏曰："久旱伤麦，秋种未下，朕甚忧之。将残吏未胜，狱多冤结，元元愁恨，感动天气乎？其令中都官、三辅、郡、国出系囚，罪非犯殊死一切勿案，见徒免为庶人。务进柔良，退贪酷，各正厥(jué)事焉。"

六月，建义大将军朱祐拔黎丘，获秦丰；而庞萌、苏茂

围桃城。帝时幸蒙，因自将征之。先理兵任城，乃进救桃城，大破萌等。

秋七月丁丑，幸沛，祠高原庙。诏修复西京园陵。进幸湖陵，征董宪。又幸蕃，遂攻董宪于昌虑，大破之。

过鲁祀圣

帝王祭孔乃是由汉高祖首开先例，汉《史记》："高帝击淮南王黥布，还过鲁，以太牢祀孔子。"建武五年，光武帝刘秀击败董宪以后，亦步汉高祖的后尘，幸鲁祭祀孔子，褒赏孔氏后裔。

八月己酉，进幸郯(tán)，留吴汉攻刘纡、董宪等，车驾转徇彭城、下邳。吴汉拔郯，获刘纡；汉进围董宪、庞萌于朐。

冬十月，还，幸鲁，使大司空祠孔子。耿弇等与张步战于临淄，大破之。帝幸临淄，进幸剧。张步斩苏茂以降，齐地平。初起太学。车驾还宫，幸太学，赐博士弟子各有差。

十一月壬寅，大司徒伏湛免，尚书令侯霸为大司徒。

十二月，卢芳自称天子于九原。西州大将军隗嚣(xiāo)遣子恂入侍。交阯牧邓让率七郡太守遣使奉贡。诏复济阳二年徭役。

是岁，野谷渐少，田亩益广焉。

［译文］

五年春天正月癸巳日，车驾回到洛阳宫中。

二月丙午，大赦天下。

捕虏将军马武、偏将军王霸攻取垂惠。乙丑日，驾临魏郡。壬申日，封殷朝后人孔安为殷绍嘉公。

彭宠被他的奴仆杀死，渔阳平定。大司马吴汉率建威大将军耿弇进攻富平、获索叛军等于平原郡，大败并降服了他们。又派耿弇率领二位将军征讨张步。

三月癸未日，改封广阳王刘良为赵王，开始前往封国。

平狄将军庞萌造反，杀死楚郡太守孙萌而东去投靠董宪。派遣征南大将军岑彭率领二位将军讨伐田戎于津乡，大败田戎。

夏四月，天旱，发生蝗灾。河西大将军窦融开始派遣使者进贡。

五月丙子日，诏书说："久旱伤害麦子，秋粮未能下种，朕十分忧虑。是因为将领残暴，官吏不尽职，狱中多有冤枉之人，百姓既愁又恨，而引起天气失调吗？命令中都官、三辅、郡、国释放关押的囚犯，不是犯殊死之罪的人一概不予追究，判服劳役的人免罪为平民。务必选用宽厚贤良的人为吏，除去贪婪残暴的官吏，各自处理好政事。"

六月，建义大将军朱祐攻取黎丘，俘获秦丰；而庞萌、苏茂围困了桃城。光武帝当时驾临蒙县，因而亲自率兵征讨庞萌等。先整顿兵马于任城，才进而援救桃城，大败庞萌等军。

秋天七月丁丑日，驾临沛县，祭祀高祖原庙。下诏修复西京的园陵。进而驾临湖陵，征讨董宪。又驾临蕃县，于是进攻董宪于昌虑，大败董宪。

八月己酉日，驾临郯县，留吴汉攻打刘纡、董宪等人，车驾转而巡视彭城、下邳。吴汉攻取郯县，俘获刘纡；吴汉进而围攻董宪、庞萌于朐县。

冬十月，开始回京，驾临鲁国，派大司空祭祀孔子。耿弇等与张步交战于临淄，大败张步。光武帝驾临临淄，进而驾临剧县。张步杀苏茂后投降，齐地平定。初建太学。车驾回到洛阳宫中，驾临太学，按级别赏赐博士弟子。

十一月壬寅，大司徒伏湛被免职，封尚书令侯霸为大司徒。

十二月，卢芳于九原自称天子。西州大将军隗嚣派遣儿子隗恂入侍。交阯牧邓让率领七郡太守共同派遣使者进贡。下诏书免除济阳两年的徭役。

这一年，野生谷物逐渐减少，田地被更加广泛地开垦出来。

[原文]

六年春正月丙辰，改舂陵乡为章陵县。世世复徭役，比丰、沛，无有所豫。辛酉，诏曰："往岁水、旱、蝗虫为灾，谷价腾跃，人用困乏。朕惟百姓无以自赡，恻然愍(mǐn)之。其命郡国有谷者，给禀高年、鳏(guān)、寡、孤、独及笃癃(lóng)、无家属贫不能自存者，如《律》。二千石勉加循抚，无令失职。"

扬武将军马成等拔舒，获李宪。

二月，大司马吴汉拔朐(qú)，获董宪、庞萌，山东悉平。诸将还京师，置酒赏赐。

三月，公孙述遣将任满寇南郡。

夏四月丙子，幸长安，始谒高庙，遂有事十一陵。遣虎牙大将军盖延等七将军从陇道伐公孙述。

五月己未，至自长安。

汉长陵

汉长陵位于陕西咸阳城东北16公里处的渭城区窑店乡汉陵村，为汉高祖刘邦之陵墓。东边不远处有皇后吕雉墓，与高祖同陵园不同穴位。尚存有功臣贵戚陪葬墓63座，名臣萧何、曹参、周勃等葬于此。

[译文]

建武六年春正月丙辰日，把舂陵乡更名为章陵县。世世代代免除该地的徭役，按照高祖刘邦家乡丰邑及沛县的旧制，让章陵县的百姓不再为今后的岁月而担忧。辛酉日，光武帝下诏书说："以往大水、干旱和蝗虫成灾，谷物价格飞涨，人们缺少衣食。朕想到百姓已经无法养活自己，心里很难过，十分同情他们。现在我命令各地存有粮食的人，把粮食提供给老人、鳏、寡、孤、独以及病重体弱、没有家眷而贫穷不能自养的人，其标准依据颁布的《汉律》。各郡太守要多多抚慰百姓，不要让百官失职。"

扬武将军马成等带兵攻占了舒县，擒获了李宪。

二月，大司马吴汉攻取朐县，俘虏了董宪、庞萌，山东之地全部平定。诸将带兵回到京师，光武帝大摆宴席犒赏众人。

三月，公孙述派遣部将任满进犯南郡。

夏四月丙子日，光武帝来到长安，第一次拜谒了汉高祖的神庙，随后祭扫了西汉十一位皇帝的陵墓。派虎牙大将军盖延等七人领兵取道陇地讨伐公孙述。

五月己未日，光武帝由长安返回洛阳。

[原文]

隗嚣(xiāo)反，盖延等因与嚣战于陇坻，诸将败绩。辛丑，诏曰："惟天水、陇西、安定、北地吏人为隗嚣所诖误者，又三辅遭难赤眉，有犯法不道者，自殊死以下，皆赦除之。"

六月辛卯，诏曰："夫张官置吏，所以为人也。今百姓遭

李通

李通（？ -42 年），东汉功臣，娶刘秀妹伯姬为妻。建武二年（26 年）封固始侯，拜大司农。刘秀出征，通常留守洛阳，镇抚百姓。建武六年（30 年），西征汉中延岑，打败公孙述军，拜大司空。

难，户口耗少，而县官吏职所置尚繁，其令司隶、州牧各实所部，省减吏员。县国不足置长吏可并合者，上大司徒、大司空二府。”于是条奏并省四百余县，吏职减损，十置其一。

代郡太守刘兴击卢芳将贾览于高柳，战殁。

初，乐浪人王调据郡不服。秋，遣乐浪太守王遵击之，郡吏杀调降。

遣前将军李通率二将军，与公孙述将战于西城，破之。

夏，蝗。

秋九月庚子，赦(shè)乐浪谋反大逆殊死已下。丙寅(bǐng yín)晦，日有食之。

［译文］

隗嚣造反，盖延等率军队与隗嚣在陇阺激战，盖延等将领战败。辛丑日，光武帝下诏书说：“天水、陇西、安定、北地四郡由于隗嚣反叛而受到连累的官民，以及三辅地区遭受赤眉之难时犯法乱纪的人，他们中间凡是判斩首以下罪行的，一律予以赦免。”

六月辛卯日，光武帝下诏书说：“设置官府和任命官吏，都是为了管理百姓。如今百姓遭难，人口减少，然而所设县官吏员的职位仍然很多，现在命令司隶、州牧分别对自己辖区的官吏设置加以核实，减少官吏人数。将那些不足以设长吏而又可以合并的县和诸侯国，上报给大司徒府和大司空府。”于是京畿司隶、各州州牧分列条文奏报，合并裁撤了四百多个县，官吏职位的设置也予以减少，约为以前官吏数目的十分之一。

代郡太守刘兴在高柳进攻卢芳的部将贾览，战死。

起初，乐浪郡人王调占据乐浪郡而不顺从朝廷。秋天，光武帝派乐浪郡太守王遵前去攻打王调，该郡官吏杀死王调投降。

派遣前将军李通率二位将军，在西城县与公孙述的部将交战，把他们打败了。

夏天，各地发生了蝗虫灾害。

秋九月庚子日，赦免了那些在乐浪谋反中罪行在死刑以下的人。月末丙寅日，发生了日食。

［原文］

冬十月丁丑，诏曰：“吾德薄不明，寇贼为害，强弱相陵，元元失所。《诗》云：‘日月告凶，不用其行。’永念厥(jué)咎，内疚于心。其敕公卿举贤良、方正各一人；百僚并上封事，无有隐讳；有司修职，务遵法度。”

十一月丁卯，诏王莽时吏人没入为奴婢不应旧法者，皆免为庶人。十二月壬辰，大司空宋弘免。癸巳，诏曰：“顷者师旅未解，用度不足，故行什一之税。今军士屯田，粮储差积。其令郡国收见田租三十税一，如旧制。”

隗嚣遣将行巡寇扶风，征西大将军冯异拒破之。

是岁，初罢郡国都尉官。始遣列侯就国。匈奴遣使来献，使中郎将报命。

七年春正月丙申，诏中都官、三辅、郡、国出系囚，非犯殊死，皆一切勿案其罪。见徒免为庶人。耐罪亡命，吏以文除之。又诏曰：“世以厚葬为德，薄终为鄙，至于富者奢僭(jiàn)，贫者单财，法令不能禁，礼义不能止，仓卒乃知其咎。其布告天下，令知忠臣、孝子、慈兄、

仁惠民富

民以食为天。建武六年(30年)，刘秀下令实行“三十税一”的田赋制度。而且每逢突发性的自然灾害，他都会下令减免徭役，对于那些鳏、寡、孤、独、笃、癃、贫而不能自给的，官府经常发给粮食。百姓渐渐丰衣足食。

悌弟薄葬送终之义。"

二月辛巳，罢护漕都尉官。

三月丁酉，诏曰："今国有众军，并多精勇，宜且罢轻车、骑士、材官、楼船士及军假吏，令还复民伍。"公孙述立隗嚣为朔宁王。

[译文]

冬十月丁丑日，光武帝下诏书说："我德行浅薄又不圣明，导致寇贼为害，强暴欺凌弱小，百姓流离失所。《诗经》中说：'日月能够显示天下的凶亡征兆，因为运行的轨道不遵常规。'我要永远铭记自己的过失，内心充满内疚之情。现在命令公卿推举贤良、方正各一人；百官们都可以向上呈递密封的奏章，不应有隐讳之处；有关官员要尽忠职守，务必遵守法令。"

十一月丁卯日，光武帝诏令王莽时的官吏民众，沦为奴婢而不合旧法的人，一律把他们释放为平民。十二月壬辰日，大司空宋弘被免职。癸巳日，光武帝下诏书说："近来战争还未结束，国家财力尚弱，因而实行十分之一的田税。如今士兵们屯田耕种，粮食储备略有增加。命令各地征收现有田地收成的三十分之一为田税，就像景帝时的旧制度一样。"

隗嚣派将军行巡进犯扶风，征西大将军冯异与之交战，并打败了他。

同年，开始裁撤各郡的都尉官。开始派遣诸侯到自己的封国上任。匈奴派遣使者前来进贡，光武帝则派中郎将回访。

七年春正月丙申日，诏令中都官、三辅、郡和国释放在押的囚犯，对那些没有判为死刑的，都暂且不追究其罪责。被判徒刑的人都赦免为平民。对那些犯罪应服徒刑而逃亡的人，由官员登记他们的姓名之后免除他们的罪名。又下诏书说："现在人们都把厚葬送终作为美德，而把节俭操办丧事作为鄙野无礼的行为，以至于富人超越礼仪奢侈铺张，而穷人则因此费尽家财，法令不能禁止，礼义也不能阻止，直到战乱之时坟墓被盗掘才知道其害处。现在诏告天下，让百姓都明白忠心的臣僚、孝顺的儿子、仁义的兄长、恭顺的弟弟薄葬送终的大义。"

二月辛巳日，撤掉各地的护漕都尉官。

三月丁酉日，皇帝下诏书说："现在国家拥有大量军队，而且大多精锐勇猛，应该暂时撤销轻车、骑士、材官、楼船士等士卒和军中临时添设的官员，让他们回乡为民。"公孙述立隗嚣为朔宁王。

[原文]

五月戊戌，前将军李通为大司空。甲寅，诏吏人遭饥乱及为青、徐贼所略为奴婢下妻，欲去留者，恣听之。敢拘制

不还，以《卖人法》从事。

是夏，连雨水。

汉忠将军王常为横野大将军。

八月丁亥，封前河间王邵为河间王。

隗嚣寇安定，征西大将军冯异、征虏将军祭遵击却之。

冬，卢芳所置朔方太守田飒（sà）、云中太守乔扈各举郡降。

是岁，省长水、射声二校尉官。

八年春正月，中郎将来歙（xī）袭略阳，杀隗嚣守将而据其城。

夏四月，司隶校尉傅抗下狱死。隗嚣攻来歙，不能下。闰月，帝自征嚣，河西大将军窦融率五郡太守与车驾会高平。陇右溃，隗嚣奔西城，遣大司马吴汉、征南大将军岑彭围之；进幸上邽，不降，命虎牙大将军盖延、建威大将军耿弇攻之。颍川盗贼寇没属县，河东守守兵亦叛，京师骚动。

王常

王常，“云台二十八将”之一。曾起兵反对王莽，在昆阳之战中立大功，后被更始帝刘玄赐姓刘。建武二年（26年），降于光武帝。

[译文]

五月戊戌日，前将军李通被任命为大司空。甲寅日，皇帝下诏令说由于战乱和饥荒而受到伤害的官民以及被青、徐的强盗掳走当奴仆或小妾的百姓，要离开或者留下，完全尊重本人的意愿。如果有敢强制拘留他们不允许他们返回家乡的人，一律按照《卖人法》定罪。

这年夏天，连续下雨而发生水灾。

任命汉忠将军王常为横野大将军。

八月丁亥日，封前河间王刘邵为河间王。

隗嚣进犯安定，征西大将军冯异、征虏将军祭遵迎战打败了敌人。

冬天，卢芳任用的朔方太守田飒、云中太守乔扈各自率全郡军民投降。

这一年，撤销了长水、射声二种校尉官。

八年春正月，中郎将来歙攻击略阳县，杀死了隗嚣的守将并占领了略阳城。

夏四月，司隶校尉傅抗因罪入狱而死。隗嚣攻击来歙，未能攻克。闰四月，光武帝亲自征讨隗嚣，河西大将军窦融带领五个郡的太守在高平县与光武帝会合。隗嚣在陇右战败，逃奔至西城县，光武帝派遣大司马吴汉、征南大将军岑彭将西城县包围，光武帝抵达上邽县，敌军拒绝投降，于是命令虎牙大将军盖延、建威大将军耿弇发动攻击。颍川盗贼侵犯并攻陷该郡所管辖的县，河东太守统领的守军也发生叛乱，京城洛阳骚动不安。

[原文]

冬十月，中郎将来歙等大破隗(wěi)纯于落门，其将王元奔蜀，纯与周宗降，陇右平。先零羌寇金城、陇西，来歙(xī)率诸将击羌于五谿，大破之。庚寅，车驾还宫。

是岁，省定襄郡，徙其民于西河。泗水王歙薨。淄川王终薨。

十一年春二月己卯，诏曰："天地之性人为贵。其杀奴婢，不得减罪。"

三月己酉，幸南阳；还，幸章陵，祠园陵。城阳王祉(zhǐ)薨。庚午，车驾还宫。

闰月，征南大将军岑彭率三将军与公孙述将田戎、任满战于荆门，大破之，获任满。威虏将军冯骏围田戎于江州，岑彭遂率舟师伐公孙述，平巴郡。

夏四月丁卯，省大司徒司直官。先零羌(qiāng)寇临洮(táo)。

[译文]

冬十月，中郎将来歙等在落门击败隗纯的兵马，隗纯的大将王元逃到蜀地，隗纯和周宗投降，陇右之地于是被平定。先零羌进犯金城、陇西，来歙率领众将在五谿攻打羌人的军队，击败羌军。庚寅日，光武帝返回洛阳宫。

这一年，裁撤了定襄郡，把那里的百姓迁徙到西河。泗水王刘歙去世。淄川王刘终去世。

十一年春二月己卯日，下诏书说："天地之间的生灵以人最为宝贵。如果杀害奴婢，不得减轻杀人者的罪行。”

三月己酉日，光武帝驾临南阳；返回，驾临章陵，祭祀园陵。城阳王刘祉去世。庚午日，光武帝回到洛阳。

闰三月，征南大将军岑彭带领三位将军在荆门和公孙述的部将田戎、任满交战，岑彭打败他们，俘虏了任满。威虏将军冯骏在江州将田戎包围，岑彭随后率领水军征讨公孙述，平定了巴郡。

夏四月丁卯日，裁撤大司徒司直官。先零羌人进犯临洮县。

[原文]

六月，中郎将来歙率扬武将军马成破公孙述将王元、环安于下辩。安遣间人刺杀中郎将来歙。帝自将征公孙述。

秋七月，次长安。

八月，岑彭破公孙述将侯丹于黄石。辅威将军臧宫与公孙述将延岑战于沈水，大破之。王元降。至自长安。癸亥，诏曰：“敢炙（jiǔ）灼奴婢，论如律，免所炙灼者为庶人。”

冬十月壬午，诏除奴婢射伤人弃市律。

公孙述遣间人刺杀征南大将军岑彭。马成平武都，因陇西太守马援击破先零羌，徙致天水、陇西、扶风。

十二月，大司马吴汉率舟师伐公孙述。

是岁，省朔方牧，并并州。初断州牧自还奏事。

十二年春正月，大司马吴汉

城门断限

建武十一年（35年），臧宫将兵屯骆越人聚集之地。当时岑彭屡战公孙述不利，骆越人人心浮动，臧宫兵力单薄而不得控。此时，属县送来数百辆送输车，于是臧宫命人夜断城门限，让运输车辆整夜来而复往，出入城门。骆越人以为汉军大部队来了，不敢再怀二心，送来牛、酒犒劳汉军。臧宫排兵列阵，杀牛摆酒，款待、抚慰他们。骆越地方这才安定下来。

与公孙述将史兴战于武阳，斩之。

三月癸酉，诏陇、蜀民被略为奴婢自讼者，及狱官未报，一切免为庶人。

夏，甘露降南行唐。六月，黄龙见东阿。

秋七月，威虏将军冯骏拔江州，获田戎。

九月，吴汉大破公孙述将谢丰于广都，斩之。辅威将军臧宫拔涪(fú)城，斩公孙恢。大司空李通罢。

冬十一月戊寅，吴汉、臧(zāng)宫与公孙述战于成都，大破之。述被创，夜死。辛巳，吴汉屠成都，夷述宗族及延岑等。

十二月辛卯，扬武将军马成行大司空事。

是岁，九真徼外蛮夷张游率种人内属，封为归汉里君。省金城郡属陇西。参狼羌(qiāng)寇武都，陇西太守马援讨降之。诏边吏力不足战则守，追虏料敌不拘以逗留法。横野大将军王常薨。遣骠骑大将军杜茂将众郡施刑屯北边，筑亭候，修烽燧。

[译文]

六月，中郎将来歙带领扬武将军马成在下辩县击败公孙述的部将王元、环安。环安派间谍刺杀了中郎将来歙。光武帝亲自率领军队征伐公孙述。

秋七月，军队驻扎于长安。

八月，岑彭在黄石将公孙述的部将侯丹击溃。辅威将军臧宫在沈水与公孙述的部将延岑作战，臧宫击败延岑。王元投降。光武帝从长安回到洛阳。癸亥日，光武帝下诏书说："如有敢烧灼奴婢者，依法论罪，并将被烧灼的奴婢释放为平民。"

冬十月壬午日，光武帝下诏书取消奴婢射伤人就要被处死的法律。

公孙述派遣间谍刺杀了征南大将军岑彭。马成率兵平定了武都，凭借着陇西太守马援击败了先零羌，将他们迁徙到天水、陇西、扶风三地定居。

十二月，大司马吴汉率领水军征讨公孙述。

这一年，裁撤了朔方牧，将其合并到并州。开始废除州牧年终进京奏事的制度。

十二年春正月，大司马吴汉与公孙述的部将史兴在武阳县作战，吴汉杀死了史兴。

三月癸酉日，光武帝下诏令陇、蜀两地的百姓中被掳去当奴婢的，自己前往官府诉讼，司法官员尚未判决的，全都免为平民。

夏季，有甘露降在南行唐县。六月，有黄龙在东阿出现。

秋七月，威虏将军冯骏占领江州，将田戎擒获。

九月，吴汉在广都县大败公孙述的部将谢丰，杀死了谢丰。辅威将军臧宫占领涪城，斩杀公孙恢。大司空李通被免职。

冬十一月戊寅日，吴汉、臧宫与公孙述在成都作战，大败公孙述。公孙述身受重伤，当晚死去。辛巳日，吴汉在成都大肆屠杀，将公孙述的族人及延岑等全部杀死。

十二月辛卯日，扬武将军马成代理大司空一职。

这一年，九真郡境外的蛮夷张游率领部族归顺朝廷，被封为归汉里君。裁撤金城郡，将该地归陇西管辖。参狼羌进犯武都，陇西太守马援率领兵马征讨并使他们投降。皇帝命令边境官吏假如兵力不足以出战就采取防守的策略，追击敌军时根据情况决定，不用逗留畏惧不前而定罪的法律来约束将帅。横野大将军王常去世。派遣骠骑大将军杜茂带领各郡获刑的罪犯驻扎在北部边境，建起了哨所，修筑了烽火台。

[原文]

十三年春正月庚申，大司徒侯霸薨。戊子，诏曰："往年已敕郡国，异味不得有所献御，今犹未止，非徒有豫养导择之劳，至乃烦扰道上，疲费过所。其令太官勿复受。明敕下以远方口实所以荐宗庙，自如旧制。"

二月，遣捕虏将军马武屯虖沱河以备匈奴。卢芳自五原亡入匈奴。丙辰，诏曰："长沙王兴、真定王得、河间王邵、中山王茂，皆袭爵为王，不应经义。其以兴为临湘侯，得为真定侯，邵为乐成侯，茂为单

惠政郡民

东汉初大臣侯霸明察守正，奉公不回。曾为淮平大尹，政理有能名。更始帝遣使欲征侯霸回朝，百姓老弱相携号哭，挡住使者之车，或当道而卧。都说："愿乞侯君复留期年。"使者担心侯霸就征，临淮必会大乱，遂不敢授玺书。

父侯。”其宗室及绝国封侯者凡一百三十七人。丁巳，降赵王良为赵公，太原王章为齐公，鲁王兴为鲁公。庚午，以殷绍嘉公孔安为宋公，周承休公姬武为卫公。省并西京十三国：广平属巨鹿，真定属常山，河间属信都，城阳属琅邪，泗水属广陵，淄川属高密，胶东属北海，六安属庐江，广阳属上谷。

三月辛未，沛郡太守韩歆为大司徒。丙子，行大司空马成罢。

夏四月，大司马吴汉自蜀还京师，于是大飨将士，班劳策勋。功臣增邑更封，凡三百六十五人。其外戚恩泽封者四十五人。罢左右将军官。建威大将军耿弇罢。益州传送公孙述瞽（gǔ）师、郊庙乐器、葆（bǎo）车、舆辇（niǎn），于是法物始备。时，兵革既息，天下少事，文书调役，务从简寡，至乃十存一焉。甲寅，冀州牧窦融为大司空。

马成

马成（？ –56 年），东汉开国功臣，“云台二十八将”之一。曾杀李宪，败隗嚣，破河池，平定武都，屡建战功却缺乏治国才干，故而最终只获奖功封侯，而未授实权。曾被封为平舒侯、扬武将军、全椒侯。

五月，匈奴寇河东。

秋七月，广汉徼外白马羌豪率种人内属。

九月，日南徼外蛮夷献白雉、白兔。

冬十二月甲寅，诏益州民自八年以来被略为奴婢者，皆一切免为庶人；或依托为人下妻，欲去者，恣听之；敢拘留者，比青、徐二州以略人法从事。

复置金城郡。

十四年春正月，起南宫前殿。匈奴遣使奉献，使中郎将报命。

夏四月辛巳，封孔子后志为褒成侯。

[译文]

十三年春正月庚申日，大司徒侯霸去世。戊子日，皇帝下诏书说："以前我命令各郡国，不得进献奇珍美食，但至今这种行为依然未能停止，因为这不仅有饲养和挑选的劳累，甚至还要烦劳搅扰沿途的百姓，增加所经之地的耗费和辛劳。现在命令掌管皇帝膳食的宦官不得再接受各郡国的进献。我明确地颁布敕戒，进献的食物只能用作供奉宗庙，如同以前的制度。"

二月，皇帝派遣捕虏将军马武在虖沱河边驻军以防备匈奴进犯。卢芳从五原逃亡到匈奴。丙辰日，皇帝下诏书说："长沙王刘兴、真定王刘得、河间王刘邵、中山王刘茂，都继承爵位担任了诸侯国王，但他们都是皇室的远亲，不合义理。现在册封刘兴为临湘侯，刘得为真定侯，刘邵为乐成侯，刘茂为单父侯。"那些刘姓宗室以及中断了国嗣的诸侯被改封为侯的，总计一百三十七人。丁巳日，将赵王刘良降为赵公，太原王刘章降为齐公，鲁王刘兴降为鲁公。庚午日，将殷绍嘉公孔安改为宋公，将周承休公姬武改为卫公。撤并了西京十三个诸侯国：把广平并入巨鹿，真定并入常山，河间并入信都，城阳并入琅邪，泗水并入广陵，淄川并入高密，胶东并入北海，六安并入庐江，广阳并入上谷。

三月辛未日，任命沛郡太守韩歆为大司徒。丙子日，将行大司空马成罢免。

夏四月，大司马吴汉从蜀地回到京城，于是光武帝大摆筵席慰问将士，颁布有功者的功绩并记录在册。增加食邑数量和变更封地的功臣，总计有三百六十五人。那些外戚中蒙受皇恩加封的有四十五人。裁撤左右将军官职。建威大将军耿弇被罢官。益州传送公孙述的乐师、郊庙乐器、葆车、舆辇至京城，到这时皇家仪仗的用品才比较完备。到此时战争已经平息，天下很少生变，通过文书调配劳役，力求简省节约，以致所需数量只有以前的十分之一。甲寅日，冀州牧窦融被任命为大司空。

五月，匈奴进犯河东。

秋七月，广汉边界之外的白马羌的头领率领族人归顺。

九月，日南边境之外的蛮夷贡献白雉、白兔。

冬十二月甲寅日，命令益州的百姓凡是从建武八年以后被掳去做奴婢的，一并都释放为平民；有依托别人为妾的，想离去的，尊重她们的意愿；对敢于滞留不放的人，按照青、徐二州的方式，按抢掠人口的刑法定罪。

恢复设置金城郡。

十四年春正月，修建南宫前殿。匈奴派出使者进献贡物，派中郎将作为使者回访。

夏四月辛巳日，册封孔子的后人孔志为褒成侯。

［原文］

十五年春正月辛丑，大司徒韩歆免，自杀。

初，巴蜀既平，大司马吴汉上书请封皇子，不许，重奏连岁。三月，乃诏群臣议。大司空融、固始侯通、胶东侯复、高密侯禹、太常登等奏议曰：“古者封建诸侯，以藩屏京师。周封八百，同姓诸姬并为建国，夹辅王室，尊事天子，享国永长，为后世法。故《诗》云：‘大启尔宇，为周室辅。’高祖圣德，光有天下，亦务亲亲，封立兄弟诸子，不违旧章。陛下德横天地，兴复宗统，褒德赏勋，亲睦九族，功臣宗室，咸蒙封爵，多受广地，或连属县。今皇子赖天，能胜衣趋拜，陛下恭谦克让，抑而未议，群臣百姓，莫不失望。宜因盛夏吉时，定号位，以广藩辅，明亲亲，尊宗庙，重社稷，应古合旧，厌塞众心。臣请大司空上舆地图，太常择吉日，具礼仪。”制曰：“可。”

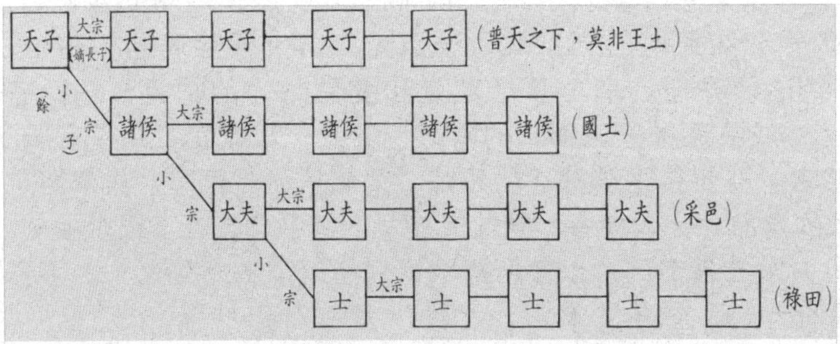

西周宗法制度示意图

西周初年，周武王为保“家天下”的稳固，将天下的土地和人民分封给自己的兄弟、亲族及功臣，逐渐形成了以周天子为中心的宗法体制。这套宗法制度除了包括分封制外，还严格确定了嫡长子的继承权，和严格的宗庙祭祀制度。后来的封建王朝均受其影响。

夏四月戊申，以太牢告祠宗庙。丁巳，使大司空融告庙，封皇子辅为右翊公，英为楚公，阳为东海公，康为济南公，苍为东平公，延为淮阳公，荆为山阳公，衡为临淮公，焉为左翊公，京为琅邪公。癸丑，追谥兄伯升为齐武公，兄仲为鲁哀公。

[译文]

十五年春正月辛丑日，大司徒韩歆罢官，自杀。

起初，巴蜀平定之后，大司马吴汉上书请求册立皇子，光武帝没有应允，于是便连年因为这件事情上书。三月，皇帝才下诏令让群臣商议。大司空窦融、固始侯李通、胶东侯贾复、高密侯邓禹、太常登等人上书表明意见说："古时候分封建立诸侯国，来作为京师的屏藩。周朝一共分封了八百名诸侯，同宗各姬姓共同建立诸侯国，在周围辅弼王室，他们恭敬地事奉周天子，使周朝的王位得以长久地延续，成为后世效仿的榜样。所以《诗经》说：'大力开拓你的疆土，作为我周王室的辅助。'汉高祖刘邦拥有圣明的德行，胸怀天下，也曾尽力爱戴宗亲，封兄弟和各个皇子为诸侯王，不违背先前的典章。陛下的德行横贯天地，使宗室得以复兴，使美德得以褒扬，使功勋得以奖励，使皇族关系亲睦，功臣宗室都受到了封爵，大多数都得到了大片的封地，甚至有的封地连接数县。现在皇子们依靠上天的保佑，已经开始穿戴成人的衣冠，行趋拜的礼仪，陛下克让恭谦，没有同意群臣商议分封皇子的建议，群臣百姓都非常失望。应该借盛夏吉时，确定皇子们的封号名位，从而广泛建立中央政权的屏藩和辅佐，以体现陛下爱护亲属，尊奉祖先，重视社稷，这才符合古代的传统和旧时的制度，以使众人的心愿得到满足。我们请求您让大司空呈上地图，太常选定吉祥的日子，准备好礼仪。"皇帝诏旨说："可以。"

夏四月戊申日，用牛羊猪三牲告祭宗庙。丁巳日，派大司空窦融向祖先告祭，封皇子刘辅为右翊公，刘英为楚公，刘阳为东海公，刘康为济南公，刘苍为东平公，刘延为淮阳公，刘荆为山阳公，刘衡为临淮公，刘焉为左翊公，刘京为琅邪公。癸丑日，追封兄长刘伯升谥号为齐武公，兄长刘仲为鲁哀公。

[原文]

十六年春二月，交阯女子徵侧反，略有城邑。

郡国大姓及兵长、群盗处处并起，攻劫在所，害杀长吏。郡县追讨，到则解散，去复屯结。青、徐、幽、冀四州尤甚。冬十月，遣使者下郡国，听群盗自相纠擿，五人共斩一人者，除其罪。吏虽逗留回避故纵者，皆勿问，听以禽讨为效。其牧守令长坐界内盗贼而不收捕者，又以畏懦捐城委守者，皆不以为负，但取获贼多少为殿最，唯蔽匿者乃罪之。于是更相追捕，贼并解散。徙其魁帅于它郡，赋田受禀，使安生业。自是牛马放牧，邑门不闭。

十七年春正月，赵公良薨。

冬十月辛巳，废皇后郭氏为中山太后，立贵人阴氏为皇后。进右翊公辅为中山王，食常山郡。其余九国公，皆即旧封进爵为王。甲申，幸章陵。修园庙，祠旧宅，观田庐，置酒作乐，赏赐。时，宗室诸母因酣悦，相与语曰："文叔少时谨信，与人不款曲，唯直柔耳。今乃能如此！"帝闻之，大笑曰："吾理天下，亦欲以柔道行之。"乃悉为舂陵宗室起祠堂。有五凤皇见于颍川之郏县。

十二月，至自章陵。

是岁，莎车国遣使贡献。

十八年春二月，蜀郡守将史歆（xīn）叛，遣大司马吴汉率二将军讨之，围成都。

甲寅，西巡狩，幸长安。

三月壬午，祠高庙，遂有事十一陵。历冯翊界，进幸蒲（pú）坂，祠后土。

阴后

阴丽华（4年－64年），南阳新野人，是刘秀的结发妻，建武十七年(41年)被立为皇后。阴丽华一生谦德可风，相夫教子，主理后宫，不曾干预朝政，更能约束家人，使刘秀无后顾之忧，专心国事，堪为贤妻典范。

夏四月癸酉，车驾还宫。甲戌，诏曰："今边郡盗谷五十斛，罪至于死，开残吏妄杀之路，其蠲除此法，同之内郡。"

遣伏波将军马援率楼船将军段志等击交阯贼徵侧等。甲申，幸河内。戊子，至自河内。

五月，旱。卢芳复

亡入匈奴。

秋七月，吴汉拔成都，斩史歆等。壬戌，赦益州所部殊死已下。

冬十月庚辰，幸宜城。还，祠章陵。

十二月乙丑，车驾还宫。

是岁，罢州牧，置刺史。

十九年春正月庚子，追遵孝宣皇帝曰中宗。始祠昭帝、元帝于太庙，成帝、哀帝、平帝于长安，舂陵节侯以下四世于章陵。

妖巫单臣、傅镇等反，据原武，遣太中大夫臧宫围之。夏四月，拔原武，斩臣、镇等。

伏波将军马援破交阯，斩徵侧等。因击破九真贼都阳等，降之。

[译文]

十六年春天三月，交阯女子徵侧反叛，攻掠城邑。

郡国的世家大族和军吏、群盗四处兴起叛乱，攻击抢掠所在地区，杀死地方官吏。郡县军队前往追剿，军队一到，他们就四处逃散，一旦军队离开，他们便再次集结作乱。青、徐、幽、冀四州情况尤为严重。冬十月，皇帝派出使者前往各郡国去传达诏令，听取强盗们相互检举揭发，五个人共同杀掉一个盗贼的，可赦免他们的罪过。官吏过去如有拖延、回避缉捕盗贼的，甚至有意放走强盗的，一概不予以追究，而让他们用捕获盗贼来作为效绩。那些州、郡、县的长官，因不捉拿境内强盗，以及因为畏惧强盗而弃城失守的人，都暂且不以失职论处，只以最终捉拿强盗数量的多少来区分高低优劣，只对那些包庇窝藏盗贼的人予以治罪。于是各地官府纷纷追捕，盗贼们纷纷解散。将强盗的头目迁徙到其他地方，分给土地和粮食，使他们能有一份谋生之业。从此放牧牛马不用有人看守，城门也不须关闭。

十七年春天正月，赵公刘良去世。

冬十月辛巳日，废皇后郭氏为中山太后，立贵人阴氏为皇后。加封右翊公刘辅为中山王，以常山郡为其食邑。其他九位国公，都在原封号基础上进爵为王。甲申日，皇帝驾临章陵。修葺园庙，祭祀旧宅，观看田间庐舍，设酒宴作乐，赏赐众人。当时有宗室的女性长辈借着喝酒畅快，互相说道："文叔儿时就谨厚忠信，不与旁人应酬，只以坦诚柔和待人罢了。今天居然能当上皇帝！”光武帝听到这话，大笑道：“我治理天下，也要用柔和的办法来施行政教。”于是光武帝为在春陵的宗族人家全部修造了祠堂。有五只凤凰在颍川郡的郏县出现。

十二月，光武帝自章陵返回。

这一年，西域的莎车国派出使者到朝廷进献贡物。

十八年春二月，蜀郡守将史歆叛乱，派大司马吴汉率领二位将军前往讨伐，包围了成都。

甲寅日，皇帝向西巡视，抵达长安。

三月壬午日，祭祀高祖庙，于是拜祭了前汉十一皇帝的陵墓。路过冯翊郡边界，行至蒲坂，祭祀后土神。

夏四月癸酉日，皇帝返回皇宫。甲戌日，皇帝颁布诏书说：“现在边境各地对偷盗粮食五十斛的人，判处死刑，开启了酷吏随便杀人的途径，应该取消这种法律，使定罪的标准与内地各郡一致。”

派遣伏波将军马援率领楼船将军段志等人攻击交阯叛军徵侧等。甲申日，皇帝驾临河内。戊子日，皇帝自河内返回京城。

五月，遭遇旱灾。卢芳再次逃入匈奴。

秋七月，吴汉攻克了成都，杀死了史歆等人。壬戌日，赦免益州所属地区犯死罪以下的人。

冬十月庚辰日，皇帝驾临宜城。返回，祭祀章陵。

十二月乙丑日，皇帝返回皇宫。

这一年，取消州牧一职，设置刺史。

十九年春正月庚子日，追尊孝宣皇帝为中宗。开始于太庙中祭祀昭帝、元帝，于长安祭祀成帝、哀帝、平帝，于章陵祭祀春陵节侯以下四世。

妖巫单臣、傅镇等背叛朝廷，占领原武县，派遣太中大夫臧宫带兵包围。夏四月，攻占原武县，杀死单臣、傅镇等人。

伏波将军马援击败交阯，斩杀徵侧等人。并乘势击败了九真的反贼都阳等人，迫使他们投降。

［原文］

六月戊申，诏曰：“《春秋》之义，立子以贵。东海王阳，皇后之子，宜承大统。皇太子强，崇执谦退，愿备藩国。父子之情，重久违之。其以强为东海王，立阳为皇太子，改名庄。”

秋九月，南巡狩。壬申，幸南阳，进幸汝南南顿县舍，

置酒会，赐吏人，复南顿田租岁。父老前叩头言："皇考居此日久，陛下识知寺舍，每来辄(zhé)加厚恩，愿赐复十年。"帝曰："天下重器，常恐不任，日复一日，安敢远期十岁乎？"吏人又言："陛下实惜之，何言谦也？"帝大笑，复增一岁。进幸淮阳、梁、沛。

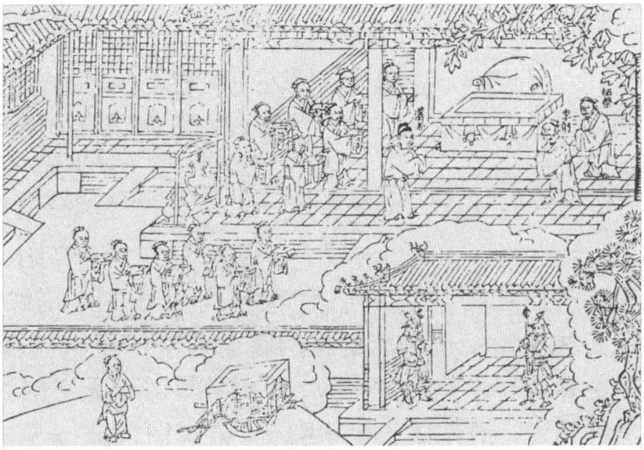

临雍拜老

汉明帝刘庄，57年至75年在位。为政期间，政治清明，经济繁荣，史称他与章帝在位年间为"明章之治"。明帝即位之初，驾临辟雍（太学），行古养老之礼，以其贤臣李躬为三老，以其师傅桓荣为五更，后领桓荣等及辟雍中的生徒弟子入堂，亲与他讲解经义。

西南夷寇益州郡，遣武威将军刘尚讨之。越嶲太守任贵谋叛，十二月，刘尚袭贵，诛之。

是岁，复置函谷关都尉。修西京宫室。

二十年春二月戊子，车驾还宫。

夏四月庚辰，大司徒戴涉下狱死。大司空窦融免。

五月辛亥，大司马吴汉薨。匈奴寇上党、天水，遂至扶风。

六月庚寅，广汉太守蔡茂为大司徒，太仆朱浮为大司空。壬辰，左中郎将刘隆为骠骑将军，行大司马事。乙未，徙中山王辅为沛王。

秋，东夷韩国人率众诣(yì)乐浪内附。

冬十月，东巡狩。甲午，幸鲁，进幸东海、楚、沛国。

十二月，匈奴寇天水。壬寅，车驾还宫。

是岁，省五原郡，徙其吏人置河东。复济阳县徭役六岁。

[译文]

六月戊申日，皇帝下诏说："按照《春秋》的经义，立太子以其出身嫡庶的贵贱为标准。东海王刘阳，是皇后之子，理应继承帝位。皇太子刘强执着谦让，情愿到诸侯国为王。父子之情，让我难以长久地违背他的意愿。现在册封刘强为东海王，立刘阳为皇太子，改名为庄。"

秋九月，皇帝向南巡行。壬申日，驾临南阳，进而抵达汝南南顿县舍，置办酒席，赏赐官民，免除南顿地区一年的田租。南顿的父老上前磕头说："皇上的父亲在此久居，您也熟悉这里的官府舍宇，每次一来这里就赐予我们丰厚的恩惠，请求免除南顿十年的赋税。"皇帝说："对于天下的大权，我常常担心不能胜任，时光匆匆而过，哪敢奢望十年啊？"官民们又说："皇上实际上是不舍得减免，何必出言如此谦逊呢？"皇帝听后大笑，又把免租的期限增加了一年。皇帝随后驾临淮阳、梁、沛。

西南夷进犯益州郡，皇帝派遣武威将军刘尚前去讨伐。越巂太守任贵阴谋反叛，十二月，刘尚攻击任贵，并杀了他。

这一年，恢复设置函谷关都尉一职。修葺西京长安的宫室。

二十年春二月戊子日，皇帝返回皇宫。

夏四月庚辰日，大司徒戴涉入狱而死。大司空窦融被免职。

五月辛亥日，大司马吴汉去世。匈奴进犯上党、天水，遂后又到达扶风。

六月庚寅日，任命广汉太守蔡茂为大司徒，太仆朱浮为大司空。壬辰日，任命左中郎将刘隆为骠骑将军，行使大司马职权。乙未日，改封中山王刘辅为沛王。

秋天，东夷韩国人带领部众到乐浪归附朝廷。

冬十月，皇帝东行巡视。甲午日，抵达鲁地，又抵达东海、楚、沛国。

十二月，匈奴进犯天水。壬寅日，皇帝返回皇宫。

这一年，撤销五原郡设置，把那里的官民安置到河东郡居住。免掉济阳县六年的徭役。

[原文]

二十二年春闰月丙戌，幸长安，祠高庙，遂有事十一陵。

九月戊辰，地震裂。制诏曰："日者地震，南阳尤甚。夫地者，任物至重，静而不动者也。而今震裂，咎(jiù)在君上。鬼神不顺无德，灾殃将及吏人，朕甚惧焉。其令南阳勿输今年田租刍(chú)稿。遣谒(yè)者案行，其死罪系囚在戊辰以前，减死罪一等；徒皆弛解钳，衣丝絮。赐郡中居人压死者棺钱，人三千。其口赋逋税而庐宅尤破坏者，勿收责。吏人死亡，或在坏垣

毁屋之下，而家羸弱不能收拾者，其以见钱谷取佣，为寻求之。”

冬十月壬子，大司空朱浮免。癸丑，光禄勋杜林为大司空。

是岁，齐王章薨。青州蝗。匈奴薁鞬日逐王比遣使诣渔阳请和亲，使中郎将李茂报命。乌桓击破匈奴，匈奴北徙，幕南地空。诏罢诸边郡亭候吏卒。

地震

据《中国地震历史资料汇编》，两汉时期共发生地震118次。其中东汉地震次数较多，尤其是和帝、安帝、顺帝和桓帝时期，地震更为频繁。而从地震发生的区域范围来看，绝大多数是在以黄河中下游为中心的北方地区。

[译文]

二十二年春闰月丙戌日，光武帝驾临长安，祭祀高祖庙，于是拜祭了前汉十一皇帝的陵墓。

九月戊辰日，发生地震。制定诏书说：“日前发生地震，南阳地区尤其严重。大地所能承受的东西非常厚重，是平稳不动的。而如今大地震动。罪过在于君王。鬼神不顺从没有德行的人，灾难将降临在官民头上，我对此十分恐惧。现在命令南阳地区不再交纳今年的田租和柴草。派谒者去南阳巡视，对那些在戊辰日之前犯了死罪在押死囚犯，减罪一等；囚徒都拿下脚镣，准许他们穿丝絮衣服。赐予郡中被压死的居民丧葬费，每人给予三千。对那些应交人头税和拖欠田租而房屋遭到破坏的人家，不必再去收缴债务。死亡的官吏和百姓，仍被压在毁坏的墙垣和房屋下，而家人贫困无力收拾的，当拿现钱和粮食雇人为他们寻找尸体。”

冬十月壬子日，大司空朱浮免职。癸丑日，任命光禄勋杜林为大司空。

这一年，齐王刘章死去。青州发生蝗灾。匈奴薁鞬日逐王比派遣使者前往渔阳请求和亲，皇帝派遣中郎将李茂回访。乌桓击败了匈奴，匈奴向北迁徙，沙漠南部地区空旷无人。皇帝颁布诏书撤销各边郡哨所吏卒。

[原文]

二十六年春正月，诏有司增百官奉。其千石已上，减于西京旧制；六百石已下，增于旧秩。

捕蝗

东汉属气候大波动期，故而自然灾害频繁发生，地震、风灾、雪灾、蝗灾记载异常增多。如东汉建武二十二年（46年）和二十八年（52年），先后八九十郡国遭蝗灾。

初作寿陵。将作大匠窦融上言园陵广袤，无虑所用。帝曰：“古者帝王之葬，皆陶人瓦器，木车茅马，使后世之人不知其处。太宗识终始之义，景帝能述遵孝道，遭天下反覆，而霸陵独完受其福，岂不美哉！今所制地不过二三顷，无为山陵，陂池裁令流水而已。”

遣中郎将段郴(chēn)授南单于玺绶，令入居云中，始置使匈奴中郎将，将兵卫护之。南单于遣子入侍，奉奏诣阙(què)。于是云中、五原、朔方、北地、定襄、雁门、上谷、代八郡民归于本土。遣谒者分将施刑补理城郭。发遣边民在中国者，布还诸县，皆赐以装钱，转输给食。

三十一年夏五月，大水。

中元元年春正月，东海王强、沛王辅、楚王英、济南王康、淮阳王延、赵王盱皆来朝。

是夏，京师醴(lǐ)泉涌出，饮之者固疾皆愈，惟眇(miǎo)、蹇(jiǎn)者不瘳(chōu)。又有赤草生于水崖。郡国频上甘露。群臣奏言：“地祇灵应而朱草萌生。孝宣帝每有嘉瑞，辄以改元，神爵、五凤、

甘露、黄龙，列为年纪，盖以感致神祇，表彰德信。是以化致升平，称为中兴。今天下清宁，灵物仍降。陛下情存损挹，推而不居，岂可使祥符显庆，没而无闻？宜令太史撰(zhuàn)集，以传来世。”帝不纳。常自谦无德，每郡国所上，辄抑而不当，故史官罕得记焉。

秋，郡国三蝗。

[译文]

二十六年春正月，命令有关部门调整官员的俸禄。其官职在千石以上者，比西京的旧有标准要降低；官职在六百石以下的，比旧有等级有所提高。

开始建造寿陵。将作大匠窦融上书报告园陵的占地面积广阔，请求告知陵园的大体规制。皇帝说："古时候帝王的葬礼，用的是陶人瓦器、木车草马，使后人不清楚埋葬的地点。太宗清楚人生死的意义，景帝能遵循孝道而实行薄葬，所以遭遇天下变乱后，只有霸陵完好无损，安享其福，岂不是美事啊！现在修建陵墓用地不应超过二三顷，不要筑起高陵，池塘里的水只要能流动就行了。"

派遣中郎将段郴授予南单于玺绶，让他前往云中郡居住，开始设置"使匈奴中郎将"一职，带领兵将保护他。南单于派儿子入朝侍奉，奉奏章前往皇宫拜见。于是云中、五原、朔方、北地、定襄、雁门、上谷、代八个郡的人都回到本土。派遣谒者分别前往各郡率领不戴械具的刑徒修理城墙。遣送留在内地的边民，让他们分别回到各县，一律发给盘缠，输送和供给食物。

三十一年夏五月，发生了大水灾。

中元元年春正月，东海王刘强、沛王刘辅、楚王刘英、济南王刘康、淮阳王刘延、赵王刘盱都来入朝。

这年夏天，京城有甘泉自地下涌出，久病之人喝后都能痊愈，只有眼瞎、腿跛的人不能痊愈。还有红色的草生长在河岸。各郡国纷纷献上甘露。众臣上奏说："地神显灵就有朱草长出。孝宣皇帝每逢有祥瑞出现，就根据祥瑞变更年号，神爵、五凤、甘露、黄龙，列为纪年之号，是为了感动神祇，表彰诚信和德行。所以使天下升平，称为汉代的中兴。现在天下清平安宁，神灵之物频频降下。陛下虽然心中存有谦虚退让之意，推辞功德而不据为己有，但是哪能让吉兆祥符隐没，而让世人不知道呢？应该命令史官记录在案，用来传之后世。"皇帝没有采纳。他常常谦逊地说自己没有德行，每当有郡国上祥瑞，往往压下不予以承当，所以史官很少能够记录下来。

秋天，有三个郡国发生蝗虫灾害。

拒关赐布

光武帝刘秀才兼文武，豁达大度，知人善任，赏罚严明。一次，光武帝打猎夜归，城门已关。上东门守门官郅恽据守城门，不放车驾入。光武不得已，转从中东门进入回宫。次晨，郅恽上书谏说："陛下以万乘之尊，远猎山林，昼日不足，以夜继之，陛下纵自轻，其如社稷宗庙付托之重何，臣诚未见其可也。"光武深嘉其言，赐布百匹，而中东门门官启闭不严被降职。

[原文]

甲申，使司空告祠高庙曰："高皇帝与群臣约，非刘氏不王。吕太后贼害三赵，专王吕氏，赖社稷之灵，禄、产伏诛，天命几坠，危朝更安。吕太后不宜配食高庙，同祧至尊。薄太后母德慈仁，孝文皇帝贤明临国，子孙赖福，延祚(zuò)至今。其上薄太后尊号曰高皇后，配食地祇。迁吕太后庙主于园，四时上祭。"

十一月甲子晦，日有食之。

是岁，初起明堂、灵台、辟(bì)雍，及北郊兆域。宣布图谶(chèn)于天下。复济阳、南顿是年徭役。参狼羌寇武都，败郡兵，陇西太守刘盱遣军救之，及武都郡兵讨叛羌，皆破之。

二年春正月辛未，初立北郊，祀后土。

东夷倭奴国王遣使奉献。

二月戊戌，帝崩于南宫前殿，年六十二。遗诏曰："朕无益百姓，皆如孝文皇帝制度，务从约省。刺史、二千石长吏皆无离城郭，无遣吏及因邮奏。"

[译文]

甲申日，派司空祷告高祖神庙说："高祖刘邦与各位大臣相约，不是刘姓的人不能封王。吕太后迫害赵幽王刘友、赵恭王刘恢、赵隐王刘如意，封吕氏家族的人为诸侯王，依赖社稷之灵，吕禄、吕产伏法受死，天命即将坠落之时，朝廷得以转危为安。吕太后不应在高庙里享受祭祀，与皇帝同列受祭。薄太后母德仁慈，孝文皇帝以其贤明临朝治理天下，子孙们托他的福，才使刘家的皇位延续到今天。现在奉上薄太后的尊号为高皇后，与地神一同祭祀。把吕太后的神主牌位迁到园陵里去，在那里一年四季供奉祭祀。"

十一月末的甲子日，发生了日食。

这一年，开始修造明堂、灵台、辟雍，及北郊祭地的场所。向全国宣布图谶。免除济阳、南顿这一年的徭役。参狼羌进犯武都，击败守郡官兵，陇西太守刘盱派出军队前往营救他们，和武都郡兵马一起征讨反叛羌人，把他们全部打败。

中元二年春正月辛未日，开始在北郊设立祭祀场所，祭祀后土。

东夷倭奴国王派遣使者来进献贡品。

二月戊戌日，光武帝于南宫前殿逝世，享年六十二岁。遗诏说："我未能做什么有益于百姓的事，身后一切丧事都要像孝文皇帝那样操办，力求办得简省。州郡地方刺史、二千石长官都不能离开自己的城郭前来奔丧，不要派遣吏员或通过邮寄唁函来吊唁。"

［原文］

初，帝在兵间久，厌武事，且知天下疲耗，思乐息肩。自陇、蜀平后，非儆急，未尝复言军旅。皇太子尝问攻战之事，帝曰："昔卫灵公问陈，孔子不对，此非尔所及。"每旦视朝，日仄乃罢。数引公卿、郎、将讲论经理，夜分乃寐。皇太子见帝勤劳不怠，承间谏曰："陛下有禹、汤之明，而失黄、老养性之福，愿颐爱精神，优游自宁。"帝曰："我自乐此，不为疲也。"虽身济大业，兢（jīng）兢如不及，故能明慎政体，总揽权纲，量时度力，举无过事。退功臣而进文吏，戢弓矢而散马牛，虽道未方古，斯亦止戈之武焉。

论曰：皇考南顿君初为济阳令，以建平元年十二月甲子夜生光武于县舍，有赤光照室中。钦异焉，使卜者王长占之。长辟左右曰："此兆吉不可言。"是岁县界有嘉禾生，一茎九穗，因名光武曰秀。明年，方士有夏贺良者，上言哀帝，云

夜分讲经

光武帝退朝之后，常常和公卿及郎将之有经学者讲论经书中的义理到夜半，皇太子劝他“养爱惜此身之精神”。光武帝说“经书中义趣深长”而“不为疲倦”。光武虽然用征伐之道以致中兴，但如果不是他讲明治道，也难守此大业。

汉家历运中衰，当再受命。于是改号为太初元年，称“陈圣刘太平皇帝”，以厌胜之。及王莽篡位，忌恶刘氏，以钱文有金刀，故改为货泉。或以货泉字文为“白水真人”。后望气者苏伯阿为王莽使至南阳，遥望见舂陵郭，唶曰：“气佳哉！郁郁葱葱然。”及始起兵还舂陵，远望舍南，火光赫然属天，有顷不见。初，道士西门君惠、李守等亦云刘秀当为天子。其王者受命，信有符乎？不然，何以能乘时龙而御天哉！

[译文]

起初，皇帝在军中的时间很久，厌倦战争，而且又清楚天下虚耗疲惫，都向往太平安乐和休养生息的日子。自从陇、蜀两地平定之后，不是遇到紧急的事情，就不会再提战事。皇太子曾经向他请教攻战的事，皇帝说：“过去卫灵公向孔子请教列阵用兵的事，孔子不予回答，这些事不是你所能明白的。”皇帝每日清早上朝理事，一直到太阳西下才停下来休息。常常带领公卿、郎官、将领们讨论经书的义理，半夜时候才睡觉。皇太子见他辛苦劳累从不懈怠，就趁方便的机会劝谏说：“陛下跟大禹和商汤一样贤明，却没有黄帝与老子养性的福气，愿您能休养生息，悠闲自得，得到安宁。”皇帝说：“我自己很乐意做这些事，并不认为这是疲劳的。”虽然自己成就了大事业，却时刻小心谨慎地处事，就像没有成就大业一样，因此能明智谨慎地处置政体，总揽朝政，审时度势，权衡利弊，行为不发生失误。减少开国功臣的权力提拔文官执政，收藏起弓矢武器而将军用的马匹散放到民间，即便他的治国之道还不能与古代圣贤并驾齐驱，这也是能够制止战争的武德啊。

评述说：光武皇帝的亡父南顿君刘钦起初担任济阳县令，在建平元年十二月甲子夜，光武帝降生于县府舍内，当时有红光照入室中。刘钦对此十分惊奇，于是叫卜者王长来占卜吉凶。王长避开周围的人说："此征兆吉祥但不可以言传。"这一年在济阳县边界处长出祥瑞的禾苗，一根茎上长出九个穗，所以就给光武帝起名字叫刘秀。第二年，有个叫夏贺良的方士，向汉哀帝进谏说，汉朝历数中道衰落，理应再次接受天命。于是汉哀帝改年号为太初元年，自称"陈圣刘太平皇帝"，以压服谶言。待到王莽篡位，忌妒憎恶刘氏，觉得钱币上有金刀文字，所以钱币改称为货泉。有人把货泉字文读做"白水真人"。后来有望气占卜者苏伯阿作为王莽的使者前往南阳郡，遥望舂陵城郭，感叹说："气运真是不错！这样郁郁葱葱啊。"等到光武帝开始起兵回到舂陵，远远望见屋舍南边，火光明亮，一直连接到天际，一会儿就消失了。起初，道士西门君惠、李守等人也说刘秀将来会做天子。难道王者受天命，确实有符瑞吗？否则的话，为什么刘秀能乘时势而当上皇帝呢！

邓寇列传

说 明

本卷主要记述了刘秀纵横征战建立东汉并统一全国期间，两位重要将领邓禹和寇恂的主要事迹。邓禹，东汉名将，“云台二十八将”之首。刘秀对邓禹深为敬重，在征战期间每遇大事，必与其商讨。寇恂，邓禹把他推荐给光武帝后，就一直追随光武皇帝，他一生戎马、智勇双全、德行高尚。邓禹、寇恂二人共同辅佐刘秀成就大业。

［原文］

邓禹字仲华，南阳新野人也。年十三，能诵诗，受业长安。时光武亦游学京师，禹年虽幼，而见光武知非常人，遂相亲附。数年归家。

及汉兵起，更始立，豪杰多荐举禹，禹不肯从。及闻光武安集河北，即杖策北渡，追及于邺。光武见之甚欢，谓曰：“我得专封拜，生远来，宁欲仕乎？”禹曰：“不愿也。”光武曰：“即如是，何欲为？”禹曰：“但愿明公威德加于四海，禹得效其尺寸，垂功名于竹帛耳。”光武笑，因留宿闲语。禹进说曰：“更始虽都关西，今山东未安，赤眉、青犊(dú)之属，动以万数，三辅假号，往往群聚。更始既未有所挫，而不自听断，诸将皆庸人屈起，志在财币，争用威力，朝夕自快而已，非有忠良明智，深虑远图，欲尊主安民者也。四方分崩离析，形势可见。明公虽建藩辅之功，犹恐无所成立。于今之计，莫如延揽英雄，务悦民心，立高祖之业，救万民之命。以公而虑天下，不足定也。”光武大悦，因令左右号禹曰邓将军。常宿止于中，与定计议。

[译文]

邓禹字仲华，南阳新野人。年满十三岁，就能诵读《诗经》，到长安接受教育。当时光武帝也在京师游学，邓禹年纪虽小，而见到光武帝后，便知道他并非一般人，于是就和光武帝亲近。过了几年才返回家乡。

等到汉兵兴起，更始帝即位，豪杰大多推荐邓禹，邓禹却不肯追随更始帝。后来听说光武帝去安定河北，立即骑马北渡黄河，在邺城追上了光武帝。光武帝看见他十分高兴，对他说："我可以不经请示任命官吏，你这个读书人从远方而来，难道想做官吗？"邓禹说："不愿做官。"光武帝问："既然如此，你想做什么呢？"邓禹说："只希望明公的威德能加于四海，邓禹得以为此献出尺寸之力，使功名载入史册就行了。"光武帝笑了，于是留下他同住，并私下议事。邓禹建议道："更始虽然定都关西，但现在崤山以东并不太平，赤眉、青犊一类的武装，动则以万人计算，三辅地区的假立名号的人，也往往拥众割据。更始既未对他们有所打击，又不亲自处理政务，众将领都是从庸人中崛起，志向在于搜刮钱财，争着动用权力，只求早晚个人的快乐而已，并非是身怀忠良明智，深谋远虑，想要尊敬君主和安定百姓的人。四方分崩离析，形势已很明显。明公虽建立辅弼的功劳，仍恐怕难有所成就。从现在的处境考虑，不如招揽英雄，务必取悦民心，建立汉高祖一样的功业，拯救万民的性命。以明公的才干谋取天下，天下足定。"光武帝大为欢悦，于是命令部下称邓禹为"邓将军"。常常留邓禹住在他的帐中，与他共同商定行动计划。

[原文]

及王郎起兵，光武自蓟至信都，使禹发奔命，得数千人，令自将之，别攻拔乐阳。从至广阿，光武舍城楼上，披舆地图，指示禹曰："天下郡国如是，今始乃得其一。子前言以吾虑天下不足定，何也？"禹曰："方今海内殽乱，人思明君，犹赤子之慕慈母。古之兴者，在德薄厚，不以大小。"光武悦。时任使诸将，多访于禹，禹每有所举者，皆当其才，光武以为知人。使别将骑，与盖延等击铜马于清阳。延等先至，战不利，还保城，为贼所围。禹遂进与战，破之，生获其大将。从光武追贼至蒲阳，连大克获，北州略定。

及赤眉西入关，更始使定国上公王匡、襄邑王成丹、抗威将军刘均及诸将，分据河东、弘农以拒之。赤眉众大集，

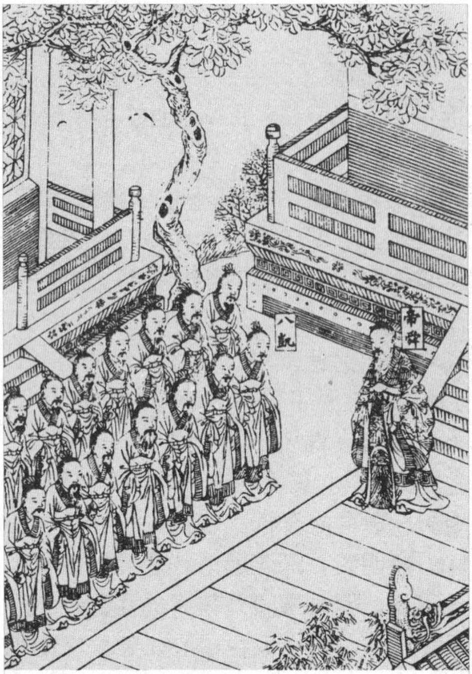

知人能官图

禹曾语帝舜前:"知人则智，能官人。"王郎起兵期间，刘秀选任将领，多先征询邓禹意见，而邓禹每有所举，均当其才，因而刘秀深敬其知人。刘秀、邓禹知人能官，见其器量，见其睿智，故成大业。

王匡等莫能当。光武筹赤眉必破长安，欲乘衅并关中，而方自事山东，未知所寄，以禹沉深有大度，故授以西讨之略。乃拜为前将军持节，中分麾(huī)下精兵二万人，遣西入关，令自选偏裨(pí)以下可与俱者。于是以韩歆为军师，李文、李春、程虑为祭酒，冯愔为积弩将军，樊崇为骁骑将军，宗歆为车骑将军，邓寻为建威将军，耿䜣为赤眉将军，左于为军师将军，引而西。

［译文］

到了王郎起兵的时候，光武帝从蓟县来到信都，派邓禹征发"奔命"兵，得到数千人，命令他亲自统率，另行攻取了乐阳县。跟随光武帝来到广阿，光武帝住在城楼上，他打开地图，手指比画着告诉邓禹说:"天下郡国就像地图上显示的那样，今天我才得到其中的一郡。你以前曾说以我的智谋是可以平定天下的，理由是什么?"邓禹答道:"当今海内大乱，百姓思念得到明君，就好像赤子思念慈母一样。古代帝王之兴，在于德行的厚薄，不在于地域的大小。"光武帝很高兴。当时任命或派遣众将，大多先询问邓禹的意见，邓禹每次推荐的人，才干都能胜任其职，光武帝认为邓禹有知人之鉴。派邓禹另外率领骑兵，同盖延等人攻击铜马军于清阳县。盖延等人先到，作战不利，退保县城，被贼兵包围。邓禹于是进军与铜马军交战，击败了他们，生擒了铜马军的大将。又随从光武帝追击贼兵到了蒲阳，接连大胜，俘获很多敌军，北州大致平定。

等到赤眉军西入函谷关，更始帝派定国上公王匡、襄邑王成丹、抗威将军刘均及众将，分别占据河东郡、弘农郡以抵御他们。赤眉军大军开到，王匡等人不能抵挡。光武帝料定赤眉军必定攻破长安，想乘机吞并关中，而自己正在整顿崤山以东地区，没有可以托付的人，以邓禹为人深沉有大度，因此将西征的事交给他。于是拜邓禹为前将军，持节，分出一半部下精兵约二万人，派遣他们西行进入关中，命令邓禹自己挑选可以同他共事的偏将裨将。于是以韩歆为军师，李文、李春、程虑任祭酒，冯愔为积弩将军，樊崇为骁骑将军，宗歆为车骑将军，邓寻为建威将军，耿䜣为赤眉将军，左于为军师将军，率军西征。

［原文］

建武元年正月，禹自箕（jī）关将入河东，河东都尉守关不开，禹攻十日，破之，获辎重千余乘。进围安邑，数月未能下。更始大将军樊（fán）参将数万人，度大阳欲攻禹，禹遣诸将逆击于解南，大破之，斩参首。于是王匡、成丹、刘均等合军十余万，复共击禹，禹军不利，樊崇战死。会日幕，战罢，军师韩歆及诸将见兵势已摧，皆劝禹夜去，禹不听。明日癸亥，匡等以六甲穷日不出，禹因得更理兵勒众。明旦，匡悉军出攻禹，禹令军中无得妄动；既至营下，因传发诸将鼓而并进，大破广。匡等皆弃军亡走，禹率轻骑急追，获刘均及河东太守杨宝、持节中郎将弭强，皆斩之，收得节六，印绶五百，兵器不可胜数，遂定河东。承制拜李文为河东太守，悉更置属县令长以镇抚之。是月，光武即位于鄗，使使者持节拜禹为大司徒。策曰："制诏前将军禹：深执忠孝，与朕谋谟（mó）帷幄，决胜千里。孔子曰：'自吾有回，门人日亲。'斩将破军，平定山西，功效尤著。百姓不亲，五品不训，汝作司徒，敬敷五教，五教在宽。今遣奉车都尉授印绶，封为酂侯，食邑万户。敬之哉！"禹时年二十四。

遂渡汾阴河，入夏阳。更始中郎将左辅都尉公乘歙，引其众十万，与左冯翊兵共拒禹于衙，禹复破走之，而赤眉遂入长安。是时三辅连覆败，赤眉所过残贼，百姓不知所归。闻禹乘胜独克而师行有纪，皆望风相携负以迎军，降者日以千数，众号百万。禹所止辄停车住节，以劳来之，父老童稚，

政治民心

禹曾曰："能安民则惠，黎民怀之。"只有仁政惠民，才能令人心附之。邓禹军纪严明、仁德施惠，故而百姓常举家相迎。

垂发戴白，满其车下，莫不感悦，于是名震关西。帝嘉之，数赐书褒美。

诸将豪杰皆劝禹径攻长安。禹曰："不然。"今吾众虽多，能战者少，前无可仰之积，后无转馈(kuì)之资。赤眉新拔长安，财富充实，锋锐未可当也。夫盗贼群居，无终日之计，财谷虽多，变故万端，宁能坚守者也？上郡、北地、安定三郡，土广人稀，饶谷多畜，吾且休兵北道，就粮养士，以观其弊，乃可图也。"于是引军北至栒邑。禹所到，击破赤眉别将诸营保，郡邑皆开门归附。西河太守宗育遣子奉檄(xí)降，禹遣诣京师。

[译文]

建武元年正月，邓禹从箕关将进入河东郡。河东都尉把守关口不开门迎接，邓禹攻打了十天，攻破城池，获取辎重千余车。进而围攻安邑，经数月未能夺取。更始大将军樊参率领数万人，从大阳县渡黄河，想进攻邓禹。邓禹派遣众将迎击樊参军于解县南，大败樊参军，斩下樊参的首级。于是王匡、成丹、刘均等合兵十多万人，又一起进攻邓禹，邓禹军迎战不利，樊崇战死。适逢天色已晚，双方停战，军师韩歆和众将见到军士锐气受到挫折，都劝邓禹利用夜色撤走，邓禹不同意。第二天是癸亥日，王匡等人因该天是六甲的最后一天而不出战，邓禹因而得以重新整顿部队。又过了一天，王匡全军出动进攻邓禹，邓禹命令军中不许轻举妄动；匡军攻到营前，邓禹于是传令众将击鼓而一同出击，遂大败匡军。王匡等人都丢弃军队逃走，邓禹率领轻骑急追，俘获刘均和河东太守杨宝、持节中郎将弭强，将他们全都斩杀，收得敌军符节六个，印绶五百枚，兵器多得难以计算，于是平定了河东郡。邓禹秉承光武帝旨意自行任命李文为河东太守，全部重新任命属县的县令或县长，以镇守和安抚地方。在这个月，光武帝即位于鄗县，派使者持节任命邓禹为大司徒。策书说："下诏给前将军邓禹：深怀忠孝，与朕谋议帷幄，决胜千里。孔子说：'从我有了颜回这个学生，门内的学生日益和睦相处。'你斩将破军，平定山西，功效尤为显著。如果百姓不能做到和睦相处，父义、母慈、兄友、弟恭、子孝五种品行得不到宣扬，你作司徒，要认真弘扬五教，五教的关键在于宽厚。今天派遣奉车都尉授给你印绶，封为酂侯，食邑为万户。好自为之吧！"邓禹当年只有二十四岁。

于是渡过汾阴河，进入夏阳县。更始的中郎将左辅都尉公乘歙带领他的部下十万人，与左冯翊的兵马共同抵御邓禹于衙县，邓禹又击败并赶走了他们，而赤眉军已进入长安。当时三辅地区的刘玄军接连覆败，赤眉军所过之处残杀掳掠，百姓不知该投靠何方。听说邓禹每次乘胜独进而军纪严明，都望风互相携带老幼、肩负财物以迎接邓禹军，投奔的人每天以千计算，人数之多号称百万。邓禹所到之处便停车树节，以慰劳劝导归顺的百姓，年老的长者和稚气的儿童，或垂发未冠，或满头银丝，站满在邓禹的车下，无不感到欢悦，于是名声震动关西。光武帝嘉勉他，多次下书予以表彰和赞美。

众将和豪杰都劝邓禹直接进攻长安。邓禹说："不行。现在我们的人数虽多，能作战的却少，前进没有可以依靠的物资储备，后方没有转运来可供食用的粮食。赤眉军刚刚夺取长安，财富充实，兵锋锐利不可抵挡。盗贼群聚在一起，没有长久的打算，财物和粮食虽多，却变化万端，岂能是长期坚守的人呢？上郡、北地、安定三郡，地广人稀，谷物丰饶，牲畜众多，我们暂且到北方休养士兵，到产粮地休养军士，以静观赤眉军的疲败，就可以图谋进取了。"于是引军北上来到栒邑县。邓禹所到之处，击破赤眉军别将的各个营垒，郡中的城邑都开门归附。西河郡太守宗育派儿子献上文书投降，邓禹派他到京师洛阳。

［原文］

帝以关中未定，而禹久不进兵，下敕曰："司徒，尧也；亡贼，桀也。长安吏人，遑遑无所依归。宜以时进讨，镇慰西京，系百姓之心。"禹犹执前意，乃分遣将军别攻上郡诸县，更征兵引谷，归至大要。遣冯愔、宗歆守栒邑。二人争权相攻，愔遂杀歆（xīn），因反击禹，禹遣使以闻。帝问使人："愔所亲爱为谁？"对曰："护军黄防。"帝度愔、防不能久和，势必相忤，因报禹曰："缚冯愔（yīn）者，必黄防也。"乃遣尚书宗广持节降之。后月余，防果执愔，将其众归罪。更始诸将王匡、胡殷等皆诣广降，与共东归。至安邑，道欲亡，广悉斩之。愔至

劳军飨士

劳军为将帅谋略之一，有收揽、振奋军心的功效。昔日，乐毅伐齐振燕大胜，燕昭王就亲至济水犒赏、宴飨士兵。邓禹亦施劳军飨士之举。

洛阳，赦不诛。

二年春，遣使者更封禹为梁侯，食四县。时，赤眉西走扶风，禹乃南至长安，军昆明池，大飨士卒。率诸将斋戒，择吉日，修礼谒(yè)祠高庙，收十一帝神主，遣使奉诣洛阳，因循行园陵，为置吏士奉守焉。

禹引兵与延岑战于蓝田，不克，复就谷云阳。汉中王刘嘉诣禹降。嘉相李宝倨(jù)慢无礼，禹斩之。宝弟收宝部曲击禹，杀将军耿䜣。自冯愔反后，禹威稍损，又乏食，归附者离散。而赤眉复还入长安，禹与战，败走，至高陵，军士饥饿，皆食枣菜。帝乃征禹还，敕曰："赤眉无谷，自当来东，吾折捶笞之，非诸将忧也。无得复妄进兵。"禹惭于受任而功不遂，数以饥卒徼战，辄不利。三年春，与车骑将军邓弘击赤眉，遂为所败，众皆死散。事在《冯异传》。独与二十四骑还诣宜阳，谢上大司徒、梁侯印绶。有诏归侯印绶。数月，拜右将军。

延岑自败于东阳，遂与秦丰合。四年春，复寇顺阳间。遣禹护复汉将军邓晔(yè)、辅汉将军于匡，击破岑于邓；追至武当，复破之。岑奔汉中，余党悉降。

［译文］

光武帝因为关中未能平定，而邓禹很久不进兵，下诏命说："司徒就像尧，亡贼就像桀。长安的官吏百姓，惶惶然无处投靠。应当抓紧时机进军讨伐，镇守抚慰西京，使百姓的心有所寄托。”邓禹仍然坚持以前的主张，于是陆续派遣将军分别攻打上郡的各县，再度征兵运粮，送到大要县。派遣冯愔、宗歆守卫栒邑。二人争权互相攻打，冯愔于是杀死宗歆，进而反攻邓禹，邓禹派遣使者上报光武帝。光武帝问使者道："冯愔所亲信的人是谁？"回答说："护军黄防。"光武帝料定冯愔、黄防不可能长久和好，势必互相攻击，因而回报邓禹说："捉住冯愔的人，一定是黄防。"于是派遣尚书宗广持节招降黄防。过了一个多月，黄防果然捉住冯愔，率领他的部下回归请罪。更始的将领王匡、胡殷等人都前来向宗广投降，一起东归京师。到了安邑，王匡等人在路上想逃亡，宗广把他们全斩了。冯愔到达洛阳，被赦免不予处死。

二年的春天，派遣使者改封邓禹为梁侯，享有四县的食邑。当时赤眉军向西奔赴扶风，邓禹于是向南来到长安，驻守在昆明池，大肆犒赏士卒。率领众将斋戒，选择吉日，按照礼仪拜谒高庙，收取西汉十一帝的神主牌位，派使者将之送到洛阳，因而巡视各园陵，为各陵园安置官吏和士兵进行守护。

邓禹引兵与延岑交战于蓝田，没有取胜，再度为解决军粮问题到云阳。汉中王刘嘉到邓禹处投降。刘嘉的国相李宝傲慢无礼，邓禹斩了他。李宝的弟弟召集李宝的部众攻击邓禹，杀死了将军耿䜣。自从冯愔反叛以后，邓禹的威望有所减低，又缺乏粮食，归附的人离散了。而赤眉军重新回到长安，邓禹同他们交战，战败退走，到了高陵，军士因饥饿，只能吃枣和野菜。光武帝于是征调邓禹回去，诏令说："赤眉军没有军粮，自然会返回东方，我只要折断赶马的杖子抽打他们就能打败他们，他们不是众将所要考虑和担负的事。不得再次莽撞进兵。"邓禹惭愧于接受任命而不能完成使命，多次以饥饿的士兵挑战赤眉军，屡屡失利。三年的春天，和车骑将军邓弘进攻赤眉军，于是被赤眉军打败，部众全都战死或逃散。具体情况记载在《冯异传》里。唯独同二十四个骑兵回到宜阳，交上大司徒、梁侯的印绶谢罪。有诏命归还给他梁侯的印绶。几个月后，任命他为右将军。

延岑自从战败于东阳后，就与秦丰会合。四年的春天，又一次侵犯顺阳一带。光武帝派遣邓禹监护复汉将军邓晔、辅汉将军于匡，打败延岑于邓县；追击到武当，再次击败了延岑。延岑逃到汉中，余党全部投降。

［原文］

十三年，天下平定，诸功臣皆增户邑，定封禹为高密侯，食高密、昌安、夷安、淳于四县。帝以禹功高，封弟宽为明亲侯。其后左右将军官罢，以特进奉朝请。禹内文明，笃行淳备，事母至孝。天下既定，常欲远名势。有子十三人，各使守一艺。修整闺门，教养子孙，皆可以为后世法。资用国

慎德君子

明君纳贤臣、重君子，如东汉"门如市，心如水"的慎德君子郑崇。邓禹德才兼备，集贤臣、君子于一身，且不汲汲于名势，故而得帝王尊宠。

邑，不修产利。帝益重之。中元元年，复行司徒事。从东巡狩，封岱(dài)宗。

显宗即位，以禹先帝元功，拜为太傅，进见东向，甚见尊宠。居岁余，寝疾。帝数自临问，以子男二人为郎。永平元年，年五十七薨(hōng)，谥曰元侯。

帝分禹封为三国：长子震为高密侯，袭为昌安侯，珍为夷安侯。

[译文]

十三年，天下平定，所有功臣都增加了赋税的户邑，定封邓禹为高密侯，享有高密、昌安、夷安、淳于四县的赋税。光武帝因邓禹功劳大，封他的弟弟邓宽为明亲侯。后来左右将军的官职被撤销，邓禹就以特进的身份参与朝政。邓禹胸怀文德，品行淳厚，侍奉母亲极孝。天下已定之后，常常想远避名利地位。有十三个儿子，各让他们掌握一种学问。整顿宗族，教养子孙，都可以成为后世效法的典范。花费全取之于封国的赋税，不再扩大产业。光武帝更加器重他。中元元年，又出来行使司徒的职责。追随光武帝巡视东方，祭天于泰山。

显宗即位，因邓禹是先帝的首要功臣，便任命他为太傅，进见时坐东向座位，受到特别尊重和宠信。过了一年多，邓禹病倒在床。明帝多次亲自前去探望，把他的两个儿子任命为郎。永平元年，五十七岁时逝世，谥号是元侯。

明帝分邓禹的封地为三国：长子邓震为高密侯，邓袭为昌安侯，邓珍为夷安侯。

[原文]

禹少子鸿，好筹策。永平中，以为小侯。引入与议边事，帝以为能，拜将兵长史，率五营士屯雁门。肃宗时，为度辽将军。永元中，与大将军窦宪俱出击匈奴，有功，征行车骑

将军。出塞追畔胡逢侯，坐逗留，下狱死。

高密侯震卒，子乾嗣。乾尚显宗女沁水公主。永元十四年，阴皇后巫蛊(gǔ)事发，乾从兄奉以后舅被诛，乾从坐，国除。元兴元年，和帝复封乾本国，拜侍中。乾卒，子成嗣。成卒，子褒嗣。褒尚安帝妹舞阴长公主，桓帝时为少府。褒卒，长子某嗣。少子昌袭母爵为舞阴侯，拜黄门侍郎。

雁门关

雁门关为千古兵家征战之地，战国时期，赵国大将李牧常驻雁门，凭借关城之险，慎重防守，击败匈奴十万人马。汉朝名将李广、卫青、霍去病曾经率兵和匈奴在此鏖战，大获全胜，威震塞外。至今犹见的累累汉墓，不知埋藏着多少汉朝守卫雁门关将士之忠骨。

昌安侯袭嗣子藩，亦尚显宗女平皋(gāo)长公主，和帝时为侍中。

夷安侯珍子康，少有操行。兄良袭封，无后，永初六年，绍封康为夷安侯。时诸绍封者皆食故国半租，康以皇太后戚属，独三分食二，以侍祠侯为越骑校尉。康以太后久临朝政，宗门盛满，数上书长乐宫谏争，宜崇公室，自损私权，言甚切至。太后不从。康心怀畏惧，永宁元年，遂谢病不朝。太后使内侍者问之。时宫人出入，多能有所毁誉，其中耆宿皆称中大人。所使者乃康家先婢，亦自通中大人。康闻，诟之曰："汝我家出，亦敢尔耶？"婢怨恚，还说康诈疾而言不逊。太后大怒，遂免康官，遣归国，绝属籍。及从兄骘诛，安帝征康为侍中。顺帝立，为太

仆，有方正称，名重朝廷。以病免，加位特进。阳嘉三年卒，谥曰义侯。

［译文］

邓禹的小儿子邓鸿，好出谋划策。永平年间，以为小侯。引入朝中参与计议边疆事宜，明帝认为有才能，授予将兵长史之职，率领五营士兵屯守雁门。肃宗时，任度辽将军。永元年间，与大将军窦宪共同出击匈奴，有功劳，征调兼任车骑将军职。出边塞追击叛逃的胡逢侯，因逗留罪，下狱处死。

高密侯邓震去世，子邓乾继承侯爵。邓乾娶显宗的女儿沁水公主。永元十四年，阴皇后搞巫蛊的事被发现，邓乾的从兄邓奉因是皇后的舅舅而被杀，邓乾遭连坐，封国被撤除。元兴元年，和帝重新封邓乾原封国，任命为侍中。邓乾去世，儿子邓成继承爵位。邓成去世，儿子邓褒继承爵位。邓褒娶安帝妹妹舞阴长公主，桓帝时任少府一职。邓褒死，长子继承爵位。小儿子邓昌继承母亲的爵位为舞阴侯，任命为黄门侍郎。

昌安侯邓袭的继承人邓藩，娶显宗的女儿平皋长公主，和帝时任侍中。

夷安侯邓珍的儿子邓康，年轻有操守。哥哥邓良继承爵位，没有后代，永初六年，邓康继封为夷安侯。当时各继封者都享有原封国一半的租赋，邓康因为是皇太后的亲属，唯独享有三分之二，并以侍祠侯身份担任越骑校尉。邓康因太后长期临朝处理政务，宗族中人权势过盛，多次上书长乐宫予以谏诤，认为应当崇尚公室，自损私权，言辞十分恳切。太后不听从。邓康心中畏惧，永宁元年，于是称病不入朝。太后派宫内侍者慰问他。当时宫人出入大多能够做出或诋毁或称誉的举动，其中老宫人都自称中大人。太后所派出的这个宫中侍者是邓康家过去的婢女，也自报中大人让门人通报。邓康知道后，骂道：“你是从我家出去的，也敢这么做吗？”婢女心内怨愤，回去后说邓康装病，还出言不逊。太后大怒，于是免去邓康官职，遣送回封国，开除族籍。等到从兄邓骘被杀时，安帝征调邓康为侍中。顺帝即位，任太仆，以方正著称，名声重于朝廷。因病去职后，加位特进。阳嘉三年去世，谥号为义侯。

［原文］

论曰：夫变通之世，君臣相择，斯最作事谋始之几也。邓公嬴粮徒步，触纷乱而赴光武，可谓识所从会矣。于是中分麾下之军，以临山西之隙，至使关河响动，怀赴如归。功虽不遂，而道亦弘矣！及其威损栒（xún）邑，兵散宜阳，褫（chǐ）龙章于终朝，就侯服以卒岁，荣悴交而下无二色，进退用而上无猜情，使君臣之美，后世莫窥其间，不亦君子之致为乎！

［译文］

评论说：在变乱的时代，君臣互相选择，这是最好的立业谋事的良机。邓公背粮徒步而行，迎着纷乱的世道而投奔光武，可以说是有见识并依从了应该依从的人。于是光武平分麾下的军队，让邓禹把握山西的机会，致使河东关西地区震动响应，受感召的百姓投奔他就如同水归大海。虽然未竟全功，而道义却得到了弘扬！等到他威望损伤于栒邑，士兵逃散于宜阳，被剥夺官服于清晨，重披侯服于年末，荣辱交替但臣民对他并无二色，或进或退而君上无猜忌之心，君臣的和美，后世没有人能炫耀于他们中间，这不也是君子的至上的行为吗？

君臣惕益

君臣和美乃是太平盛世的标志，譬之尧禹，譬之光武邓禹。光武邓禹更是开国君臣，他们之间能颠覆“敌国破，功臣亡；飞鸟尽，良弓藏；狡兔死，走狗烹”的大流，而得和美，更属美谈。

［原文］

训字平叔，禹第六子也。少有大志，不好文学，禹常非之。显宗即位，初以为郎中。训乐施下士，士大夫多归之。

永平中，理虖沱、石臼河，从都虑至羊肠仓，欲令通漕（cáo）。太原吏人苦役，连年无成，转运所经三百八十九隘，前后没溺死者不可胜算。

建初三年，拜训谒者，使监领其事。训考量隐括，知大功难立，具以上言。肃宗从之，遂罢其役，更用驴辇（niǎn），岁省费亿万计，全活徒士数千人。会上谷太守任兴欲诛赤沙乌桓，乌桓怨恨谋反，诏训将黎阳营兵屯狐奴，以防其变。训抚接边民，为幽部所归。

六年，迁护乌桓（huán）校尉，黎阳故人多携将老幼，乐随训徙边。鲜卑闻其威恩，皆不敢南近塞下。八年，舞阴公主子梁扈（hù）有罪，训坐私与扈通书，征免归闾里。

［译文］

仁政服民

东汉董和之所以得民信之敬之，乃在仁政。治汉民如此，治少数民族亦应如此。邓训以德立信，乃纳卢水胡。后卢水胡成为汉代河西士兵的重要来源。东汉多次出征西域和匈奴，镇压各地起义，常有卢水胡的士兵参战。

邓训字平叔，邓禹第六子。年轻时有远大志向，不爱好文献经典，邓禹常常责怪他。显宗继位，开始任命他为郎中。邓训乐于布施，礼贤下士，士大夫大多与他亲近。

永平年间，治理虖沱河、石臼河，想让都虑县到羊肠仓的这一河段通行漕运。太原郡的官吏和百姓困苦服役，连年无法成功，物资转运所经过的三百八十九处险要河道，前后翻沉溺死的人不可胜算。

建初三年，任命邓训为谒者，派他监管此事。邓训经考察筹划，知道这件大事难以完成，具实向章帝报告。肃宗听从了他的意见，于是废除这项漕运，改用驴车运输，每年节省费用以亿万计，使数千名服役者保全了性命。恰逢上谷郡太守任兴想诛杀赤沙乌桓，乌桓因怨恨而企图造反，有诏命邓训率领黎阳营兵驻守狐奴县，以防止他们叛变。邓训安抚联络边民，被幽州刺史部的边民所拥戴。

六年，改任护乌桓校尉，黎阳的故旧大多携带老幼，乐意追随邓训迁往边地。鲜卑听闻了他的威望和恩德，都不敢向南接近边塞。八年，舞阴公主的儿子梁扈有罪，邓训因私下和梁扈通信而受到连累，被征免官遣送回故里。

［原文］

元和三年，卢水胡反畔（pàn），以训为谒者，乘传到武威，拜张掖太守。

章和二年，护羌校尉张纡诱诛烧当种羌迷吾等，由是诸羌大怒，谋欲报怨，朝廷忧之。公卿举训代纡为校尉。诸羌激忿，遂相与解仇结婚，交质盟诅，众四万余人，期冰合度河攻训。先是小月氏胡分居塞内，胜兵者二三千骑，皆勇健富强，每与羌战，常以少制多。虽首施两端，汉亦时收其用。

时迷吾子迷唐，别与武威种羌合兵万骑，来至塞下，未敢攻训，先欲胁月氏胡。训拥卫稽故，令不得战。议者咸以羌胡相攻，县官之利，以夷伐夷，不宜禁护。训曰："不然。今张纡失信，众羌大动，经常屯兵，不下二万，转运之费，空竭府帑，凉州吏人，命县丝发。原诸胡所以难得意者，皆恩信不厚耳。今因其迫急，以德怀之，庶能有用。"遂令开城及所居园门，悉驱群胡妻子内之，严兵守卫。羌掠无所得，又不敢逼诸胡，因即解去。由是湟中诸胡皆言"汉家常欲斗我曹，今邓使君待我以恩信，开门内我妻子，乃得父母"。咸欢喜叩头曰："唯使君所命。"训遂抚养其中少年勇者数百人，以为义从。

羌胡俗耻病死，每病临困，辄以刃自刺。训闻有困疾者，辄拘(jū)持缚束，不与兵刃，使医药疗之，愈者非一，小大莫不感悦。于是赏赂诸羌种，使相招诱。迷唐伯父号吾乃将其母及种人八百户，自塞外来降。训因发湟中秦、胡、羌兵四千人，出塞掩击迷唐于写谷，斩首虏六百余人，得马、牛、羊万余头。迷唐乃去大、小榆，居颇岩谷，众悉破散。其春，复欲归故地就田业，训乃发湟中六千人，令长史任尚将之，缝革为船，置于箄上以度河，掩击迷唐庐落大豪，多所斩获。复追逐奔北，会尚等夜为羌(qiāng)所攻，于是义从羌胡并力破之，斩首前后一千八百余级，获生口二千人，马、牛、羊三万余头，一种殆尽。迷唐遂收其余部，远徙庐落，西行千馀里，诸附落小种皆背畔之。烧当豪帅东号稽颡归死，余皆款塞纳质。于是绥(suí)接归附，威信大行。遂罢屯兵，各令归郡。唯置弛刑徒二千余人，分以屯田，为贫人耕种，修理城郭坞壁而已。

[译文]

元和三年，卢水地区胡人反叛，以邓训为谒者，乘传车到达武威郡，任张掖为郡太守。

章和二年，护羌校尉张纡诱诛烧当种羌首领迷吾等人，因此各部羌人大怒，谋划报仇，朝廷为之忧虑。公卿们推荐邓训取代张纡担任校尉。各部羌人群情激愤，于是相互放弃前仇结为婚姻，交换人质立约盟誓，聚众四万多人，约定川道结冰后渡河进攻邓训。原先小月氏胡人分别定居在塞内，能够作战的人有二三千骑兵，都勇健有力，每次与羌人交战，常常以少胜多。虽然首鼠两端，汉朝也时常将他们利用。当时迷吾的儿子迷唐，单独与武威种羌人会集骑兵一万人，来到要塞之下，未敢进攻邓训，先想胁迫月氏胡人。邓训拥兵守备，延滞不动，下令月氏胡人不得出战。议论的人都以为羌胡互相攻击，是政府的有利时机，以夷伐夷，不应该加以禁止和保护。邓训说："不对。现今张纡失去信用，众羌人大举出动，为此长时间驻屯的士兵，不下二万人，转运的物资造成府库的空竭，凉州的官吏和百姓，生命悬于一发。原来各部胡人所以难以感到满意，都因为恩惠信誉不厚重。现今利用他们遭遇危难，以德感召他们，也许能有所用处。"于是下令打开城门和住所的园门，尽快把月氏胡人的妻子儿女都接纳进来，派士兵严加守护。羌人抢掠一无所获，又不敢逼迫胡人过紧，因而很快解围而去。从此湟中地区的所有胡人都说"汉朝常想欺侮我辈，今天邓使君以恩信对待我们，开门接纳我们的妻子儿女，真是我们的父母官"。全都欢欢喜喜地叩头说："唯使君之命是从。"邓训便召抚其中年轻勇武的数百人，随大军出征。

羌胡的习俗是耻于病死，每当病到临危时，就用刀自尽。邓训一听说有病重的胡人，就把他捉住捆绑起来，不给他兵刃，用药给他治病，病愈的不止一人，胡人不论老幼无不感动欢悦。于是赏赐贿赂各部羌人，让他们互相引诱招降。迷唐的伯父号吾于是带领他的母亲和族人八百户，从塞外前来投降。邓训因此调动湟中的秦、胡、羌兵四千人，出塞偷袭迷唐于写谷，斩杀六百多人，夺得马、牛、羊一万多头。迷唐于是离开大榆谷和小榆谷，居守颇岩谷，各部羌人全部四散。这年春天，迷唐又想回故地从事农作，邓训于是调动湟中士兵六千人，命令长史任尚率领，缝皮革为船，放置在木筏上以渡河，偷袭迷唐居住地的大豪，多有斩杀和俘获。再度追击逃亡的羌人，恰逢任尚晚上被羌人围攻，于是义从羌胡合力打败羌人，前后斩首共计一千八百余级，抓获俘虏两千人，马、牛、羊三万余头，迷唐一支羌人几乎被消灭殆尽。迷唐于是收集他的余部，将居住点远移，向西走出一千多里，各依附的部落和小种族都背叛了他。烧当羌的豪帅东号叩头请罪，准备接受死刑，其余各部都请求和好，交上人质。于是安抚归附的羌人，威信大为树立。便罢退屯兵，各令他们返回本郡。唯独安置弛刑罪徒两千多人，分别屯田，替贫民耕种土地，参加修治城郭坞壁。

［原文］

永元二年，大将军窦宪将兵镇武威，宪以训晓羌胡方略，上求俱行。训初厚于马氏，不为诸窦所亲，及宪诛，故不离其祸。

和熹邓后

邓绥（80年－121年），东汉和帝刘肇的皇后，邓训之女，邓禹之孙女。其人极有政治才能，和帝去世后，她先后策立殇帝、安帝，以太后身份临朝称制，执政达17年。她是中国历史上第一个垂帘听政的女皇后，也是“外戚”中最贤明的皇后。

训虽宽中容众，而于闺门甚严，兄弟莫不敬惮(dàn)，诸子进见，未尝赐席接以温色。四年冬，病卒官，时年五十三。吏人羌胡爱惜，旦夕临者日数千人。戎俗父母死，耻悲泣，皆骑马歌呼。至闻训卒，莫不吼号，或以刀自割，又刺杀其犬马牛羊，曰：“邓使君已死，我曹亦俱死耳。”前乌桓吏士皆奔走道路，至空城郭。吏执不听，以状白校尉徐傿。傿叹息曰：“此义也。”乃释之。遂家家为训立祠，每有疾病，辄此请祷求福。

元兴元年，和帝以训皇后之父，使谒者持节至训墓，赐策追封，谥曰平寿敬侯。中宫自临，百官大会。

训五子：骘(zhì)、京、悝(kuī)、弘、阊(chāng)。

［译文］

永元二年，大将军窦宪率兵镇守武威，窦宪因邓训通晓治理羌胡的方略，上书请求让邓训与他一起出征。邓训起初同马氏交往密切，不被各窦氏族人所亲近，等到窦宪被诛杀时，因而未连带遭受祸殃。

邓训虽胸襟开阔能够容人，但对亲属要求很严，兄弟无不对他敬畏，儿子们进见，从来没有赐给席位和颜悦色相待。四年的冬天，病死于任上，享年五十三岁。官吏百姓和羌人、胡人都爱戴他，每天从早到晚前来吊唁的有数千人。戎人的习俗是父母去世，以悲痛哭泣为耻，都骑马歌唱呼叫。等听到邓训去世的消息后，无不连吼带叫，有人用刀割自己，又刺杀家中的犬马牛羊，说："邓使君已死，我辈也一起死吧。"过去任乌桓校尉时的部下都奔走在路上，以致城郭中空无一人。当地官吏捉拿他们也不听从，将此情况报告给校尉徐傿。徐傿叹息道："这是义举。"于是释放了他们。因此家家为邓训立祠，每有疾病，就向邓训祷告请求赐福。

元兴元年，和帝因邓训是皇后的父亲，派谒者持节到邓训墓地，赐策书追封，加谥号为平寿敬侯。中宫亲自驾临，百官全都到场。

邓训有五个儿子：邓骘、邓京、邓悝、邓弘、邓阊。

[原文]

骘(zhì)字昭伯，少辟大将军窦宪府。及女弟为贵人，骘兄弟皆除郎中。及贵人立，是为和熹皇后。骘三迁虎贲中郎将，京、悝、弘、阊皆黄门侍郎。京卒于官。延平元年，拜骘车骑将军、仪同三司。仪同三司始自骘也。悝虎贲(hǔ bēn)中郎将，弘、阊皆侍中。

殇帝崩，太后与骘等定策立安帝，悝迁城门校尉，弘虎贲中郎将。自和帝崩后，骘兄弟常居禁中。骘谦逊不欲久在内，连求还第，岁余，太后乃许之。

永初元年，封骘上蔡侯、悝叶侯、弘西平侯、阊西华侯，食邑各万户。骘以定策功，增邑三千户。骘等辞让不获，遂逃避使者，间关诣阙，上疏自

大战羌兵

东汉对入居的少数民族羁縻失当，边区乱事频繁。而凉州开发甚晚，东汉政权又多方加以劫掠，故而羌、氐、胡人与汉政府宿怨甚深，凉州羌乱更是贯穿整个东汉王朝。

陈曰：“臣兄弟污涉，无分可采，过以外戚，遭值明时，托日月之末光，被云雨之渥泽，并统列位，光昭当世。不能宣赞风美，补助清化，诚惭诚惧，无以处心。陛下躬天然之姿，体仁圣之德，遭国不造，仍离大忧，开日月之明，运独断之虑，援立皇统，奉承大宗。圣策定于神心，休烈垂于不朽，本非臣等所能万一，而猥(wěi)推嘉美，并享大封，伏闻诏书，惊惶惭怖。追观前世倾覆之诫，退自惟念，不寒而栗。臣等虽无逮及远见之虑，犹有庶几戒惧之情。常母子兄弟，内相敕厉，冀以端悫(què)畏慎，一心奉戴，上全天恩，下完性命。刻骨定分，有死无二。终不敢横受爵土，以增罪累。惶窘征营，昧死陈乞。”太后不听。骘频上疏，至于五六，乃许之。

其夏，凉部畔羌摇荡西州，朝廷忧之。于是诏骘将左右羽林、北军五校士及诸部兵击之，车驾幸平乐观饯送。骘西屯汉阳，使征西校尉任尚、从事中郎司马钧与羌战，大败。时以转输疲弊，百姓苦役。冬，征骘班师。朝廷以太后故，遣五官中郎将迎拜骘为大将军。军到河南，使大鸿胪亲迎，中常侍赍(jī)牛酒郊劳，王、主以下候望于道。既至，大会群臣，赐束帛乘马，宠灵显赫，光震都鄙。

时，遭元二之灾，人士荒饥，死者相望，盗贼群起，四夷侵畔。骘等崇节俭，罢力役，推进天下贤士何熙、祋讽、羊浸、李郃、陶敦等，列于朝廷；辟杨震、朱宠、陈禅，置之幕府，故天下复安。

［译文］

邓骘字昭伯，年轻时被召到大将军窦宪府任职。等到妹妹成为贵人，邓骘兄弟都被任命为郎中。等到贵人策立，成为和熹皇后。邓骘经过三次升迁担任虎贲中郎将，邓京、邓悝、邓弘、邓阊全都任黄门侍郎。邓京死于任上。延平元年，任命邓骘为车骑将军、仪同三司。仪同三司一职，始自于邓骘。邓悝任虎贲中郎将，邓弘、邓阊都任侍中。

殇帝驾崩，太后和邓骘等人定策拥立安帝，邓悝改任城门校尉，邓弘改任虎贲中郎将，自从和帝死后，邓骘兄弟常常居住在宫禁之中。邓骘谦逊，不想久居宫内，连续请求返回私宅，过了一年多，太后才答应他。

永初元年，安帝封邓骘为上蔡侯，邓悝为叶侯，邓弘为西平侯，邓阊为西华侯，食邑各有一万户。邓骘因定策功，增加食邑三千户。邓骘等人辞让，不获批准。于是逃避使者，过了很久才回到宫中，上疏陈述道："臣兄弟等都是污秽之人，无分寸优点可以采纳，误以外戚身份，正逢圣明之世，托日月的余光，受云雨的润泽，一同领受官位，显耀于当世。但不能宣扬国家的仁风美德，对清明的教化有所补益，实在惭愧恐惧，无法安心。陛下身具天然的姿态，包容仁圣的品德，遭遇家国的不幸，一而再地遭受帝王过世的忧患，仍能重开日月一般的光明，运筹独断于心的谋虑，扶立皇统，奉承大宗。英明的决策定于神心，盛美的事业垂于不朽，本来就不是臣等微薄的才能所能及，而辱受嘉奖赞美，一并享受大封，伏听诏书，惊惶惭怖。追观前代外戚败亡的教训，退而自思，不寒而栗。臣等虽然缺乏远见卓识，仍有知微戒惧的心情。曾经母子兄弟，内部相互勉励，希望正直诚实，自戒谨慎，一心奉戴圣朝，上可以保全天恩，下可以保全性命。铭心刻骨正定名分，唯死无二。到底不敢横受爵士，以增加罪恶和忧患。惶恐窘惑，冒死上书乞求降恩。"太后不听。邓骘频繁上疏，至于五六次，才准许所求。

这年夏天，凉州刺史部羌人叛变，西州动荡，朝廷忧患此事。于是诏命邓骘率领左右羽林军、北军五校士以及诸部兵马攻击羌人，皇帝的车驾亲到平乐观设宴送行。邓骘西屯汉阳郡，派遣征西校尉任尚、从事中郎司马钧同羌人作战，大败而回。当时因转运物资造成所经之地困苦穷乏，百姓苦于徭役。冬天，征调邓骘班师。朝廷因太后的缘故，派遣五官中郎将迎接并授封邓骘为大将军。军队到达河南，派大鸿胪亲出迎接，中常侍携带牛和酒于郊外犒劳将士，王和公主以下迎候在道路上。进入京城，大会群臣，赏赐成匹的布帛和四匹马拉的车，恩宠显赫，光震都城及郊野。

当时元年、二年均遭灾祸，人民因灾荒饥饿，死者相望，盗贼群起，四夷或入侵或叛变。邓骘等崇尚节俭，罢除劳役，推举天下贤士如何熙、祋讽、羊浸、李郃、陶敦等人列位于朝廷，征召杨震、朱宠、陈禅，将他们安排在幕府中，所以天下重新安定。

［原文］

四年，母新野君寝病，骘兄弟并上书求还侍养。太后以阊最少，孝行尤著，特听之，赐安车驷(sì)马。及新野君薨，骘等复乞身行服，章连上，太后许之。骘等既还里第，并居冢

次。阊至孝骨立，有闻当时。及服阕，诏喻骘还辅朝政，更授前封。骘等叩头固让，乃止，于是并奉朝请，位次在三公下，特进、侯上。其有大议，乃诣朝堂，与公卿参谋。

守墓服孝

自古以来，"孝"即是道德的根本和核心，而丧葬礼俗的遵循程度则是衡量"孝"的一大标准。据古礼，遇君父、尊长之丧，在其墓旁搭草庐守墓，称"庐墓"或"依庐"。守墓为期最多可达三年，以示至孝之心。

元初二年，弘卒。太后服齐衰，帝丝麻，并宿幸其第。弘少治《欧阳尚书》，授帝禁中，诸儒多归附之。初疾病，遗言悉以常服，不得用锦衣玉匣。有司奏赠弘骠骑将军，位特进，封西平侯。太后追思弘意，不加赠位衣服，但赐钱千万，布万匹，骘等复辞不受。诏大鸿胪持节，即弘殡封子广德为西平侯。将葬，有司复奏发五营轻车骑士，礼仪如霍光故事，太后皆不听，但白盖双骑，门生挽送。后以帝师之重，分西平之都乡封广德弟甫德为都乡侯。四年，又封京子黄门侍郎珍为阳安侯，邑三千五百户。

五年，悝、阊相继并卒，皆遗言薄葬，不受爵赠，太后并从之。乃封悝子广宗为叶侯，阊子忠为西华侯。

自祖父禹教训子孙，皆遵法度，深戒窦氏，检敕宗族，阖(hé)门静居。骘子侍中凤，尝与尚书郎张龛书，属郎中马融宜在台阁。又中郎将任尚尝遗凤马，后尚坐断盗军粮，槛车征诣廷尉，凤惧事泄，先自首于骘。骘畏太后，遂髡妻及凤以谢，天下称之。

[译文]

四年，母亲新野君卧病在床，邓骘兄弟一起上书请求回家侍养。太后因邓阊最年轻，孝行尤其著名，特许他回家，赐给安车和驷马。等到新野君去世，邓骘等再度请求亲自回去服丧，接连奏上表章，太后允许了。邓骘等人返回故里私宅后，一起居住在坟墓的旁边。邓阊最孝，以致瘦骨嶙峋，名闻当时。等到服丧已毕，皇帝诏命邓骘回来辅助朝政，重新授予以前的封爵。邓骘等叩头坚决推辞，才作罢，于是一起奉朝请，位次在三公以下，在特进和列侯之上。凡有重大事情商议，便到朝堂，同公卿一道参与谋划。

窦后

昔汉文帝窦后即干预皇位继承人，一度专权。而汉章帝之窦皇后及其兄窦宪等人更是干乱政化。章帝死后，窦宪专权，恃宠而骄，依势作恶，把揽朝政，滥杀无辜，终至身败名裂，后世莫称。所以邓氏深以为戒。

元初二年，邓弘死了。太后服齐衰，安帝披丝麻，一起留宿在邓弘家中。邓弘年轻时钻研《欧阳尚书》，在宫禁中对安帝讲授，儒士大多归附于他。起初患病时，遗言死后全穿用平时的衣服，下葬不得用锦衣和玉匣。有关部门上奏赠邓弘骠骑将军衔，位居特进，封西平侯。太后追念邓弘的遗愿，不加赠位和衣服，只是赐钱一千万，布一万匹，邓骘等再度推辞不受。诏命大鸿胪持节，就在邓弘的灵柩前封他的儿子邓广德为西平侯。即将下葬，有关部门又上奏请求调动五营轻车骑士，送葬礼仪如同霍光下葬时的情形。太后都不准，只是用白盖车和双骑，门生们挽车送葬。后来以帝师的尊贵，封邓广德的弟弟邓甫德为都乡侯，食邑为西平县的都乡。四年，又封邓京的儿子黄门侍郎邓珍为阳安侯，食邑三千五百户。

五年，邓悝、邓阊相继去世，都遗言薄葬，不接受封爵的赠与，太后都听从了。于是封邓悝的儿子邓广宗为叶侯，邓阊的儿子邓忠为西华侯。

自从祖父邓禹教训子孙起，都能遵守法度，深深以窦氏为诫，整顿宗族，闭门静居。邓骘的儿子侍中邓凤，曾给尚书郎张龛写信，认为郎中马融的职位应当安排在台阁。中郎将任尚曾送给邓凤一匹马，后来任尚因盗留军粮，被槛车押往廷尉府，邓凤怕事情泄露，先向邓骘自首。邓骘畏惧太后，于是剃去妻子和邓凤的头发以谢罪，天下为此称赞他。

[原文]

建光元年，太后崩，未及大敛，帝复申前命，封骘(zhì)为上

蔡侯，位特进。帝少号聪敏，及长多不德，而乳母王圣见太后久不归政，虑有废置，常与中黄门李闰候伺左右。及太后崩，宫人先有受罚者，怀怨恚(huì)，因诬告悝、弘、阊先从尚书邓访取废帝故事，谋立平原王得。帝闻，追怒，令有司奏悝等大逆无道，遂废西平侯广德、叶侯广宗、西华侯忠、阳安侯珍、都乡侯甫德皆为庶人。骘以不与谋，但免特进，遣就国。宗族皆免官归故郡，没入骘等赀(zī)财田宅，徙邓访及家属于远郡。郡县逼迫，广宗及忠皆自杀。又徙封骘为罗侯，骘与子凤并不食而死。骘从弟河南尹豹、度辽将军舞阳侯遵、将作大匠畅皆自杀，唯广德兄弟以母阎后戚属得留京师。

大司农朱宠痛骘无罪遇祸，乃肉袒舆榇，上疏追讼骘曰："伏惟和熹皇后圣善之德，为汉文母。兄弟忠孝，同心忧国，宗庙有主，王室是赖。功成身退，让国逊位，历世外戚，无与为比。当享积善履谦之祐，而横为宫人单辞所陷。利口倾险，反乱国家，罪无申证。狱不讯鞫，遂令骘等罹(lí)此酷滥。一门七人，并不以命，尸骸流离，怨魂不反，逆天感人，率土丧气。宜收还冢(zhǒng)次，宠树遗孤，奉承血祀(sì)，以谢亡灵。"宠知其言切，自致廷尉，诏免官归田里。众庶多为骘称枉，帝意颇悟，乃谴让州郡，还葬洛阳北芒旧茔，公卿皆会丧，莫不悲伤之。诏遣使者祠以中牢，诸从昆弟皆归京师。及顺帝即位，追感太后恩训，愍骘无辜，乃诏宗正复故大将军邓骘宗亲内外，朝见皆如故事。除骘兄弟子及门从十二人悉为郎中，擢(zhuó)朱宠为太尉，录尚书事。

[译文]

建光元年，太后去世，未等到大敛，安帝就重申以前的诏命，封邓骘为上蔡侯，位居特进。安帝年幼时号称聪明，等长大后行事多不道德，而乳母王圣见太后长久不归还朝政，担心会有废帝重立的事发生，常常与中黄门李闰守候窥伺在太后左右。等到太后去世，宫人有先前受到处罚的人，心怀怨愤，因此诬告邓悝、邓弘、邓阊过去曾向尚书邓访索取废帝的规定，阴谋立平原王刘得为帝。安帝听到后，追忆往事而震怒，命令有关部门上奏邓悝等人大逆不道的罪行，于是废除西平侯邓广德、叶侯邓广宗、西华侯邓忠、阳安侯邓珍、都乡侯邓甫德爵位，全都废为平民。邓骘因不参预阴谋，只是免去特进，遣送回封国。邓氏宗族都免官回到故郡，没收了邓骘等人的资产田宅，迁徙邓访及其家属到边郡。在郡县官吏的逼迫下，邓广宗与邓忠都自杀了。又改封邓骘为罗侯，邓骘与儿子邓凤一起绝食而死。邓骘的从弟河南尹邓豹、度辽将军舞阳侯邓遵、将作大匠邓畅都自杀了，唯有邓广德兄弟因母亲是阎皇后的亲属而得以留在京师。

大司农朱宠痛心邓骘无罪遭祸，于是脱去上衣，露出肉体，抬上棺材，上疏追诉邓骘说："臣伏奏只因和熹皇后具有圣明善良的品德，是汉朝的文母。邓氏兄弟既忠又孝，同心忧国，宗庙有主，王室依赖他们而得以延续。功成身退，辞让封爵，退出官位，历代的外戚没有可以与他们相比的。应当享受积善履谦的福佑，却横遭宫人单方面言辞的陷害。利口险诈，扰乱国家秩序，罪行并无明显的证据，狱中不加彻底的审讯，便令邓骘等人遭遇如此残酷过分的惩罚。一门中有七个人，不能得到善终，尸骨流离，怨魂不能返乡，逆天道，违人心，全国之内为之丧气。应当收回尸骨埋入坟茔，加宠信而重封遗孤，使他们能杀牲取血以祭祀宗庙，以告慰亡灵。"朱宠知道自己言辞切直，自动到廷尉府准备接受处罚，请求免去官职回归故里。众士民多替邓骘鸣冤，安帝心中颇感觉悟，于是谴责州郡的地方官，让死者还葬于洛阳北芒山的旧家族墓地中，公卿等官都来参加葬礼，无不为之悲痛伤心。诏命使者以中牢祭祀亡灵，所有从昆兄弟全回到京师。等到顺帝即位，追念太后的教导，怜悯邓骘的无辜，于是诏命宗正恢复故大将军邓骘内外宗亲的地位，朝见如同过去一样。任用邓骘兄弟的儿子以及门下从者十二人为郎中，提拔朱宠担任太尉，管理尚书省事宜。

[原文]

宠字仲威，京兆人，初辟骘府，稍迁颍川太守，治理有声。及拜太尉，封安乡侯，甚加优礼。

广德早卒。甫德更召征为开封令。学传父业。丧母，遂不仕。阊(chǎng)妻耿氏有节操，痛邓氏诛废，子忠早卒，乃养河南尹豹子嗣为阊后。耿氏教之书学，遂以通博称。永寿中，与伏无忌、延笃(dǔ)著书东观，官至屯骑校尉。

禹曾孙香之女为桓帝后，帝又绍封度辽将军遵子万世为

南乡侯，拜河南尹。及后废，万世下狱死，其余宗亲皆复归故郡。

邓氏自中兴后，累世宠贵，凡侯者二十九人，公二人，大将军以下十三人，中二千石十四人，列校二十二人，州牧、郡守四十八人，其余侍中、将、大夫、郎、谒者不可胜数，东京莫与为比。

[译文]

朱宠字仲威，京兆人。起初被征用在邓骘府，不久改任颍川太守，治理有名声。接着担任太尉，封安乡侯，很受优待。

邓广德死得早。邓甫德被重新调任开封令。他的学问来自父亲的家传。母亲去世，便不再做官。邓阊的妻子耿氏有气节操行，痛心邓氏或被杀或被废，儿子邓忠死得早，于是收养河南尹邓豹的儿子作为邓阊后嗣。耿氏教导他写字读书，于是他以贯通博闻著称。永寿年间，与伏无忌、延笃等在东观著书，官至屯骑校尉。

邓禹的曾孙子邓香的女儿是桓帝的皇后，桓帝又续封度辽将军邓遵的儿子邓万世为南乡侯，任命为河南尹。等到皇后被废，邓万世被下狱处死，其余的宗亲全又返回故郡。

邓氏自从中兴以后，数代受宠而贵重，共有封侯的二十九人，任三公的二人，任大将军以下的十三人，任中二千石官员的十四人，任列校的二十二人，任州牧、郡守的四十八人，其余任侍中、将、大夫、郎、谒者的不可胜数，东汉没有哪个家族可以与邓氏相比。

[原文]

论曰：汉世外戚，自东、西京十有余族，非徒豪横盈极，自取灾故，必于贻衅(yí xìn)后主，以至颠败者，其数有可言焉。何则？恩非己结，而权已先之；情疏礼重，而枉性图之；来宠方授，地既害之；隙开势谢，谗亦胜之。悲哉！骘、悝兄弟，季远时柄，忠劳王室，而终莫之免，斯乐生所以泣而辞燕也！

[译文]

评论说：汉朝的外戚，在东、西京有十多个家族，不仅仅豪横至极，自取灾祸，而且必定留下裂痕给后主，以致遭到颠覆衰败，其中的道理是有话可说的。为什么呢？恩惠并非自己结下，而权利已先享有；感情疏远但礼遇隆重，后主违背本性而同他们谋议国事；后来的宠臣正想授予要职，先前的权贵以身居要地而受到危害；嫌隙生成所以形势便转而不利，谗人也就乘机取胜。可悲啊！邓骘、邓悝兄弟，付与长远的使命而掌握一时的大权，忠心勤劳于王室，而到底不能免除灾祸，这就是乐毅之所以痛哭流涕地辞别燕国的原因啊！

寇恂

寇恂（？ -36 年），字子翼，东汉开国功臣，“云台二十八将”之一。其人秉公执法，长期镇守后方，深受倚重，遐迩闻名，刘秀曾将其比之萧何。

[原文]

寇恂字子翼，上谷昌平人也，世为著姓。恂(xún)初为郡功曹，太守耿况甚重之。

王莽败，更始立。使使者徇郡国，曰“先降者复爵位”。恂从耿况迎使者于界上，况上印绶，使者纳之，一宿无还意。恂勒兵入见使者，就请之。使者不与，曰：“天王使者，功曹欲胁之邪？”恂曰：“非敢胁使君，窃伤计之不详也。今天下初定，国信未宣，使君建节衔命，以临四方，郡国莫不延颈倾耳，望风归命。今始至上谷而先堕大信，沮向化之心，生离畔之隙，将复何以号令它郡乎？且耿府君在上谷，久为吏人所亲，今易之，得贤则造次未安，不贤则秖更生乱。为使君计，莫若复之以安百姓。”使者不应，恂叱(chì)左右以使者命召况。况至，恂进取印绶(shòu)带况。使者不得已，乃承制诏之，况受而归。

及王郎起，遣将徇上谷，急况发兵。恂与门下掾闵(mǐn)业共说况曰：“邯郸拔起，难可信向。昔王莽时，所难独有刘伯升耳。今闻大司马刘公，伯升母弟，尊贤下士，士多归之，可

攀附也。”况曰：“邯郸方盛，力不能独拒，如何？”恂对曰：“今上谷完实，控弦万骑，举大郡之资，可以详择去就。恂请东约渔阳，齐心合众，邯郸不足图也。”况然之，乃遣恂到渔阳，结谋彭宠。恂还，至昌平，袭击邯郸使者，杀之，夺其军，遂与况子弇(yǎn)等俱南及光武于广阿。拜恂为偏将军，号承义侯，从破群贼。数与邓禹谋议，禹奇之，因奉牛酒共交欢。

［译文］

寇恂字子翼，上谷郡昌平县人，世代为当地大姓。寇恂起初担任郡功曹，太守耿况十分器重他。

王莽失败后，更始帝登基，派使者巡行郡国，说“先归降的人可以恢复爵位”。寇恂跟随耿况迎接使者于郡的边界上，耿况呈上印绶，使者接受了，过了一夜没有归还的意思。寇恂率领士兵入见使者，向使者请求归还印绶。使者不给，说：“我是天王的使者，功曹想威胁我吗？”寇恂说：“并不敢胁迫使君，私下为使君考虑不够周全而感伤。当今天下初步安定，国家的信誉尚未确立，使君持符节奉命巡视四方，郡国无不伸长脖颈盼望倾听，望风归顺。现在刚到上谷郡而先毁弃信誉，败坏全郡向往王化的心意，生出背离反叛的嫌隙，将如何重新号令其他各郡呢？况且耿府君在上谷郡，长期以来被官吏百姓所敬重，今天撤换了他，得到贤人替代他的话则仓卒之间难以安定人心，得到不贤的人替代他便只能产生动乱。为使君考虑，不如恢复耿府君的职务以安定百姓。”使者不答应，寇恂喝令左右以使者的命令召见耿况。耿况来到后，寇恂上前取过印绶带在耿况身上。使者不得已，于是秉承更始帝旨意向耿况宣布诏命，耿况表示接受后回府。

等到王郎起兵，派遣将领出使上谷郡，紧急逼迫耿况发兵。寇恂与门下掾闵业一同劝耿况说：“邯郸王郎崛起，难以让人信赖投靠。过去王莽当政的时候，感到棘手的人只有刘伯升。现在听说大司马刘公，是刘伯升的同母兄弟，礼贤下士，士人大多数归顺于他，可以攀附。”耿况说：“邯郸方面势头正盛，我们的力量难以单独对抗，该怎么办？”寇恂说：“现今上谷郡郡界完好，府库充实，拉弓的武士骑兵上万，凭借大郡的资本，可以仔细选择去就取舍。寇恂请求东约渔阳郡，齐心合力，邯郸不足虑。”耿况赞同他的说法，于是派寇恂到渔阳郡，同彭宠结盟。寇恂回来，到达昌平，袭击邯郸使者，并杀了他，夺取了他的军队，便同耿况的儿子耿弇等人一同南下于广阿赶上光武帝。光武帝任命寇恂为偏将军，号称承义侯，跟从击破群贼。多次与邓禹谋划商议，邓禹对他的才干感到十分惊奇，因而摆上牛肉和酒共同结交欢饮。

[原文]

光武南定河内，而更始大司马朱鲔(wěi)等盛兵据洛阳。又并州未安，光武难其守，问于邓禹曰："诸将谁可使守河内者？"禹曰："昔高祖任萧何于关中，无复西顾之忧，所以得专精山东，终成大业。今河内带河为固，户口殷实，北通上党，南迫洛阳。寇恂文武备足，有牧人御众之才，非此子莫可使也。"乃拜恂河内太守，行大将军事。光武谓恂曰："河内完富，吾将因是而起。昔高祖留萧何镇关中，吾今委公以河内，坚守转运，给足军粮，率厉士马，防遏它兵，勿令北度而已。"光武于是复北征燕、代。恂移书属县，讲兵肄(yì)射，伐淇园之竹，为矢百余万，养马二千匹，收租四百万斛(hú)，转以给军。

朱鲔闻光武北而河内孤，使讨难将军苏茂、副将贾强将兵三万余人，度巩河攻温。檄(xí)书至，恂即勒军驰出，并移告属县，发兵会于温下。军吏皆谏曰："今洛阳兵度河，前后不绝，宜待众军毕集，乃可出也。"恂曰："温，郡之藩蔽，失温则郡不可守。"遂驰赴之。旦日合战，而偏将军冯异遣救及诸县兵适至，士马四集，幡(fān)旗蔽野。恂乃令士卒乘城，鼓噪大呼，言曰："刘公兵到！"苏茂军闻之，阵动，恂因奔击，大破之，追至洛阳，遂斩贾强。茂兵自投河死者数千，生获万馀人。恂与冯异过河而还。自是，洛阳震恐，城门昼闭。时，光武传闻朱鲔破河内，有顷，恂檄至，大喜曰："吾知寇子翼可任也！"诸将军贺，因上尊号，于是即位。

时，军食急乏，恂以辇车骊(lí)驾转输，前后不绝，尚书升斗以禀百官。帝数策书劳问恂，同门生茂陵董崇说恂曰："上新即位，四方未定，而君侯以此时据大郡，内得人心，外破

苏茂，威震邻敌，功名发闻，此谗人侧目怨祸之时也。昔萧何守关中，悟鲍生之言而高祖悦。今君所将，皆宗族昆弟也，无乃当以前人为镜戒。”恂然其言，称疾不视事。帝将攻洛阳，先至河内，恂求从军。帝曰：“河内未可离也。”数固请，不听，乃遣兄子寇张、姊子谷崇将突骑，愿为军锋。帝善之，皆以为偏将军。

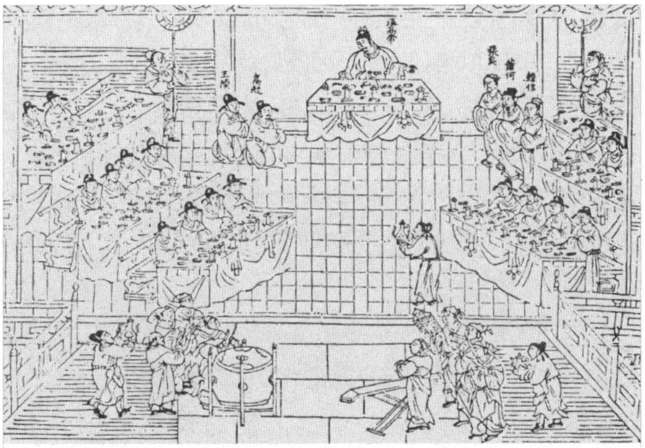

任用三杰

汉高祖手下有三杰：张良、萧何、韩信。萧何镇守关中时，施政有方，颁布利民法令，使农业生产迅速得到恢复，建立了稳固的后方，保障了前线的需要，形成汉军兵强粮多的好形势，刘邦乃能逼得项羽兵败垓下，自刎乌江。

[译文]

光武帝南下平定河内郡，而更始大司马朱鲔等人率重兵把守洛阳。并州尚未夺取，光武帝为选定河内郡的守将而为难，向邓禹征求意见说：“诸将中谁可以出镇河内郡？”邓禹说：“过去高祖任用萧何守关中，没有了西顾之忧，所以得以专心对付山东，终于成就了大业。现在河内郡以凭临黄河为固，户口充实，北通上党郡，南通洛阳城。寇恂文才武略齐备，有驾驭部众的才能，非此人不可以任用。”于是任命寇恂为河内太守，行使大将军的权力。光武帝对寇恂说：“河内郡完好富庶，我将凭借它而兴盛。过去高祖留萧何镇守关中，我现在以河内郡委托于您，坚守城池，转运物资，给足军粮，率领激励兵马，防御阻遏敌兵，不让他们北渡就可以了。”光武帝于是再次北征燕、代。寇恂向属县下达文书，整军习射，砍伐淇园的竹子，做成百余万支箭，养马两千匹，收租四百万斛，转送补给光武帝的军队。

朱鲔听说光武帝北上而造成河内郡孤立，派遣讨难将军苏茂、副将贾强率军三万多人，渡过巩县境内的黄河进攻温县。告急文书一到，寇恂立即率军奔出，并下文转告各属县，调动军队到温县城下会合。军中官吏都劝他说：“现今洛阳兵已渡河，前后人马络绎不绝，应当等待各路军队全到齐后，才可以出兵。”寇恂说：“温县是全郡的屏障，失去温县则全郡不可坚守。”于是快速奔赴温县。天亮后交战，而偏将军冯异派遣的救兵和各县的士兵恰巧赶到，士兵和战马四方会集，旗幡遮蔽田野。寇恂便命令士兵登上城墙击鼓呐喊，大声呼叫说："刘公的军队到了！"苏茂的军队闻听此讯，军阵开始动摇，寇恂乘机发动急攻，大破苏茂军，追击到了洛阳城下，于是斩杀了贾强。苏茂兵跳入黄河中淹死的有数千人，被生擒一万多人。寇恂与冯异冲过黄河后才回师。从此，洛阳守军震动恐惧，白天也紧闭城门。当时光武帝听传闻说朱鲔已攻破河内郡，不久寇恂的文书送到，光武帝大喜说："我知道寇子翼可以胜任啊！"众将军祝贺，因而建议称尊号，于是光武帝即帝位。

当时军粮十分缺乏，寇恂派人拉辇车并驾转运，前后不绝，尚书用升斗等量器分别发给百官。光武帝多次下书慰劳寇恂，同门生茂陵人董崇劝寇恂说："皇上新近即位，四方还未平定，而君侯在此时占据大郡，深得人心，在外击破苏茂，威震邻近的敌人，功名传扬，这正是谗谄小人侧目、因怨生祸的时候。过去萧何镇守关中，领悟鲍生的劝谏而使高祖欢悦。今天君侯的将士都是宗族昆弟，岂不是应当以前人为镜戒。"寇恂同意他的话，称病不处理政事。光武帝即将进攻洛阳，先到河内郡，寇恂请求随军行动。光武帝说："你不可以离开河内郡。"多次强烈要求，光武帝不听，于是派他哥哥的儿子寇张、姐姐的儿子谷崇率领精锐的突骑愿为前锋。光武帝对此十分赞赏，都任命为偏将军。

受檄击郾

刘秀平定河北后，南方郾王尹尊等尚未归附。刘秀召集众将讨论军机，他手执兵檄的竹筒敲着地面说："如今郾城最强，宛城第二，谁去攻打？"贾复率然应声："我去攻打郾城！"于是贾复率兵进击郾城，连战连捷。一个月后，尹尊投降，郾地息兵。

［原文］

建武二年，恂坐系考上书者免。是时，颍川人严终、赵敦聚众万余，与密人贾期连兵为寇。恂免数月，复拜颍川太守，与破奸将军侯进俱击之。数月，斩期首，郡中悉平定。封恂雍奴侯，邑万户。

执金吾贾复在汝南，部将杀人于颍川，恂捕得系狱。时尚草创，军营犯法，率多相容，恂乃戮之于市。复以为耻，叹。还过颍川，谓左右曰："吾与

寇恂并列将帅，而今为其所陷，大丈夫岂有怀侵怨而不决之者乎？今见恂，必手剑之！”恂知其谋，不欲与相见。谷崇曰：“崇，将也，得带剑侍侧。卒有变，足以相当。”恂曰：“不然。昔蔺相如不畏秦王而屈于廉颇者，为国也。区区之赵，尚有此义，吾安可以忘之乎？”乃敕属县盛供具，储酒醪(láo)，执金吾军入界，一人皆兼二人之馔。恂乃出迎于道，称疾而还。贾复勒兵欲追之，而吏士皆醉，遂过去。恂遣谷崇以状闻，帝乃征恂。恂至引见，时复先在坐，欲起相避。帝曰：“天下未定，两虎安得私斗？今日朕分之。”于是并坐极欢，遂共车同出，结友而去。

杜茂

杜茂，“云台二十八将”之一。杜茂在刘秀征战河北时，投靠了刘秀，为中坚将军，常随刘秀征战。刘秀即位后，杜茂被拜为大将军，封乐乡侯。

恂归颍川。三年，遣使者即拜为汝南太守，又使骠骑将军杜茂将兵助恂讨盗贼。盗贼清静，郡中无事。恂素好学，乃修乡校，教生徒，聘能为《左氏春秋》者，亲受学焉。七年，代朱浮为执金吾。明年，从车驾击隗嚣，而颍川盗贼群起，帝乃引军还，谓恂曰：“颍川迫近京师，当以时定。惟念独卿能平之耳，从九卿复出，以忧国可也。”恂对曰：“颍川剽轻，闻陛下远逾阻险，有事陇、蜀，故狂狡乘间相诖误耳。如闻乘舆南向，贼必惶怖归死。臣愿执锐前驱。”即日车驾南征，恂从至颍川，盗贼悉降，而竟不拜郡。百姓遮道

曰："愿从陛下复借寇君一年。"乃留恂长社，镇抚吏人，受纳馀降。

[译文]

建武二年，寇恂因牵涉到考查上书的案子而被免职。当时颍川人严终、赵敦聚众万余人，与密县人贾期联合为寇。寇恂被免职数月后，又被任命为颍川太守，与破奸将军侯进一起攻击严终等。过了几个月，斩下贾期的首级，郡中全都平定下来。封寇恂为雍奴侯，食邑一万户。

执金吾贾复在汝南郡，部将在颍川杀了人，寇恂将他捉来关在狱中。当时正值法制开始创立时期，军营犯法，大多予以纵容，而寇恂则将这个部将押到市场中杀掉。贾复以此为耻辱，并叹息。回京路过颍川郡，对左右说："我与寇恂并列为将帅，而今被他侵犯，大丈夫岂有蒙受侵怨而不与之决斗的？今后见到寇恂，必定亲手劈了他！"寇恂知道了他的打算，不想同他相见。谷崇说："我谷崇是个将军，可以带剑侍立在你的身旁。仓卒有变故，足可以抵挡。"寇恂说："不对。过去蔺相如不畏惧秦王而忍屈于廉颇，是为了国家着想。区区一个赵国，尚且有这样的义士，我怎么可以忘记呢？"于是命令属县多供应食品，备足酒，执金吾的军队进入郡界，都发给每个士兵两个人的饮食。寇恂于是出迎于路旁，然后称病而返回。贾复率兵想追他，而将士都醉了，于是过郡而去。寇恂派遣谷崇将情况上报，光武帝便调寇恂到他那里。寇恂到后即被引见，当时贾复已先在坐，想起身避开。光武帝说："天下还未平定，两虎怎么能私斗？今天朕为你们和解。"于是一起入座尽欢，之后同坐一辆车而出，结为朋友而离去。

寇恂回到颍川。三年，派遣使者到颍川任命他为汝南太守，又派骠骑将军杜茂率兵帮助寇恂讨伐盗贼。盗贼肃清后，郡中无事。寇恂平素好学，于是兴修乡校，教导学生，聘请能讲解《左氏春秋》的学者，亲自去学习。七年，代替朱浮担任执金吾。第二年，跟随光武帝进攻隗嚣，而颍川盗贼蜂起，光武帝便引军返回，对寇恂说："颍川靠近京师，当立即平定。考虑到只有卿才能平定他们，从九卿再度出任地方，为了国家也是可以的。"寇恂回答说："颍川人剽悍轻捷，听说陛下远越险阻，有意平定陇、蜀，所以狂妄狡诈之徒乘机一起踏入歧途。如果得知君王乘舆南下，盗贼必然惊惶恐惧地前来领受死罪。臣愿意手执兵器作为前锋。"当天车驾南征，寇恂跟着来到颍川，盗贼全都投降，最终没任命寇恂为郡太守。百姓拦在路上说："愿从陛下那里再借寇君一年。"于是留寇恂于长社县，安抚官吏百姓，接受余寇投降。

[原文]

初，隗嚣将安定高峻，拥兵万人，据高平第一，帝使待诏马援招降峻，由是河西道开。中郎将来歙承制拜峻通路将

军，封关内侯，后属大司马吴汉，共围嚣于冀。及汉军退，峻亡归故营，复助嚣拒陇坻。及嚣死，峻据高平，畏诛坚守。建威大将军耿弇率太中大夫窦士、武威太守梁统等围之，一岁不拔。十年，帝入关，将自征之，恂时从驾，谏曰：“长安道里居中，应接近便，安定、陇西必怀震惧，此从容一处可以制四方也。今士马疲倦，方履险阻，非万乘之固，前年颍川，可为至戒。”帝不从。进军及汧，峻犹不下，帝议遣使降之，乃谓恂曰：“卿前止吾此举，今为吾行也。若峻不即降，引耿弇等五营击之。”恂奉玺书至第一，峻遣军师皇甫文出谒，辞礼不屈。恂怒，将诛文。诸将谏曰：“高峻精兵万人，率多强弩，西遮陇道，连年不下。今欲降之而反戮其使，无乃不可乎？”恂不应，遂斩之。遣其副归告峻曰：“军师无礼，已戮之矣。欲降，急降；不欲，固守。”峻惶恐，即日开城门降。诸将皆贺，因曰：“敢问杀其使而降其城，何也？”恂曰：“皇甫文，峻之腹心，其所取计者也。今来，辞意不屈，必无降心。全之则文得其计，杀之则峻亡其胆，是以降耳。”诸将皆曰：“非所及

高平斩使

通路将军高峻原是从隗嚣那儿投降过来的，后来又叛变过去了。隗嚣死后，高峻害怕被杀，坚守高平城不肯投降。刘秀派寇恂前去招降。高峻的军师皇甫文前来谒见，却在礼节和言辞上一点都不屈服，寇恂断然斩之。高峻胆怯，当天就投降了。

也。”遂传峻还洛阳。

恂经明行修，名重朝廷，所得秩奉，厚施朋友、故人及从吏士。常曰：“吾因士大夫以致此，其可独享之乎！”时人归其长者，以为有宰相器。

十二年卒，谥曰威侯。子损嗣。恂同产弟及兄子、姊子以军功封列侯者凡八人，终其身，不传于后。

初所与谋闵业者，恂数为帝言其忠，赐爵关内侯，官至辽西太守。

十三年，复封损庶兄寿为洨侯。后徙封损扶柳侯。损卒，子釐嗣，徙封商乡侯。釐卒，子袭嗣。

恂女孙为大将军邓骘夫人，由是寇氏得志于永初间。

恂曾孙荣。

[译文]

起初，隗嚣的将领安定人高峻，拥兵万人，据守在高平县的第一城，光武帝派待诏马援招降高峻，从此通往河西的道路被打通。中郎将来歙秉承旨意任命高峻为通路将军，封关内侯，后归属大司马吴汉管辖，一同包围隗嚣于冀县。等到汉军撤退，高峻逃归原营地，再次帮助隗嚣守卫陇阺。等到隗嚣死去，高峻拒守高平，害怕被杀而坚守不降。建威大将军耿弇率领太中大夫窦士、武威太守梁统等人围攻，一年也未能攻取。十年，光武帝入关中，将要亲自讨伐他，寇恂当时跟随车驾，劝谏说：“长安在洛阳和高平路程的正中，接应十分方便，安定、陇西二郡必心怀恐惧，这样从容占有一处而可以控制四方。现今士兵、战马疲倦，又要进入险境，不是天子安稳之策，前年颍川的教训，可引以为戒。”光武帝不听从。引军到汧县，高峻仍不投降，光武帝商议派使者去劝降，于是对寇恂说：“卿不久前劝阻我进军，今天为我出使吧。如果高峻不马上投降，我即率耿弇等五营士兵攻打他。”寇恂奉玺书来到第一城，高峻派军师皇甫文出城晋见，在言辞礼节上不肯示弱。寇恂发怒，要杀掉皇甫文。众将劝道：“高峻有精兵一万人，拥有许多强弩，在西方截断去陇上的道路，连年攻打不下。现今想招降他，反而杀他的使者，恐怕不该这么做吧？”寇恂不理，于是斩了皇甫文。让皇甫文的副手回去告诉高峻说：“军师无礼，已把他杀了。想投降，就赶快投降；不想投降，就坚守。”高峻惊惶恐惧，当天即开城门出降。众将全来祝贺，借机问道：“敢问杀死他的使者而能降下他的城池，是什么原因？”寇恂说：“皇甫文是高峻的心腹，高峻的计策都取之于他。今天前来，辞意不屈从，必定没有投降的心意。保全他的话则皇甫文计谋得逞，杀了他的话则高峻丧胆，所以投降了。”众将都说：“这不是我们所能及的啊。”于是押送高峻去洛阳。

寇恂经学明达，品行修正，名声重于朝廷，所得的俸禄，优厚发放给朋友、故人和随从的吏士。常说：“我因为士大夫才得以达到今天这种地位，怎么可以单独享用它呢！”当时的人推崇他是长者，认为他有宰相的气度。

十二年逝世，谥号为威侯。儿子寇损继承爵位。寇恂同母兄弟和哥哥的儿子、姐姐的儿子因为军功而被封为列侯的共有八人，终身享有，但不能传给后人。

起初给他献计的闵业，寇恂多次向光武帝推荐他为人忠诚，赐爵关内侯，官至辽西太守。

十三年，又封寇损的庶出兄弟寇寿为洨侯。后来改封寇损为扶柳侯。寇损死后，子寇釐继承爵位，改封商乡侯。寇釐死，子寇袭继承爵位。

寇恂的孙女是大将军邓骘的夫人，因此寇氏得志于永初年间。

寇恂的曾孙叫寇荣。

[原文]

论曰：传称“喜怒以类者鲜（xiǎn）矣”。夫喜而不比，怒而思难者，其唯君子乎！子曰：“伯夷、叔齐，不念旧恶，怨是用希。”于寇公而见之矣。

[译文]

评论说：经传说“喜怒都合乎礼法的人太少啦”。喜而不结党，怒而想到后果，这就是君子吧！孔子说：“伯夷、叔齐，不念旧恶，别人对他们的怨恨也就少了。”在寇公身上可以看到这一点。

[原文]

荣少知名，桓帝时为侍中。性矜絜自贵，于人少所与，以此见害于权宠。而从兄子尚帝妹益阳长公主，帝又聘其从孙女于后宫，左右益恶之。延熹中，遂陷以罪辟，与宗族免归故郡。吏承望风旨，持之浸急，荣恐不免，奔阙自讼。未至，刺史张敬追劾（hé）荣以擅去边，有诏捕之。荣逃窜数年，会赦令，不得除，积穷困，乃自亡命中上书曰：

臣闻天地之于万物也好生，帝王之于万人也慈爱。陛下

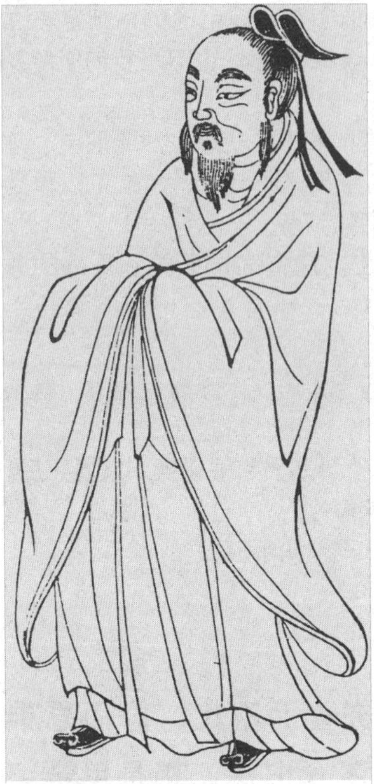

曾参

曾参，孔子的学生。一次，曾参的家乡费邑有个同名的人杀了人。有人告诉曾母说："曾参杀了人。"曾母不信，若无其事地继续织布。过了不久，又有人说："曾子杀了人。"曾母还是不信。不久，又有一个人告诉她说："曾子杀了人。"曾母害怕了，丢下梭子越墙逃跑。

统天理物，为万国覆，作人父母，先慈爱，后威武，先宽容，后刑辟，自生齿以上，咸蒙德泽。而臣兄弟独以无辜为专权之臣所见批抵，青蝇之人所共构会。以臣婚姻王室，谓臣将抚其背，夺其位，退其身，受其势。于是遂作飞章以被于臣，欲使坠万仞之坑，践必死之地，令陛下忽慈母之仁，发投杼之怒。尚书背绳墨，案空劾，不复质确其过，置于严棘之下，便奏正臣罪。司隶校尉冯羡佞(nìng)邪承旨，废於王命，驱逐臣等，不得旅踵。臣奔走还郡，没齿无怨。臣诚恐卒为豺狼横见噬(shì)食，故冒死欲诣阙，披肝胆，布腹心。

刺史张敬，好为谄谀，张设机网，复令陛下兴雷电之怒。司隶校尉应奉、河南尹何豹、洛阳令袁腾并驱争先，若赴仇敌，罚及死没，髡(kūn)剔坟墓，但未掘圹出尸，剖棺露胔耳。昔文王葬枯骨，公刘敦行苇，世称其仁。今残酷容媚之吏，无折中处平之心，不顾无辜之害，而兴虚诬之诽，欲使严朝必加滥罚。是以不敢触突天威，而自窜山林，以俟陛下发神圣之听。启独睹之明，拒谗慝之谤，绝邪巧之言，救可济之人，援没溺之命。不意滞怒不为春夏息，淹恚(huì)不为顺时怠，遂驰使邮驿，布告远近，严文克剥，痛于霜雪，张罗海内，设置万里，逐臣

者穷人迹，追臣者极车轨，虽楚购伍员，汉求季布，无以过也。

［译文］

寇荣年轻时便知名，桓帝时担任侍中。性格高洁尊贵，与人很少相交，因此引起权贵宠臣们的不满。而从兄的儿子娶桓帝妹妹益阳长公主，桓帝又接纳他的从孙女到后宫，左右之人更加厌恶他。延熹年间，于是诬陷他有罪，同宗族之人一起被免官归故郡。地方官揣测权贵的心愿，控制他越来越紧，寇荣怕难免于死，奔向宫阙自行上诉。还未到洛阳，刺史张敬追究弹劾寇荣擅自离开边地，有诏命令捕捉他。寇荣逃窜好几年，恰逢大赦，他却不得免罪，长期穷困，于是在亡命途中上书说：

臣听说天地对待万物是好生的，帝王对待万民是慈爱的。陛下统治天下，治理万物，统御万国，作人父母，先慈爱后威武，先宽容后用刑，从刚刚长出牙齿的婴儿算起，都蒙受恩泽。而臣兄弟唯独无辜被专权的大臣排斥打击，被颠倒黑白的人所共同陷害成罪。只因为臣同王室有婚姻关系，就说臣将拍打他们的脊背，夺取他们的官位，黜退他们本人，接收他们的权势。于是就写出诬告信加到臣的身上，想让我坠入万丈深坑，进入必死的境地，致使陛下忽略慈母般的仁爱，表达出曾参之母投杼一样的愤怒。尚书违背法律，凭空捏造弹劾状，不查实罪过，投入监狱之中，便上奏证成臣罪。司隶校尉冯羡奸佞邪恶地秉承旨意，败坏王命，追逐臣等，使臣等没有回旋的余地。臣奔回故郡，没齿不敢有怨言。臣实在害怕终于横遭豺狼吞噬，因此冒死来到宫阙之下，披露肝胆，陈述腹心之言。

刺史张敬好做谄媚阿谀的举动，张开网罗，再让陛下发出雷霆之怒。司隶校尉应奉、河南尹何豹、洛阳令袁腾一起争先，如同冲向仇敌，惩罚我已死的家人，推平坟墓，只差没有掘开墓穴挖出尸骨，剖开棺材露出肉体而已。过去周文王掩埋枯骨，公刘仁及草木，当世称颂他们的仁德。现今残酷而有媚容的官吏，缺乏折中公平的心，不顾无辜者的受害，而发出莫须有的诽谤，以为严明的朝廷必定加以滥罚。所以不敢触犯天威，而自行逃窜到山林之中，以等待陛下做出神圣的决断，开启独见的英明，排斥恶言恶语的诽谤，拒绝邪恶奸巧的言辞，拯救可以接济的人士，援助沉溺于水中的生命。不曾想积蓄的怒气并不因为春夏来临而止息，沉埋的怨恨不因为顺应时气而放松，于是派出使者奔走于邮传亭驿，布告远近各方，严厉的文告十分苛刻，比霜雪加身还要令人痛苦，张设网罗于海内，设置圈套达万里，捕捉臣的人跑遍人迹所至之处，追寻臣的人找遍车轨能到之地，虽楚国悬赏捉拿伍员，汉代悬赏捉拿季布，也无法超过捉拿臣的程度。

［原文］

臣遇罚以来，三赦再赎，无验之罪，足以蠲除(juān chú)。而陛下

屈原

屈原曾辅佐楚怀王，增强国力。后因他人谗言与被排挤，被楚怀王流放江南。屈原忧愁悲思，投江而死。寇荣亦受诬陷而披罪，故而以屈原类比。

疾臣愈深，有司咎臣甫力，止则见埽(sào)灭，行则为亡虏，苟生则为穷人，极死则为冤鬼，天广而无以自覆，地厚而无以自载，蹈陆土而有沉沦之忧，远岩墙而有镇压之患。精诚足以感于陛下，而哲王未肯悟。如臣犯元恶大憝，足以陈于原野，备刀锯，陛下当班布臣之所坐，以解众论之疑。臣思入国门，坐于胏石之上，使三槐九棘平臣之罪。而阊阖九重，陷阱步设，举趾触罘(fú)置，动行挂罗网，无缘至万乘之前，永无见信之期矣。

国君不可雠(chóu)匹夫，雠之则一国尽惧。臣奔走以来，三离寒暑，阴阳易位，当暖反寒，春常凄风，夏降霜雹，又连年大风，折拔树木。风为号令，春夏布德，议狱缓死之时。愿陛下思帝尧五教在宽之德，企成汤避远谗夫之诫，以宁风旱，以弭灾兵。臣闻勇者不逃死，智者不重困，固不为明朝惜垂尽之命，愿赴湘、沅之波，从屈原之悲，沉江湖之流，吊子胥之哀。臣功臣苗绪，生长王国，惧独含恨以葬江鱼之腹，无以自别于世，不胜狐死首丘之情，营魂识路之怀。犯冒王怒，触突帝禁，伏于两观，陈诉毒痛，然后登金镬(huò)，入沸汤，糜烂于炽爨(cuàn)之下，九死而未悔。

悲夫，久生亦复何聊！盖忠臣杀身以解君怒，孝子殒命以宁亲怨，故大舜不避涂廪浚(jùn)井之难，申生不辞姬氏谗邪之

谤。臣敢忘斯议，不自毙以解明朝之忿哉！乞以身塞重责。愿陛下丐兄弟死命，使臣一门颇有遗类，以崇陛下宽饶之惠。先死陈情，临章涕泣，泣血涟如。

帝省章愈怒，遂诛荣。寇氏由是衰废。

[译文]

臣遭到处罚以来，三次遇到大赦，两次允许赎罪，臣的无罪可查的罪过，足可以免除。而陛下恨臣更深，有司怪臣更甚，我停下来便会被扫灭，出走便成为逃亡者，如果能活则成为穷人，一旦死去则变成冤鬼，天之广阔而无法自存，地之深厚而无法自容，足踏陆地却有沉沦的忧虑，远离高墙却有被压的担心。精诚本来足以感动陛下，而哲王未肯觉悟。如果臣所犯是元凶大恶，足以绑赴原野，备下刀锯，陛下当宣布臣受罚的原因，以解除众人的疑惑。臣想进入国门，坐在公众面前，使朝中大臣评议臣的罪行。而天门九重，步步设有陷阱，举足便触动猎具，迈步便绊上罗网，无缘来到万乘之主的面前，永远也没有被信任的日子了。

国君不可仇恨匹夫，仇恨匹夫则整个国家都会恐惧。臣奔逃以来，经历三次寒暑，阴阳颠倒，应当温暖反受寒冷，春天常有凄风，夏天降下霜雹，又连年大风折断或拔倒树木。风是号令，春夏当布施德惠，是审议狱囚推迟死刑的时候。愿陛下考虑帝尧五教在宽的德政，回顾成汤远避谗夫的警诫，以平息风旱，以消除灾害。臣听说勇敢的人不逃避死亡，聪明的人不增加困苦，因为英明的朝廷不可怜垂死的生命，所以愿投入湘江、沅江的波浪之中，追随悲愁的屈原，愿沉没于江湖之中，吊唁伍子胥的哀情。臣是功臣的苗裔，生长在王国，恐惧独自含恨葬身于江中鱼腹，无法自白于人世，不胜狐死首丘的思乡之情，有亡魂识路的回归之心。冒犯君王之怒，冲撞帝王禁域，伏于两观之下，陈诉所受伤害的悲痛，然后登上铜釜，跳入沸水，糜烂于炽热的灶下，九死而不悔。

可悲啊，久生是多么的无聊？忠臣杀身以解除君主的愤怒，孝子丧命以安宁亲人的怨恨，所以大舜不逃避涂刷粮仓、挖深井时面临的危难，申生不推辞骊姬阴险的诽谤。臣怎敢忘记此种议论，不去自毙以解除圣明朝廷的愤怒呢！请求以身承受重责。愿陛下免去兄弟死罪，使臣一门颇有遗属，以增加陛下宽厚的德惠。死前陈情，面对章奏哭泣，悲痛至极，只有无声地垂泪。

桓帝看了奏章更加愤怒，于是诛杀寇荣。寇氏从此衰败。

[原文]

赞曰：元侯渊谟，乃作司徒。明启帝略，肇定秦都。勋成智隐，静其如愚。子翼守温，萧公是埒(liè)。系兵转食，以集鸿烈。诛文屈贾，有刚有折。

[译文]

赞辞说：元侯谋划精深，于是成为司徒。申明帝王大略，始定秦地旧都。功勋成就而明智隐退，宁静若愚。子翼镇守温县，可与萧公相比。转运兵器粮食，以建巨大功业。诛杀皇甫文而退让于贾复，有刚有曲。

窦融列传

说明

本卷主要记述了东汉初大臣窦融的相关事迹，同时也记述了窦融侄窦固、曾孙窦宪、玄孙窦章的一些事迹。王莽当政时，窦融为强弩将军司马。更始政权新立，他见关东形势混乱，又累世仕宦河西，求任张掖属国都尉。更始败亡后，窦融领都尉职如故，据境自保，后见汉光武帝刘秀甲兵最强，有意投靠。建武五年，窦融归附东汉王朝，任凉州牧。后来，窦融协助光武帝大破隗嚣。窦融与其兄弟深受重用多次升迁。窦融自知不是刘秀的旧臣，小心谨慎，多次辞让爵位。

[原文]

窦融字周公，扶风平陵人也。七世祖广国，孝文皇后之弟，封章武侯。融高祖父，宣帝时以吏二千石自常山徙焉。融早孤。王莽居摄中，为强弩将军司马，东击翟义，还攻槐里，以军功封建武男。女弟为大司空王邑小妻。家长安中，出入贵戚，连结闾(lǘ)里豪杰，以任侠为名；然事母兄，养弱弟，内修行义。王莽末，青、徐贼起，太师王匡请融为助军，与共东征。

及汉兵起，融复从王邑败于昆阳下，归长安。汉兵长驱入关，王邑荐融，拜为波水将军，赐黄金千斤，引兵至新丰。莽败，融以军降更始大司马赵萌，萌以为校尉，甚重之，荐融为巨鹿太守。

融见更始新立，东方尚扰，不欲出关，而高祖父尝为张掖太守，从祖父为护羌校尉，从弟亦为武威太守，累世在河西，知其土俗，独谓兄弟曰："天下安危未可知，河西殷富，带河为固，张掖属国精兵万骑，一旦缓急，杜绝河津，足以

自守，此遗种处也。”兄弟皆然之。融于是日往守萌，辞让巨鹿，图出河西。萌为言更始，乃得为张掖(yè)属国都尉。融大喜，即将家属而西。既到，抚结雄杰，怀辑羌虏，甚得其欢心，河西翕(xī)然归之。

[译文]

窦融字周公，扶风郡平陵人。七世祖窦广国是孝文皇后的弟弟，封章武侯。窦融的高祖父，宣帝时因是二千石吏从常山迁到平陵。窦融很早就死了父亲。王莽居摄年间，任强弩将军的司马，到东方进攻翟义，回来后又攻打槐里，以军功封建武男爵位。妹妹做了大司空王邑的妾。他将家搬到长安城里，出入贵戚豪门，联络闾里豪杰，以任侠出名；然而侍奉母兄，扶养弱弟，内重修养，外行仁义。王莽末年，青、徐二州盗贼兴起，太师王匡请窦融任助军，同他一起东征。

等到汉兵兴起，窦融又随王邑战败于昆阳城下，逃回长安。汉兵长驱入关，王邑推荐窦融，任命为波水将军，赐给黄金一千斤，率兵来到新丰。王莽失败，窦融率军投降更始大司马赵萌，赵萌任他为校尉，很器重他，推荐窦融为巨鹿太守。

窦融见更始帝新立为帝，东方还很混乱，所以不想出关，而他的高祖父曾担任过张掖太守，从祖父曾任护羌校尉，从弟也任过武威太守，几代都在河西地区，知道那里的风土人情，私下对兄弟们说：“天下安危还无法预料，河西地区富庶，以黄河为屏障，张掖属国有精兵一万骑，一旦有事，杜绝黄河渡口，足以自卫，那是保全宗族的地方。”兄弟都同意他的意见。窦融于当天去求赵萌，辞让巨鹿太守职，谋求出任河西。赵萌为他向更始帝建议，于是得以出任张掖属国都尉。窦融大喜，立即率领家属西行。到任后，安抚结交雄杰，怀柔羌人，很得他们的欢心，河西人相聚而归顺他。

[原文]

是时，酒泉太守梁统、金城太守厍钧、张掖都尉史苞、酒泉都尉竺曾、敦煌都尉辛肜，并州郡英俊，融皆与为厚善。及更始败，融与梁统等计议曰：“今天下扰乱，未知所归。河西斗绝在羌胡中，不同心戮力则不能自守；权钧力齐，复无以相率。当推一人为大将军，共全五郡，观时变动。”议既定，而各谦让，咸以融世任河西为吏，人所敬向，乃推融行河西五郡大将军事。是时，武威太守马期、张掖太守任仲并孤立

无党，乃共移书告示之，二人即解印绶去。于是以梁统为武威太守，史苞为张掖太守，竺曾为酒泉太守，辛肜为敦煌太守，厍钧为金城太守。融居属国，领都尉职如故，置从事监察五郡。河西民俗质朴，而融等政亦宽和，上下相亲，晏然富殖。修兵马，习战射，明烽燧之警，羌胡犯塞，融辄(zhé)自将与诸郡相救，皆如符要，每辄破之。其后匈奴惩乂，稀复侵寇，而保塞羌胡皆震服亲附，安定、北地、上郡流人避凶饥者，归之不绝。

河西款徼

河西历史悠久，西汉武帝时，它就是古丝绸之路的咽喉之地和铁马金戈的古战场。西汉名将霍去病就曾在此驰骋拼杀，接受匈奴款徼。而河西武威、张掖、酒泉、敦煌等地地沃物丰，亦著称古时。

融等遥闻光武即位，而心欲东向，以河西隔远，未能自通。时，隗嚣先称建武年号，融等从受正朔，嚣皆假其将军印绶。嚣外顺人望，内怀异心，使辩士张玄游说河西曰："更始事业已成，寻复亡灭，此一姓不再兴之效。今即有所主，便相系属，一旦拘制，自令失柄，后有危殆，虽悔无及。今豪杰竞逐，雌雄未决，当各据其土宇，与陇、蜀合从，高可为六国，下不失尉佗。"融等于是召豪杰及诸太守计议，其中智者皆曰："汉承尧运，历数延长。今皇帝姓号见于图书，自前世博物道术之士谷子云、夏贺良等，建明汉有再受命之符，言之久矣，故刘子骏改易名

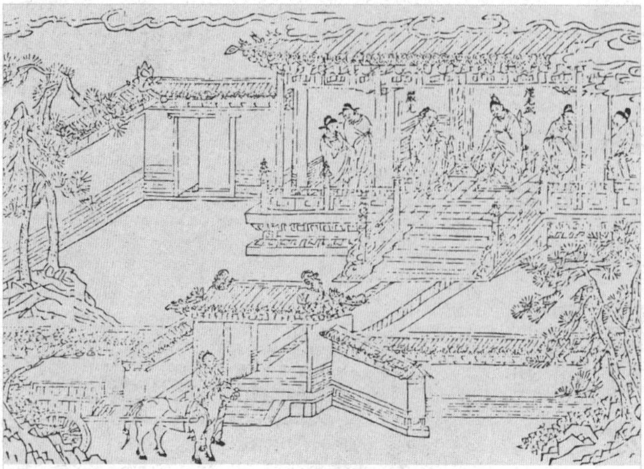

宾礼故人

史载，光武曾加三聘之礼延请年少的同学严光出仕。严光到京师时，光武还亲屈万乘之尊，到他下处看他，严光先假寐，后又张目直言不愿出仕，光武遂不再相逼。后光武又召严光入禁中论说旧情，共睡之时，严光不觉以足加在光武腹上，光武也不恼怒。光武帝尊贤下士，故而人人尊崇，人人思附。

字，冀应其占。及莽末，道士西门君惠言刘秀当为天子，遂谋立子骏。事觉被杀，出谓百姓观者曰：'刘秀真汝主也。'皆近事暴著，智者所共见也。除言天命，且以人事论之：今称帝者数人，而洛阳土地最广，甲兵最强，号令最明。观符命而察人事，它姓殆(dài)未能当也。"诸郡太守各有宾客，或同或异。融小心精详，遂决策东向。五年夏，遣长史刘钧奉书献马。

[译文]

当时酒泉太守梁统、金城太守厍钧、张掖都尉史苞、酒泉都尉竺曾、敦煌都尉辛肜，都是州郡的英杰，窦融与他们交往深厚。等到更始帝失败，窦融与梁统等人商议说："现今天下混乱，不知应投靠何人。河西孤悬于羌胡之中，不同心协力，就不可能自卫；权力相当，就无法管理。应当推举一人为大将军，一起保全五郡，观望时局的变动。"商议既定，而各自谦让，都认为窦融几代任河西的官吏，被人们所敬仰，于是推举窦融行使河西五郡大将军权力。当时武威太守马期、张掖太守任仲都孤立没有党援，于是窦融等联名写书信告谕二人，二人立即交出印绶而去。于是以梁统为武威太守，史苞为张掖太守，竺曾为酒泉太守，辛肜为敦煌太守，厍钧为金城太守。窦融居守属国，兼任都尉职如故，设置从事官监察五郡。河西民俗质朴，而窦融等人实施的治政也宽和，因此上下关系亲密，安定富裕。整顿兵马，练习骑射，明确烽燧的报警责任，羌胡侵犯要塞，窦融就亲自率军与各郡一起援救，全符合军令的要求，每战都马上击败来犯者。此后匈奴受重创，很少再入侵抢掠，而归依要塞的羌胡都被镇服，更加依从，安定、北地、上郡的流民为逃避战乱和饥饿，投奔而来的人络绎不绝。

窦融等远远听说光武帝即位，而心想投奔东方，但因河西道路阻隔，地处偏远，没有能够主动与光武帝接上联系。当时隗嚣先改用建武年号，窦融等人也跟着接受这一正朔，隗嚣给予他们将军印绶。隗嚣在外顺应人们的愿望，内里却怀有异心，派能言善辩的士人张玄游说河西众将说："更始帝事业已成，很快又被灭亡，这是一姓不再复兴的象征。现今如有所投靠，便同他建立依属关系，一旦被控制，让自己失去权柄，以后有了危难，虽然后悔也来不及了。目前豪杰争逐，雌雄未分，应当各据已有的疆土，同陇、蜀联合，高可以形成六国的局面，下不至失去尉佗割据岭南的状况。"窦融等人于是召集豪杰和众太守谋议，其中明智的人都说："汉朝承继尧运，天道长久。现今皇帝的姓号见之于《河图赤伏符》，自从前朝博闻多识精通道术的谷子云、夏贺良等人，上书说明汉朝有再受天命的符验，已是很久以前的事了，所以刘子骏改换名字，企图应验符命。等到王莽末年，道士西门君惠说刘秀当为天子，于是密谋拥立刘子骏。事情被发觉而遭杀害，临刑路上对观看的百姓说：'刘秀真是你们的君主。'这都是不久以前明白暴露的，有智者所共同见到的事。不说天命，暂且从人事方面来评论：现今称帝的有好几个人，而洛阳土地最广大，军队最强盛，号令最严明。看符命而察人事，他姓最终不能与之相比。"各郡太守各有宾客，有人赞同，有人反对。窦融用心反复考虑，便决定投靠东方的刘秀。五年夏天，派遣长史刘钧上书献马。

[原文]

先是，帝闻河西完富，地接陇、蜀，常欲招之以逼嚣、述，亦发使遗融书，遇钧于道，即与俱还。帝见钧欢甚，礼飨毕，乃遣令还，赐融玺书曰："制诏行河西五郡大将军事、属国都尉：劳镇守边五郡，兵马精强，仓库有蓄，民庶殷富，外则折挫羌胡，内则百姓蒙福。威德流闻，虚心相望，道路隔塞，邑邑何已！长史所奉书献马悉至，深知厚意。今益州有公孙子阳、天水有隗将军，方蜀、汉相攻，权在将军，举足左右，便有轻重。以此言之，欲相厚岂有量哉！诸事具长史所见，将军所知。王者迭兴，千载一会。欲遂立桓、文，辅微国，当勉卒功业；欲三分鼎足，连衡合从，亦宜以时定。天下未并，吾与尔绝域，非相吞之国。今之议者，必有任嚣效尉佗(tuó)制七郡之计。王者有分土，无分民，自适己事而已。今以黄金二百斤赐将军，便宜辄言。"因授融

晋文公

春秋初期，周王室日渐衰弱，狄、戎等蛮夷势力逐渐强大，齐桓公、晋文公相继以“尊王攘夷”之法得霸天下。

为凉州牧。

玺（xǐ）书既至，河西咸惊，以为天子明见万里之外，网罗张玄之情。融即复遣钧上书曰：“臣融窃伏自惟，幸得托先后末属，蒙恩为外戚，累世二千石。至臣之身，复备列位，假历将帅，守持一隅。以委质则易为辞，以纳忠则易为力。书不足以深达至诚，故遣刘钧口陈肝胆。自以底里上露，长无纤介。而玺书盛称蜀、汉二主，三分鼎足之权，任嚣、尉佗之谋，窃自痛伤。臣融虽无识，犹知利害之际，顺逆之分。岂可背真旧之主，事奸伪之人；废忠贞之节，为倾覆之事；弃已成之基，求无冀之利。此三者虽问狂夫，犹知去就，而臣独何以用心！谨遣同产弟友诣阙，口陈区区。”友至高平，会嚣反叛，道绝，驰还，遣司马席封间行通书。帝复遣席封赐融、友书，所以慰藉之甚备。

[译文]

原先，光武帝听说河西完整富庶，土地与陇、蜀相连，常想招纳他们以牵制隗嚣、公孙述，于是派出使者给窦融送信，在路上遇到刘钧，立即与他一起返回。光武帝看见刘钧十分高兴，以礼相待，赐宴完毕，便令他返回，赐给窦融玺书说：“下诏行河西五郡大将军事、属国都尉：慰劳镇守边地五郡，兵强马壮，仓库有储备，百姓很殷实，对外则挫败羌胡，对内则使百姓蒙受福气。从传闻中获知你的威德，虚心相望，却因道路阻隔，郁闷不乐，不知何时才能休止！长史所奉上的书信和马匹全收到，深知你的厚意。现在益州有公孙子阳，天水有隗将军，正值蜀汉相攻，权在将军，举足向左或右，便会分出轻重。从这点来说，互相结交的作用不可估量！诸事全是长史所见，将军所知。王者更替，千载难逢。想成就齐桓公、晋文公一样的功业，辅弼我微小的国家，应当勉力实现这一功业；想三分鼎足，搞连衡合纵，也应及时定谋。天下尚未统一，我和你疆域悬绝，并非是相互可以并吞的国家。现在的谋士，必定会有像任嚣效仿尉佗辖制七郡一样的计策。王者有分封土地的，无分享百姓的，做适合自己的事而已。现以黄金两百斤赐给将军，有事便上书。”因而授予窦融凉州牧官职。

玺书一到，河西的人都感到吃惊，以为天子能清楚地看到万里以外的事，掌握张玄游说的内情。窦融立即再派刘钧上书说：“臣窦融窃以为，有幸得以成为先太后的族裔，蒙恩成为外戚，累世任二千石之职。到了臣身，又身居官位，滥充将帅，守护西方一隅。以为效死归顺则容易表达，献上忠心则容易尽力。书信不足以深切表达我的至诚，所以派遣刘钧口述肝胆。自以为衷肠尽吐，纤介无遗。而玺书盛称蜀、汉二主，三分鼎立的计策，任嚣、尉佗的谋略，臣暗自痛心。臣窦融虽然没有识见，仍知道利害关系、顺逆的区分。岂可以背弃真命汉室的明主，侍奉奸邪僭伪的小人；废弃忠贞的名节，从事覆灭的勾当；放弃已成的基业，谋求无望的利益。以上三条即使询问一个狂夫，仍知道取舍，而臣岂能不知如何用心！谨派遣同胞弟弟窦友前往宫阙，口述区区的心意。”窦友来到高平县，恰逢隗嚣叛变，道路不通，只好奔还，派司马席封秘密前往送信。光武帝又遣席封赐给窦融、窦友书信，信上安慰备至。

[原文]

融既深知帝意，乃与隗嚣书责让之曰：“伏惟将军国富政修，士兵怀附。亲遇厄会之际，国家不利之时，守节不回，承事本朝，后遣伯春委身于国，无疑之诚，于斯有效。融等所以欣服高义，愿从役于将军者，良为此也。而忿悁之间，改节易图，君臣分争，上下接兵。委成功，造难就，去从义，为横谋，百年累之，一朝毁之，岂不惜乎！殆执事者贪功建谋，以至于此，融窃痛之！当今西州地势局迫，人兵离散，易以辅人，难以自建。计若失路不反，闻道犹迷，不南合子阳，则北入文伯耳。夫负虚交而易强御，恃远救而轻近敌，未见其利也。融闻智者不危众以举事，仁者不违义以要功。今以小敌大，于众何如？弃子徼功，于义何如？且初事本朝，稽首北面，忠臣节也。及遣伯春，垂涕相送，慈父恩也。俄

而背之，谓吏士何？忍而弃之，谓留子何？自兵起以来，转相攻击，城郭皆为丘墟，生人转于沟壑。今其存者，非锋刃之余，则流亡之孤。迄今伤痍之体未愈，哭泣之声尚闻。幸赖天运少还，而将军复重于难，是使积痾(kē)不得遂瘳，幼孤将复流离，其为悲痛，尤足愍伤，言之可为酸鼻！庸人且犹不忍，况仁者乎？融闻为忠甚易，得宜实难。忧人大过，以德取怨，知且以言获罪也。区区所献，唯将军省焉。”嚣不纳。融乃与五郡太守共砥(dǐ)厉兵马，上疏请师期。

［译文］

窦融深知光武帝的心意后，于是给隗嚣写信责备他说："伏思将军疆域富强，政治清明，士兵衷心归附。亲身遇到危难重重的时期，国家不利的时候，信守名节，侍奉本朝，后又派出儿子伯春到京都做人质，无可怀疑的忠诚，于此可见。窦融等人所以欣然佩服你行为高尚，合乎正义，愿意追随于将军，就是由于上述原因。然而因一时的怨恨，改变臣节，另谋出路，君臣相争，上下交战。放弃成功，从事难以成就的事业，背弃正义所在的汉室，与西蜀结为同盟，百年积下的功业，毁于一旦，岂不可惜！大概是主事的官员贪图功名而献上逆谋，以至于此，窦融暗自为你痛心！当今西州地势局狭，百姓、士兵离散，易于辅助他人，难以自立为国。设想你迷路而不知返回，听到大道所在的方位而仍然迷惑，不是向南联合公孙子阳，便是向北联合卢文伯。凭借虚幻的朋友而慢待强劲的对手，依靠远方的救兵而轻视邻近的劲敌，并没有看到有什么好处。窦融听说聪明的人不危害众人以做出举动，仁慈的人不违背正义以邀取功利。现今以小敌大，将置部下于何地？丢弃儿子以邀取功利，将置正义于何地？况且起初投靠本朝，北向帝座叩首，是忠臣的节行。等到派隗伯春为人质，垂泪相送，是慈父的恩情。顷刻间背弃了朝廷，对将士们如何交待？狠心抛弃了人质，对隗伯春又如何交待？自从战乱以来，转相攻击，城郭都变成废墟，百姓辗转于沟壑。现在活下来的人，不是战场上幸免一死的残余，便是流浪的孤寡。迄今留下伤痕的身体尚未治愈，哭泣的声音仍然可以听见。幸亏天运有所好转，而将军又加重危难，是让痼疾得不到及时治愈，幼小的孤儿将再度流浪，他们的悲痛，尤足以令人怜悯感伤，谈到这些鼻子就会为之发酸！庸人尚且不忍心，何况仁者呢？窦融听说尽忠很容易，但得到能尽忠的人实在很困难。忧虑别人的大过失，以德换取怨恨，我知道可能会因我的话引来你的怪罪。区区在下所说的话，请将军考虑吧。”隗嚣不接受窦融的好意。窦融于是同五郡太守一起磨炼兵马，上疏请示出征的日期。

[原文]

太史公

司马迁（约前145年－前90年），人称“太史公”，是西汉伟大的史学家、文学家、思想家，著有中国第一部纪传体通史《史记》。全书包含十二本纪、十表、八书、三十世家、七十列传。

帝深嘉美之，乃赐融以外属图及太史公《五宗》《外戚世家》《魏其侯列传》。诏报曰：“每追念外属，孝景皇帝出自窦氏，定王，景帝之子，朕之所祖。昔魏其一言，继统以正，长君、少君尊奉师傅，修成淑德，施及子孙，此皇太后神灵，上天祐汉也。从天水来者写将军所让隗嚣书，痛入骨髓。畔臣见之，当股栗惭愧，忠臣则酸鼻流涕，义士则旷若发矇，非忠孝悫诚，孰能如此？岂其德薄者所能克堪！嚣自知失河西之助，族祸将及，欲设间离之说，乱惑真心，转相解构，以成其奸。又京师百僚，不晓国家及将军本意，多能采取虚伪，夸诞妄谈，令忠孝失望，传言乖实。毁誉之来，皆不徒然，不可不思。今关东盗贼已定，大兵今当悉西，将军其抗厉威武，以应期会。”融被诏，即与诸郡守将兵入金城。

初，更始时，先零羌封何诸种杀金城太守，居其郡，隗嚣使使赂遗封何，与共结盟，欲发其众。融等因军出，进击封何，大破之，斩首千余级，得牛马羊万头，谷数万斛(hú)，因并河扬威武，伺候车驾。时，大兵未进，融乃引还。

帝以融信效著明，益嘉之。诏右扶风修理融父坟茔(fén yíng)，祠以太牢。数驰轻使，致遗四方珍羞，梁统乃使人刺杀张玄，绝与嚣绝，皆解所假将军印绶。七年夏，酒泉太守竺曾以弟

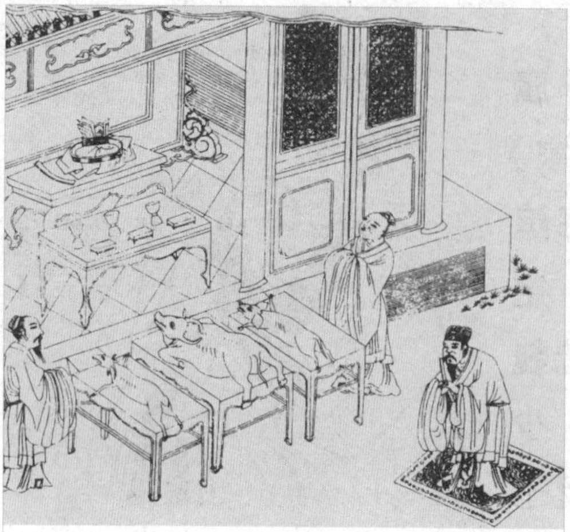

太牢

据礼书记载，牛、羊、猪三牲全备的祭祀称"太牢"，只有猪、羊的祭祀称"少牢"。古时以太牢作祭，是最隆重的祭祀之礼。

报怨杀人而去郡，融承制拜曾为武锋将军，更以辛彤(róng)代之。

[译文]

光武帝深深赞美窦融的举动，于是把外戚图和太史公司马迁写的《五宗世家》《外戚世家》《魏其侯列传》赏赐给窦融。诏书回报说："每追忆外戚，孝景皇帝是窦氏所生，定王是景帝的儿子、朕的祖先。过去魏其侯一言九鼎，才得以保证太子继承大统，窦长君、窦少君尊敬师傅，修养成善良的品德，影响到他们的子孙，这是皇太后的神灵和上天在保佑汉朝。从天水来的人抄录了将军谴责隗嚣的信，字字深中要害。叛臣看到后，应当发抖而惭愧，忠臣则会鼻酸流涕，义士则会大开眼界，如同拨去障翳，不是忠孝谨诚的人，怎能做到这一点？岂是德行浅薄的人所能胜任！隗嚣自知失去河西的帮助，灭族之祸就要降临，想散布挑拨离间的谣言，扰乱迷惑真诚的人，互相传播造谣，以达到邪恶的目的。京师的百官，不明了国家和将军的本意，多数会听取虚伪的谣传，夸大其辞地妄加议论，令忠臣孝子失望，使传言成真。诋毁和赞誉的来临，都不会没有影响，不可不考虑。现在关东的盗贼已经平定，大军目前应当全部西征，将军要振奋激励将士，以便按期会师。"窦融接到诏书，立即与众郡守率兵进入金城郡。

起初，更始帝时，先零羌人封何率种族杀死了金城太守，占据了他的郡城，隗嚣派使者贿赂封何，同他结盟，想征发他的队伍。窦融等利用大军出动，进攻封何，大败羌人，斩首一千多人，得到牛马羊万头，粮食数万斛，因而来到黄河边上耀武扬威，以等待光武帝的车驾。后因大军未能推进，窦融于是率军返回。

光武帝因窦融信用卓著，更加嘉许他。诏右扶风修理窦融父亲的坟墓，用太牢进行祭祀。多次派出轻装的使者，送给窦融四方的珍贵食物。梁统于是派人刺杀张玄，与隗嚣断绝关系，都解去隗嚣授予的将军印绶。七年夏天，酒泉太守竺曾因弟弟报仇杀人而辞去郡职，窦融秉承旨意任命竺曾为武锋将军，另外用辛彤代替他出任酒泉太守。

[原文]

秋，隗嚣发兵寇安定，帝将自西征之，先戒融期。会遇

雨，道断，且嚣兵已退，乃止。融至姑臧，被诏罢归。融恐大兵遂久不出，乃上书曰：“隗嚣闻车驾当西，臣融东下，士众骚动，计且不战。嚣将高峻之属皆欲逢迎大军，后闻兵罢，峻等复疑。嚣扬言东方有变，西州豪杰遂复附从。嚣又引公孙述将，令守突门。臣融孤弱，介在其间，虽承威灵，宜速救助。国家当其前，臣融促其后，缓急迭用，首尾相资，嚣势排迮，不得进退，此必破也。若兵不早进，久生持疑，则外长寇仇，内示困弱，复令谗邪得有因缘，臣窃忧之。惟陛下哀怜！”帝深美之。

八年夏，车驾西征隗嚣，融率五郡太守及羌虏小月氏等步骑数万，辎重五千余两，与大军会高平第一。融先遣从事问会见仪适。是时，军旅代兴，诸将与三公交错道中，或背使者交私语。帝闻融先问礼仪，甚善之，以宣告百僚。乃置酒高会，引见融等，待以殊礼。拜弟友为奉车都尉，从弟士太中大夫。遂共进军，嚣众大溃，城邑皆降。帝高融功，下诏以安丰、阳泉、蓼、安风四县封融为安丰侯，弟友为显亲侯。遂以次封诸将帅：武锋将军竺曾为助义侯，武威太守梁统为成义侯，张掖太守史苞为褒义侯，金城太守厍钧为辅义侯，酒泉太守辛肜为扶义侯。封爵既毕，乘舆东归，悉遣融等西还所镇。

融以兄弟并受爵位，久专方面，惧不自安，数上书求代。诏报曰：“吾与将军如左右手耳，数执谦退，何不晓人意？勉循士民，无擅离部曲。”

［译文］

秋天，隗嚣发兵侵犯安定郡，光武帝亲自率兵西征，先定下与窦融会师的时间。恰巧遇到大雨，道路中断，而且隗嚣已退兵，于是停止了军事行动。窦融到达姑臧县，受诏回师。窦融恐怕大军长久不出动，于是上书说："隗嚣听说皇上车驾西行，臣窦融东下，于是士众骚动，互相商议不想交战。隗嚣的将领高峻之流都想迎接大军，后来知道已退兵，高峻等人又犹豫起来。隗嚣扬言东方发生变乱，西州的豪杰于是又依附于他。隗嚣又引来公孙述的将领，令他们守卫城门。臣窦融孤立弱小，置身于他们中间，虽然承受朝廷威灵，也请求速来救助。国家挡在他们前面，臣窦融逼在他们后面，时缓时紧，反复行动，首尾相互呼应，隗嚣势必局促不安，不能从容进退，这样必定被打败。如果大军不早进发，时间久了便会造成疑惑，那么会外长寇仇气焰，内现困弱姿态，复让谗邪小人有机可乘，臣暗自忧虑。请陛下垂怜。"光武帝深表赞美。

八年夏天，光武帝西征隗嚣，窦融率领五郡太守及羌人、小月氏等的步兵、骑兵数万人，辎重车五千余辆，与大军会合在高平郡第一城。窦融先派遣从事问明会见的仪式。当时军队轮番出征，众将和三公交错行进在道路上，有的人背对使者私下互相交谈。光武帝听说窦融先问礼仪，十分满意，并向百官宣告。于是安排酒宴盛会，引见窦融等人，待之以特殊的礼节。任命窦融的弟弟窦友为奉车都尉，从弟窦士为太中大夫。于是共同进军，隗嚣的军队大溃退，城邑全都归降。光武帝因窦融功高，下诏以安丰、阳泉、蓼、安风四县封窦融为安丰侯，弟弟窦友为显亲侯。于是依次封众将帅：武锋将军竺曾为助义侯，武威太守梁统为成义侯，张掖太守史苞为褒义侯，金城太守库钧为辅义侯，酒泉太守辛彤为扶义侯。封爵已毕，光武帝返回都城，派遣窦融等人西行返回原驻地。

窦融因兄弟一同接受爵位，长久专任地方，恐惧不能心安，多次上书请求派官员取代他。诏书回报说："我同将军如同左右手，你数度谦让怎么不明白我的心意？希望你勉励将士百姓，不得擅离职守。"

[原文]

及陇、蜀平，诏融与五郡太守奏事京师，官属宾客相随，驾乘千余两，马牛羊被野。融到，诣洛阳城门，上凉州牧、张掖属国都尉、安丰侯印绶，诏遣使者还侯印绶。引见，就诸侯位，赏赐恩宠，倾动京师。数月，拜为冀州牧，十余日，又迁大司空。融自以非旧臣，一旦入朝，在功臣之右，每召会进见，容貌辞气卑恭已甚，帝以此愈亲厚之。融小心，久不自安，数辞让爵位，因侍中金迁口达至诚。又上疏曰："臣融年五十三。有子年十五，质性顽钝。臣融朝夕教导以经艺，不得令观天文，见谶记。诚欲令恭肃畏事，恂恂循道，不愿其有才能，何况乃当传以连城广土，享故诸侯王国哉？"因

复请间求见，帝不许。后朝罢，逡巡席后，帝知欲有让，遂使左右传出。它日会见，迎诏融曰："日者知公欲让职还土，故命公暑热且自便。今相见，宜论它事，勿得复言。"融不敢重陈请。

二十年，大司徒戴涉坐所举人盗金下狱，帝以三公参职，不得已乃策免融。明年，加位特进。二十三年，代阴兴行卫尉事，特进如故，又兼领将作大匠。弟友为城门校尉，兄弟并典禁兵。融复乞骸骨，辄赐钱帛，太官致珍奇。及友卒，帝愍(mǐn)融年衰，遣中常侍、中谒(yè)者即其卧内强进酒食。

[译文]

等到陇、蜀平定，诏命窦融与五郡太守到京师奏事，官属宾客相跟随，车驾有一千多辆，马牛羊布满原野。窦融到后，先奔洛阳城门，上交凉州牧、张掖属国都尉、安丰侯的印绶，诏命使者送还安丰侯印绶。窦融被引见，入诸侯席位，光武侯给予的赏赐和恩宠，使京师为之轰动。过了几个月，被任命为冀州牧，过了十几天，又升任大司空。窦融自以为不是光武帝的旧臣，一旦入朝，位列功臣之上，于是每召他进见，容貌语气谦恭已极，光武帝因此更加亲近厚待他。窦融小心谨慎，一直不能自安，多次辞让爵位，通过侍中金迁口头传达他的诚意。又上疏说："臣窦融年已五十三岁。有子十五岁，品性顽皮迟钝。臣窦融早晚以经艺教导他，不让他观天文，读谶记。实在想让他恭敬肃顺地谨慎行事，战战兢兢地遵循正道，不愿他有多少才能，何况还应当传给他连城广土，享有我所封的诸侯王国呢？"因而再次请求有机会进见，光武帝不准许。以后在散朝的时候，窦融在席后徘徊，光武帝知道他想让爵，于是派左右传他出宫。他日会见时，叫人迎告窦融说："那天知道公想让职还爵，所以以暑热为由命公自便。今日相见，应议论其他事情，不得再说辞让爵位的事。"窦融不敢重新请求。

二十年，大司徒戴涉因所推荐的人偷盗黄金而连坐下狱，光武帝以三公同职责，不得已便策免窦融的职位。第二年，加位特进。二十三年，代替阴兴行使卫尉职务，特进如故，又兼任将作大匠。弟弟窦友任城门校尉，兄弟共同典掌禁军。窦融再次因年老乞求退职，光武帝则赏赐金钱绢帛，让太官送去珍奇美食。等到窦友去世，光武帝怜悯窦融年老体衰，派中常侍、中谒者到他的卧房内劝进酒食。

[原文]

融长子穆，尚内黄公主，代友为城门校尉。穆子勋，尚东海恭王强女沘（bǐ）阳公主，友子固，亦尚光武女涅阳公主。显宗即位，以融从兄子林为护羌校尉。窦氏一公、两侯、三公主、四二千石，相与并时。自祖及孙，官府邸第相望京邑，奴婢以千数，于亲戚、功臣中莫与为比。

永平二年，林以罪诛，事在《西羌传》。帝由是数下诏切责融，戒以窦婴、田蚡祸败之事。融惶恐乞骸骨，诏令归第养病。岁余，听上卫尉印绶，赐养牛，上樽酒。融在宿卫十余年，年老，子孙纵诞，多不法。穆等遂交通轻薄，属托郡县，干乱政事。以封在安丰，欲令姻戚悉据故六安国，遂矫称阴太后诏，令六安侯刘盱去妇，因以女妻之。五年，盱妇家上书言状，帝大怒，乃尽免穆等官，诸窦为郎吏者皆将家属归故郡，独留融京师。穆等西至函谷关，有诏悉复追还。会融卒，时年七十八，谥曰戴侯，赙送甚厚。

帝以穆不能修尚，而拥富赀，居大第，常令谒者一人监护其家。居数年，谒者奏穆父子自失势，数出怨望语，帝令将家属归本郡，唯勋以沘阳主婿留京师。穆坐赂遗小吏，郡捕系，与子宣俱死平陵狱，勋亦死洛阳狱。久之，诏还融夫人与小孙一人居洛阳家舍。

十四年，封勋弟嘉为安丰侯，食邑二千户，奉融后。和帝初，为少府。及勋子大将军宪被诛，免就国。嘉卒，子万全嗣。万全卒，子会宗嗣。万全弟子武，别有传。

[译文]

窦融长子窦穆，娶内黄公主，代替窦友担任城门校尉。窦穆的儿子窦勋，娶东海恭王刘强之女沘阳公主；窦友的儿子窦固，娶光武皇帝之女涅阳公主。显宗即位，以窦融从兄的儿子窦林任护羌校尉。窦氏一族有一人任公，二人封侯，娶三个公主，四人任二千石官员，全都在同一个时期内。从祖父到孙子，官府和邸宅相望于京城，奴婢以千计算，在亲戚和功臣中没有人能与之相比。

永平二年，窦林因罪被处死，事见《西羌传》。明帝因此多次下诏严厉责备窦融，用窦婴、田蚡遭祸败亡的事警告他。窦融惶恐地以年老为由请求退职，诏书命他回家养病。过了一年多，允许他交出卫尉印绶，赐给牛，送上樽酒。窦融在宫中宿卫十余年，年老了，子孙放纵荒诞，多不遵守法度。窦穆等于是结交轻薄之人，嘱托郡县办事，扰乱政事。封地在安丰，想让亲戚全部占据旧六安国，于是伪称阴太后的诏命，令六安侯刘盱休弃夫人，而把自己的女儿嫁给他为妻。五年，刘盱的原夫人家上书说明情况，明帝大怒，于是免去窦穆等人的全部官职，所有窦家任郎吏的都带家属返回故郡，唯独留窦融在京师。窦穆等人西行到函谷关，有诏书追命他们全返回洛阳。恰逢窦融去世，时年七十八岁，谥号是戴侯，埋葬时受到的财物十分丰厚。

爱惜郎官

汉明帝“法令分明”“幽枉必达”，“内外无曲之私，在上无矜大之色”。一次，明帝的姊馆陶公主，乞求将他的儿子除授郎官，明帝以千万钱赐之，不肯轻授一职以贻害于民。汉明帝重视吏治，故而窦融家人和子弟有过，遭到严处，连窦融都受到斥责。

明帝以窦穆不能加强修养使自己变得高尚，而拥有巨额资产，居住大宅院，常令一名谒者监护他的家。过了几年，谒者上奏窦穆父子自从失势，多次发出怨言，明帝命他领家属回本郡，唯有窦勋因是沘阳公主的夫婿而留在京师。窦穆因贿赂小官吏，郡上把他逮捕，同儿子窦宣一起死在平陵狱中，窦勋也死在洛阳狱中。过了很久，诏令召回窦融夫人和一个小孙子住到洛阳家中。

十四年，封窦勋的弟弟窦嘉为安丰侯，食邑二千户，成为窦融的继承人。和帝初，任少府。等到窦勋的儿子大将军窦宪被杀，免回封国。窦嘉去世，儿子窦万全继承。窦万全死，子窦会宗继承。窦万全弟弟的儿子窦武，另外有传。

［原文］

论曰：窦融始以豪侠为名，拔起风尘之中，以投天隙。遂蝉蜕王侯之尊，终膺(yīng)卿相之位，此则徼功趣势之士也。及其爵位崇满，至乃放远权宠，恂恂似若不能已者，又何智也！尝独详味此子之风度，虽经国之术无足多谈，而进退之礼良可言矣。

［译文］

评论说：窦融开始以豪侠立名，崛起于风尘之中，投身于天赐良时。于是脱身一变拥有王侯之尊，终于担任卿相的官位，是个邀取功名追逐权势的士人。等到他爵位崇高盛满，以至于放弃权力而远避恩宠，战战兢兢好像不能自已，又何其聪明！曾独自仔细品味此人的风度，虽经略国家的本领无足多谈，而进退的举措实在可以评说。

［原文］

固字孟孙，少以尚公主为黄门侍郎。好览书传，喜兵法，贵显用事。中元元年，袭父友封显亲侯。显宗即位，迁中郎将，监羽林士。后坐从兄穆有罪，废于家十余年。时天下乂(yì)安，帝欲遵武帝故事，击匈奴，通西域，以固明习边事，十五年冬，拜为奉车都尉，以骑都尉耿忠为副，谒者仆射耿秉为驸马都尉，秦彭为副，皆置从事、司马，并出屯凉州。明年，固与忠率酒泉、敦煌、张掖甲卒及卢水羌(qiāng)胡万二千骑出酒泉塞，耿秉、秦彭率武威、陇西、天水募士及羌胡万骑出居延塞，又太仆祭肜、度辽将军吴棠将河东北地、西河羌胡及南单于兵万一千骑出高阙(quē)塞，骑都尉来苗、护乌桓校尉文穆将太原、雁门、代郡、上谷、渔阳、右北平、定襄郡兵及乌桓、鲜卑万一千骑出平城塞。固、忠至天山，击呼衍王，斩首千余级。呼衍王走，追至蒲类海。留吏士

郑吉镇西域

西汉之经营西域史，始于张骞通西域，而成于郑吉的拓疆之业。郑吉破车师，迎降日逐王，威震西域，后被封为首任西域都护。东汉建立初期无暇西顾，明帝时期决定重新对匈奴采取强硬措施。派耿秉、窦固率大军进攻北匈奴，大获全胜。两年后，耿、窦又率兵出西域，进攻车师国。

屯伊吾卢城。耿秉、秦彭绝漠六百余里，至三木楼山，来苗、文穆至匈奴河水上，虏皆奔走，无所获。祭彤、吴棠坐不至涿邪山，免为庶人。时，诸将唯固有功，加位特进。明年，复出玉门击西域，诏耿秉及骑都尉刘张皆去符传以属固。固遂破白山，降车师，事已具《耿秉传》。固在边数年，羌胡服其恩信。

肃宗即位，以公主修敕(chì)慈爱，累世崇重，加号长公主，增邑三千户；征固代魏应为大鸿胪。帝以其晓习边事，每被访及。建初三年，追录前功，增邑一千三百户。七年，代马防为光禄勋。明年，复代马防为卫尉。

固久历大位，甚见尊贵，赏赐租禄，赀累巨亿，而性谦俭，爱人好施，士以此称之。章和二年卒。谥曰文侯。子彪，至射声校尉，先固卒，无子，国除。

［译文］

窦固字孟孙，年轻时因娶公主而任黄门侍郎。好观览书传，喜爱兵法，尊贵显要而受重用。中元元年，继承父亲窦友而封显亲侯。显宗即位，改任中郎将，监理羽林军士。而受从兄窦穆有罪连累，废除官职而在家中十余年。当时天下安定，明帝想遵循汉武帝的办法，打击匈奴，开通西域，因窦固熟习边地情况，于十五年冬天，任命他为奉车都尉，以骑都尉耿忠为副手，谒者仆射耿秉为驸马都尉，秦彭为副手，都设置为从事、司马，一齐出发屯守凉州。第二年，窦固与耿忠率领酒泉、敦煌、张掖的甲士以及卢水地区羌胡一万二千骑兵出酒泉塞，耿秉、秦彭率武威、陇西、天水招募士和羌胡一万骑兵出居延塞，又太仆祭彤、度辽将军吴棠率河东北地、西河羌胡以及南单于士兵一万一千骑兵出高阙塞，骑都尉来苗、护乌桓校尉文穆率太原、雁门、代郡、上谷、渔阳、右北平、定襄郡兵以及乌桓、鲜卑一万一千骑兵出平城塞。窦固、耿忠到达天山，攻击呼衍王，斩首一千多人。呼衍王逃走，追到蒲类海。留下官吏士兵屯守伊吾卢城。耿秉、秦彭深入沙漠六百余里，到达三木楼山；来苗、文穆来到匈奴河上，因敌虏全都逃走，没有俘获。祭彤、吴棠因未到达涿邪山，被免职成为平民。当时众将只有窦固有功，加位特进。第二年，再度从玉门出兵进攻西域，诏耿秉和骑都尉刘张全免去符传以归窦固指挥。窦固于是攻破白山，迫降车师国，事情记在《耿秉传》中。窦固在边地数年，羌胡折服于他的恩惠和信誉。

肃宗即位，因为涅阳公主端正慈爱，几代崇高贵重，加号长公主，增加食邑三千户；调窦固代替魏应任大鸿胪。章帝因他熟习边事，每每被访问。建初三年，追记以前的功劳，增加食邑一千三百户。七年，代替马防任光禄勋。第二年，又代替马防任卫尉。

窦固长期历任高位，很是尊贵，赏赐的租赋俸禄，资产累计有巨亿之多，而性格谦和节俭，爱人好布施，士人因此称赞他。章和二年去世，谥号为文侯。儿子窦彪，官至射声校尉，早于窦固去世，没有子嗣，封国被取消。

［原文］

宪字伯度。父勋被诛，宪少孤。建初二年，女弟立为皇后，拜宪为郎，稍迁侍中、虎贲（hǔ bēn）中郎将；弟笃，为黄门侍郎。兄弟亲幸，并侍宫省，赏赐累积，宠贵日盛，自王、主及阴、马诸家，莫不畏惮。宪恃宫掖声势，遂以贱直请夺沁水公主园田，主逼畏，不敢计。后肃宗驾出过园，指以问宪，宪阴喝不得对。后发觉，帝大怒，召宪切责曰：“深思前过，夺主田园时，何用愈赵高指鹿为马？久念使人惊怖。昔永平中，常令阴党、阴博、邓叠三人更相纠察，故诸豪戚莫敢犯法者，而诏书切切，犹以舅氏田宅为言。今贵主尚见枉夺，何况小人哉！国家弃宪如孤雏腐鼠耳。”宪大震惧，皇后为毁服深谢，良久乃得解，使以田还主。虽不绳其罪，然亦不授以重任。

日献十瑞

章帝在位期间，四方朝贡，国泰民安，嘉祥累献，与汉明帝共称“明章之治”。但是，汉章帝过于放纵窦氏，导致汉和帝时期窦氏专权，导致东汉的衰败。

和帝即位，太后临朝，宪以侍中，内干机密，出宣诰命。肃宗遗诏以笃为虎贲中郎将，笃弟景、瓌并中常侍，于是兄弟皆在亲

要之地。宪以前太尉邓彪有义让，先帝所敬，而仁厚委随，故尊崇之，以为太傅，令百官总己以听。其所施为，辄外令彪奏，内白太后，事无不从。又屯骑校尉桓郁，累世帝师，而性和退自守，故上书荐之，令授经禁中。所以内外协附，莫生疑异。

文姬归汉

汉朝与匈奴常年大战。东汉初年，匈奴分裂，南匈奴降汉。89年，窦宪、耿秉大败北匈奴，燕然勒功而返，北匈奴西迁。东汉末年，南匈奴内乱，东汉蔡邕之女蔡文姬被掳掠去匈奴。202年，南匈奴首领归附汉丞相曹操，蔡文姬归汉。

宪性果急，睚眦之怨莫不报复。初，永平时，谒者韩纡尝考劾父勋狱，宪遂令客斩纡子，以首祭勋冢。齐殇王子都乡侯畅来吊国忧，畅素行邪僻，与步兵校尉邓叠亲属数往来京师，因叠母元自通长乐宫，得幸太后，被诏召诣上东门。宪惧见幸，分宫省之权，遣客刺杀畅于屯卫之中，而归罪于畅弟利侯刚，乃使侍御史与青州刺史杂考刚等。后事发觉，太后怒，闭宪于内宫。

［译文］

窦宪字伯度。父窦勋被处死，窦宪小时候成为孤儿。建初二年，妹妹立为皇后，任命窦宪为郎，逐渐改任侍中、虎贲中郎将；弟弟窦笃，任黄门侍郎。兄弟受宠幸，一同侍从于宫省之中，赏赐不断增加，宠贵日益旺盛，从王、公主到阴氏、马氏诸家，无不敬畏忌惮。窦宪倚仗宫掖的声势，于是用便宜的价格强买沁水公主的园田，公主迫于压力，不敢计较。后来肃宗出巡路过园子，指着园田问窦宪，窦宪张口结舌不能回答。后来事情败露，章帝大怒，召来窦宪痛责说："深思以前的过失，夺取公主园田时，何异于赵高指鹿为马？长久考虑此事令人惊恐。过去永平年间，曾让阴党、阴博、邓叠三人互相纠察，所以众豪门贵戚没有敢犯法的，而诏书频频，仍以舅家田宅为话题。现今贵如公主也被屈加掠夺，何况其他平民百姓呢！国家抛弃窦宪可以像丢弃幼雏腐鼠一样。”窦宪大为震惊恐惧，皇后为此降低服饰等级以深深谢罪，过了很久才得到谅解，让把园田归还沁水公主。虽没有绳之以法，然而也不再委以重任。

和帝即位，太后临朝理政，窦宪以侍中身份主掌机密，出来宣布诰命。肃宗遗诏以窦笃任虎贲中郎将，窦笃的弟弟窦景、窦瓌同任中常侍，于是兄弟全在要害权位。窦宪认为前太尉邓彪有正义谦让的品行，被先帝所敬重，而且仁厚顺从，因而尊崇邓彪，任命他为太傅，让百官都唯自己之命是听。他所要做的事，便在外令邓彪上奏，在内由他向太后说明，事情没有不听从的。又屯骑校尉桓郁，几代人担任帝王的师傅，而性格和顺谦让，洁身自守，所以上书推荐他，命他传授经学于宫禁之中。所以内外协和，不生疑异。

窦宪性格果敢急躁，睚眦之怨无不报复。起初，永平年间，谒者韩纡曾审理他父亲窦勋的案件，窦宪便命令宾客斩杀韩纡的儿子，以头祭奠窦勋的坟墓。齐殇王的儿子都乡侯刘畅来吊唁国丧，刘畅向来行为邪恶怪僻，与步兵校尉邓叠有亲属关系，多次往来于京师，凭靠邓叠母亲元的关系，自行进入长乐宫，得到太后的宠幸，受诏来到上东门。窦宪害怕他得到太后信任，分去宫省中的权力，便派宾客刺杀刘畅于屯兵宿卫的地方，而归罪于刘畅的弟弟利侯刘刚，于是派侍御史与青州刺史一起审问刘刚等人。后来事情败露，太后大怒，关窦宪于内宫。

[原文]

宪惧诛，自求击匈奴以赎死。会南单于请兵北伐，乃拜宪车骑将军，金印紫绶，官属依司空，以执金吾耿秉为副，发北军五校、黎阳、雍营、缘边十二郡骑士，及羌胡兵出塞。明年，宪与秉各将四千骑及南匈奴左谷蠡王师子万骑出朔方鸡鹿塞，南单于屯屠河，将万余骑出满夷谷，度辽将军邓鸿及缘边义从羌胡八千骑，与左贤王安国万骑出稒阳塞，皆会涿邪山。宪分遣副校尉阎盘、司马耿夔(kuí)、耿谭将左谷蠡王师子、右呼衍王须訾(zī)等，精骑万余，与北单于战于稽落山，大破之，虏众崩溃，单于遁走，追击诸部，遂临私渠比鞮海。斩名王以下万三千级，获生口马、牛、羊、橐驼百余万头。于是温犊须、日逐、温吾、夫渠王柳鞮等八十一部率众降者，前后二十余万人。宪、秉遂登燕然山，去塞三千余里，刻石

勒功，纪汉威德，令班固作铭曰：

惟永元元年秋七月，有汉元舅曰车骑将军窦宪，寅亮圣明，登翼王室，纳于大麓，惟清缉熙。乃与执金吾耿秉，述职巡御，理兵于朔方。鹰扬之校，螭虎之士，爰该六师，暨南单于、东乌桓、西戎氐羌侯王君长之群，骁骑三万。元戎轻武，长毂四分，云辎蔽路，万有三千余乘。勒以八阵，莅以威神，玄甲耀日，朱旗绛天。遂陵高阙，下鸡鹿，经碛卤，绝大漠，斩温禺以衅鼓，血尸逐以染锷(è)。然后四校横徂，星流彗埽(sǎo)，萧条万里，野无遗寇。于是域灭区单，反旆而旋，考传验图，穷览其山川。遂逾涿邪，跨安侯，乘燕然，蹑冒顿之区落，焚老上之龙庭。上以摅高、文之宿愤，光祖宗之玄灵；下以安固后嗣，恢拓境宇，振大汉之天声。兹所谓一劳而久逸，暂费而永宁者也。乃遂封山刊石，昭铭上德。其辞曰：

铄王师兮征荒裔，剿凶虐兮截海外，夐其邈兮亘地界，封神丘兮建隆嵑，熙帝载兮振万世。

宪乃班师而还。遣军司马吴汜(sì)、梁讽，奉金帛遗北单于，宣明国威，而兵随其后。时虏中乖乱，汜、讽所到，辄招降之，前后万余人。遂及单于于西海上，宣国威信，致以诏赐，单于稽首拜受。讽因说宜修呼韩邪故事，保国安人之福。单于喜悦，即将其众与讽俱还，到私渠海，闻汉军已入塞，乃遣弟右温禺鞮奉贡入侍，随讽诣阙。宪以单于不自身到，奏还其侍弟。南单于于漠北遗宪古鼎，容五斗，其傍铭曰“仲山甫鼎，其万年子子孙孙永保用”，宪乃上之。诏使中郎将持节即五原拜宪大将军，封武阳侯，食邑二万户。宪固辞封，赐策许焉。

[译文]

窦宪害怕被处死，自己请求以攻击匈奴来赎死罪。恰巧南单于请求出兵北伐，于是任命窦宪为车骑将军，佩金印和紫色绶带，官属设置依照司空府，以执金吾耿秉为副手，调动北军五校、黎阳、雍营和边疆十二郡的骑士，以及羌胡兵出塞。第二年，窦宪与耿秉各率四千骑兵以及南匈奴左谷蠡王师子的一万骑兵出朔方的鸡鹿塞，南单于屯屠河率一万多骑兵出满夷谷，度辽将军邓鸿和边疆地区的义从羌胡八千骑兵，与左贤王安国的一万骑兵出稒阳塞，都到涿邪山会合。窦宪分派副校尉阎盘、司马耿夔、耿谭率左谷蠡王师子、右呼衍王须訾等，精锐骑兵一万多人，与北单于战于稽落山，大败匈奴人，匈奴人崩溃，单于逃走，追击匈奴各部，于是到达私渠比鞮海。斩杀名王以下敌人一万三千，俘获战俘、马、牛、羊、骆驼一百多万头。于是温犊须、日逐、温吾、夫渠王柳鞮等八十一部率众投降，前后有二十余万人。窦宪、耿秉于是登燕然山，距离边塞有三千多里，刻碑记下功劳，宣扬汉朝的威德，令班固作铭文道：

永元元年秋七月，有汉朝元舅车骑将军窦宪，恭敬信奉圣明，辅翼王室，入内总录万机，治政清明。乃与执金吾耿秉，述职出巡，治兵于朔方。如苍鹰般飞扬的将校，如螭虎般凶猛的士兵，整备六师，同南单于、东乌桓、西戎氐羌的侯王君长等群辈，骁勇骑兵三万。兵车急驰，战车四出，如云般的车辆遮满道路，有一万三千多乘。排列如同八阵图，临之以神威，黑色铁甲闪耀如同日光，赤色战旗染红天空。于是登高阙，下鸡鹿，经盐滩，渡大漠，斩温禺，用血来涂鼓，杀尸逐，以血来染剑。然后四校横行，如慧星飞驰，荡清万里，使野无余寇。于是匈奴疆域平灭，全军回师凯旋，考察传记，验正地图，穷览西域山川。于是翻越涿邪山，跨过安侯河，登上燕然山，追击于冒顿当年占有的部落，焚毁老上单于聚会的龙庭。上以泄高祖、文帝的旧恨，光耀祖宗的神灵；下以安定巩固后嗣，开拓疆域，振大汉朝的雷霆之声。此所谓一劳而永逸，暂耗费而得永宁。于是祭天于山，刊石立碑，明记至德。文辞为：

赞美王师啊征伐荒域，剿灭凶虐啊整齐海外，远之又远啊穷极地界，祭燕然山啊建立碑碣，广布帝业啊名扬万世。

窦宪于是班师还朝。派遣军司马吴汜、梁讽，带着黄金布帛送给北单于，宣扬国威，而军队跟随在他们后边。当时匈奴四分五裂，吴汜、梁讽所到之处，便招降他们，前后有一万多人。于是在西海赶上单于，宣扬汉朝的威信，送上皇帝的赏赐，单于叩头接受。梁讽乘机劝说单于应当效仿当年呼韩邪单于，求得保存国家、安定百姓的福气。单于喜悦，立即率领他的部众与梁讽一起返回，到达私渠海，听说汉军已经入塞，于是派弟弟右温鞮王带着贡品入侍朝廷，随梁讽来到宫中。窦宪因单于不亲自前来，上奏送回他的侍弟。南单于从漠北送给窦宪一个古鼎，容积为五斗，旁边有铭文说："仲山甫鼎，万年子子孙孙永远保留使用。"窦宪于是献给和帝。诏请中郎将持节到五原任命窦宪为大将军，封武阳侯，食邑为二万户。窦宪坚决辞让封赏，和帝赐书表示同意。

［原文］

旧大将军位在三公下，置官属依太尉。宪威权震朝廷，公卿希旨，奏宪位次太傅下，三公上；长史、司马秩中二千石，从事中郎二人六百石，自下各有增。振旅还京师。于是大开仓府，劳赐士吏，其所将诸郡二千石子弟从征者，悉除太子舍人。

班固

班固（32年－92年），字孟坚，扶风安陵（今陕西咸阳东北）人。东汉史学家，撰有《汉书》，书成于汉章帝建初七年（82年）。汉和帝永元元年（89年），大将军窦宪奉旨远征匈奴，班固被任为中护军随行，参与谋议。后窦宪因擅权被杀，班固因此受到牵连，被人陷害入狱，死于狱中。

是时，笃为卫尉，景、瓌皆侍中、奉车、驸马都尉，四家竞修第宅，穷极工匠。明年，诏曰："大将军宪，前岁出征，克灭北狄，朝加封赏，固让不受。舅氏旧典，并蒙爵士。其封宪冠军侯，邑二万户；笃郾(yǎn)侯，景汝阳侯，瓌夏阳侯，各六千户。"宪独不受封，遂将兵出镇凉州，以侍中邓叠行征西将军事为副。

北单于以汉还侍弟，复遣车谐储王等款居延塞，欲入朝见，愿请大使。宪上遣大将军中护军班固行中郎将，与司马梁讽迎之。会北单于为南匈奴所破，被创遁走，固至私渠海而还。宪以北虏微弱，遂欲灭之。明年，复遣右校尉耿夔、司马任尚、赵博等将兵击北虏于金微山，大破之，克获甚众。北单于逃走，不知所在。

宪既平匈奴，威名大盛，以耿夔、任尚等为爪牙，邓叠、郭璜为心腹。班固、傅毅之徒，皆置幕府，以典文章。刺史、守令多出其门。尚书仆射郅寿、乐恢并以忤(wǔ)意，相继自杀。由是朝臣震慑，望风承旨。而笃进位特进，得举吏，见礼依三公。景为执金吾，瓌光禄勋，权贵显赫，倾动京都。虽俱骄纵，而景为尤甚，奴客缇骑依倚形势，侵陵小人，强夺财货，篡取罪人，妻略妇女。商贾闭塞，如避寇仇。有司畏懦，莫敢举奏。太后闻之，使谒者策免景官，以特进就朝位。瓌少好经书，节约自修，出为魏郡，迁颍川太守。窦氏父子兄弟并居列位，充满朝廷。叔父霸为城门校尉，霸弟褒将作大匠，褒弟嘉少府，其为侍中、将、大夫、郎吏十余人。

宪既负重劳，陵肆滋甚。四年，封邓叠为穰侯。叠与其弟步兵校尉磊及母元，又宪女婿射声校尉郭举，举父长乐少府璜，皆相交结。元、举并出入禁中，举得幸太后，遂共图为杀害。帝阴知其谋，乃与近幸中常侍郑众定议诛之。以宪在外，虑其惧祸为乱，忍而未发。会宪及邓叠班师还京师，诏使大鸿胪持节郊迎，赐军吏各有差。宪等既至，帝乃幸北宫，诏执金吾，五校尉勒兵屯卫南、北宫，闭城门，收捕叠、磊、璜、举，皆下狱诛，家属徙合浦(pǔ)。遣谒者仆射收宪大将军印绶，更封为冠军侯。宪及笃、景、瓌皆遣就国。帝以太后故，不欲名诛宪，为选严能相督察之。宪、笃、景到国，皆迫令自杀，宗族，宾客以宪为官者皆免归本郡。瓌以素自修，不被逼迫，明年坐禀假贫人，徙封罗侯，不得臣吏人。初，窦后之谮(zèn)梁氏，宪等豫有谋焉，永元十年，梁棠兄弟徙九真还，路由长沙，逼瓌令自杀。后和熹邓后临朝，永初三年，诏诸窦前归本郡者与安丰侯万全俱还京师。万全少子章。

[译文]

过去大将军位次在三公之下，设置属吏依照太尉府。窦宪威权震动朝廷，公卿迎和上面的旨意，上奏窦宪的位次应在太傅之下、三公之上；长史、司马俸禄中二千石，从事中郎二人为六百石，以下各有所增加。整顿队伍返回京师。于是大开仓库、府库，慰劳赏赐将士，所率领各郡二千石官员的子弟中随军出征的人员，都封为太子舍人。

当时窦笃为卫尉，窦景、窦瓌为侍中、奉车、驸马都尉，四家争相修建宅第，极尽工匠之奢。明年，皇帝下诏说："大将军窦宪，前一年出征，攻克了北狄，朝廷封赏，辞让不受。西汉故事，帝舅皆封侯。封窦宪为冠军侯，赏邑二万户；封窦笃为郾侯，窦景为汝阳侯，窦瓌为夏阳侯，各赏六千户。"只有窦宪不受封，率兵镇守凉州，以侍中邓叠行征西将军事为副。

北单于认为汉还以兄弟待之，于是遣车马携储王等居住在延塞，想入朝拜，想请大使。窦宪派遣大将军中护军班固行中郎将，与司马梁讽迎接他。正好碰到北单于被南匈奴所破，受创逃走，班固到私渠海后还回。窦宪认为北虏微弱，想要彻底消灭他们。第二年，又派遣右校尉耿夔、司马任尚、赵博等率兵攻击北虏于金微山，大败他们，捕获甚多。北单于逃走了，不知逃到了哪里。

窦宪平定匈奴后以后，威名大盛，以耿夔、任尚等人为爪牙，邓叠、郭璜等人为心腹。班固、傅毅之流，都安排在幕府，掌管文书。刺史、守令大多出自他的门下。尚书仆射郅寿、乐恢全都因为违背他的意愿，相继自杀。因此朝臣皆震惊折服，见风使舵。而窦笃进位为特进，得以推举官吏，礼遇按三公制度。窦景任执金吾，窦瓌任光禄勋，窦氏权贵显赫，轰动京都。虽然都很骄狂放纵，而窦景尤为突出，奴客和缇骑依仗权势，欺凌百姓，强夺钱财，劫救罪犯，抢掠妇女。商店关门，如同逃避强盗和仇人。有关部门畏惧怯懦，不敢举奏。太后听说后，派谒者传旨免去窦景官职，只以特进入居朝位。窦瓌年轻时好读经书，节俭而注重个人修养，出任魏郡太守，后改任颍川太守。窦氏父子兄弟同居列卿官位，充斥于朝廷。叔父窦霸任城门校尉，窦霸的弟弟窦褒任将作大匠，窦褒的弟弟窦嘉任少府，其他担任侍中、将、大夫、郎官的有十多人。

窦宪担负重要职务后，越加放肆。四年，封邓叠为穰侯。邓叠与他的弟弟步兵校尉邓磊以及母亲元，又有窦宪的女婿射声校尉郭举，郭举的父亲长乐少府郭璜，互相勾结。元和郭举一起出入宫中，郭举得到太后的宠幸，于是共同图谋杀害和帝。和帝暗地获悉他们的阴谋，便和亲信中常侍郑众定计诛杀窦宪等人。因窦宪在外地，顾虑他会惧怕祸患而作乱，隐忍而没有发动。恰逢窦宪和邓叠班师还朝，诏遣大鸿胪持节到郊外迎接，按等级赏赐将士，各有差别。窦宪等人既到，和帝于是亲临北宫，诏命执金吾、五校尉整军屯卫南宫和北宫，关闭城门，逮捕邓叠、邓磊、郭璜、郭举，都下狱处死，家属流放到合浦。派谒者仆射收回窦宪的大将军印绶，改封为冠军侯。窦宪和窦笃、窦景、窦瓌全遣送回封国。和帝因太后的缘故，不想公开处死窦宪，专门挑选严厉精干的国相加以督察。窦宪、窦笃、窦景到达封国，都被逼自杀，宗族、宾客中凡依靠窦宪做官的都罢官回本郡。窦瓌因一向能自制，不受逼迫，第二年因借贷给贫民，触犯国家法规，改封罗侯，不许处理地方政务。起初，窦皇后诬陷梁氏，窦宪等人参与了阴谋，永元十年，梁棠兄弟从流放地九真郡回京，路过长沙，逼窦瓌自杀。后来和熹邓后临朝，永初三年，诏命窦氏各门先前返回本郡的人与安丰侯窦万全一同回到京师。窦万全的小儿子是窦章。

匈奴未灭，何以家为

西汉名将卫青、霍去病的策鞭大漠与马踏匈奴，振汉朝雄风，令人久久怀想。而他们的勇猛以及霍去病“匈奴未灭，何以家为”的千古名句更是震慑古今。

[原文]

论曰：卫青、霍去病资强汉之众，连年以事匈奴，国耗太半矣，而猾虏未之胜，后世犹传其良将，岂非以身名自终邪！窦宪率羌胡边杂之师，一举而空朔（shuò）庭，至乃追奔稽落之表，饮马比鞮之曲，铭石负鼎，荐告清庙。列其功庸，兼茂于前多矣，而后世莫称者，章末衅以降其实也。是以下流，君子所甚恶焉。夫二三子是之不过房幄之间，非复搜扬仄（zè）陋，选举而登也。当青病奴仆之时，窦将军念咎之日，乃庸力之不暇，思鸣之无晨，何意裂膏腴，享崇号乎？东方朔称“用之则为虎，不用则为鼠”，信矣。以此言之，士有怀琬（wǎn）琰以就煨（wēi）尘者，亦何可支哉！

[译文]

评论说：卫青、霍去病依靠汉朝强大的民力，连年向匈奴用兵，国力消耗掉一大半，而最终并未战胜狡猾的敌人，后世仍然传说他们是良将，难道不是因身与名得到善终的缘故！窦宪率领羌、胡和边地吏民混杂的军队，一举便扫空朔廷，以至追击匈奴到稽落山之巅，饮马于比鞮海之滨，刻石献鼎，祭告宗庙。列举他的功劳，胜过以前的将领太多了，而后代没有称誉他的人，是因为他后来明显的过错而使功业受到贬损。所以品行卑劣，是君子最为厌恶的。上述两三个人不过凭借外戚的地位，并非是揭露奸人陋行，经选举而高升。当卫青身为奴仆而自卑的时候，窦将军在被关悔过的日子里，想出卖劳力而没有空暇，想要像雄鸡一样啼鸣而不见日出，怎么能想到会封疆土、享崇号呢？东方朔说“用他便成为虎，不用便成为鼠”，太对了。以此而言，士人有身怀美玉而埋没于尘埃之中的，又怎么计算得清呢？

［原文］

章字伯向。少好学，有文章，与马融、崔瑗同好，更相推荐。

永初中，三辅遭羌寇，章避难东国，家于外黄。居贫，蓬户蔬食，躬勤孝养，然讲读不辍。太仆邓康闻其名，请欲与交，章不肯往，康以此益重焉。是时学者称东观为老氏臧室，道家蓬莱山，康遂荐章入东观为校书郎。

顺帝初，章女年十二，能属文，以才貌选入掖(yē)庭，有宠，与梁皇后并为贵人。擢(zhuó)章为羽林郎将，迁屯骑校尉。章谦虚下士。收进时辈，甚得名誉。是时，梁、窦并贵，各有宾客，多交构其间，章推心待之，故得免于患。

贵人早卒，帝追思之无已，诏史官树碑颂德，章自为之辞。贵人殁(mò)后，帝礼待之无衰。永和五年，迁少府。汉安二年，转大鸿胪。建康元年，梁后称制，章自免，卒于家。中子唐，有俊才，官至虎贲中郎将。

［译文］

窦章字伯向。年轻时好学，有文才，与马融、崔瑗志趣相同，互相推荐。

永初年间，三辅地区遭到羌人侵犯，窦章避难来到东方，安家在外黄县。生活贫苦，柴草为门，蔬菜为食，亲身侍奉老人，但讲经读书从不停止。太仆邓康听说他的名气，想同他结交，窦章不肯前往，邓康因此更加敬重他。当时学者称东观为老子收藏室、道家的蓬莱山，邓康于是推荐窦章到东观担任校书郎。

顺帝初年，窦章的女儿十二岁，能写文章，以才貌双全选到宫中，受到宠幸，与梁皇后同为贵人。提升窦章为羽林郎将，调任屯骑校尉。窦章谦虚下士，发现并推荐当时的人才，有很好的名誉。当时梁、窦二家同尊贵，各有宾客，大多互相陷害，窦章推心置腹地对待他们，所以得以免去祸患。

贵人早亡，顺帝思念不已，诏命史官树碑颂扬功德，窦章亲自起草碑文。贵人下葬后，顺帝礼待窦章长久不衰。永和五年，升任少府。汉安二年，转任大鸿胪。建康元年，梁太后称制，窦章自动免职，死于家中。中子窦唐，才干出众，官至虎贲中郎将。

马援列传

说明

本卷主要记述东汉著名的军事家马援的事迹，并对其子孙及同族子孙也有一些简略的记述。马援，扶风茂陵人。先祖是赵国名将赵奢，因被封为“马服君”，遂以马为姓。马援并不汲汲于功名利禄，他德高望重，精忠报国，令人钦佩。马援少有大志，老而弥坚，经常对人说：“丈夫为志，穷当益坚，老当益壮。”他终因病重不治逝于征战的军旅之中，实现了他“马革裹尸”的壮志。

［原文］

马援字文渊，扶风茂陵人也。其先赵奢为赵将，号曰马服君，子孙因为氏。武帝时，以吏二千石自邯郸徙焉。曾祖父通，以功封重合侯，坐兄何罗反，被诛，故援再世不显。援三兄况、余、员，并有才能，王莽时皆为二千石。

援年十二而孤，少有大志，诸兄奇之。尝受《齐诗》，意不能守章句，乃辞况，欲就边郡田牧。况曰：“汝大才，当晚成。良工不示人以朴，且从所好。”会况卒，援行服期年，不离墓所；敬事寡嫂，不冠不入庐。后为郡督邮，送囚至司命府，囚有重罪，援哀而纵之，遂亡命北地。遇赦，因留牧畜，宾客多归附者，遂役属数百家。转游陇、汉间，常谓宾客曰：“丈夫为志，穷当益坚，

马援

马援（前14年－49年），字文渊，扶风茂陵（今陕西兴平东北）人，东汉著名的军事家，官至伏波将军，世人皆称马援为“马伏波”。

老当益壮。”因处田牧，至有牛马羊数千头，谷数万斛。既而叹曰：“凡殖货财产，贵其能施赈也，否则守钱虏耳。”乃尽散以班昆弟故旧，身衣羊裘皮绔(kù)。

［译文］

马援字文渊，扶风茂陵人。他的先祖赵奢担任过赵国的将军，爵号为“马服君”，子孙因此以“马”为姓。汉武帝的时候，马家以吏二千石的身份从邯郸迁移到了茂陵。曾祖父马通因功封爵重合侯，后因参与哥哥马何罗谋反，被处死，所以马援父祖辈的官位不显达。马援的三个哥哥马况、马余、马员，都有才能，王莽当政的时候都位居二千石吏。

马援十二岁时父亲去世，少年时胸怀大志，哥哥们都对他另眼相看。曾拜师学习《齐诗》，心中不愿意专注于分析经书的章节和句读的学问，于是向马况告别，想到边郡地区去饲养牲畜。马况说：“你有大才，久后必会成功。优秀的工匠不会把未经加工的材料拿来叫人看，还是做你喜欢做的事情去吧。”恰遇马况去世，马援服丧一年，始终不离开墓地；恭敬地侍奉寡嫂，衣冠不整绝不进寡嫂的房子。后来担任郡督邮，送囚徒到司命府，囚犯犯有重罪，马援出于怜悯放跑了囚犯，于是他也逃亡到了北地郡。遇到大赦，就留在那里放牧牲畜，有许多宾客前来投奔，于是归附他的有数百家。他辗转游历于陇西、汉阳之间，曾对宾客说：“大丈夫立志，应当在穷困时更加坚定，年老时更加壮烈。”他因地制宜地经营农牧，以至拥有牛马羊数千头，谷物数万斛。既而又叹息说：“凡是积累钱财，贵在能实施赈济，否则就是守财奴。”于是把牲畜粮食全分给了兄弟和旧友，自己穿起羊皮袍裤过日子。

［原文］

王莽末，四方兵起，莽从弟卫将军林广招雄俊，乃辟援及同县原涉为掾，荐之于莽。莽以涉为镇戎大尹，援为新成大尹。及莽败，援兄员时为增山连率，与援俱去郡，复避地凉州。世祖即位，员先诣洛阳，帝遣员复郡，卒于官。援因留西州，隗嚣甚敬重之，以援为绥德(suí dé)将军，与决筹策。

是时，公孙述称帝于蜀，嚣使援往观之。援素与述同里闬，相善，以为既至当握手欢如平生，而述盛陈陛卫，以延援入，交拜礼毕，使出就馆，更为援制都布单衣、交让冠，会百官于宗庙中，立旧交之位。述鸾旗旄(máo)骑，警跸(bì)就车，磬

折而入，礼飨官属甚盛，欲授援以封侯大将军位。宾客皆乐留，援晓之曰：“天下雄雌未定，公孙不吐哺走迎国士，与图成败，反修饰边幅，如偶人形。此子何足久稽天下士乎！”因辞归，谓嚣曰：“子阳井底蛙耳，而妄自尊大，不如专意东方。”

建武四年冬，嚣使援奉书洛阳。援至，引见于宣德殿。世祖笑谓援曰“卿遨游二帝间，今见卿，使人大惭。”援顿首辞谢，因曰：“当今之世，非独君择臣也，臣亦择君矣。臣与公孙述同县，少相善。臣前至蜀，述陛戟而后进臣。臣今远来，陛下何知非刺客奸人，而简易若是？”帝复笑曰：“卿非刺客，顾说客耳。”援曰：“天下反覆，盗名字者不可胜数。今见陛下，恢廓大度，同符高祖，乃知帝王自有真也。”帝甚壮之。援从南幸黎丘，转至东海。及还，以为待诏，使太中大夫来歙（xī）持节送援西归陇右。

[译文]

王莽末年，四方兴起义军，王莽从弟卫将军王林广招英雄豪杰，于是起用马援以及同县人原涉为掾吏，并推荐到王莽那里。王莽任原涉为镇戎大尹，任马援为新成大尹。等到王莽失败以后，马援的哥哥马员当时任增山连率，同马援一起离开郡所，又到凉州避难。世祖刘秀登基，马员先到洛阳投奔刘秀，光武帝派马员回到原郡任官，死在任上。马援就此留在西州，隗嚣十分敬重他，任命马援为绥德将军，参与筹划大计。

此时公孙述在蜀地称帝，隗嚣让马援前去观察。马援与公孙述是同乡，互相很要好，以为到了以后公孙述一定会像过去那样同他握手谈笑，而公孙述却在殿外布置了大批卫士，才命人引导马援上殿，互相致礼问候已毕，便让马援前往馆驿，重新为马援缝制了都布单衣和交让冠，会集百官于宗庙之中，为马援设了旧友的位子。公孙述在鸾旗和骑兵的护卫引导下，清道以后登车前来，又在群臣如磬一般屈身恭迎下步入宗庙，设宴款待百官十分丰盛，想授予马援以封侯大将军之位。马援的宾客都乐意留下，马援开导他们说：“天下成败未定，公孙述不是停止吃饭以迎国中有才能之士，同他们谋划成败大计，反而修饰边幅讲究礼仪，如同偶像一般。这种人怎么能长久留住天下的士人呢？”因此告辞而归，对隗嚣说：

“公孙子阳是个井底之蛙，妄自尊大，不如专心投靠东方。”

建武四年冬天，隗嚣让马援送书信到洛阳。马援一到，就被引见到宣德殿上。世祖迎面笑着对马援说：“卿遨游在两个皇帝之间，今天见到卿，令人大感惭愧。”马援叩头于地道歉，进而说：“当今之世，并非单是君选择臣，臣也可以选择君。臣与公孙述是同县人，小时候相好。臣此前到蜀地，公孙述设卫士而后召见臣。臣今天从远方而来，陛下怎么能知道我不是刺客，而如此松懈呢？”光武帝又笑道：“卿不是刺客，乃是一个说客罢了。”马援说：“天下动乱无常，窃居帝王名号的人不可胜数。今天见到陛下，宽宏大度，与汉高祖相当，才知道帝王者自有真命。”光武帝十分欣赏他的勇气。马援跟随光武帝南下驾临黎丘，转而来到东海。等到返回京师，任命马援为待诏，派太中大夫来歙持节护送马援西归陇右。

不用利口

上林苑是汉武帝在秦代旧苑址上扩建而成的宫苑，地跨长安、咸宁、周至、户县、蓝田五县县境，有多种功能和游乐内容。据说汉文帝一日游幸上林苑，看到虎圈就询问虎的情况，上林苑管簿官员答不出，有个管虎圈的啬夫却详述之。文帝因此想要重用他。侍臣说：“岂效此啬夫喋喋利口捷给哉？今以啬夫口辨而超迁之，恐天下随风而靡，争为口辨而无实也。”文帝因此没有重用啬夫。

［原文］

隗嚣与援共卧起，问以东方流言及京师得失。援说嚣曰：“前到朝廷，上引见数十，每接讌语，自夕至旦，才明勇略，非人敌也。且开心见诚，无所隐伏，阔达多大节，略与高帝同。经学博览，政事文辩，前世无比。”嚣曰：“卿谓何如高帝？”援曰：“不如也。高帝无可无不可；今上好吏事，动如节度，又不喜饮酒。”嚣意不怿，曰：“如卿言，反复胜邪？”然雅信援，故遂遣长子恂入质。援因将家属随恂归洛阳。居数月而无它职任。援以三辅地旷土沃，而所将宾客猥多，乃上书求屯田上林苑中，帝许之。

会隗嚣用王元计，意更狐疑，援数以书记责譬[pì]于嚣，嚣怨援背己，得书增怒，其后遂发兵拒汉。援乃上疏曰：“臣援自念归身圣朝，奉事陛下，本无公辅一言之荐，左右为容之助。臣不自陈，陛下何因闻之。夫居前不能令人轻，居后不能令人轩，与人怨不能为人患，臣所耻也。故敢触冒罪忌，昧死陈诚。臣与隗嚣，本实交友。初，嚣遣臣东，谓臣曰：‘本欲为汉，愿足下往观之。于汝意可，即专心矣。’及臣还反，报以赤心，实欲导之于善，非敢谲以非义。而嚣自挟奸心，盗憎主人，怨毒之情遂归于臣。臣欲不言，则无以上闻。愿听诣行在所，极陈灭嚣之术，得空匈腹，申愚策，退就陇亩，死无所恨。”帝乃召援计事，援具言谋画。因使援将突骑五千，往来游说嚣将高峻、任禹之属，下及羌豪，为陈祸福，以离嚣支党。

［译文］

隗嚣与马援一同起居，询问他东方的传言和京师治政的得失。马援劝隗嚣说：“前番到朝廷，皇上引见数十次，每次相对闲谈，从夜里一直谈到天亮，他才干明智而韬略勇武，非一般人所能匹敌。而且开心见诚，无所隐匿，豁达多大节，与汉高祖相仿。博览经书，明晰政事，前世无人可比。”隗嚣说：“卿以为比汉高祖如何？”马援说：“不如高祖。高祖无所不能；当今的皇上喜好吏事，做事一定要按制度，又不喜欢喝酒。”隗嚣心中不快，说：“如卿所说，不是反而胜过高祖了吗？”然而他平素信任马援，因此就送长子隗恂为人质。马援因而率领家属跟随隗恂回到洛阳。住了几个月而没有委任他什么职务，马援认为三辅土地广阔肥沃，而自己所率的宾客人数众多，就上书请求到上林苑中屯田开荒，光武帝允许了他。

正遇隗嚣听信王元的建议，对投靠刘秀，内心更加狐疑不定，马援多次用书信责备开导隗嚣。隗嚣怨恨马援背叛自己，得信后更加愤怒，之后就发兵抗拒汉朝。马援于是上疏说：“臣马援自己思忖归身圣朝，侍奉陛下以后，位居上公的辅弼大臣从来没有一句推荐的话，也没有左右近臣相接纳的帮助。臣不自己上言，陛下又不能从别处听到我的意见。身居人前不能令人推重，身居人后不能令人仰慕，与人有怨也不能被人所忧虑，臣感到耻辱。因此才不顾获罪遭忌，冒死陈述诚意。臣与隗嚣，本来就是朋友。起初，隗嚣派臣东来，对臣说：‘原来就想扶佐汉朝，愿足下前去考察。如果你认为可以投奔，那我就专心归服。’等臣返回后，对他报以赤心，实在是想引他向善，并不敢用谎言陷他于不义。而隗嚣自怀奸心，如盗贼憎恨主人，怨毒之情于是发泄到臣的身上。臣想如果不上言，那么就无法让皇上了解真情。愿听从召唤到皇上的起居所在，倾诉消灭隗嚣的办法，倒尽肺腑之言，申明愚策，然后退归田亩，死也无所怨恨。”光武帝于是召马援商讨讨伐隗嚣的事情，马援详细说明了他的计划。因而派马援率领精锐骑兵五千，往来游说隗嚣的将领高峻、任禹等人，以及羌人首领，为他们讲明利害得失，以离间隗嚣的党羽。

[原文]

援又为书与嚣将杨广，使晓劝于嚣，曰："春卿无恙，前别冀南，寂无音驿（yì）。援间还长安。因留上林。窃见四海已定，兆民同情，而季孟闭拒背畔，为天下表的。常惧海内切齿，思相屠裂，故遗书恋恋，以致恻隐之计。乃闻季孟归罪于援，而纳王游翁谄邪之说，自谓函谷以西，举足可定，以今而观，竟何如邪？援间至河内，过存伯春，见其奴吉从西方还，说伯春小弟仲舒望见吉，欲问伯春无它否，竟不能言，晓夕号泣，婉转尘中。又说其家悲愁之状，不可言也。夫怨雠（chóu）可刺不可毁，援闻之，不自知泣下也。援素知季孟孝爱，曾、闵不过。夫孝于其亲，岂不慈于其子？可有子抱三木，而跳梁

单衣顺母

孔子高徒闵子骞，是“二十四孝子”之一。子骞生母早死，继母经常虐待他。冬天，继母生的两个弟弟穿棉絮棉衣，子骞穿芦花做的“棉衣”。一天，父亲出门，子骞因寒冷掉落牵车之绳，遭到父亲鞭笞，芦花飞溅出来，父亲知其受到虐待，要休逐后妻。子骞跪求说：“留下母亲只是我一个人受冷，休了母亲三个孩子都要挨冻。”父亲感动而依了他。继母悔恨知错，从此对待他如亲子。

妄作，自同分羹之事乎？季孟平生自言所以拥兵众者，欲以保全父母之国而完坟墓也，又言苟厚士大夫而已。而今所欲全者将破亡之，所欲完者将毁伤之，所欲厚者将反薄之。季孟尝折愧子阳而不受其爵，今更共陆陆，欲往附之，将难为颜乎？若复责以重质，当安从得子主给是哉！往时子阳独欲以王相待，而春卿拒之；今者归老，更欲低头与小儿曹共槽枥而食，并肩侧身于怨家之朝乎？男儿溺死何伤而拘游哉！今国家待春卿意深，宜使牛孺卿与诸耆老大人共说季孟，若计画不从，真可引领去矣。前披舆地图，见天下郡国百有六所，奈何欲以区区二邦以当诸夏百有四乎？春卿事季孟，外有君臣之义，内有朋友之道。言君臣邪，固当谏争；语朋友邪，应有切磋。岂有知其无成，而但萎腇咋舌，叉手从族乎？及今成计，殊尚善也；过是，欲少味矣。且来君叔天下信士，朝廷重之，其意依依，常独为西州言。援商朝廷，尤欲立信于此，必不负约。援不得久留，愿急赐报。”广竟不答。

[译文]

马援又写信给隗嚣的将领杨广，让他劝导隗嚣，信上说："春卿别来无恙。以前相别于冀县之南，至今杳无音讯。马援闲归长安，因而屯留在上林。窃见四海大局已定，亿万百姓同庆太平，而季孟闭关反叛，已成为天下指责的对象。常怕海内之间切齿仇恨，想要相互屠杀，所以寄信表达恋恋不舍的情意，献上怜惜你的解救之策。且听说季孟归罪于我马援，而采纳王游翁献媚而邪恶的建议，自以为函谷关以西，举足可定，以今天的形势来看，竟是如何呢？马援闲暇时到了河内，顺便看望伯春，见到他的奴仆吉刚从西方回来，说伯春的弟弟仲舒见到吉，想问伯春有没有危险，却难以说出口，早晚哭泣，辗转徘徊于路上。又说了他家悲苦愁闷的情况，难以言表。仇人可杀不可辱，马援听说以后，不知不觉流下泪来。马援一向知道季孟仁孝慈爱，曾子和闵子骞也不过如此。孝顺他的父母，岂能不慈爱他的儿子？可是儿子正遭囚禁，而父亲竟轻举妄动，不是同乐羊吃用他儿子的肉做的羹一样吗？季孟曾经说所以聚集兵马，想用来保全父母世代居住的家乡而使祖坟完好，又说只想厚待士大夫而已。而现在他所想保全的将遭破坏，他所想完好的将被毁伤，他所想厚待的反而将被冷遇。季孟曾经羞辱公孙子阳而不接受他封的爵位，今天却改而随声附和，想前往依附于他，这不感到难为情吗？如果公孙述再命令他送上重要的人质，当从哪里派一个子女给他呢！过去公孙子阳是想以王爵相待，而春卿你拒绝了；现在想辞官养老，难道要低头与小儿辈同槽而食，并肩侧身于仇家的朝廷中吗？男儿溺水而死何必因忧伤而害怕游水呢！当今国家对待春卿情意深重，应当让牛孺卿和各位元老豪杰一齐劝说季孟，如果不听劝解，完全可以转身离他而去。不久前展阅舆地图，见到天下郡国有一百零六处，奈何想以区区陇、蜀两方土对抗华夏一百零四郡吗？春卿臣事季孟，外有君臣之义，内有朋友之道。就君臣而论，自然应当谏争；以朋友而言，也应有所切磋。岂有明知他不能成功，而一味怯懦不言，袖手跟他走上灭族之路呢？及早打定主意，不失从善；失去这个机会，恐怕别是一番滋味。况且来君叔是天下有名的守信用的人，朝廷敬重他，他心中也对你们依依不舍，常独自为西州说好话。马援推想朝廷，尤其想以此事树立信誉，绝不会负约。马援不能长久等待，愿速速赐以回信。”杨广最终没有答复。

［原文］

八年，帝自西征嚣，至漆，诸将多以王师之重，不宜远入险阻，计冘豫未决。会召援，夜至，帝大喜，引入，具以群议质之。援因说隗嚣将帅有土崩之势，兵进有必破之状。又于帝前聚米为山谷，指画形势，开示众军所从道径往来，分析曲折，昭然可晓。帝曰：“虏在吾目中矣。”明旦，遂进军至第一，嚣众大溃。

九年，拜援为太中大夫，副来歙监诸将平凉州。自王莽末，西羌寇边，遂入居塞内，金城属县多为虏有。来歙奏言陇西侵残，非马援莫能定。十一年夏，玺书拜援陇西太守。援乃发步骑三千人，击破先零羌于临洮(táo)，斩首数百级，获马牛羊万余头。守塞诸羌八千余人诣援降。诸种有数万，屯聚寇钞，拒浩亹(mén)隘。援与扬武将军马成击之。羌因将其妻子辎重移阻于允吾谷，援乃潜行间道，掩赴其营。羌大惊坏，复远徙唐翼谷中，援复追讨之。羌引精兵聚北山上，援陈军向

聚米为山

建武八年（32年），光武帝征伐天水、武都一带地方豪强隗嚣时，大将马援“聚米为山谷，指画形势”，使光武帝顿有“虏在吾目中矣”的感觉。这是我国战争史上运用沙盘研究战术的先例。

山，而分遣数百骑绕袭其后，乘夜放火，击鼓叫噪，虏遂大溃，凡斩首千余级。援以兵少，不得穷追，收其谷粮畜产而还。援中矢贯胫，帝以玺书劳之，赐牛羊数千头，援尽班诸宾客。

是时，朝臣以金城破羌之西，涂远多寇，议欲弃之。援上言，破羌以西城多完牢，易可依固；其田土肥壤，灌溉流通。如令羌在湟中，则为害不休，不可弃也。帝然之，于是诏武威太守，令悉还金城客民。归者三千余口，使各反旧邑。援奏为置长吏，缮城郭，起坞候，开导水田，劝以耕牧，郡中乐业。又遣羌豪杨封譬说塞外羌，皆来和亲。又武都氐人背公孙述来降者，援皆上复其侯王君长，赐印绶，帝悉从之。乃罢马成军。

［译文］

八年，光武帝亲自西征隗嚣，来到漆县，众将领多数认为王师贵重，不宜深入险地，计划犹豫未决。恰逢被征召的马援晚上赶到，光武帝大喜，召他进见，把众将的意见告诉他，请他定夺。马援于是说明隗嚣将帅之间已呈现土崩瓦解之势，进军有必胜的把握。又在光武帝面前堆米粒而成山谷，解说形势，指示各军进军出入的路线，分析深入细致，明白易懂。光武帝说：“敌军已全在我眼下了。”第二天早上，就进军到第一城，隗嚣的军队大溃败。

九年，任命马援为太中大夫，协助来歙监督众将领平定凉州。从王莽末年以来，西羌侵扰边地，入居塞内，金城郡属县大多被羌人所占领。来歙上奏说陇西受羌人侵犯和破坏，非马援不能平定。十一年夏，光武帝下玺书任命马援为陇西太守。马援于是征发步兵骑兵三千人，击败先零羌于临洮，斩首数百级，俘获马牛羊一万多头。据守各要塞的羌人八千多人向马援投降。羌人各部族还有数万人，聚集起来继续抢掠，扼守浩亹关隘。马援与扬武将军马成攻打他们。羌人就把他们的妻子儿女和物资转移到允吾谷，马援于是从小道秘密前进，出其不意进攻羌人的营盘。羌人大惊，四散奔逃，又远远迁徙到唐翼谷中，马援再度追踪讨伐他们。羌人把精兵集合在北山之上，马援向着北山排开阵势，而另外派出数百骑兵绕道袭击羌人的后方，乘着夜色放起火来，击鼓呐喊，羌人于是大溃败，共斩杀羌人一千多人。马援因所率兵少，不能穷追羌人，收取了他们的粮食牲畜就回师了。战斗中马援中箭被射穿了小腿，光武帝以玺书慰劳他，赏赐给他数千头牛羊，马援全分给了每个宾客。

这时，朝臣以为金城郡破羌县以西领土，路途遥远而多敌寇，建议放弃该地。马援上书说，破羌以西城池大多完好牢固，容易凭借它来坚守；那里的土地肥沃，灌溉便利。如果让羌人留在湟中，那将为害无穷，该地不可放弃。光武帝同意他的意见，于是下诏武威太守，命他全部归遣金城郡在武威客居的民户。回去的有三千多口，让他们各回家乡。马援上奏为各县任命了地方官，修缮了城郭，建筑起坞壁哨所，开发水田，鼓励百姓从事农耕畜牧，郡中人人安居乐业。又派遣羌人首领杨封劝说塞外的羌人，都来和亲。又有武都的氐族人背叛公孙述前来投降，马援都上奏朝廷要求恢复他们侯王君长的地位，赐给印绶，光武帝全都照准。于是撤回了马成的军队。

[原文]

十三年，武都参狼羌与塞外诸种为寇，杀长吏。援将四千余人击之，至氐道县，羌在山上，援军据便地，夺其水草，不与战，羌遂穷困，豪帅数十万户亡出塞，诸种万余人悉降，于是陇右清静。

援务开恩信，宽以待下，任吏以职，但总大体而已。宾客故人，日满其门。诸曹时白外事，援辄曰："此丞、掾之任，何足相烦。颇哀老子，使得遨游。若大姓侵小民，黠羌欲旅距，此乃太守事耳。"傍县尝有报仇者，吏民惊言羌反，百姓奔入城郭。狄道长诣门，请闭城发兵。援时与宾客饮，大笑曰："烧虏何敢复犯我。晓狄道长归守寺舍，良怖急者，可床下伏。"后稍定，郡中服之。视事六年，征入为虎贲(bēn)中郎将。

［译文］

十三年，武都参狼羌和塞外的各部族犯境，杀死地方官。马援率领四千多人进攻他们，抵达氐道县。羌人在山上，马援的军队占据有利地形，抢占水草丰盛的地方，不同羌人作战，羌人因缺乏水草而陷于困境，首领率领数十万户逃亡出塞，其他各部族一万多人全都投降了，于是陇右地区和平安定。

马援致力于广施恩惠和树立威信，待下属宽容，郡中事务委托下属办理，他只处理大事而已。他的家里天天都聚满了宾客和朋友。各曹官员有时前来报告外面发生的事情，马援就说："这都是丞、掾的责任，怎么值得来烦我。可怜可怜我这个老头子，让我随意与朋友交往。如果是大姓欺侮贫民，狡猾的羌人想聚众闹事，那才是我太守该办的事情。"附近的县曾发生报仇的事件，官吏和平民惊慌地传言羌人造反了，百姓逃进城里。狄道长来到马援家门外，请求关闭城门出兵守城。马援当时正在和宾客饮酒，大笑说："烧羌怎敢再度侵犯我郡。告诉狄道长回去守在县衙里，真是害怕极了，可以躲到床下去。"后来城里逐渐平静下来，郡中人都很佩服马援。马援治理陇西六年，后被调入朝中任虎贲中郎将。

［原文］

初，援在陇西上书，言宜如旧铸五铢钱。事下三府，三府奏以为未可许，事遂寝。及援还，从公府求得前奏，难十余条，乃随牒(dié)解释，更具表言。帝从之，天下赖其便。援自还京师，数被进见。为人明须发，眉目如画，闲于进对，尤善述前世行事。每言及三辅长者，下至闾里少年，皆可观听。自皇太子、诸王侍闻者，莫不属耳忘倦。又善兵策，帝常言"伏波论兵，与我意合"，每有所谋，未尝不用。

初，卷人维汜，訞言称神，有弟子数百人，坐伏诛。后其弟子李广等宣言汜神化不死，以诳惑百姓。十七年，遂共聚会徒党，攻没皖城，杀皖侯刘闵，

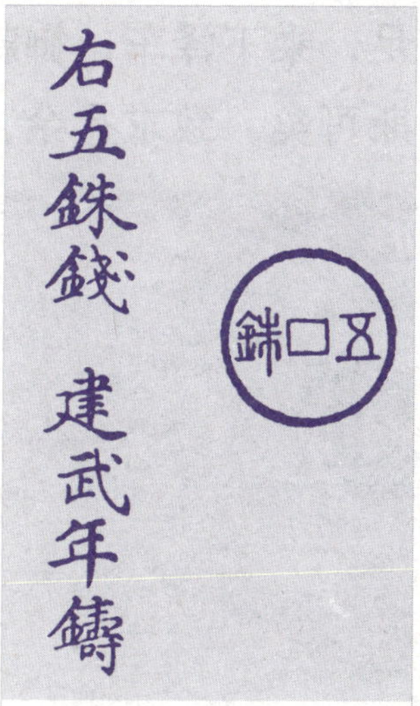

建武五铢钱

五铢钱始铸于西汉武帝元狩五年（前118年），钱重五铢，上有"五铢"二篆字，故名。它的标准重量为4克，钱径2.5厘米，厚0.12厘米。东汉光武帝建武十六年（40年）铸东汉五铢钱。此钱径2.5厘米，重3.4～3.5克，外郭较窄。

自称“南岳大师”。遣谒者张宗将兵数千人讨之，复为广所败。于是使援发诸郡兵，合万余人，击破广等，斩之。

又交阯女子徵侧及女弟徵贰反，攻没其郡，九真、日南、合浦蛮夷皆应之，寇略岭外六十余城，侧自立为王。于是玺书拜援伏波将军，以扶乐侯刘隆为副，督楼船将军段志等南击交阯。军至合浦而志病卒，诏援并将其兵。遂缘海而进，随山刊道千余里。十八年春，军至浪泊上，与贼战，破之，斩首数千级，降者万余人。援追徵侧等至禁谿，数败之，贼遂散走。明年正月，斩徵侧、徵贰，传首洛阳。封援为新息侯，食邑三千户。援乃击牛酾(shī)酒，劳飨军士。从容谓官属曰：“吾从弟少游常哀吾慷慨多大志，曰：‘士生一世，但取衣食裁足，乘下泽车，御款段马，为郡掾(yuàn)史，守坟墓，乡里称善人，斯可矣。致求盈余，但自苦耳。’当吾在浪泊、西里间，虏未灭之时，下潦上雾，毒气重蒸，仰视飞鸢跕(diǎn)跕堕水中，卧念少游平生时语，何可得也！今赖士大夫之力，被蒙大恩，猥先诸君纡佩金紫，且喜且惭。”吏士皆伏称万岁。

灌溉

中国古代农业相当发达，有许多先进的水利灌溉记载。东汉名将马援在水利灌溉方面也有建树。马援曾因镇压“二徵”暴动而率兵入越南地区。这之后，马援组织穿渠灌溉，造福人民，这也是越南水利史的首开记录。

援将楼船大小二千余艘，战士二万余人，进击九真贼徵侧余党都羊等，自无功至居风，斩获五千余人，峤南悉平。援奏言西于县户有三万二千，远

界去庭千余里，请分为封溪、望海二县，许之。援所过辄为郡县治城郭，穿渠灌溉，以利其民。条奏越律与汉律驳者十余事，与越人申明旧制以约束之，自后骆越奉行马将军故事。

二十年秋，振旅还京师，军吏经瘴(zhàng)疫死者十四五。赐援兵车一乘，朝见位次九卿。

［译文］

起初，马援在陇西上书，建议应当像西汉时一样铸造五铢钱。此事下到三公府研究，三府上奏以为不能批准，这件事就搁置起来了。等到马援回到京师，从三公府里找到前次的奏章，对提出质疑的十多条意见，随文逐一加以解释，再度上表提出建议。光武帝接受了他的主张，天下通过铸币得到了好处。马援自从回到京师，多次被召见。他长得须发光亮，容貌如画，精于应答，尤其善于叙述前代的事情。每说到三辅元老，下至闾里少年，都很动听。包括皇太子、诸侯王等随侍在光武帝身边旁听的人，无不聚精会神，乐而忘疲。又善于兵书战策，光武帝常说“伏波论兵，与我的设想符合”，每次提出计划，光武帝未曾不采纳。

起初，卷县人维汜，妖言称神，有弟子数百人，因此被处死。后来他的弟子李广等宣称维汜已化身为神，并没有死去，以欺骗和迷惑百姓。十七年，就一起聚集徒党，攻陷皖城，杀死皖侯刘闵，自称“南岳大师”。光武帝派遣谒者张宗率兵数千人讨伐，又被李广打败。于是派马援调发各郡兵马，集合一万多人，击败李广等人，斩了他们。

又有交阯女子徵侧和她的妹妹徵贰造反，攻陷所在郡，九真、日南、合浦的当地部族全都响应她们，侵夺岭南六十多座城池，徵侧自立为王。于是玺书任命马援为伏波将军，以扶乐侯刘隆为副手，督率楼船将军段志等南击交阯。大军来到合浦，而段志病死，诏命马援合并统领段志的部下。于是沿着海边进军，逢山开道一千多里。十八年春天，大军来到浪泊山上，与叛军交战，攻破了他们，斩首数千级，投降的有一万多人。马援追击徵侧等人到禁谿，多次击败他们，叛军于是逃散。第二年正月，斩杀徵侧、徵贰，传首级到洛阳。光武帝封马援为新息侯，享用三千户的赋税。马援于是杀牛斟酒，犒赏将士。他从容地告诉属下说：“我从弟马少游曾怜惜我慷慨多大志，说：‘士生一世，只求衣食温饱，乘短毂车，骑慢步马，当郡中小吏，厮守祖宗坟墓，被乡里称为积善之人，这就可以了。追求多余的东西，只有自寻苦恼。’当我在浪泊、西里之间，敌虏尚未消灭的时候，下有沼泽，上有雾气，毒气蒸腾，仰望飞鹰挣扎着坠落到水中，躺着想起少游平素说过的话，那种知足的生活，哪里能得到呢！今天仰仗士大夫们的力量，蒙受大恩，耻先于诸君佩戴金紫，真是既欢喜又惭愧。”吏士们都伏身欢呼万岁。

马援率大大小小的楼船二千多艘，战士二万多人，进攻九真郡叛军和徵侧的余党都羊等人，从无功追到居风，斩杀俘获五千多人，峤南一带全部平定。马援上奏说西于县有三万二千户，边远地区距离县城一千多里，请求分为封溪、望海二县，诏书批准了。马援所过之处就为当地郡县整修城郭，挖渠灌溉，以便利当地百姓。他逐条上奏越地法律与汉朝法律相矛盾的情况十多件事，与越族人申明旧法制以约束他们，从此以后骆越奉行马将军制度。

二十年秋天，全军凯旋，军吏因瘴疫死去的有十分之四五。赐给马援兵车一辆，朝见时位居九卿之后。

[原文]

援好骑，善别名马，于交阯得骆越铜鼓，乃铸为马式，还上之。因表曰："夫行天莫如龙，行地莫如马。马者甲兵之本。国之大用。安宁则以别尊卑之序，有变则以济远近之难。昔有骐骥，一日千里，伯乐见之，昭然不惑。近世有西河子舆，亦明相法。子舆传西河仪长孺，长孺传茂陵丁君都，君都传成纪杨子阿，臣援尝师事子阿，受相马骨法。考之于行事，辄有验效。臣愚以为传闻不如亲见，视景不如察形。今欲形之于生马，则骨法难备具，又不可传之于后。孝武皇帝时，善相马者东门京铸作铜马法献之，有诏立马于鲁班门外，则更名鲁班门曰金马门。臣谨依仪氏輢，中帛氏口齿，谢氏唇鬐，丁氏身中，备此数家骨相以为法。"马高三尺五寸，围四尺五寸，有诏置于宣德殿

伯乐相马

伯乐，姓孙名阳，相传为秦穆公时的人，善相马，著有《相马经》。一天，伯乐在路上看到一匹拉着盐车的马，吃力地在陡坡上行进。伯乐不由走到跟前。马见伯乐走近，突然昂起头来瞪大眼睛，大声嘶鸣，好像要倾诉什么。伯乐立即从声音中判断出，这是一匹难得的骏马。

下，以为名马式焉。

初，援军还，将至，故人多迎劳之。平陵人孟冀，名有计谋，于坐贺援。援谓之曰：“吾望子有善言，反同众人邪？昔伏波将军路博德开置七郡，裁封数百户；今我微劳，猥飨(wěi xiǎng)大县，功薄赏厚，何以能长久乎？先生奚用相济？”冀曰：“愚不及。”援曰：“方今匈奴、乌桓尚扰北边，欲自请击之。男儿要当死于边野，以马革裹尸还葬耳，何能卧床上在儿女子手中邪！”冀曰：“谅为烈士，当如此矣。”

还月余，会匈奴、乌桓寇扶风，援以三辅侵扰，园陵危逼，因请行，许之。自九月至京师，十二月复出屯襄国。诏百官祖道。援谓黄门郎梁松、窦固曰：“凡人为贵，当使可贱，如卿等欲不可复贱，居高坚自持，勉思鄙言。”松后果以贵满致灾，固亦几不免。

[译文]

马援好骑马，善于鉴别名马，于交阯缴获骆越铜鼓，于是铸成好马模型，回来时献给光武帝。因此上表说：“行天莫如龙，行地莫过马。马是军队之本，国家最有用的东西。安宁的时候可以用来区别尊卑的次第，动乱的时候可以克服远近发生的危难。过去有匹马叫骐骥，一日可行千里，伯乐发现了它，指明它是良马而不受它落魄形象的迷惑。近代有西河子舆，也精通相马方法。子舆传相马法给西河的仪长孺，仪长孺又传给茂陵的丁君都，丁君都又传给成纪的杨子阿，臣马援曾拜杨子阿为师，学习相马骨的方法。考察于相马实践，就有实际成效。臣愚昧以为传闻不如亲见，观影不如察形。今日想用活马来反映名马的标准，而骨法难以完全具备，又不可能传之于后世。孝武皇帝时，善于相马的东门京曾铸造铜马模型献给武帝，有诏令立铜马于鲁班门外，就改叫鲁班门为金马门。臣谨按仪氏的相马头法，中帛氏的相马口齿法，谢氏的相马唇和马鬐法，丁氏的相马腹法，备齐这数家骨相的标准做成模型。”铜马高三尺五寸，身围四尺五寸。有诏命放置在宣德殿下，以为名马样式。

当初，马援回师，快到洛阳的时候，旧友多前去迎接和慰劳他，平陵人孟冀以富有计谋闻名，也在迎贺马援的客人中。马援对他说：“我希望你能有良言相告，怎么反而同众人一样呢？过去伏波将军路博德开辟七郡之地，只封数百户侯；今天我只有微小的功劳，辱受大县，功薄赏厚，怎么能长久呢？先生有什么良策相助？”

孟冀说："愚下想不出什么办法。"马援说："当今匈奴、乌桓尚在骚扰北方边疆，我想自己请求率军攻打他们。男儿若死应当死在边野，用马革裹尸归葬，怎么能躺在床上守着妻子儿女呢？"孟冀说："真正的烈士，应当如此。"

回京一月有余，逢匈奴、乌桓入侵扶风，马援认为三辅受到侵扰，汉家园陵遭到危险，因此请求出征，光武帝同意了他的请求。从九月到京师，十二月又离京去屯守襄国。诏命百官送行。马援告诉黄门侍郎梁松、窦固说："凡人富贵的时候，应当让自己可以卑下，如果卿等不想使自己卑下，居高位顽固自守，就要好好想想我的鄙薄之言。"梁松以后果然以富贵盛满而招致灾祸，窦固也几乎难以幸免。

[原文]

明年秋，援乃将三千骑出高柳，行雁门、代郡、上谷障塞。乌桓候者见汉军至，虏遂散去，援无所得而还。

援尝有疾，梁松来候之，独拜床下，援不答。松去后，诸子问曰："梁伯孙帝婿，贵重朝廷，公卿已下莫不惮(dàn)之，大人奈何独不为礼？"援曰："我乃松父友也。虽贵，何得失其序乎？"松由是恨之。

二十四年，武威将军刘尚击武陵五溪蛮夷，深入，军没，援因复请行。时年六十二，帝愍其老，未许之。援自请曰："臣尚能被甲上马。"帝令试之。援据鞍顾眄，以示可用。帝笑曰："矍铄(qú shuò)哉是翁也！"遂遣援率中郎将马武、耿舒、刘匡、孙永等，将十二郡募士及弛刑四万余人征五溪。援夜与送者诀，谓友人谒者杜愔曰："吾受厚恩，年迫馀日索，常恐不得死国事。今获所愿，甘心瞑目，但畏长者家儿或在左右，或与从事，殊难得调，介介独恶是耳。"明年春，军至临乡，遇贼攻县，援迎击，破之，斩获二千余人，皆散走入竹林中。

初，军次下隽，有两道可入，从壶头则路近而水崄，从充则涂夷而运远，帝初以为疑。及军至，耿舒欲从充道，援以为弃日费粮，不如进壶头，扼其喉咽，充贼自破。以事上

之，帝从援策。三月，进营壶头。贼乘高守隘，水疾，船不得上。会暑甚，士卒多疫死，援亦中病，遂困，乃穿岸为室，以避炎气。贼每升险鼓噪，援辄曳足以观之，左右哀其壮意，莫不为之流涕。耿舒与兄好畤侯弇书曰："前舒上书当先击充，粮虽难运而兵马得用，军人数万争欲先奋。今壶头竟不得进，大众怫郁行死，诚可痛惜。前到临乡，贼无故自致，若夜击之，即可殄灭。伏波类西域贾胡，到一处辄止，以是失利。今果疾疫，皆如舒言。"弇得书，奏之。帝乃使虎贲中郎将梁松乘驿责问援，因代监军。会援病卒，松宿怀不平，遂因事陷之。帝大怒，追收援新息侯印绶。

肉袒负荆

"老骥伏枥，志在千里；烈士暮年，壮心不已。"春秋战国时期，曾"肉袒负荆"的廉颇垂暮，尚能饭。而东汉伏波将军马援戎马一生，老当益壮，临老还抱病视察敌情，最终"马革裹尸"，殒命疆场。

[译文]

第二年秋天，马援率领三千骑兵从高柳出发，巡行雁门、代郡、上谷各处据点堡垒。乌桓侦探见汉军来到，乌桓人于是逃散，马援没有什么收获就回来了。

马援曾经有病，梁松来问候他，独自拜于床下，马援并不还礼。梁松走了以后，儿子们问道："梁伯孙是皇帝的女婿，在朝廷中地位贵重，公卿以下百官没有不畏忌他的，大人为何独独不以礼相待？"马援说："我是梁松父亲的朋友，他虽然贵重，怎么能不顾长幼之序呢？"梁松从此憎恨马援。

二十四年，武威将军刘尚进攻武陵五溪的当地部族，孤军深入，全军覆没，马援因而再次要求出征。当时他年已六十二岁，光武帝怜惜他年老，未予批准。马援自己请求说："臣还能披甲上马。"光武帝令他试一试。马援骑在马上左顾右盼，表示可以被任用。光武帝笑道："此翁勇健啊！"于是派遣马援率领中郎将马武、耿舒、刘匡、孙永等人，指挥十二郡招募来的士兵以及弛刑徒共四万多人征伐五溪当地部族。马援晚上与相送的人告别，对友人谒者杜愔说："我受国家厚恩，年老余日不多，常常害怕不能死于国事。今获所愿，甘心瞑目，但畏惧权贵家的子弟或留在皇帝左右，或与他们共事，实在难以协调，耿耿于怀，唯独厌恶这一点啊。"第二年春天，军队到达临乡，遇到叛军攻县，马援迎击，打败了他们，斩杀俘获二千多人，其余都分散逃入竹林中。

起初，军队开到下隽，有两条路可走，从壶头走路近但水险，从充县走路途平坦而运送军需运输较远，光武帝当初对此也很犹豫。等到军队开到时，耿舒想从充县走，马援以为会拖延时间，耗费军粮，不如进入壶头，据有咽喉要地，充县的贼兵不攻自破。以此争议上报，光武帝批准了马援的策略。三月，进据壶头。叛军登高守隘，河水湍急，船只难以前进。恰遇天气很热，不少士兵生病而死。马援也得了病，于是被困壶头山，只好挖山洞为屋室，以躲避热气。叛军每次登上险要地势，击鼓呐喊，马援就拖着病体出来观察动静，左右感动于他的壮烈气慨，无不为之流泪。耿舒给他哥哥好畤侯耿弇写信说："以前舒上书建议应当先攻打充县，粮食虽然难运而兵马可以使用起来，数万军人争当先锋。今天陷于壶头竟然不能前进，大众郁闷将死，实在令人痛惜。以前大军刚到临乡，贼兵无故自来，如果晚上进攻他们，可以立即彻底消灭他们。伏波将军像西域胡商一样，到一个地方就停留下来，因此失利。现在果然困于疾病，都和我所预料的一样。"耿弇得到信，上奏光武帝。光武帝于是派虎贲中郎将梁松乘驿车前往责问马援，进而代他监军。正逢马援病死，梁松旧恨未平，于是利用此事陷害马援。光武帝大怒，追收回马援的新息侯印绶。

[原文]

初，兄子严、敦并喜讥议，而通轻侠客。援前在交阯，还书诫之曰："吾欲汝曹闻人过失，如闻父母之名，耳可得闻，口不可得言也。好论议人长短，妄是非正法，此吾所大恶也，宁死不愿闻子孙有此行也。汝曹知吾恶之甚矣，所以复言者，施衿结褵，申父母之戒，欲使汝曹不忘之耳。龙伯高敦厚周慎，口无择言，谦约节俭，廉公有威，吾爱之重之，愿汝曹效之。杜季良豪侠好义，忧人之忧，乐人之乐，清浊无所失，父丧致客，数郡毕至，吾爱之重之，不愿汝曹效也。

效伯高不得，犹为谨敕之士，所谓刻鹄不成尚类鹜（wù）者也。效季良不得，陷为天下轻薄子，所谓画虎不成反类狗者也。迄今季良尚未可知，郡将下车辄切齿，州郡以为言，吾常为寒心，是以不愿子孙效也。”季良名保，京兆人，时为越骑司马。保仇人上书，讼保“为行浮薄，乱群惑众，伏波将军万里还书以诫兄子，而梁松、窦固以之交结，将扇其轻伪，败乱诸夏”。书奏，帝召责松、固，以讼书及援诫书示之，松、固叩头流血，而得不罪。诏免保官。伯高名述，亦京兆人，为山都长，由此擢（zhuó）拜零陵太守。

训诲善恶

中国一向以重视“家教”著称于世。有不少廉吏名臣教子珍闻，流传至今。如诸葛亮教子“志当存高远”，寇准母教子“修身为万民”，徐勉誓将清白留子孙，唐贾文元训诲善恶。历代的家书、家信亦有很多至理名言，如马援的《诫兄子严敦书》、郑玄的《戒子益恩书》、颜之推的《颜氏家训》等。

初，援在交阯，常饵薏苡实，用能轻身省欲，以胜瘴气。南方薏苡实大，援欲以为种，军还，载之一车。时人以为南土珍怪，权贵皆望之。援时方有宠，故莫以闻。及卒后，有上书谮之者，以为前所载还，皆明珠文犀。马武与於陵侯侯昱等皆以章言其状，帝益怒。援妻孥惶惧，不敢以丧还旧茔，裁买城西数亩地槁葬而已。宾客故人莫敢吊会。严与援妻子草索相连，诣阙请罪。帝乃出松书以示之，方知所坐，上书诉冤，前后六上，辞甚哀切，然后得葬。

[译文]

当初，马援哥哥之子马严、马敦都喜欢讥议时事，而且结交轻薄的侠客。马援以前在交趾的时候，回信告诫他们说："我希望你们听到别人的过失，就好像听到父母的名字一样，耳朵可以听，口中不能够说。好议论别人的长短，狂妄地评定时政的是非，这是我所深恶痛绝的，宁死也不愿意听到子孙有这种行为。你们知道我厌恶这种行为，所以再次提醒，因为我们是一衣相连的血亲，申明父母的劝诫，想让你们不要忘记罢了。龙伯高为人敦厚谨慎，所说的话无可挑剔，谦逊节俭，清廉公正而有威信，我爱戴他，敬重他，希望你们仿效他。杜季良豪侠仗义，忧他人之忧，乐他人之乐，处事轻重适当，几个郡的客人都来吊唁他的父亲，许多郡的人都到了。我爱戴他，敬重他，但不愿你们仿效他。仿效龙伯高而达不到，仍然可以成为谨慎的人，所谓画天鹅不成还能像鸭子。仿效杜季良而达不到，就堕落为天下放荡子，所谓画虎不成反而像狗了。迄今为止杜季良的前途还难以预料，凡郡太守一上任就对他咬牙切齿，州郡都说他的坏话，我常常为此寒心，所以不愿子孙仿效他。"季良名保，京兆人，当时为越骑司马。杜保的仇人上书，告杜保"行为轻薄，惑乱群众，伏波将军万里回信以告诫兄子，而梁松、窦固却和他结交，将会煽动轻浮奸诈的人，败坏和扰乱国家"。此书上奏后，光武帝召见梁松、窦固予以斥责，以上告信和马援劝诫兄子的信给他们看，梁松、窦固叩头以至流血覆面，才得以不受惩罚。下诏免去杜保的官职。龙伯高名述，也是京兆人，为山都县县长，因此擢升为零陵太守。

起初，马援在交趾，常吃薏苡籽，吃了能轻身益气，消除杂念，可以克除瘴气对身体的伤害。南方薏苡籽大，马援想留作种子，军队返回时，装了一车带回。当时人们以为装的是南方的珍奇宝物，权贵们都很忌妒他。马援当时正受宠信，所以没有人上告。等马援死了以后，有人上书告发他，以为以前运回的都是明珠和有纹理的犀牛角。马武和於陵侯侯昱等人全上书告发这件事，光武帝越发愤怒。马援的妻子儿女十分恐惧，不敢把马援的尸体埋回家族的墓地去，只买了洛阳城西几亩地草草掩埋起来。宾客和旧友不敢来吊丧会葬。马严和马援的妻子把自己用草绳连带着捆绑起来，到宫阙前请罪。光武帝于是拿出梁松的奏书给他们看，他们才知道被处罚的缘由，上书诉说冤情，前后共六次，言辞十分哀伤悲切，然后才得以正式下葬。

[原文]

又前云阳令同郡朱勃诣(yì)阙上书曰：

臣闻王德圣政，不忘人之功，采其一美，不求备于众。故高祖赦蒯(kuǎi)通而以王礼葬田横，大臣旷然，咸不自疑。夫大将在外，谗言在内，微过辄记，大功不计，诚为国之所慎也。

故章邯畏口而奔楚，燕将据聊而不下。岂其甘心末规哉，悼巧言之伤类也。

窃见故伏波将军新息侯马援，拔自西州，钦慕圣义，间关险难，触冒万死，孤立群贵之间，傍无一言之佐，驰深渊，入虎口，岂顾计哉！宁自知当要七郡之使，徼封侯之福邪？八年，车驾西讨隗嚣，国计狐疑，众营未集，援建宜进之策，卒破西州。及吴汉下陇，冀路断隔，唯独狄道为国坚守，士民饥困，寄命漏刻。援奉诏西使，镇慰边众，乃招集豪杰，晓诱羌戎，谋如涌泉，势如转规，遂救倒县之急，存几亡之城，兵全师进，因粮敌人，陇、冀略平，而独守空郡，兵动有功，师进辄克。铢(zhū)锄先零，缘入山谷，猛怒力战，飞矢贯胫。又出征交阯，土多瘴气，援与妻子生诀，无悔吝之心，遂斩灭徵侧，克平一州，间复南讨，立陷临乡，师已有业，未竟而死，吏士虽疫，援不独存。夫战或以久而立功，或以速而致败，深入未必为得，不进未必为非。人情岂乐久屯绝地，不生归哉！惟援得事朝廷二十二年，北出塞漠，南度江海，触冒害气，僵死军事，名灭爵绝，国土不传。海内不知其过，众庶未闻其

诏班师后主信谗

信谗好佞，乃为君、将者之大弊。惜小人巧舌如簧，或三人成虎，上位者每每听之。如蜀后主信谗而耽于酒色，鲁听季孙之说而逐孔子，宋信子罕之计而囚墨翟。马援死后，光武帝也因信谗而追收其新息侯印绶，使马援的家人初时只能草草埋葬其尸。马援的宾朋故旧也不敢上门吊唁，景况一度凄凉。

毁，卒遇三夫之言，横被诬罔（wǎng）之谗，家属杜门，葬不归墓，怨隙并兴，宗亲怖栗。死者不能自列，生者莫为之讼，臣窃伤之。

夫明主醲（nóng）于用赏，约于用刑。高祖尝与陈平金四万斤以间楚军，不问出入所为，岂复疑以钱谷间哉？夫操孔父之忠而不能自免于谗，此邹阳之所悲也。《诗》云："取彼谗人，投畀豺虎。豺虎不食，投畀（bì）有北。有北不受，投畀有昊。"此言欲令上天而平其恶。惟陛下留思竖儒之言，无使功臣怀恨黄泉。臣闻《春秋》之义，罪以功除；圣王之祀，臣有五义。若援，所谓以死勤事者也。愿下公卿平援功罪，宜绝宜续，以厌海内之望。

臣年已六十，常伏田里，窃感栾布（luán bù）哭彭越之义，冒陈悲愤，战栗阙庭。

书奏，报，归田里。

[译文]

又有前云阳令与马援同郡的朱勃到宫阙前上书说：

臣听说圣德的帝王理政，不忘人臣的功劳，采用他的某一方面美德，不要求他具备所有的优点。因此汉高祖赦免蒯通而用王礼殡葬田横，大臣心胸开阔，都不自疑。大将在外，谗言在内，小过必究，大功不计，实在是国家所应当避免的。因为有这种情况存在，所以章邯畏惧谗言而投降了项羽，燕国的将军攻下了聊城而不敢回国。难道是他们甘心出此下策吗，实在是痛心巧言的伤害啊。

窃见原伏波将军新息侯马援，出身于西州，钦慕皇帝的圣德仁义，历经艰险，甘冒万死，独立于群贵之中，身旁没有一人相助，奔深渊，入虎口，岂有为自己打算呢！难道他自知会担任七郡的使命，获取封侯的福分吗？八年，皇上西讨隗嚣，国家决策狐疑未定，众军尚未集中，马援提出应当进军的建议，终于击败西州。等到吴汉从陇右撤回，入冀县的道路断绝，唯独狄道为国坚守，士民饥饿疲劳，命在旦夕。马援奉诏出使西方，安慰边地民众，于是招集豪杰，劝诱羌戎，计谋如泉涌出，战势如转圆规，才解救了边地的倒悬之急，保存了几乎败亡的城池，士兵保全而挥师进击，取敌人的粮食而食，陇、冀平定，而马援独守空郡，兵一动便有功劳，师一进就能取胜。铢锄先零，追入山谷，奋勇力战，飞矢穿透小腿。又出征交阯，当地常有瘴气，马援与妻子儿女生死诀别，没有悔恨之心，于是杀灭徵侧，平定全州。之后再度南征，立即攻陷临乡，出师已有业绩，事业未成而身先死，将士虽患疫病，马援也没有独存。战争或者因持久而建立功勋，或者以速决而招致失败，深入攻敌未必就对，迟疑不进未必就非。人情岂是乐意长久驻扎在绝地，不想生还呢！只是马援服务朝廷二十二年，北出大漠，南越江海，触冒害人的瘴气，僵死在战场之上，名灭爵绝，封国不能传给后人。海内不知道他的过失，百姓没听说他的丑行，突遇三个人的片面之词，横遭诬蔑不实的诽谤，家属闭门不敢交往，尸体不能葬入祖坟，怨恨一齐降临，宗族亲属战战兢兢。死者不能自洗冤屈，生者不能为他辩白，臣暗自悲伤。

明主重于用赏，轻于用刑。汉高祖曾给陈平黄金四万斤以离间楚军，不问他如何使用，难道会怀疑他把钱粮私吞了吗？具有孔夫子的忠诚而不能免于谗言的伤害，这是邹阳之所以悲哀的事。《诗经》说："抓住那个造谣的人，丢给豺虎去吃掉，豺虎如果不吃，放逐他去北方。北方如果不接受，让老天去惩罚他。"这是想让上天来评定他的罪恶。希望陛下能留意我这个无知儒生的话，不要让功臣怀恨于黄泉之下。臣听说《春秋》的经义，罪过可用功劳来抵消，圣王的祭祀礼义，为臣的做到五义就可以配享祭祀了。比如马援，就是所谓死于勤王之事的人。愿下令公卿评议马援的功罪，该断的断，该续的续，以平息海内的不满。

臣年已六十，常隐居民间，栾布不顾禁令哭祭无辜受戮的彭越，我受他正义之举的感染，冒死陈述心中的悲愤，战战兢兢于宫阙之前。

书奏上，获回报，朱勃返回乡里。

[原文]

勃字叔阳，年十二能诵《诗》《书》。常候援兄况。勃衣方领，能矩步。辞言娴雅，援裁知书，见之自失。况知其意，乃自酌酒慰援曰："朱勃小器速成，智尽此耳，卒当从汝禀学，勿畏也。"朱勃未二十，右扶风请试守渭城宰，及援为将军，封侯，而勃位不过县令。援后虽贵，常待以旧恩而卑侮之，勃愈身自亲，及援遇谗，唯勃能终焉。肃宗即位，追赐勃子谷二千斛。

初，援兄子婿王磐(pán)子石，王莽从兄平阿侯仁之子也。莽败，磐拥富赀居故国，为人尚气节而爱士好施，有名江淮间，后游京师，与卫尉阴兴，大司空朱浮、齐王章共相友善。援谓姊子曹训曰："王氏，废姓也。子石当屏居自守，而反游

汉明帝马皇后

汉明帝刘庄的皇后马氏，是伏波将军马援的三女儿。她十三岁入宫，十八岁时明帝即位，封为贵人，二十一岁册封皇后，三十六岁时刘炟即位，被尊为皇太后。

京师长者，用气自行，多所陵折，其败必也。”后岁余，磐果与司隶校尉苏邺、丁鸿事相连，坐死洛阳狱。而磐子肃复出入北宫及王侯邸第。援谓司马吕种曰：“建武之元，名为天下重开。自今以往，海内日当安耳。但忧国家诸子并壮，而旧防未立，若多通宾客，则大狱起矣。卿曹戒慎之！”及郭后薨(hōng)，有上书者，以为肃等受诛之家，客因事生乱，虑致贯高、任章之变。帝怒，乃下郡县收捕诸王宾客，更相牵引，死者以千数。吕种亦豫其祸，临命叹曰：“马将军诚神人也！”

永平初，援女立为皇后，显宗图画建武中名臣、列将于云台，以椒房故，独不及援。东平王苍观图，言于帝曰：“何故不画伏波将军像？”帝笑而不言。至十七年，援夫人卒，乃更修封树，起祠堂。

建初三年，肃宗使五官中郎将持节追策，谥援曰忠成侯。

[译文]

朱勃字叔阳，十二岁就能朗诵《诗经》《尚书》。曾侍候马援的哥哥马况。朱勃穿着学者的带方领的服装，能按规矩行走，言辞沉静文雅，马援才能书文，对比朱勃后他怅然若失。马况明白他的心思，于是亲自斟酒安慰马援说：“朱勃小器速成，智能已到顶了，终究会向你请教，不必敬畏他。”朱勃未满二十岁，右扶风太守请他试做渭城县宰，等到马援成为将军，封了侯，而朱勃位不过县令。马援后来虽然富贵，常以旧友对待朱勃而又爱戏弄他，朱勃更加与他亲近，等到马援遭谗言时，只有朱勃能保全朋友之情。肃宗即位，追赐给朱勃之子粮食二千斛。

起初，马援哥哥的女婿王磐字子石，是王莽从兄平阿侯王仁的儿子。王莽失败后，王磐拥有大量钱财住在原封国，为人崇尚气节而爱结交士人，好施舍而闻名江淮之间。后来游历京师，与卫尉阴兴、大司空朱浮、齐王刘章一起相互友好亲善。马援告诉姐姐之子曹训说："王氏，废黜的姓氏。子石本当闭门自守，反而交游京师的豪贵，任气妄为，多次折辱他人，他的失败是必然的。"一年多以后，王磐果然被司隶校尉苏邺、丁鸿所犯的事相牵连，因而死在洛阳狱中。而王磐的儿子王肃，又出入于北宫和王侯的府邸。马援对司马吕种说："建武这个年号，标志着天下重建。从今以后，海内日益安定。只忧虑皇帝儿子们都已长大，而诸王子不许交通宾客的旧法制未曾重申，如果多交宾客，那么大狱将要出现了。你们要小心对待啊！"等到郭后死去，有人上书，认为王肃等被诛杀的罪臣的家人、宾客利用机会作乱，恐怕会导致贯高、任章一类的事变。光武帝发怒，于是下令郡县搜捕诸王的宾客，互相牵连，为此死的有一千多人。吕种也遭到此祸，临死时叹道："马将军真是神人啊！"

永平初年，马援的女儿立为皇后。显宗命人在云台画建武时期的名臣、众将的画像，因为是外戚的缘故，唯独不画马援。东平王刘苍参观画像，对明帝说："为何不画伏波将军像？"明帝笑而不答。到了十七年，马援夫人死了，才重修墓树，建立祠堂。

建初三年，肃宗派五官中郎将持节追封，赐马援谥号为忠成侯。

［原文］

四子：廖、防、光、客卿。

客卿幼而歧嶷(nì)，年六岁，能应接诸公，专对宾客。尝有死罪亡命者来过，客卿逃匿，不令人知。外若讷而内沉敏。援甚奇之，以为将相器，故以客卿字焉。援卒后，客卿亦夭没。

［译文］

马援有四个儿子：马廖、马防、马光、马客卿。

马客卿幼年聪慧，六岁时，就能应酬接待贵客，单独应对宾客。曾有一个犯死罪逃亡的人前来投靠，马客卿将他藏起来不让人知道。他外表好像木讷，而内心沉稳聪敏。马援十分惊奇，以为是将相之材，所以用客卿作字。马援死后，马客卿也夭亡了。

明德马后

东汉马皇后主领后宫二十余年，谦谨贤德，内外称颂，谥号明德皇后。

[原文]

论曰：马援腾声三辅，遨游二帝，及定节立谋，以干时主，将怀负鼎之愿，盖为千载之遇焉。然其戒人之祸，智矣，而不能自免于谗隙。岂功名之际，理固然乎？夫利不在身，以之谋事则智；虑不私己，以之断义必厉。诚能回观物之智而为反身之察，若施之于人则能恕，自鉴其情亦明矣。

[译文]

评论说：马援名扬三辅，遨游于二帝之间，等到节守定，计谋立，自荐于当时的明主，怀有进用的愿望，以为碰上千载难逢的机遇。然而他劝别人避祸，实在明智，而自己却不能避免被谗言所伤害。难道追逐功名之时，必然免不了这种事吗？利害不涉及自身，在这种情况下谋划事情就明智；忧虑不顾及自身，在这种情况下判断事宜必定严厉。如果能把观察事物的明智反转回来而反躬自省，那么以这种态度对待他人就能仁爱待人，用来鉴别自身也会有自知之明了。

[原文]

廖字敬平，少以父任为郎。明德皇后既立，拜廖为羽林左监、虎贲中郎将。显宗崩，受遗诏典掌门禁，遂代赵熹为卫尉，肃宗甚尊重之。

时，皇太后躬履节俭，事从简约，廖虑美业难终，上疏长乐宫以劝成德政，曰："臣案前世诏令，以百姓不足，起于世尚奢靡，故元帝罢服官，成帝御浣(huàn)衣，哀帝去乐府。然而

侈费不息，至于衰乱者，百姓从行不从言也。夫改政移风，必有其本。传曰：‘吴王好剑客，百姓多创瘢(bān)；楚王好细腰，宫中多饿死’。长安语曰：‘城中好高髻，四方高一尺；城中好广眉，四方且半额；城中好大袖，四方全匹帛。’斯言如戏，有切事实。

宠昵飞燕

汉成帝刘骜，前33年至前7年在位，是古代有名的昏君。初时，他曾下诏务崇简约，禁断绮谷、女乐，嫁娶葬埋过制，唯青绿人所常服不禁。可惜他迷恋酒色，为俭并不终。后来他宠昵赵飞燕、合德，荒淫无道，不理朝政，死在“温柔乡”中。其时，“赵氏乱内，外家擅朝”，为王莽篡汉留下祸根。

前下制度未几，后稍不行。虽或吏不奉法，良由慢起京师。今陛下躬服厚缯(zēng)，斥去华饰，素简所安，发自圣性。此诚上合天心，下顺民望，浩大之福，莫尚于此。陛下既已得之自然，犹宜加以勉勖(xù)，法太宗之隆德，戒成、哀之不终。《易》曰：‘不恒其德，或承之羞。’诚令斯事一竟，则四海诵德，声熏薰天地，神明可通，金石可勒，而况于行仁心乎，况于行令乎！愿置章坐侧，以当瞽(gǔ)人夜诵之音。”太后深纳之。朝廷大议，辄以询访。

廖性质诚畏慎，不爱权势声名，尽心纳忠，不屑毁誉。有司连据旧典，奏封廖等，累让不得已，建初四年，遂受封为顺阳侯，以特进就第。每有赏赐，辄辞让不敢当，京师以是称之。

[译文]

马廖字敬平，年轻时因父亲为官而被保举为郎。明德皇后策立以后，拜马廖为

嬖佞戮贤

汉哀帝刘欣曾是个熟读经书、文辞博敏的有才之君。即位初期，曾躬行节俭，省灭诸用，勤于政事。可惜后来锐气无存，贪色纵情，宠信男宠董贤，彻底堕落为一个比成帝还要荒淫腐败的昏君。

羽林左监、虎贲中郎将。显宗去世，受遗诏执掌宫中门禁，于是取代赵熹任卫尉，肃宗十分尊重他。

当时皇太后厉行节俭，办事务从简省，马廖忧虑美业难以保持始终，上疏长乐宫劝谏太后成就德政，说："根据前代的诏令，以为百姓日用不足，起因于社会崇尚奢侈腐化，所以元帝撤销服官，成帝穿用反复洗过的衣服，哀帝撤去乐府。然而奢侈的消费仍未停息，一直到衰败动乱，是因为百姓从上所好而不从上所教。改革政治，移风易俗，必须有所依据。书上文说：'吴王好剑客，百姓多伤疤；楚王好细腰，宫女多饿死。'长安城中的谚语说：'城中喜欢高发髻，四方发髻高一尺；城中喜好画长眉，四方画眉达半额；城中喜好长衣袖，四方做袖整匹布。'这种话虽类似戏言，却是切中事实。以前下达制度没多久，稍后就慢慢行不通了。虽然有的官吏不依法办事，根源还是逐渐来自于京师。当今陛下亲自穿着厚缯做的衣服，去掉华丽的装饰，朴素节省而后心安，发自于您的内心。此举实在是上合天心，下顺民意，造福浩大，莫过于此。陛下既已自然而然地做到这一点，还应该加以勉励，效法太宗的盛大德行，吸取成、哀二帝不能善始善终的教训。《易经》说：'不长久地坚持自己的德行，恐怕将会招来羞辱。'如果能让这件事情贯彻到底，那么四海之内将歌颂圣德，芳声熏陶于天地，神明可以相通，金石可以刻记，而何况是推行仁心，推行法令呢！希望把我的奏章放在御座旁边，以当作乐师晚上吟诵的音乐。"太后接受他的建议。朝廷每有重大决策，都向他征询意见。

马廖性格诚实谨慎，不爱权势和声名，全心全意尽忠，不屑顾及别人对他说长道短。有关部门接连依据旧法典，上奏给马廖等封爵，他都屡次推辞而不得已，在建初四年，才受封为顺阳侯，以特进身份归府。每次宫中有赏赐，都推让不敢接受，京师之人因而称赞他。

[原文]

子豫，为步兵校尉。太后崩后，马氏失势，廖性宽缓，不能教勒子孙，豫遂投书怨诽。又防、光奢侈，好树党与。

八年，有司奏免豫，遣廖(liào)、防、光就封。豫随廖归国，考击物故。后诏还廖京师。永元四年，卒。和帝以廖先帝之舅，厚加赗赙(fù)，使者吊祭，王主会丧，谥曰安侯。

子遵嗣，徙封程乡侯。遵卒，无子，国除。元初三年，邓太后绍封廖孙度为颍(yǐng)阳侯。

[译文]

儿子马豫，为步兵校尉。太后死了以后，马氏失势，马廖性格宽厚迟疑，不能教导约束子孙，马豫于是上书发泄对失势的不满。另外马防、马光生活奢侈，好树立党羽。八年，有关部门上奏免去马豫的官职，遣发马廖、马防、马光前往封国。马豫随马廖回封国，被拷打致死。以后诏书命马廖回到京师。永元四年，去世。和帝因马廖是先帝的舅舅，优厚地赐给下葬用的物品，派使者吊祭，王子、公主参加了丧礼，赐谥号为安侯。

儿子马遵继承爵位，改封程乡侯。马遵死了，没有儿子，封国被撤销。元初三年，邓太后让马廖的孙子马度继承爵位，封为颍阳侯。

[原文]

防字江平，永平十二年，与弟光俱为黄门侍郎。肃宗即位，拜防中郎将，稍迁城门校尉。

建初二年，金城、陇西保塞羌皆反，拜防行车骑将军事，以长水校尉耿恭副，将北军五校兵及诸郡积射士三万人击之。军到冀，而羌豪布桥等围南部都尉于临洮(táo)。防欲救之，临洮道险，车骑不得方驾，防乃别使两司马将数百骑，分为前后军，去临洮十余里为大营，多树幡帜，扬言大兵且当进。羌候见之，驰还言汉兵盛不可当。明旦遂鼓噪而前，羌虏惊走，因追击破之。斩首虏四千余人，遂解临洮围。防开以恩信，烧当种皆降，唯布桥等二万余人在临洮西南望曲谷。十二月，羌又败耿恭司马及陇西长史于和罗谷，死者数百人。明年春，防遣司马夏骏将五千人从大道向其前，潜遣司马马彭将五千人从间道冲其心腹，又令将兵长史李调等将四千人绕其西，

疏勒拜泉

耿恭曾驻军疏勒城，匈奴强攻不成，切断水源。汉军不得不以马血、马尿解渴，并自力挖井，但深挖到地下十五丈仍不见水，耿恭仰天长叹后，整肃衣冠，向井再拜，不久，泉水涌出。匈奴以为汉军有神明护佑，赶忙撤兵逃遁。这就是历史上有名的耿恭"疏勒拜泉退匈奴"的千古佳话。

三道俱击，复破之，斩获千余人，得牛羊十余万头。羌退走，夏骏追之，反为所败。防乃引兵与战于索西，又破之。布桥迫急，将种人万余降。诏征防还，拜车骑将军，城门校尉如故。

防贵宠最盛，与九卿绝席。光自越骑校尉迁执金吾。四年，封防颍阳侯，光为许侯，兄弟二人各六千户。防以显宗寝疾，入参医药，又平定西羌，增邑千三百五十户。屡上表让位，俱以特进就第。皇太后崩，明年，拜防光禄勋，光为卫尉。防数言政事，多见采用。是冬始施行十二月迎气乐，防所上也。子钜，为常从小侯。六年正月，以钜当冠，特拜为黄门侍郎。肃宗亲御章台下殿，陈鼎俎(zǔ)，自临冠之。明年，防复以病乞骸(hái)骨，诏赐故中山王田庐，以特进就第。

[译文]

马防字江平，永平十二年，与弟弟马光一起为黄门侍郎。肃宗即位，拜马防为中郎将，后改任城门校尉。

建初二年，金城、陇西边塞的羌人都造反，任命马防行车骑将军事，以长水校尉耿恭为副手，率领北军五校军士以及各郡积射士三万人攻打叛变的羌人。军到冀县，而羌人首领布桥等在临洮包围南部都尉。马防想援救南部都尉，但去临洮的道路险峻，车辆骑兵不能并行，马防于是另外派出两个司马率骑兵数百人，分为前后两军，到离临洮十多里的地方扎下大营，多树立旗帜，宣扬大军天亮后就进攻。羌人侦探看到后，跑回去说汉军强盛，不可抵挡。第二天早上汉军就击鼓呐喊着前进，羌人惊慌地逃走，汉军乘此机会追击打败了他们，杀死了四千多人，于是解了临洮之围。马防对羌人表示出恩德和信义，烧当族羌人全部投降，唯有布桥等两万多人在临洮西南的望曲谷顽抗。十二月，羌人又在和罗谷打败了耿恭的司马和陇西郡长史，被杀的有数百人。第二年春天，马防派遣司马夏骏率兵五千人从大道来到羌人的正面，暗地派司马马彭率五千人从小道冲击布桥的大营，又命令将兵长史李调等人率领四千人绕到羌军的西侧，三路一起进攻，又一次打败羌人，杀死和俘获了一千多人，夺得牛羊十万多头。羌人退去，夏骏追击，反而被羌人打败。马防于是率军与羌人交战于索西，再度打败羌人。布桥见形势危急，率领族人一万多人投降了。诏命马防回京，拜为车骑将军，任城门校尉如故。

马防最受宠信，与九卿不再同席而坐。马光从越骑校尉升为执金吾。四年，封马防为颍阳侯，马光为许侯，兄弟二人各享有六千户的赋税。马防因显宗卧病在床，入宫中参与医治事宜有功，又曾平定西羌的叛乱，所以增食一千三百五十户的赋税。马防屡次上表请求辞去官位，于是和马光一起以特进身份归府。皇太后驾崩，第二年，拜马防为光禄勋，马光为卫尉。马防多次提出有关政事的意见，大多被采纳实施。这一年冬天开始实行十二月迎气乐的制度，就是马防建议的。儿子马钜，为经常随从章帝的小侯。建初六年正月，因马钜年满二十岁，特封为黄门侍郎。肃宗亲自来到章台下殿，陈设鼎食，亲手为马钜戴上成年冠。第二年，马防又以有病为由请求回家休养，诏书赐给马防原中山王在京的田宅，以特进身份前往居住。

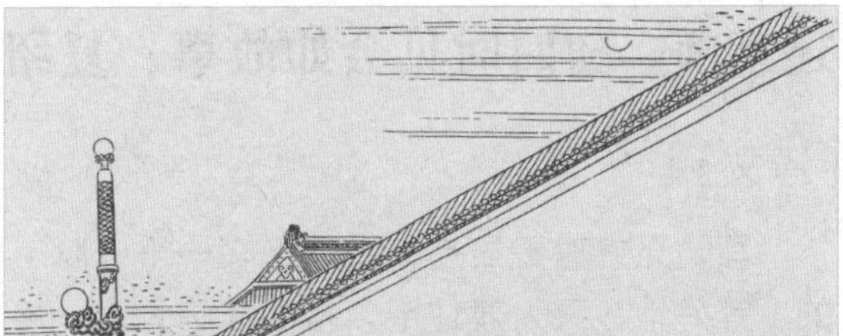

秦宫狗盗

古代豪门权贵之家多养士为食客，为其谋划办事，以备不时之需。这些食客或为主人出谋划策，奔走游说；或代主人著书立说，如吕不韦之编《吕氏春秋》等。当然，也有少数像孟尝君门下那种“鸡鸣狗盗”之徒混杂其中。

[原文]

防兄弟贵盛，奴婢各千人已上，资产巨亿，皆买京师膏腴(gāo yú)美田，又大起第观，连阁临道，弥亘街路，多聚声乐，曲度比诸郊庙。宾客奔凑，四方毕至，京兆杜笃之徒数百人，常为食客，居门下。刺史、守、令多出其家。岁时赈给乡闾，故人

莫不周洽。防又多牧马畜，赋敛羌胡。帝不喜之，数加谴敕(chì)，所以禁遏甚备，由是权势稍损，宾客亦衰。八年，因兄子豫怨谤事，有司奏防、光兄弟奢侈逾僭(jiàn)，浊乱圣化，悉免就国。临上路，诏曰："舅氏一门，俱就国封，四时陵庙无助祭先后者，朕甚伤之。其令许侯思愆田庐，有司勿复请，以尉朕《渭阳》之情。"

光为人小心周密，丧母过哀，帝以是特亲爱之，乃复位特进。子康，黄门侍郎。永元二年，光为太仆，康为侍中。及窦宪诛，光坐与厚善，复免就封。后宪奴诬光与宪逆，自杀，家属归本郡。本郡复杀康，而防及廖子遵皆坐徙封丹阳。防为翟乡侯，租岁限三百万，不得臣吏民。防后以江南下湿，上书乞归本郡，和帝听之。十三年，卒。

子钜(jù)嗣，后为长水校尉。永初七年，邓太后诏诸马子孙还京师，随四时见会如故事，复绍封光子郎为合乡侯。

[译文]

马防兄弟尊贵显赫，奴婢各在一千人以上，财产多达上亿，买下许多京师肥沃的上等好地，又大建住宅，楼阁面临大道，接连排列在街路的两侧，收养了许多乐人，所奏的乐曲节律同皇家祭祀天地宗庙的音乐一样。宾客争相投奔，从四面八方赶来，像京兆人杜笃这一类人就有数百人，经常作为食客，居于门下。刺史、太守、县令也大多出自马家。每年常救济同乡旧友，没有照顾不到的。马防又多养马等牲畜，向羌人收取钱财。章帝不喜欢他这些行为，多次加以责备，所以对他的监控十分严密，从此权势逐渐折损，宾客也衰减下去。八年，因为哥哥的儿子马豫怨愤诽谤朝廷的事，有关部门上奏马防、马光兄弟奢侈超过限度，玷污和搅乱了圣上的教化，于是全被免去官职前往封国。临上路时，诏书说："舅家一门，都要前往封国，四时陵庙祭祀时没有可以帮助祭祀已故太后的人，朕十分痛心。命令许侯马光留在京师家中思过，有关部门不必再追究，以宽慰朕像《诗经》中《渭阳》一诗所表达的那种思母之情。"

马光为人小心周密，母亲去世时哀伤超过一般人，章帝所以特别喜爱他，于是重新位居特进。儿子马康，为黄门侍郎。永元二年，马光为太仆，马康为侍中。等到窦宪被处死，马光因与窦宪关系深厚而受连累，再度被免去职务，前往封国。后来窦宪的家奴诬陷马光与窦宪谋反，马光自杀，家属被遣送回扶风老家。扶风郡又杀死了马康，而马防和马廖之子马遵全遭牵连而改封到丹阳。马防为翟乡侯，田租每年限制在三百万以内，不许管理地方官吏和百姓。马防以江南土地潮湿为由，上书乞求返回老家，和帝同意了。十三年，马防死了。

儿子马钜继承侯爵，后来为长水校尉。永初七年，邓太后诏命所有马氏子孙回到京师，按旧规定随四时礼仪聚会，又让马光之子马朗继承爵位，封为合乡侯。

[原文]

严字威卿。父余，王莽时为杨州牧。严少孤，而好击剑，习骑射。后乃白援，从平原杨太伯讲学，专心坟典，能通《春秋左氏》，因览百家群言，遂交结英贤，京师大人咸器异之。仕郡督邮，援常与计议，委以家事。弟敦，字孺卿，亦知名。援卒后，严乃与敦俱归安陵，居钜下，三辅称其义行，号曰“钜下二卿”。

明德皇后既立，严乃闭门自守，犹复虑致讥嫌，遂更徙北地，断绝宾客。永平十五年，皇后敕使移居洛阳。显宗召见，严进对闲雅，意甚异之，有诏留仁寿闼(tà)，与校书郎杜抚、班固等杂定《建武注记》。常与宗室近亲临邑侯刘复等论议政事，甚见宠幸。后拜将军长史，将北军五校士，羽林禁兵三千人，屯西河美稷(jì)，卫护南单于，听置司马、从事。牧守谒(yè)敬，

蚩尤始乱图

蚩尤是上古时代九黎族部落酋长，曾与黄帝大战，是中国神话中的战神，他发明了金属冶炼和金属兵器的制造。古代有出兵祭蚩尤的习俗。汉高祖刘邦也曾“祠黄帝、祭蚩尤”。

同之将军。敕严过武库，祭蚩尤，帝亲御阿阁，观其士众，时人荣之。

［译文］

马严字威卿。父亲是马余，王莽时为扬州牧。马严小时候父亲就去世了，但爱好击剑，学习骑马射箭。后来才禀告马援，跟随平原人杨太伯听讲，专心学习经典，能够读懂《春秋左氏传》，进一步博览了诸子百家之书，于是交结英才贤士，京师显贵都很器重他。出任扶风郡督邮，马援常和他商量事情，把家中的事情委托他处理。马严的弟弟马敦，字孺卿，也有名声。马援死后，马严与马敦都回到安陵，住在钜下，三辅称赞他们的节义品行，被称为“钜下二卿”。

明德马后被策立为皇后时，马严就闭门自保，仍旧顾虑会招来讽刺和嫌疑，于是又迁居到北地郡，断绝与宾客的来往。永平十五年，皇后下书叫他把家搬到洛阳。显宗召见他，他举止言谈从容大方，显宗心中十分惊异，下诏留他在仁寿闼，与校书郎杜抚、班固等分工撰成《建武注记》。常和宗室近亲临邑侯刘复等商议朝政，很受宠幸。后来拜将军长史，统领北军五校士和羽林禁兵三千人，驻扎在西河郡美稷县，卫护南单于，允许他自己任命司马、从事等部下。州牧太守拜谒敬重他，如同对待将军一样。曾命马严到武库，祭祀蚩尤，明帝亲自来到阿阁，视察他的队伍，当时人以此为荣。

［原文］

肃宗即位，征拜侍御史中丞，除子鱄专为郎，令劝学省中。其冬，有日食之灾，严上封事曰：“臣闻日者众阳之长，食者阴侵之征。《书》曰：‘无旷庶官，天工人其代之。’言王者代天官人也。故考绩黜(chù)陟，以明褒贬。无功不黜，则阴盛陵阳。臣伏见方今刺史、太守专州典郡，不务奉事尽心为国，而司察偏阿，取与自己，同则举为尤异，异则中以刑法，不即垂头塞耳，采求财赂(lù)。今益州刺史朱酺、杨州刺史倪说、凉州刺史尹业等，每行考事，辄有物故，又选举不实，曾无贬坐，是使臣下得作威福也。故事，州郡所举上奏，司直察能否以惩虚实。今宜加防检，式遵前制。旧丞相、御史亲治职事，唯丙吉以年老优游，不案吏罪，于是宰府习为常俗，更共罔养，以崇虚名，或未晓其职，便复迁徙，诚非建官赋

禄之意。宜敕正百司，各责以事，州郡所举，必得其人。若不知言，裁以法令。传曰：‘上德以宽服民，其次莫如猛。故火烈则人望而畏之，水懦则人狎而玩之。为政者宽以济猛，猛以济宽。’如此，绥御有体，灾眚消矣。”书奏，帝纳其言而免酺等官。

吏贤民治

唐代执法名臣徐有功，为成百上千冤案平反，故而位高德显，百姓安乐。朱熹说：“君明而吏贤，吏贤而民治矣。”汉章帝注重选拔官吏，以得廉能之吏为政治清明的保证，故有“明章之治”。

[译文]

肃宗即位，征调马严为侍御史中丞，任命他的儿子马鱄专为郎，令他在王宫禁地中努力学习。这一年冬天，出现日食，马严上密书说：“臣听说日是众阳之首，食是阴气侵袭的征兆。《尚书》说：‘无旷庶官，天工人其代之。’说的是帝王是代表上天任命官员的人。所以通过对官员政绩的考核来确定他们的升降，以明确褒奖或贬斥。没有功劳而不斥退，那么阴气就盛而欺凌阳气。臣伏见当今刺史、太守治理州郡，不忠于职守以尽忠报国，而是考察时偏袒一方，以自己的施政方法为取舍标准，与自己行事相同的就以优异科推举给朝廷，不同的就按法律予以处置，否则，就是垂头塞耳，不问政事，一心收取贿赂。当今的益州刺史朱酺、扬州刺史倪说、凉州刺史尹业等人，每次问案就有人被拷打至死，又荐举不实事求是，并没有因此受到处罚，于是让臣下得以作威作福。按照旧制，州郡所荐举的人一经奏上，司直就要考察他们的优劣，以惩罚不实之举。今天应该加以检验，遵循前代的制度。旧时丞相、御史亲自处理政务，唯有丙吉以年老养闲，不考核官吏的罪行，于是宰相府习以为常，愈加互不表态，崇尚虚名，甚至不知道该人有何政绩，便加以升迁，实在不符合设官给俸的本意。应该明令有关部门，督促他们各按职责行事，州郡所举荐的人，必须符合举荐的标准，如果名不符实，即按法令制裁。书上说：‘最好的德政是以宽大令百姓信服，其次莫过于严厉。所以火性猛烈，百姓就望而生畏；水性懦弱，百姓就轻慢而戏耍。为政的人应以宽大来弥补威猛的不足，以威猛来弥补宽大的不足。’这样的话，治理得体，灾祸就消除了。”书奏上，章帝采纳了他的建议而免除了朱酺等人的官职。

[原文]

建初元年，迁五官中郎将，除三子为郎。严数荐达贤能，申解冤结，多见纳用。复以五官中郎将行长乐卫尉事。二年，拜陈留太守。严当之职，乃言于帝曰：“昔显亲侯窦固误先帝出兵西域，置伊吾卢屯，烦费无益。又窦勋受诛，其家不宜亲近京师。”是时，勋女为皇后，窦氏方宠，时有侧听严言者，以告窦宪兄弟，由是失权贵心。严下车，明赏罚，发奸慝，郡界清静。时京师讹言贼从东方来，百姓奔走，转相惊动，诸郡遑(huáng)急，各以状闻。严察其虚妄，独不为备。诏书敕问，使驿系道，严固执无贼，后卒如言。典郡四年，坐与宗正刘轶、少府丁鸿等更相属托，征拜太中大夫；十余日，迁将作大匠。七年，复坐事免。后既为窦氏所忌，遂不复在位。及帝崩，窦太后临朝，严乃退居自守，训教子孙。永元十年，卒于家，时年八十二。

弟敦，官至虎贲中郎将。严七子，唯续、融知名。续字季则，七岁能通《论语》，十三明《尚书》，十六治《诗》，博观群籍，善《九章算术》。顺帝时，为护羌(qiāng)校尉，迁度辽将军，所在有威恩称。融自有传。

[译文]

建初元年，升为五官中郎将，任命他的三个儿子为郎。马严多次荐举贤能的人才，辨解冤案，大多被采纳。又以五官中郎将代理长乐卫尉事务。二年，拜陈留太守。马严就要去赴任，于是对章帝说：“过去显亲侯窦固欺骗先帝出兵西域，设置伊吾卢军屯，耗费很多而没有什么益处。又窦勋被处死，他的家属不适合留在京师。”当时窦勋的女儿为皇后，窦后正受宠爱，马严进言时有人在旁边听到了他的话，转告给窦宪兄弟，从此马严失去了权贵的欢心。马严到任后，严明赏罚，揭发奸邪，以至郡内清明。当时京师中误传有贼兵从东方开来，百姓奔逃，互相惊扰，附近各郡惊慌失措，各自上报情况。马严认为这是谣传，只有他不设防备，诏书讯问，驿使一个接一个奔走在通往陈留的路上，马严坚持认为没有贼兵，后来事实正如马严所估计的那样。治郡四年，因与宗正刘轶、少府丁鸿等人互相托办私事，改任太中大夫；十几天后，任将作大匠。七年，又因事被免职。以后因被窦氏所忌恨，就不再做官。等到章帝去世，窦太后临朝听政，马严于是隐居自保，训导子孙。永元十年，死在家中，时年八十二岁。

弟弟马敦，官至虎贲中郎将。马严有七个儿子，只有马续、马融有名。马续字季则，七岁能读懂《论语》，十三岁懂《尚书》，十六岁研究《诗经》，博览群书，精于《九章算术》。顺帝时，为护羌校尉，升度辽将军，所任职的地方以有威有恩著称。马融单独有传。

[原文]

棱字伯威，援之族孙也。少孤，依从兄毅共居业，恩犹同产。毅卒无子，棱心丧三年。

群盗屏除

马棱任河内太守时，朝歌盗匪猖獗。马棱乃放手让朝歌令虞诩除盗，虞诩运用计谋，终彻底瓦解贼众。

建初中，仕郡功曹，举孝廉。及马氏废，肃宗以棱行义，征拜谒者。章和元年，迁广陵太守。时谷贵民饥，奏罢盐官，以利百姓，赈贫羸（léi），薄赋税，兴复陂湖，溉田二万余顷，吏民刻石颂之。永元二年，转汉阳太守，有威严称。大将军窦宪西屯武威，棱多奉军费，侵赋百姓，宪诛，坐抵罪。后数年，江湖多剧贼，以棱为丹阳太守。棱发兵掩击，皆禽灭之。转会稽太守，治亦有声。转河内太守。永初中，坐事抵罪，卒于家。

[译文]

马棱字伯威，是马援的族孙。小时候便失去父亲，依靠从兄马毅共同生活，马毅待他就像同母所生的兄弟一样。马毅死后没有儿子，马棱心中深切悼念了三年。

建初年间，马棱出任郡功曹，被荐举为孝廉。等到马氏被废黜以后，肃宗以马棱有操行道义，征拜为谒者。章和元年，升任广陵太守。当时粮价昂贵，人民饥饿，马棱奏请撤销盐官，以利于百姓，赈济贫弱的百姓，减轻赋税，兴修池塘湖泊，灌溉土地两万多顷，当地吏民刻石立碑歌颂他。永元二年，转任汉阳太守，以有威严著称。大将军窦宪西进驻扎在武威，马棱多献军费，对百姓超额征税，窦宪被处死后，受牵连被判罪。几年后，江湖上出现多股强悍的贼兵，任马棱为丹阳太守。马棱发兵偷袭，把盗贼都捉拿或消灭了。转任会稽太守，治理也有声望。转任河内太守。永初年间，因事获罪，死在家中。

[原文]

赞曰：伏波好功，爰自冀、陇。南静骆越，西屠烧种。徂年已流，壮情方勇。明德既升，家祚(zuò)以兴。廖乏三趣，防遂骄陵。

[译文]

赞辞说：伏波喜好立功，始自冀县、陇西。南方平定骆越，西方屠戮烧种。岁月已经流逝，壮志依旧勇武。明德马后既立，家道由此振兴。马廖困于谦恭，马防困于骄纵。

班梁列传

说 明

此卷对东汉两位名将班超和梁慬的事迹作了记述。班超，从小不喜好文墨，尝投笔叹曰："（大丈夫）犹当效傅介子、张骞立功西域，以取封侯，安能久事笔砚间乎？"他以非凡的政治和军事才能，在西域度过了三十一年，不仅维护了国家的统一，而且加强了与西域各族的联系，为我国多民族国家的形成、巩固和发展，作出了卓越贡献。梁慬，少好学，有胸襟，早年为车骑将军邓鸿军司马，延平元年（106年）拜为西域副校尉。当逢西域各国反叛不断，梁慬一直苦战于边界，为维护国家的稳定作出了巨大贡献。

[原文]

班超字仲升，扶风平陵人，徐令彪之少子也。为人有大志，不修细节。然内孝谨，居家常执勤苦，不耻劳辱。有口辩，而涉猎书传。永平五年，兄固被召诣校书郎，超与母随至洛阳。家贫，常为官佣书以供养。久劳苦，尝辍业投笔叹曰："大丈夫无它志略，犹当效傅介子、张骞立功异域，以取封侯，安能久事笔研间乎？"左右皆笑之。超曰："小子安知壮士志哉！"其后行诣相者，曰："祭酒，布衣诸生耳，而当封侯万里之外。"超问其状。相者指曰："生燕颔(hàn)虎颈，飞而食肉，此万里侯相也。"久之，显宗问固："卿弟安在？"固对："为官写书，受直以养老母。"帝乃除超为兰台令史。后坐事免官。

[译文]

班超字仲升，扶风郡平陵县人，徐县县令班彪的小儿子。志向远大，不拘小节。然而内心却孝友恭谨，在家常从事繁重的劳动，不以劳苦为耻辱。能言善辩，并涉猎经传。永平五年，哥哥班固被召任校书郎，班超同母亲跟随班固来到洛阳。因家

投笔封侯

班超（32年－102年），东汉名将、政治活动家。父班彪、兄班固均为史官。少时博览群书，30岁迁居洛阳，以缮写谋生。后投笔从戎，立志效法张骞，建功西域。

中贫困，班超常常替官府抄写文书来挣钱养家。抄得时间久了，曾中止抄写放下笔叹息说："大丈夫没有其他志向，仍然应当仿效傅介子、张骞到异域建立功勋，以争取封侯，怎能长久从事笔砚差事呢？"左右的人都取笑他。班超说："小子怎能知道壮士的志向呢！"后来在路上碰到一个看相的人，看相的人说："尊驾，你是个布衣儒生，然而会封侯于万里之外。"班超询问其中的原因，看相的人指着他说："你长着燕子般的下巴和老虎般的脖颈，象征要飞而食肉，这是万里封侯的面相。"过了很久，显宗问班固："你的弟弟在哪儿？"班固回答："替官府抄写文书，得些钱奉养老母。"明帝于是任命班超为兰台令史。后来因事被免官。

［原文］

十六年，奉车都尉窦固出击匈奴，以超为假司马，将兵别击伊吾，战于蒲类海，多斩首虏而还。固以为能，遣与从事郭恂（xún）俱使西域。

超到鄯善，鄯善王广奉超礼敬甚备，后忽更疏懈。超谓其官属曰："宁觉广礼意薄乎？此必有北虏使来，狐疑未知所从故也。明者睹未萌，况已著邪。"乃召侍胡诈之曰："匈奴使来数日，今安在乎？"侍胡惶恐，具服其状。超乃闭侍胡，悉会其吏士三十六人，与共饮，酒酣，因激怒之曰："卿曹与我俱在绝域，欲立大功，以求富贵。今虏使到裁数日，而王广礼敬即废；如令鄯善收吾属送匈奴，骸骨长为豺狼食矣。为之奈何？"官属皆曰："今在危亡之地，死生从司马。"超曰："不入虎穴，不得虎子。当今之计，独有因夜以火攻虏，

使彼不知我多少，必大震怖，可殄尽也。灭此虏，则鄯善破胆，功成事立矣。”众曰：“当与从事议之。”超怒曰：“吉凶决于今日。从事文俗吏，闻此必恐而谋泄，死无所名，非壮士也！”众曰：“善。”初夜，遂将吏士往奔虏营。会天大风，超令十人持鼓藏虏舍后，约曰：“见火然，皆当鸣鼓大呼。”余人悉持兵弩夹门而伏。超乃顺风纵火，前后鼓噪。虏众惊乱，超手格杀三人，吏兵斩其使及从士三十余级，余众百许人悉烧死。明日乃还告郭恂，恂大惊，既而色动。超知其意，举手曰：“掾虽不行，班超何心独擅之乎？”恂乃悦。超于是召鄯善王广，以虏使首示之，一国震怖。超晓告抚慰，遂纳子为质。还奏于窦固，固大喜，具上超功效，并求更选使使西域，帝壮超节，诏固曰：“吏如班超，何故不遣而更选乎？今以超为军司马，令遂前功。”超复受使，固欲益其兵，超曰：“愿将本所从三十余人足矣。如有不虞，多益为累。”

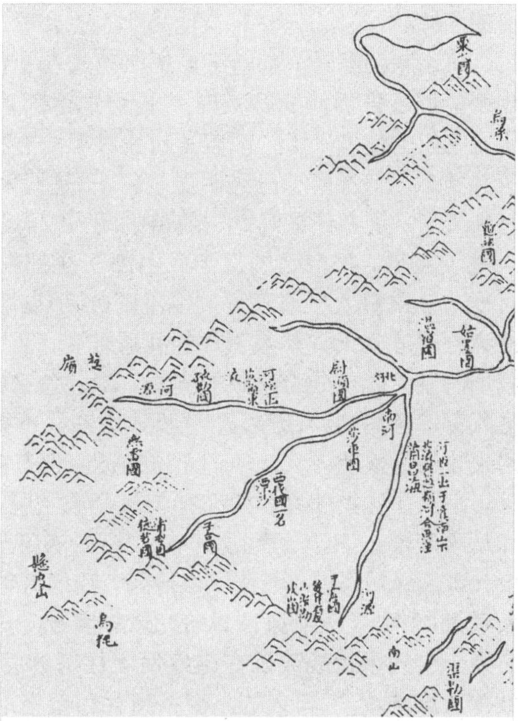

后汉西域图

东汉时期，班超两次出使西域，凭借智勇，已先后使鄯善、于阗、疏勒三个王国恢复了与汉朝的友好关系。

［译文］

十六年，奉车都尉窦固出击匈奴，以班超为假司马，率军另外取道攻击伊吾，交战于蒲类海，斩获很多敌军首级而回。窦固认为他有才干，派他与从事郭恂一起出使西域。

班超来到鄯善，鄯善王广招待班超在礼仪上十分周到，后来忽然变得疏远懈怠起来。班超告诉他的属下说："是否觉得鄯善王广的招待已变得淡薄了？这必定是北方匈奴的使者来了，鄯善王对投靠哪一方犹豫不决的缘故。明智的人发现问题于萌芽状态，何况事态已经明显了。"于是召来随侍的胡人诈他说："匈奴的使者来了好几天了，现在还在吗？"随侍的胡人惶恐起来，说了实话。班超于是把随侍的胡人关了起来，把自己的三十六名部下全都召集来，同他们一起喝酒，喝到酣畅的时候，他乘机激怒部下说："你们同我都在绝域，想立大功，以求富贵。现在匈奴使者到了才几天，鄯善王广的礼遇就变了；如果让鄯善人把我们抓起来送给匈奴，我们的躯体就要成为豺狼的食物。对此怎么办？"部下都说："今天处在危急境地，生死都追随司马。"班超说："不入虎穴，不得虎子。从现在情况看，只有凭借夜色用火攻击匈奴使者，让他们无法知道我们有多少人，必然大为恐惧，可以全部被消灭。消灭了这批使者，那么鄯善被吓破了胆，功业就可以建立了。"大家说："应当和从事商量一下。"班超厉声说："吉凶决定于今天。从事是个普通的文官，听说这个计谋后必然恐惧，而使计谋泄露，我们将毫无所成地死去，这不是壮士的所为！"大家说："对。"天刚刚黑，班超就领着部下奔向匈奴的营地。恰逢刮起大风，班超命令十个人手持战鼓躲在匈奴使者住房的后面，约定说："看见火烧起来，都要击鼓并大声呐喊。"其余的人都手持兵刃弩箭从两面封锁住大门而埋伏下来。班超于是顺着风势放了火，前后埋伏的人击鼓呐喊。匈奴人受惊乱窜，班超亲手杀死三人，部下斩下匈奴使者及其随从士兵三十余人的首级，其余的一百多人都被烧死。第二天回来告诉了郭恂，郭恂大惊，接着脸色有所变化。班超知道他的意思，举手说："从事虽然没有前往，班超哪里有心独自据有这个功劳呢？"郭恂这才高兴起来。班超于是召见鄯善王广，拿匈奴使者的首级给他看，鄯善举国为之震惊。班超开导抚慰鄯善王，于是鄯善王送儿子到汉朝做人质。班超回来向窦固报告，窦固大喜，详细上报了班超的功劳，并请求重新选拔使者出使西域。明帝欣赏班超的气节，下诏给窦固说："有像班超那样的官吏，为什么不派他去而要求另选呢？现在以班超为军司马，命令他继续完成以前未完成的功业。"班超再次受命出使西域，窦固想给他增派士兵，班超说："愿率领原来跟随我的三十多人就足够了，如果有什么不测的话，多增加士兵反而受连累。"

[原文]

是时，于窴王广德新攻破莎车，遂雄张南道，而匈奴遣使监护其国。超既西，先至于窴。广德礼意甚疏。且其俗信巫。巫言："神怒何故欲向汉？汉使有騧马，急求取以祠我。"广德乃遣使就超请马。超密知其状，报许之，而令巫自来取马。有顷，巫至，超即斩其首以送广德，因辞让之。广德素

闻超在鄯善诛灭虏使，大惶恐，即攻杀匈奴使者而降超。超重赐其王以下，因镇抚焉。

时，龟兹王建为匈奴所立，倚恃虏威，据有北道，攻破疏勒，杀其王，而立龟兹人兜题为疏勒王。明年春，超从间道至疏勒。去兜题所居槃橐城九十里，逆遣吏田虑先往降之。敕虑曰：“兜题本非疏勒种，国人必不用命。若不即降，便可执之。”虑既到，兜题见虑轻弱，殊无降意。虑因其无备，遂前劫缚兜题。左右出其不意，皆惊惧奔走。虑驰报超，超即赴之，悉召疏勒将吏，说以龟兹无道之状，因立其故王兄子忠为王，国人大悦。忠及官属皆请杀兜题，超不听，欲示以威信，释而遣之。疏勒由是与龟兹结怨。

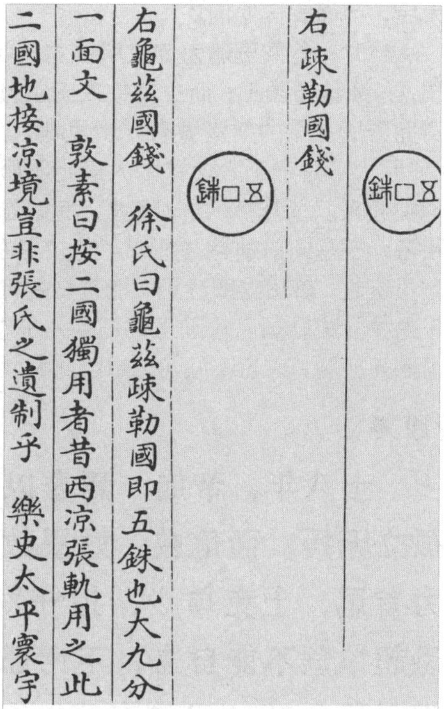

龟兹国钱、疏勒国钱

龟兹（今新疆库车县城东郊）、疏勒（今喀什）为西域古国。73年，龟兹王建为匈奴所立，据有北道，攻破疏勒，杀疏勒王，立龟兹人兜题为疏勒王。74年，班超抵疏勒，智擒效忠北匈奴的国王，另立新王，使之归附汉朝。后固守疏勒五年，平息疏勒叛乱。

[译文]

那时于窴王广德刚刚攻破莎车国，于是称雄于天山南路，而匈奴派遣使者监护他的国家。班超已向西进发，先到于窴。广德接待的礼意十分冷淡。而且该国风俗迷信巫师，巫师说：“神发怒说，你为什么要投靠汉朝？汉朝的使者有一匹䯄马，快快求取此马来祭祀我。”广德于是派使者向班超商议要马。班超私下得知了这个消息，回答同意让马，但要叫巫师亲自前来取马。过了一会儿，巫师来到，班超立即斩下他的首级送给广德，并因而责备广德。广德曾经听说过班超在鄯善时消灭了匈奴的使者，十分恐慌，立即杀死匈奴的使者而向班超投降。班超重赏于阗王及其大臣，因而安抚他们。

当时，龟兹王建为匈奴所扶立，他倚仗匈奴的势力，占据天山北路，攻破疏勒国，杀死该国国王，而立龟兹人兜题为疏勒王。第二年春天，班超从小道来到疏勒。离兜题所盘踞的槃橐城有九十里地，预先派官员田虑先去劝降。班超指示田虑说："兜题本不是疏勒人，该国人必定不服从他的命令。如果他不马上投降，便可以把他捉起来。"田虑来到槃橐城，兜题看田虑位轻势弱，毫无投降的意思。田虑乘其不备，于是向前劫持并捆绑了他。左右的人因事出意外，全都惊恐地逃跑了。田虑飞报班超，班超立即赶到，把疏勒的将领和官吏全部招来，宣告龟兹王无道的罪状，于是扶立疏勒国已故国王哥哥的儿子忠为国王，疏勒国人大为高兴。忠和官属都请求杀死兜题，班超不同意，想以此树立威信，放走了兜题。疏勒从此同龟兹结了怨。

[原文]

十八年，帝崩。焉耆以中国大丧，遂攻没都护陈睦。超孤立无援，而龟兹、姑墨数发兵攻疏勒。超守盘橐城，与忠为首尾，士吏单少，拒守岁余。肃宗初即位，以陈睦新没，恐超单危不能自立，下诏征超。超发还，疏勒举国忧恐。其都尉黎弇曰："汉使弃我，我必复为龟兹所灭耳。诚不忍见汉使去。"因以刀自刭。超还至于窴，王侯以下皆号泣曰："依汉使如父母，诚不可去。"互抱超马脚，不得行。超恐于窴终不听其东，又欲遂本志，乃更还疏勒。疏勒两城自超去后，复降龟兹，而与尉头连兵。超捕斩反者，击破尉头，杀六百余人，疏勒复安。

[译文]

十八年，明帝去世。耆者以中国有国丧，于是攻杀了西域都护陈睦。班超孤立无援，而龟兹、姑墨数次发兵进攻疏勒。班超守卫盘橐城，与忠首尾相应，将士稀少，拒守一年有余。肃宗刚刚即位，因陈睦新近战死，怕班超人单势危不能自保，下诏召班超回国。班超出发回国，疏勒举国忧虑恐惧。该国都尉黎弇说："汉朝的使者抛弃了我们，我们又必将被龟兹灭国。实在不忍看见汉朝的使者离去。"因而用刀自杀。班超回到于窴，王侯以下都号啕大哭说："我们依靠汉朝使者如同父母，实在不可以离我们而去。"互相抱住班超坐骑的腿，使班超无法前行。班超怕于窴最终不会让他东进，又想实现自己的志向，于是重又回到疏勒。疏勒两城从班超走后，又投降了龟兹，而与尉头国连兵。班超捉拿并斩杀了造反者，打败了尉头国，杀了六百多人，疏勒再度安定了下来。

[原文]

建初三年，超率疏勒、康居、于窴、拘弥兵一万人攻姑墨石城，破之，斩首七百级。超欲因此叵平诸国，乃上疏请兵。曰:“臣窃见先帝欲开西域，故北击匈奴，西使外国，鄯善、于窴即时向化。今拘弥、莎车、疏勒、月氏、乌孙、康居复愿归附，欲共并力破灭龟兹，平通汉道。若得龟兹，则西域未服者百分之一耳。臣伏自惟念，卒伍小吏，实愿从谷吉效命绝域，庶几张骞弃身旷野。昔魏绛列国大夫，尚能和辑诸戎，况臣奉大汉之威，而无铅刀一割之用乎？前世议者皆曰取三十六国，号为断匈奴右臂。今西域诸国，自日之所入，莫不向化，大小欣欣，贡奉不绝，唯焉耆、龟兹独未服从。臣前与官属三十六人奉使绝域，备遭艰厄。自孤守疏勒，于今五载，胡夷情数，臣颇识之。问其城郭大小，皆言‘倚汉与依天等’。以是效之，则葱领可通，葱领通则龟兹可伐。今宜拜龟兹侍子白霸为其国王，以步骑数百送之，与诸国连兵，岁月之间，龟兹可禽。以夷狄攻夷狄，计之善者也。臣见莎车、疏勒田地肥广，草牧饶衍，不比敦煌、鄯善间也，兵可不费中国而粮食自足。且姑墨、温宿二王，特为龟兹所置，既非其种，更相厌苦，其势必有降反。若二国来降，则龟兹自破。愿下臣章，参考行事。诚有万分，死复何恨。臣超区区，特蒙神灵，窃冀未便僵仆，目见西域平定，陛下举万年之觞，荐勋祖庙，布大喜于天下。”书奏，帝知其功可成，议欲给兵。平陵人徐幹素与超同志，上疏愿奋身佐超。五年，遂以幹为假司马，将弛刑及义从千人就超。

[译文]

建初三年，班超率领疏勒、康居、于窴、拘弥等国军队一万多人攻打姑墨国的

葱岭阴

葱岭阴，古代对今帕米尔高原及昆仑山、喀喇昆仑山西部诸山的统称。是自汉武帝以来开辟的丝绸之路之必经之地，是古代东方和西方陆路交通的要道，属西域都护统辖。

石城，攻破了它，斩首七百人。班超想乘胜平定各国，于是上疏请求增派军队。说："臣窃见先帝想开通西域，因而北面攻击匈奴，西面出使各国，鄯善、于窴立即归服。现在拘弥、莎车、疏勒、月氏、乌孙、康居又愿意归附，想一齐合力平灭龟兹，打开通往汉朝的道路。如果得到龟兹，那么西域不顺服的国家只有百分之一了。臣伏地自思，我出身于卒伍小吏，实愿像谷吉那样捐躯于绝地，或者像张骞那样弃身于旷野。过去魏绛一个小国大夫，尚且能够与戎人结好，何况臣凭借大汉的声威，而连铅刀一割的用处都没有吗？前朝评议的人都把夺取西域三十六国，称为断了匈奴的右臂。当今西域各国，从日落之处起，没有不归化的，大小国家欢欣鼓舞，贡献不断，唯有焉耆、龟兹还未服从。臣以前同手下三十六人出使绝域，备遭艰难困苦。自从孤守疏勒，至今已有五年，胡人的心理，臣很能领会。问西域城邦大小，都说'依靠汉朝与依靠上天一样'。以此看来，那么葱岭之道可以开通；葱岭之道开通了，那么龟兹就可以征伐。现在应该拜龟兹侍子白霸为该国国王，以步兵、骑兵数百人送他前往，与各国连兵，一年之内，龟兹就可以擒服。以夷狄攻夷狄，是上等的计策。臣见莎车、疏勒的土地肥沃广阔，牧草丰盛，不比敦煌、鄯善差，出征的士兵可以不费中国的粮草而能自给自足。况且姑墨、温宿两国国王，是被龟兹所立，既非这两国的人，更被这两国的人民所厌恶，势必会有反叛归降的事件发生。如果两国来降，那么龟兹不攻自破。愿下发臣的章奏，让群臣参考定计。如果可行，死又何恨。臣班超区区一身，特蒙神灵保佑，暗中希望不要让我现在死去，让我能亲眼见到西域的平定，陛下举起祝贺的酒杯，告大功于祖庙，宣布大喜于天下。"此书奏上，章帝知道这件事可以成功，于是商议准备发兵。平陵人徐幹一向与班超志向相同，上书愿意奋身辅佐班超。五年，于是以徐幹为假司马，率领弛刑徒和志愿者共一千人往从班超。

[原文]

先是，莎车以为汉兵不出，遂降于龟兹，而疏勒都尉番辰亦复反叛。会徐幹适至，超遂与幹击番辰，大破之，斩首

千余级，多获生口。超既破番辰，欲进攻龟兹。以乌孙兵强，宜因其力，乃上言："乌孙大国，控弦十万，故武帝妻以公主，至孝宣皇帝，卒得其用。今可遣使招慰，与共合力。"帝纳之。八年，拜超为将兵长史，假鼓吹幢麾（huī）。以徐幹为军司马，别遣卫候李邑护送乌孙使者，赐大小昆弥以下锦帛。

李邑始到于窴，而值龟兹攻疏勒，恐惧不敢前，因上书陈西域之功不可成，又盛毁超拥爱妻，抱爱子，安乐外国，无内顾心。超闻之，叹曰："身非曾参而有三至之谗，恐见疑于当时矣。"遂去其妻。帝知超忠，乃切责邑曰："纵超拥爱妻，抱爱子，思归之士千余人，何能尽与超同心乎？"令邑诣超受节度。诏超："若邑任在外者，便留与从事。"超即遣邑将乌孙侍子还京师。徐幹谓超曰："邑前亲毁君，欲败西域，今何不缘诏书留之，更遣它吏送侍子乎？"超曰："是何言之陋也！以邑毁超，故今遣之。内省不疚，何恤人言！快意留之，非忠臣也。"

明年，复遣假司马和恭等四人将兵八百诣超，超因发疏勒、于窴兵击莎车。莎车阴通使疏勒王忠，啖以重利，忠遂反从之，西保乌即城。超乃更立其府丞成大为疏勒王，悉发其不反者以攻忠。积半岁，而康居遣精兵救之，超不能下。是时，月氏新与康居婚，相亲，超乃使使多赍（jī）锦帛遗月氏王，令晓示康居王，康居王乃罢兵，执忠以归其国，乌即城遂降于超。

[译文]

此前，莎车以为汉军不会出兵，于是投降了龟兹，而疏勒国都尉番辰也跟着叛变。恰巧徐幹赶到，班超就和徐幹进攻番辰，大败番辰，斩首一千多人，捉拿了许多俘虏。班超既已击败番辰，想进攻龟兹。以为乌孙的兵力强大，应借助他们的力量，于是上书说："乌孙大国，使用弓箭的武士有十万人，所以武帝把公主嫁给乌孙王为妻，到孝宣皇帝的时候，终于得到乌孙的帮助。今天可以派遣使者去招抚他

冯嫽

汉朝宣帝时，乌孙国已归属汉朝的西域都护府管辖。公元前101年，解忧公主的侍者冯嫽随公主远嫁到了乌孙国，后嫁给了乌孙右大将。她“尝持汉节为公主使”，走访附近国家，当地人尊称她“冯夫人”。为巩固乌孙王权，她还先后两次往返长安与乌孙国之间。她是我国历史上第一位杰出的女外交家。

们，与他们合力对付龟兹。”章帝接受了这个建议。八年，拜班超为将兵长史，给予大将军的乐队、旗帜和仪仗。以徐干为军司马，另派卫候李邑护送乌孙的使者，赐给大小昆弥以下官员锦帛。

李邑刚到于寘，正碰上龟兹进攻疏勒，李邑恐惧，不敢前行，于是上书陈述西域之事难以成功，又大肆诋毁班超拥爱妻，抱爱子，享乐于外国，没有内顾中国之心。班超听说后，叹息道：“身非曾参却遭到接二连三的谗言，恐怕要受到当朝的怀疑了。”于是送走了他的妻子。章帝知道班超忠贞，于是痛斥李邑说：“即使班超拥爱妻，抱爱子，向往回国的士兵有一千多人，怎么都能和班超同心呢？”命令李邑到班超那里接受班超的指挥。诏命班超说：“如果李邑在你那里有可以委派的任务，可以留下来任职。”班超立即派李邑领着乌孙侍子回京师。徐干对班超说：“李邑以前亲口诋毁您，想破坏夺取西域的大计，今天为何不根据诏书留下他，另派其他的官吏送侍子呢？”班超说：“为何话说得这么没有见识！正因为李邑诋毁过我，所以今天才放他回去。自己问心无愧，何必怕别人说什么！图一时的痛快而留下他，不是忠臣。”

第二年，又派假司马和恭等四人率兵八百人来到班超那里，班超因而调发疏勒、于寘的军队进攻莎车。莎车暗地派使者到疏勒王忠那里，以重利相引诱，忠于是叛变顺从莎车，向西据守乌即城。班超就改立疏勒王的府丞成大为疏勒王，调动全部没有反叛的人去进攻忠。持续有半年，而康居派精兵援救忠，班超不能取胜。当时月氏刚与康居结亲，互相亲善，班超于是派使者多带锦帛送给月氏王，让他劝说康居王，康居王于是罢兵，逮捕了疏勒王忠，并把他带回疏勒，乌即城就向班超投降了。

[原文]

后三年，忠说康居王借兵，还据损中，密与龟兹谋，遣使诈降于超。超内知其奸而外伪许之。忠大喜，即从轻骑诣

超。超密勒兵待之，为供张设乐，酒行，乃叱吏缚忠斩之。因击破其众，杀七百余人，南道于是遂通。

明年，超发于窴诸国兵二万五千人，复击莎车。而龟兹王遣左将军发温宿、姑墨、尉头合五万人救之。超召将校及于窴王议曰：“今兵少不敌，其计莫若各散去。于窴从是而东，长史亦于此西归，可须夜鼓声而发。”阴缓所得生口。龟兹王闻之大喜，自以万骑于西界遮超，温宿王将八千骑于东界徼(jiào)于窴。超知二虏已出，密召诸部勒兵，鸡鸣驰赴莎车营，胡大惊乱奔走，追斩五千余级，大获其马畜财物。莎车遂将，龟兹等因各退散，自是威震西域。

初，月氏尝助汉击车师有功，是岁贡奉珍宝、符拔、师子，因求汉公主。超拒还其使，由是怨恨。永元二年，月氏遣其副王谢将兵七万攻超。超众少，皆大恐。超譬军士曰：“月氏兵虽多，然数千里逾葱领来，非有运输，何足忧邪？但当收谷坚守，彼饥穷自降，不过数十日决矣。”谢遂前攻超，不下，又钞掠无所得。超度其粮将尽，必从龟兹求救，乃遣兵数百于东界要之。谢果遣骑赍金银珠玉以赂龟兹。超伏兵遮击，尽杀之，持其使首以示谢。谢大惊，即遣使请罪，愿得生归。超纵遣之。月氏由是大震，岁奉贡献。

明年，龟兹、姑墨、温宿皆降，乃以超为都护，徐幹为长史。拜白霸为龟兹王，遣司马姚光送之。超与光共胁龟兹废其王尤利多而立白霸，使光将尤利多还诣京师。超居龟兹它乾城，徐幹屯疏勒。西域唯焉耆、危须、尉犁以前没都护，怀二心，其余悉定。

［译文］

过了三年，忠说动康居王，向他借了兵，回来占据损中城，秘密与龟兹谋划，派使者向班超诈降。班超内心明白他的奸计而外表装作接纳的样子。忠大喜，立即率领少数骑兵来见班超。班超暗地部署伏兵以等待他，为他设宴奏乐。喝了一会儿酒，便大声命令手下把忠绑起来杀掉。就此击败了他的队伍，杀死七百多人，天山南路于是就通畅起来。

第二年，班超调发于寘诸国的军队二万五千人，再次进攻莎车。而龟兹王派左将军调动温宿、姑墨、尉头等国合计五万人援救莎车。班超召集将校和于寘王商议说："当今兵少难以匹敌，对付的办法不如各自散去。于寘的军队从这里向东，长史也从这里西归，等到晚上鼓声一响就出发。"有意放跑捉获的俘虏。龟兹王听到班超要撤兵的消息，大喜，自率一万骑兵在西部地区截击班超，让温宿王率八千骑兵在东部地区伏击于寘军队。班超知道两支敌军已经出发，秘密召集各部整装，鸡鸣时奔赴莎车国营地，胡人大惊，慌乱奔逃，追斩五千余人，缴获莎车的大量马匹、牲畜和财物。莎车于是投降，龟兹等国的军队因而各自退走，从此班超威震西域。

起初，月氏曾帮助汉军攻击车师有功，这一年向汉朝贡献珍宝、符拔和狮子，并想求娶汉朝公主。班超挡回月氏使者的请求，因此引起月氏人的怨恨。永元二年，月氏派遣副王谢率军七万攻打班超。班超的士兵较少，都很恐惧。班超开导士兵说："月氏兵虽然多，然而跋涉千里，翻越葱岭而来，并没有粮草接济，何必忧虑呢？只要收起粮食坚守，他们饿急了自然会投降，不过几十天就可以决出胜负了。"谢于是前来进攻班超，攻不下，四处抢掠又没有什么收获。班超估计他们的粮食快用完了，必定向龟兹求救，于是派遣数百士兵在东部边界截击他们。谢果然派骑兵携带金银珠玉以贿赂龟兹。班超的伏兵拦击，把他们全部杀死，手持他们使者的首级给谢看。谢大惊，立即派使者来谢罪，希望能让他们活着回去。班超放回了他们，月氏从此大受震动，年年前来朝贡。

第二年，龟兹、姑墨、温宿全都投降，于是以班超为都护，徐幹为长史。拜白霸为龟兹王，派遣司马姚光护送他。班超与姚光一齐胁迫龟兹废去国王尤利多而拥立白霸，派姚光带尤利多返回京师。班超居住在龟兹的它幹城，徐幹屯守疏勒。西域唯有焉耆、危须、尉犁因为从前曾杀死过都护，怀有二心，西域其余的国家全部平定。

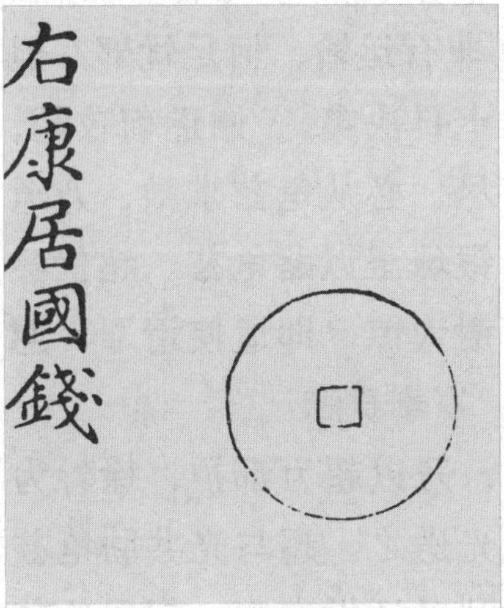

康居国钱

康居，古西域国名。东界乌孙，西达奄蔡，南接大月氏，东南临大宛，约在今巴尔喀什湖和咸海之间，王都卑阗城。公元前后，康居强盛，曾威胁其南邻大月氏。1世纪中叶，贵霜统一大月氏，国势转盛，康居则渐趋衰败。

[原文]

六年秋，超遂发龟兹、鄯善等八国兵合七万人，及吏士贾客

千四百人讨焉耆。兵到尉犁界，而遣晓说焉耆、尉犁、危须曰：“都护来者，欲镇抚三国。即欲改过向善，宜遣大人来迎，当赏赐王侯已下，事毕即还。今赐王彩五百匹。”焉耆王广遣其左将北鞬支奉牛酒迎超。超诘鞬支曰：“汝虽匈奴侍子，而今秉国之权。都护自来，王不以时迎，皆汝罪也。”或谓超可便杀之。超曰：“非汝所及。此人权重于王，今未入其国而杀之，遂令自疑，设备守险，岂得到其城下哉！”于是赐而遣之。广乃与大人迎超于尉犁，奉献珍物。

焉耆国有苇桥之险，广乃绝桥，不欲令汉军入国。超更从它道厉度。七月晦，到焉耆，去城二十里，营大泽中。广出不意，大恐，乃欲悉驱其人共入山保。焉耆左侯元孟先尝质京师，密遣使以事告超，超即斩之，示不信用。乃期大会诸国王，因扬声当重加赏赐，于是焉耆王广，尉犁王汎及北鞬支等三十人相率诣超。其国相腹久等十七人惧诛，皆亡入海，而危须王亦不至。坐定，超怒诘广曰：“危须王何故不到？腹久等所缘逃亡？”遂叱吏士收广、汎等于陈睦故城斩之，传首京师。因纵兵钞掠，斩首五千余级，获生口万五千人，马畜牛羊三十余万头，更立元孟为焉耆王。超留焉耆半岁，尉抚之。于是西域五十余国悉皆纳质内属焉。

明年，下诏曰：“往者匈奴独擅西域，寇盗河西，永平之末，城门昼闭。先帝深愍(mǐn)边萌婴罗寇害，乃命将帅击右地，破白山，临蒲类，取车师，城郭诸国震慑响应，遂开西域，置都护。而焉耆王舜、舜子忠独谋悖逆，恃其险隘，覆没都护，并及吏士。先帝重元元之命，惮兵役之兴，故使军司马班超安集于窴以西。超遂逾葱领，迄县度，出入二十二年，莫不宾从。改立其王，而绥其人。不动中国，不烦戎士，得

穰苴斩监

田穰苴，世称“司马穰苴”，是继姜子牙之后一位承上启下的著名军事家，著有《司马法》。《司马法》是我国古代重要兵书之一，汉代对其评价很高。武帝时，“置尚武之官，以《司马兵法》选，位秩比博士”。司马迁称道《司马法》“闳廓深远，虽三代征伐，未能竟其义，如其文也”。

远夷之和，同异俗之心，而致天诛，蠲(juān)宿耻，以报将士之仇。《司马法》曰：‘赏不逾月，欲人速睹为善之利也。’其封超为定远侯，邑千户。”

[译文]

六年秋天，班超于是调发龟兹、鄯善等八国兵马合计七万人，以及部下和商人一千四百人征讨焉耆。军队来到尉犁国界，而派人劝导焉耆、尉犁、危须说：“都护前来，为的是镇抚三国。如想改过从善，应当派遣显贵出来迎接，都护自会赏赐王侯至以下，事毕就回师。现在赐给国王彩绸五百匹。”焉耆王广派他的左将北鞬支带着牛和酒迎接班超。班超质问北鞬支说：“你虽是匈奴的侍子，而今掌握国家的权力。都护亲自前来，国王不及时出迎，都是你的罪过。”有人向班超建议可以乘机杀掉他。班超说：“不是你所能懂得的。这个人权力比国王还大，现在还没有进入他的国家就杀掉他，会令他们怀疑，加强防备，扼守险要，我们怎么能顺利到达他们的城下呢！”于是给予赏赐而放他回去。广就和其他贵族在尉犁迎接班超，献上珍贵的礼物。

焉耆国有个险要的地方叫苇桥，广于是封锁该桥，不想让汉军进入焉耆国。班超改从其他道路越境。七月的最后一天，到达焉耆，离城二十里，扎营在大泽之中。广因出乎意料，大为恐惧，于是想把全城的人一齐赶到山中。焉耆左候元孟以前在京师做人质，密派使者把这件事告诉班超，班超立即将使者斩首，表示不相信。于是约定日子大会各国国王，还宣扬将重加赏赐，于是焉耆王广、尉犁王汎和北鞬支等三十人相跟着来见班超。焉耆国相腹久等十七人怕被杀，都逃亡海上，而危须王也未到。坐下后，班超怒责广说：“危须王为何不到？腹久等因何逃亡？”于是喝令部下捉拿广、汎等人到陈睦过去驻守的城址外杀掉，送首级到京师。于是放纵士兵抢掠，斩首五千余人，抓获俘虏一万五千人，马牛羊三十多万头，改立元孟为焉耆王。班超留在焉耆半年，安抚他们。于是西域五十余国全都送来人质表示归顺。

第二年，下诏说："过去匈奴独占西域，抢掠河西，永平末年，城门白天也要关闭。先帝深深怜悯边民遭遇敌寇侵害，于是命令将帅出击右地，攻破白山，兵临蒲类，夺取车师，城邦各国受到震慑，应命归附，于是开通西域，设置都护。而焉耆王舜、舜的儿子忠独谋叛逆，自恃该国有险要关隘，杀害都护，并加害都护属下。先帝重视百姓性命，怕再兴兵役，因而派军司马班超安抚于窴以西各国。班超于是翻越葱岭，到达县度，出入二十二年，各国无不宾服。改立各国国王，而安定各国人民。不动摇中国，不繁调兵士，获得远方各部的和平，统一异俗的人心，而行上天的诛伐，消除旧日的耻辱，以报死亡将士的仇恨。《司马法》说：'奖赏不能超过一个月，是让人们能尽快看到为善的好外。'封班超为定远侯，食邑一千户。"

[原文]

超自以久在绝域，年老思土。十二年，上疏曰："臣闻太公封齐，五世葬周，狐死首丘，代马依风。夫周齐同在中土千里之间，况于远处绝域，小臣能无依风首丘之思哉？蛮夷之俗，畏壮侮老。臣超犬马齿歼，常恐年衰，奄(yǎn)忽僵仆，孤魂弃捐。昔苏武留匈奴中尚十九年，今臣幸得奉节带金银护西域，如自以寿终屯部，诚无所恨，然恐后世或名臣为没西域。臣不敢望到酒泉郡，但愿生入玉门关。臣老病衰困，冒死瞽(gǔ)言，谨遣子勇随献物入塞。及臣生在，令勇目见中土。"而超妹同郡曹寿妻昭亦上书请超曰：

妾同产兄西域都护定远侯超，幸得以微功特蒙重赏，爵列通侯，位二千石。天恩殊绝，诚非小臣所当被

班昭

班昭（约49年－约120年），班固、班超之妹。曾助哥哥班固修《汉书》，其八《表》及《天文志》乃是班固死后班昭独立完成，这也是和帝准许班超回汉的原因之一。她还著有《女诫》七篇。

苏武牧羊

汉武帝时，苏武出使匈奴，被匈奴扣押，拒不投降，被放逐到北海牧羊，吞毡啮雪，历尽艰辛。历经19年后，才得以荣归。

蒙。超之始出，志捐躯命，冀立微功，以自陈效。会陈睦之变，道路隔绝，超以一身转侧绝域，晓譬诸国，因其兵众，每有攻战，辄为先登，身被金夷，不避死亡。赖蒙陛下神灵，且得延命沙漠，至今积三十年。骨肉生离，不复相识。所与相随时人士众，皆已物故。超年最长，今且七十。衰老被病，头发无黑，两手不仁，耳目不聪明，扶杖乃能行。虽欲竭尽其力，以报塞天恩，迫于岁暮，犬马齿索。蛮夷之性，悖逆侮老，而超旦暮入地，久不见代，恐开奸宄之源，生逆乱之心。而卿大夫咸怀一切，莫肯远虑。如有卒暴，超之气力不能从心，便为上损国家累世之功，下弃忠臣竭力之用，诚可痛也。故超万里归诚，自陈苦急，延颈逾望，三年于今，未蒙省录。

妾窃闻古者十五受兵，六十还之，亦有休息不任职也。缘陛下以至孝理天下，得万国之欢心，不遗小国之臣，况超得备侯伯之位，故敢触死为超求哀，丐超馀年。一得生还，复见阙庭，使国永无劳远之虑，西域无仓卒之忧，超得长蒙文王葬骨之恩，子方哀老之惠。《诗》云："民亦劳止，汔可小康，惠此中国，以绥四方。"超有书与妾生诀，恐不复相见。妾诚伤超以壮年竭忠孝于沙漠，疲老则便捐死于旷野，诚可

哀怜。如不蒙救护，超后有一旦之变，冀幸超家得蒙赵母、卫姬先请之贷。妾愚戆不知大义，触犯忌讳。

书奏，帝感其言，乃征超还。

［译文］

班超感到自己在西域住得太久了，年老而思念故土。十二年，上书说："臣听说太公封在齐国，五代死后都埋葬在周地，狐狸死了头必然向着出生的土丘，代郡的马不忘故乡而依恋北风。周、齐两地同在中原，不过千里之隔，何况我处在极边远的地区，小臣怎能没有依恋北风、头向故土的思念呢？蛮夷的风俗，畏惧壮年人，欺侮老年人。臣班超如犬马转老，牙齿稀疏，常常害怕因年事已高，一旦僵死，孤魂弃于他乡。从前苏武困留在匈奴当中有十九年，今天臣有幸奉节信、带印绶，督护西域，如果是以天寿终老驻地，实在无所遗恨，然而恐怕后世有人会说臣因失败死在了西域。臣不敢奢望回到酒泉郡，只愿活着进入玉门关。臣衰老多病，冒死妄言，谨派儿子班勇带着进贡物品入塞。乘臣还活着的时候，让班勇亲眼看见中原故土。"而班超的妹妹、同郡人曹寿的妻子班昭也上书为班超请求说：

妾同胞兄西域都护定远侯班超，有幸能以微功特别蒙受重赏，爵位列在通侯，官居二千石。天恩浩荡，实在不是小臣所应该蒙受的。班超开始出使，志在为国捐躯，希望建立微功，以图报效。恰遇陈睦败死的变故，道路隔绝，班超以一身辗转在绝域，开导各国，利用他们的兵马，每次攻战，就冲杀在前，身受刀箭之伤，不畏惧死亡。全靠陛下神灵保佑，才得以延长生命于沙漠之地，至今累计已有三十年。骨肉生离，相见不再相识。原来跟随他的部下，全都已经死去。班超年纪最大，今年已有七十。衰老多病，头发全白，两手不听使唤，耳不聪，眼不明，扶手杖才能行走。虽然想竭尽全力，以报答天恩，但困于年暮，如犬马牙齿落尽。蛮夷的习性，狂悖忤逆，欺侮老人，而班超旦夕间可能故去，长久不见有人代替，恐怕蛮夷会开奸宄之源，生逆乱之心。而卿大夫都心怀侥幸，没有一人愿作长远考虑。如果出现突发的暴乱，班超已是力不从心，那么对上损害国家累世建立的功业，对下抛弃忠臣全力取得的成果，实在令人痛惜。因而班超万里上书自述心中的甘苦和忧虑，伸着脖子遥望，到现在已有三年，未见审议。

妾私下听说古时候十五岁服役，六十岁免役，也有休息不再任职的。由于陛下以至孝治理天下，所以得到万国的欢心，不遗弃小国的臣下，何况班超已得到侯伯的爵位，故而敢于冒死替班超请求怜悯，请让班超得享余年。一旦得以生还，重见朝廷，使国家永无边地征伐的顾虑，西域也无叛乱的忧患，班超得以长久蒙受魏文侯葬骨般的恩宠，田子方哀怜老马般的仁惠。《诗经》说："百姓劳苦已极，盼望稍得安康，加惠国中之人，借以安抚四方。"班超有幸与妾活着诀别，恐怕不能再度相见。妾实在伤心班超在壮年时竭忠尽孝于沙漠之地，疲惫衰老之时便要捐躯于旷野之中，真让人哀怜。如得不到救护，班超以后有一天遭遇变故，希望班超一家能得到赵括之母和卫姬那种不受连坐的优待。妾愚直不懂大义，冒犯了忌讳。

书奏上，和帝被她的话感动，于是召班超回京。

［原文］

超在西域三十一岁。十四年八月至洛阳，拜为射声校尉。超素有胸胁疾，既至，病遂加。帝遣中黄门问疾，赐医药。其年九月卒，年七十一。朝廷愍惜焉，使者吊祭，赠赗甚厚。子雄嗣。

［译文］

班超在西域三十一年。十四年八月回到洛阳，拜为射声校尉。班超一向有胸胁部的疾病，回来后，病情加重。和帝派中黄门询问病情，赐给医药。这一年九月病死，年七十一岁。朝廷怜惜他，派使者前来吊唁，赠送葬具十分优厚。子班雄继承爵位。

［原文］

勇字宜僚，少有父风。永初元年，西域反叛，以勇为军司马。与兄雄俱出敦煌，迎都护及西域甲卒而还。因罢都护。后西域绝无汉吏十余年。

［译文］

班勇字宜僚，小时候就有父亲的风范。永初元年，西域反叛，任命班勇为军司马。与哥哥班雄一起从敦煌郡出发迎接都护和在西域的军卒回国。于是撤销都护官。此后西域没有汉朝官吏达十多年。

［原文］

梁慬字伯威，北地弋居人也。父讽，历州宰。永元元年，车骑将军窦宪出征匈奴，除讽为军司马，令先赍金帛使北单于，宣国威德，其归附者万余人。后坐失宪意，髡(kūn)输武威，武威太守承旨杀之。窦氏既灭，和帝知其为宪所诬，征慬，除为郎中。

［译文］

梁慬字伯威，北地郡弋居县人。父亲叫梁讽，曾任州宰。永元元年，车骑将军窦宪出征匈奴，任命梁讽为军司马，令他先带黄金、布帛出使北单于，以宣扬国家威德，因而匈奴归服的有一万多人。后来办事不合窦宪的心意，被处以髡刑发配到武威郡，武威太守秉承圣旨杀了他。窦氏被诛灭以后，和帝知道梁讽是被窦宪所诬陷，就征召梁慬，任命为郎中。

[原文]

慬有勇气，常慷慨好功名。初为车骑将军邓鸿司马，再迁，延平元年拜西域副校尉。慬行至河西，会西域诸国反叛，攻都护任尚于疏勒。尚上书求救，诏慬将河西四郡羌胡五千骑驰赴之，慬未至而尚已得解。会征尚还，以骑都尉段禧为都护，西域长史赵博为骑都尉。禧、博守它乾城。它乾城小，慬以为不可固，乃谲说龟兹王白霸，欲入共保其城，白霸许之。吏人固谏，白霸不听。慬既入，遣将急迎禧、博，合军八九千人。龟兹吏人并叛其王，而与温宿、姑墨数万兵反，共围城。慬等出战，大破之。连兵数月，胡众败走，乘胜追击，凡斩首万余级，获生口数千人，骆驼畜产数万头，龟兹乃定。而道路尚隔，檄(xí)书不通。岁余，朝廷忧之。公卿议者以为西域阻远，数有背叛，吏士屯田，其费无已。永初元年，遂罢都护，遣骑都尉王弘发关中兵迎慬、禧、博及伊吾卢、柳中屯田吏士。

二年春，还至敦煌。会众羌反叛，朝廷大发兵西击之，逆诏慬留为诸军援。慬至张掖日勒。羌诸种万余人攻亭候，杀略吏人。慬进兵击，大破之，乘胜追至昭武，虏遂散走，其能脱者十二三。乃至姑臧，羌大豪三百余人诣慬降，并慰譬遣还故地，河西四郡复安。

慬受诏当屯金城，闻羌转寇三辅，迫近园陵，即引兵赴击之，转战武功美阳关。慬临阵被创，不顾，连破走之，尽还得所掠生口，获马畜财物甚众，羌遂奔散。朝廷嘉之，数

骆驼

骆驼被称为“沙漠之舟”，不但有超强的耐力，而且能负重。有它相助，中国的丝绸、铁器等可以运到西域，西域的土特产、乐器也可以运回中国。所以“丝绸之路”上骆驼商队络绎不绝。

玺书劳勉，委以西方事，令为诸军节度。

[译文]

梁慬有勇气，胸襟开阔而好求取功名。起初任车骑将军邓鸿的司马，再升迁，延平元年拜为西域副校尉。梁慬来到河西，恰逢西域各国反叛，进攻都护任尚于疏勒。任尚上书求救，诏命梁慬率领河西四郡羌胡组成的五千骑兵赶奔疏勒，梁慬还未到达，而任尚已经得救。正遇征调任尚回京，以骑都尉段禧为都护，西域长史赵博为骑都尉。段禧、赵博守它乾城。它乾城很小，梁慬以为难以固守，于是哄骗龟兹王白霸，想进龟兹城和白霸共同守卫龟兹，白霸同意了。白霸的部下一再劝谏，白霸不听。梁慬进了城后，派将急速迎接段禧、赵博，合兵八九千人。龟兹的吏民一同背叛了他们的国王，而与温宿、姑墨的数万人马造了反，共同围攻龟兹城。梁慬等人出战，大败敌军。连战数月，胡人兵马败走，乘胜追击，共斩首一万余人，俘获战俘数千人，骆驼等牲畜数万头，龟兹国才安定下来。而回汉朝的道路仍被阻断，书信不通。过了一年多，朝廷忧虑这件事。公卿中有人以为西域既险阻又遥远，多次发生叛乱，将士屯田，花费无尽。永初元年，于是撤销都护，派骑都尉王弘调发关中军队迎接梁慬、段禧、赵博以及在伊吾卢、柳中的屯田将士。

二年春天，回到敦煌。恰逢众羌人反叛，朝廷调动大量军队向西进击，诏命梁慬留下做各军的后援。梁慬到达张掖郡日勒县。羌人各部族一万多人攻打汉军的哨所，杀抢吏民。梁慬进兵攻击，大败羌人，乘胜追到昭武，羌人于是逃散，能脱逃的只有十之二三。等梁军到了姑臧，羌人大首领三百多人向梁慬投降，梁慬一并安慰开导他们，让他们返回故地，河西四郡重又安定下来。

梁慬受诏应当驻扎金城郡，听说羌人转而入侵三辅，逼近西汉的园陵，于是立即引兵赶赴攻击羌人，转战于武功美阳关。梁慬临阵受伤，仍奋不顾身，连续击败和赶走了羌人，全部追回被羌人抢掠去的百姓，俘获很多的马匹等牲畜和财物，羌人于是逃散。朝廷嘉奖他，多次下玺书慰劳，委托以西方的军事，命他作诸军节度。

[原文]

三年冬，南单于与乌桓大人俱反。以大司农何熙行车骑

将军事，中郎将庞雄为副，将羽林五校营士，及发缘边十郡兵二万余人，又辽东太守耿夔(kuí)率将鲜卑种众共击之，诏慬行度辽将军事。庞雄与耿夔共击匈奴奥鞬日逐王，破之。单于乃自将围中郎将耿种于美稷，连战数月，攻之转急，种移檄求救。明年正月，慬将八千余人驰往赴之，至属国故城，与匈奴左将军、乌桓大人战，破斩其渠帅，杀三千余人，虏其妻子，获财物甚众。单于复自将七八千骑迎攻，围慬。慬被甲奔击，所向皆破，虏遂引还虎泽。三月，何熙军到五原曼柏，暴疾，不能进，遣庞雄与慬及耿种步骑万六千人攻虎泽。连营稍前，单于惶怖，遣左奥鞬日逐王诣慬乞降，慬乃大陈兵受之。单于脱帽徒跣，面缚稽颡，纳质。会熙卒于师，即拜慬度辽将军。庞雄还为大鸿胪。雄，巴郡人，有勇略，称为名将。

明年，安定、北地、上郡皆被羌寇，谷贵人流，不能自立。诏慬发边兵迎三郡太守，使将吏人徙扶风界。慬即遣南单于兄子优孤涂奴将兵迎之。既还，慬以涂奴接其家属有劳，辄授以羌侯印绶，坐专擅，征下狱，抵罪。明年，校书郎马融上书讼慬与护羌校尉庞参，有诏原刑。语在《庞参传》。

会叛羌寇三辅，关中盗贼起，拜慬谒者，将兵击之。至湖县，病卒。

［译文］

三年冬天，南单于和乌桓首领一同造反。任命大司农何熙兼管车骑将军事务，中郎将庞雄为副手，率羽林五校营士，并调动边地十郡的兵马二万多人，又命辽东太守耿夔率领鲜卑族人共同攻打他们，诏令梁慬兼管度辽将军事务。庞雄和耿夔一起进攻匈奴奥鞬日逐王，打败了他。单于于是亲自率军围攻中郎将耿种于美稷，连续战斗了好几个月，进攻愈加频繁，耿种发布檄文求救。第二年正月，梁慬率八千余人赶奔美稷，到了属国故城，与匈奴左将军、乌桓首领发生战斗，打败并斩杀了他们的渠帅，杀死了三千多人，俘获了敌军将士的妻子儿女，缴获很多财物。单于又亲自率领七八千骑兵迎面攻来，包围了梁慬。梁慬身披甲胄冲击敌军，所向披靡，敌军于是退回到虎泽。三月，何熙率军来到五原郡曼柏县，但得了急病，不能前进，派庞雄、梁慬以及耿种率步骑兵一万六千人进攻虎泽。连营向前推进，单于害怕起来，派左奥鞬日逐王向梁慬乞求投降，梁慬于是摆开盛大的军阵接受单于的投降。单于脱下帽子和鞋子，双臂反绑低着头，献上人质。恰巧何熙死在军中，立即拜梁慬为度辽将军。庞雄回京为大鸿胪。庞雄，巴郡人，有勇有谋，称为名将。

第二年，安定、北地、上郡全受到羌人的袭扰，粮价昂贵，百姓流离，不能自存。诏命梁慬调动边兵迎接三郡太守，让他们率领吏民迁移到扶风郡界内。梁慬立即派南单于哥哥的儿子优孤涂奴率兵前去迎接。回来以后，梁慬以涂奴接他的家属有功，就授给羌侯的印绶，因专权，被下狱，按罪处置。第二年，校书朗马融上书为梁慬和护羌校尉庞参鸣冤，有诏免去服刑。这件事记录在《庞参传》。

恰逢叛乱的羌人入侵三辅，关中盗贼群起，拜梁慬为谒者，率兵攻打。到达湖县，梁慬病死。

济世真才

李膺，曾任护乌桓校尉，出击鲜卑，身先士卒，所到之处，敌方无不望风惧服。后两次因“党锢之祸”免官禁锢，后终于被曹节奏捕考杀。

［原文］

何熙字孟孙，陈国人。少有大志。永元中，为谒者。身长八尺五寸，善为威容，赞拜殿中，音动左右。和帝伟之，擢为御史中丞，历司隶校尉、大司农。及在军临殁，遗言薄葬。三子：临、瑾、阜。临、瑾并有政能。阜俊才早没。临子衡，为尚书，以正直称，坐讼李膺（yīng）等下狱，免官，废于家。

［译文］

何熙字孟孙，陈国人。少年时有大志。永元年间，为谒者。身高八尺五寸，举止十分威严，在殿上主持赞拜礼仪，声音感染左右众人。和帝以为壮美，将他提升为御史中丞，历任司隶校尉、大司农等职。等在军营中临终时，遗言将他薄葬。他有三个儿子：何临、何瑾、何阜。何临、何瑾都有政治才干。何阜才能出众，但早亡。何临的儿子何衡，为尚书，以正直著称，因替李膺等鸣冤被下到狱中，免去了官职，废黜家中。

［原文］

论曰：时政平则文德用，而武略之士无所奋其力能，故汉世有发愤张胆、争膏身于夷狄，以要功名，多矣。祭肜(róng)、耿秉启匈奴之权，班超、梁慬奋西域之略，卒能成功立名，享受爵位，荐功祖庙，勒勋于后，亦一时之志士也。

赞曰：定远慷慨，专功西遐。坦步葱、雪，咫尺龙沙。慬亦抗愤，勇乃负荷。

［译文］

评论说：当时政治清平而提倡文德，有武略的人无处发挥他们的才能，因而汉代有人发愤张胆，争着献身于夷狄地区以邀取功名，这种人太多了。祭肜、耿秉开启征伐匈奴的权谋，班超、梁慬献平定西域的策略，终于能功成名立，享受爵位，报功于祖庙，表勋于后世，也是一时的有志之士啊。

赞辞说：定远侯慷慨激昂，独自建大功于西部边陲。坦步葱岭、雪山，视白龙堆的远漠荒沙为咫尺天涯。梁慬也是高昂奋发之士，班勇则能够继承父业。

图书在版编目(CIP)数据

图解汉书·后汉书/班固、范晔著,崇贤书院释译.—合肥:黄山书社,2015.11

(经典传家系列丛书)

ISBN 978-7-5461-5337-7

Ⅰ.①图… Ⅱ.①班… ②范… ③崇… Ⅲ.①中国历史-西汉时代-纪传体-通俗读物②中国历史-东汉时代-纪传体-通俗读物 Ⅳ.①K234.104.2-49②K234.204.2-49

中国版本图书馆CIP数据核字(2015)第286498号

出 品 人 任耕耘
总 策 划 任耕耘 李 克
选题策划 汤吟菲 白剑峰
项目统筹 刘 春
责任编辑 程 景
装帧设计 未 氓
责任印制 戚 帅
出版发行 时代出版传媒股份有限公司(http://www.press-mart.com)
　　　　 黄山书社(http://www.hspress.cn)
地址邮编 合肥市政务文化新区翡翠路1118号出版传媒广场7层 230071
印　　刷 安徽新华印刷股份有限公司
版　　次 2016年3月第1版
印　　次 2016年3月第1次印刷
开　　本 700mm×1000mm 1/16
字　　数 390千
印　　张 25.25
书　　号 ISBN 978-7-5461-5337-7
定　　价 29.80元

服务热线 0551-63533706

销售热线 0551-63533761

官方直营书店(http://hsssbook.taobao.com)